永远的前宽

萧桂云　主编

CFP 中国电影出版社
2024 · 北京

图书在版编目（CIP）数据

永远的前宽 / 萧桂云主编. —北京：中国电影出版社，2024. 8. —ISBN 978-7-106-05664-3

Ⅰ. K825. 78-53

中国国家版本馆CIP数据核字第2024N5K674号

出版发行 中国电影出版社（北京北三环东路22号） 邮编：100013
电话：64296664（总编室） 64216278（发行部）
64296742（读者服务部） E-mail：cfpbjb@126. com

印　　刷 中国电影出版社印刷厂

版　　次 2024年8月第1版

印　　次 2024年8月北京第1次印刷

开　　本 787mm × 1092mm 1/16

印　　张 28.75

字　　数 520千字

定　　价 118.00元

李前宽（1941—2021）

1964年就读于北京电影学院美术系。毕业后分配至新中国电影摇篮长春电影制片厂，靠着天分和勤奋，从美术助理逐渐成为长影总导演。

与夫人萧桂云导演了《开国大典》《决战之后》《重庆谈判》《七七事变》《佩剑将军》《黄河之滨》《红盖头》《金戈铁马》《旭日惊雷》《世纪之梦》《星海》等，还导演了大型实景演出《井冈山》《太行山》，在澳门创作排演了中国秀《西游记》。

他是第八届中国电影家协会主席，第四届中国电影基金会会长，中央文史研究馆馆员，中国电影百年华诞时被授予“国家有突出贡献的电影艺术家”称号。他的作品极具史诗性，大气磅礴，深受观众喜爱，曾荣获中国电影金鸡奖最佳故事片奖、最佳导演奖，三次荣获大众电影百花奖，五次荣获“五个一工程”奖，六次荣获“华表奖”优秀影片奖，以及长春电影节“金鹿杯”和上海“永乐杯”最佳影片大奖和最佳导演大奖。影片《开国大典》，参加了第62届奥斯卡外语片展，并在香港获得“亚洲十大影片奖”、创造了在香港连续放映147天的历史最高纪录，取得内地电影票房历史最高。

他热心中国电影公益事业，向国家建言献策，推动了中国电影博物馆和CCTV-6电影频道的成立，促成了《关于促进电影产业繁荣发展的指导意见》国务院政策性“九号”文件的制定落实，为中国电影产业发展作出重要贡献。

他策划了“万映计划”，让西部山区几百万贫困孩子看到了优秀好电影。多年来，为推进中国电影“走出去”工程和国际文化交流，多次担任国内外电影节评委和主席。他是纽约联合国Welink国际电影节的创始人和永久荣誉主席。

他一生耕耘不止，拍戏、绘画，参加各种社会公益活动。他以极大创作热情投入弘扬中国电影发展的艺术实践中，以电影作品彰显对人民、对国家的大爱。他胸襟开阔，站位高远，以他的见识、才学和过人的经历，永远屹立潮头。

“一块白色的幕布上，能变幻出那么多神秘莫测的图像，让我又哭又笑，让我睡觉都想着，惦记着他们的命运。”

从北京电影学院毕业后，李前宽被分配到长春电影制片厂工作，从美工实习生做起。

图为1972年李前宽在全国科教片会议间隙登长城留影。

“萧桂云是我的老师，没有她的帮助就没有我的后来。”

从联合拍摄电影《佩剑将军》开始，李前宽与萧桂云这两个名字，便紧紧地排在一起，再也没有分开过。

图为1985年李前宽、萧桂云在长影第11宿舍新居研讨新作。

“我们不能够循规蹈矩地按照旧的程式化去表现，去讲一个故事。那种拍法是很传统的，既给自己增加了压力，同时也可能完不成。既然此路不通，那就必须另辟蹊径。”

图为1989年李前宽、萧桂云在南京拍摄《开国大典》现场。

“电影人就是用作品说话，用作品体现你对人民和国家的大爱、情怀。”

图为1989年李前宽、萧桂云带领电影《开国大典》主创在上海首映。

“我们是用生命在创作，《开国大典》是我俩一生中特别重要的作品。”

《开国大典》获得第10届中国电影金鸡奖最佳故事片、最佳导演等五项大奖，获得第13届大众电影百花奖最佳故事片奖等三项大奖。

“没有拿到《重庆谈判》的拍摄权，就像‘失恋’一样难受。”

图为1992年李前宽拍摄电影《重庆谈判》抗战胜利大游行一场戏时，在李前宽的动员下，群众演员情绪高涨，拍摄结束，大家一拥而上举起李前宽导演欢呼庆祝。

“掌握了造型和绘画技巧的导演与其他导演对画面的要求是不一样的，懂得绘画的导演会从视觉出发，保证画面的艺术感染力。”

图为李前宽在三峡库区拍摄《世纪之梦》现场画分镜头草图。

“三峡是世人瞩目的大工程，要写出大工业的史诗来，不能仅仅写一般的先进和落后的矛盾，也不能仅仅写基层的几个人物，在构思上要有大气魄。”

图为1998年李前宽、萧桂云在《世纪之梦》长江三峡大坝工地拍摄现场。

“一看到大戏就兴奋，就像指挥一场大战役一样。”

图为2000年李前宽在拍摄电视剧《抗美援朝》现场。

“《抗美援朝》是一部全景式描写抗美援朝伟大战争的作品。”

这部剧从投资到场面，从剧本到演员，剧组上下倾尽了无数心血，拍摄了3年多的时间。

图为李前宽、萧桂云与饰演美国军官的演员在拍摄现场。

“要有感而发，才有激情地道的陕北味，不要太像演唱。”

在《重庆谈判》中需要录制牧羊老汉唱《信天游》，一时找不到合适人选，李前宽亲自上阵，结果一位非著名歌唱家诞生。

图为2002年李前宽在纪念毛主席《在延安文艺座谈会上的讲话》发表60周年文艺演出时再次献唱《信天游》。

李前宽与“漫威之父”美国著名漫画创作传奇人物斯坦·李先生在其纽约办公室会面，洽谈未来电影合作项目。

图为两位大师在电影《蜘蛛侠》广告牌前合影。

“不管是电影节还是学生电影活动，只要能推动中国电影发展，我都愿意摇旗呐喊，出力助威，共同打造中国电影大国，积极迈向电影强国。”

图为2009年李前宽、萧桂云获美国夏威夷国际电影节杰出贡献奖。

“我是一个学画的导演，自从绘画在我心里点燃了我求知欲的种子起，画画就一直伴随着我的成长。”

几十年来，李前宽走到哪里画到哪里。

图为李前宽在印度海德拉巴市写生。

“希望这次画展和《星海》在联合国总部的展示，可以让联合国和各国友人形象地了解中国，展示中国艺术家践行中国梦的文化自觉，表达中国梦、电影梦的美好心愿。”

李前宽、萧桂云获“美中文化交流特殊贡献奖”殊荣。

图为2018年美国《好莱坞国际电影人》杂志圣诞节专刊封面人物。

向潘基文提出创建“全球绿色和平电影节”一事，得到潘基文秘书长的热情认同和大力支持。

图为2014年在联合国总部秘书长公办室李前宽、萧桂云将画作赠送潘基文。

李前宽、萧桂云两位导演相濡以沫五十余载，经典作品将近30部，无论是拍摄重大题材的影片，还是反映普通人生活的影片都给观众留下很深的印象。

目录

第一部分

李前宽主席是新中国第四代电影导演的杰出代表之一，是“文化大革命”后承上启下，开创重大革命历史题材电影风气之先的优秀典范。前宽主席是一个有信仰、有骨气、有才华、有胆识的电影导演，更是一个具有强烈爱国情怀和使命担当的电影大师。他导演创作的影视剧，始终密切关注中华民族抗争崛起的命运，关注党和国家重大历史转折的进程，关注人民创造历史、创造奇迹的辉煌成就。

在李前宽导演追思会上的发言

赵实[1]

尊敬的萧桂云导演，尊敬的各位艺术家朋友，各位同志：

下午好！

今天，我们怀着非常沉痛也非常崇敬的心情在这里召开中国文联荣誉委员、中国影协名誉主席李前宽导演的追思会，深情表达对前宽导演的哀思之情，深切缅怀他对电影事业的卓越贡献，追念他献身文艺事业的崇高理想和执着追求，学习他宝贵丰厚的创作经验和文艺思想，传颂他德才兼备、德艺双馨的优秀品德。我想，这对于我们更好地学习践行习近平总书记关于文艺工作的重要讲话精神，推动电影事业、文艺事业持续健康地繁荣发展，具有积极重要的意义。

此时此刻，我与大家的心情是一样的，有好多话一时不知从何说起。我与李导演、萧导演夫妇认识得很早，我1975年考入长影导演室工作，1979年就跟随萧导演担任戏曲电影《包公赔情》的场记，那时我们朝夕相处，合作得非常愉快。萧导、李导两位恩师不仅使我学到了许多导演专业方面的知识，也使我从他

1 赵实：中国文联原党组书记、副主席，国家广播电影电视总局原副局长、党组副书记等。

们的言行中领悟到许多做人做事和从艺的道理，在我心中，他们就是令人十分敬佩、十分信赖的师长兄长。此后，我与两位艺术大师的友谊一直延续到今天。令人意外的是，8月12日上午，突然传来前宽主席在浙江慈溪仙逝的噩耗，当时真是难以置信，我心中悲痛不已！两个月前我曾跟萧导演通过电话，询问前宽导演的病情，得知他们刚回厦门正在酒店隔离，本打算待他们回京后去看望……可万万没想到，那么一位充满活力创造力感染力、永远不知疲倦、深受人民爱戴的艺术大师，最终还是被病魔夺去了生命！我为自己没能最后再看他一眼、送他一程而深感遗憾！但我又始终觉得，他没有离开我们，他还活着，他的音容笑貌和艺术风采历历在目，他和萧导演共同创作的经典影片、塑造的伟人形象会永远活在我们心中、活在人民心中；他所创造的艺术成就和艺术精神，就是一座不朽的艺术丰碑，会永远屹立在中华民族的电影史册之中！

李前宽主席是新中国第四代电影导演的杰出代表之一，是“文化大革命”后承上启下，开创重大革命历史题材电影风气之先的优秀典范。前宽主席是一个有信仰、有骨气、有才华、有胆识的电影导演，更是一个具有强烈爱国情怀和使命担当的电影大师，他导演创作的影视剧，始终密切关注中华民族抗争崛起的命运，关注党和国家重大历史转折的进程，关注人民创造历史、创造奇迹的辉煌成就。他先后与萧导演成功创作了《开国大典》《决战之后》《重庆谈判》《七七事变》等具有中国精神、史诗气派、纪实风格的红色经典巨作。这些作品在改革开放初期，确实给中国银幕注入了强劲的民族魂、主旋律、正能量，也为重大革命历史影片创作树立了一个新的标杆，具有里程碑的意义。这些作品不仅题材重大、情节曲折、人物复杂，而且政治性文献性真实性的要求都很高，在拍摄周期短、拍摄难度大，拍摄资金少的境况下，前宽导演沉下心孜孜不倦地学习走访，查阅研究了大量领袖著作、历史档案、史料资料、纪录片素材等，力求让银幕上的每一个战役、事件、场景、人物、情节，甚至服化道等细节，都能符合历史真实和艺术真实。导演尤为注重特型演员形象素质的遴选和塑造，注重领袖人物、重要人物的形神兼备，力求使观众能够认可认同，能够经得起历史和人民的检验。这些重大革命历史题材影片气势恢宏、影响巨大，艺术感染力极强，不仅真实地记录了中国共产党带领中国人民不屈不挠、英勇奋斗，创建新中国、改造国民党战犯等重大史实，而且成功塑造了毛泽东等老一辈革命家、政治家、军事家的光辉形象，也细腻地刻画了一大批各具特色、性格迥异的典型人物形象，鲜明地讴歌了我们党的历史功绩，唱响了爱国主义主旋律，有效地发挥了电影“以优秀的作品鼓舞人”的社会效益和审美功能，以致今天仍然成为我们开展爱国主义教育、开展党史国史教育、传承红色经典、弘扬民族精神时代精神的生动教材和学术借鉴。这些作品先后获得中国电影华表奖、中国电影金鸡奖、大众电影百花奖等各类大奖。这些都足以说明前宽主席所具有的高度的文化自觉、文化自信和高度的使命担当。

李前宽主席是贴近时代、贴近人民、贴近生活的导演，也是善于集现实主义创作精神和浪漫主义创作手法于一体的创新型导演。

大家都知道，前宽主席夫妇是高产高品质的艺术家，他们善于把握时代的脉搏，长期坚持深入生活、深入群众，牢牢把握“以人民为中心”的创作导向，始终保持着旺盛的创作激情和创作精力。他们共同创作了一批反映改革开放新时期普通人生活的现实题材故事片，如《田野又是青纱帐》《黄河之滨》《世纪之梦》《甜女》《逃犯》等，这些作品尽管题材内容、形式风格、表现手法不同，但时代感都很强，充满了浓郁的乡土气息、生活情趣、喜剧风格、地域特色、时代烙印。前宽导演注重聚焦社会变革中的矛盾点，注重捕捉现实生活中各类普通人物的性格特点，深入挖掘他们身上迸发的闪光点。他常常运用讽刺幽默的手法，大胆揭示社会矛盾，辛辣批驳旧思想旧观念，批驳丑恶现象和陈规陋习，艺术地表达真善美的力量。比如《田野又是青纱帐》中，有一个场景和镜头我的印象极深，就是在百顺酒家答谢酒桌上醉倒的几个公职人员，他们的大盖帽在墙上挂了一排，形象地揭露了某些基层干部的不正之风和腐败行为，在当时极具现实针对性，公映后观众反响强烈。这些影片既具有针砭时弊的思辨性、哲理性，真实地反映出社会变革历程中的艰辛、曲折、反思，也具有百姓生活的丰富性、趣味性，生动地展现出人们用诚实劳动创造美好生活的喜悦和酸甜苦辣，反映出改革大潮的涌动、进步和势不可挡的力量。前宽导演还创作了一批反映不同历史时期、不同类型的电影，如《佩剑将军》《旭日惊雷》《红盖头》《星海》等。这些都足以说明，前宽主席所具有的高度的社会责任感、艺术创新精神和坚守正义的胆识魄力。

李前宽主席是坚定听党话、跟党走，积极参政议政，努力推动我国电影深化改革发展的电影界重要带头人之一。

前宽主席是一个爱党爱国爱电影的民主党派艺术家，是一个有理想、有担当，胸怀大局、想干大事的中国影协带头人。他为人坦诚、思维敏捷、性格率真，始终心系电影事业、文艺事业，心系文联和影协工作。20世纪90年代，中国电影全行业面临着深化改革、事业转型、体制转轨等一系列新形势新问题，国有电影制片单位遇到许多实际困难。前宽主席密切关注电影改革和艺术发展的现实问题，深入思考电影行业如何适应加入WTO之后面临的国际竞争、市场挑战和电视媒体的冲击。他认真学习领会中央关于推进文化体制改革的决策部署，积极寻求破解电影改革发展的切入点。他认真履行自己作为全国人大代表、全国政协委员、中国影协主席等职责，积极向国家广播电影电视部门、向中国文联、向中央领导建言献策，提出了很好的建设性意见。如，90年代初，他积极呼吁国家设立电影台（就是现在的电影频道CCTV-6），以更好地促进影视合流改革，促进国有制片单位的后产品开发利用，更广泛地发挥电影寓教于乐的审美功能，受到中央领导和广电部门的高度重视，CCTV-6于1995年创办，1996年开播，后来又开办了高清频道，至今在影视界影响都很大。又如，进入新世纪以来，他积极呼吁国家建设中国电影博物馆，以更好地向群众展示和宣传大量珍贵的中国电影成就和史料，发挥电影以史鉴今的重要作用，也得到了上级领导和广电部门的重视，后来还得到北京市委市政府的大力支持。我清晰地记得，从电影博物馆立项到筹建，到落成，到开展，他都倾注了大量心血，同一批德高望重的电影艺术家、史学家亲力亲为，共同对推动电影博物馆的硬件建设和展陈工程，提出了宝贵的建设性意见。终于在2005年底中国电影诞生100周年时，这座世界上最大的电影专业博物馆在北京落成开展了，其中法国卢米埃尔兄弟1895年发明的世界上最早的电影摄影机和放映机第一次离开法国在我们的博物馆展出。特别是，我们中华人民共和国的国歌《义勇军进行曲》最原始的电影画面和声音，目前就在博物馆展出。当然，前宽主席还有很多向中央领导汇报电影发展情况并建议制定更多优惠政策等事例，都起到了很好的参谋和推动作用。说到这些，我们由衷地感谢前宽主席对电影事业做出的不可磨灭的贡献！

李前宽主席自1959年考入北京电影学院美术系，1964年进入长春电影制片厂工作，从影六十余年来，他从一位电影美术家发展成为一位赫赫有名的电影导演，进而当选为长影总导演、全国人大代表、全国政协委员、中国电影家协会主席、中国文联荣誉委员、民进中央常委，又被国务院任命为中央文史馆馆员……这六十余年，他始终坚守对党、对人民、对国家、对事业的忠诚，始终坚守自己的艺术理想和初心，始终坚持走与人民相结合的创作道路，始终恪守艺术工作者高尚的职业道德，确实无愧于“国家有突出贡献电影艺术家”和“德艺双馨终身成就电影艺术家”的荣誉称号。他的一生是硕果累累的一生，是辉煌璀璨的一生，他既为我们留下了大量深受人们喜爱的思想性、艺术性、观赏性俱佳的优秀作品，也为中国电影大厦强基固本、添砖加瓦，留下了推动改革发展的奋斗足迹。六十多年来李前宽导演和萧桂云导演相敬相爱、携手前行，攻克了一个又一个创作难题，创造了一个又一个艺术高峰。我由衷感到，在他身上迸发出的闪光点和创造力，是深深根植于中华优秀传统文化的沃土之中的，是永远值得我们学习，值得年轻一代人传承的！

尊敬的前宽导演，您的艺术作品和艺术精神永生！

2021年9月28日

本文节选刊发于《电影文学》2022年第5期

在李前宽导演追思会上的讲话

胡孝汉[1]

尊敬的萧桂云导演，尊敬的各位艺术家，同志们、同行们：

今天，我们怀着沉重的心情，同时怀着崇敬的心情，在此举行李前宽导演追思会，缅怀他杰出的电影成就，追思他卓越的艺术贡献，弘扬他崇高的精神品格，很有意义，富有成果。举办这次追思会，既是中国文联、影协借此表达对李前宽这位影协老主席的怀念与敬意，又是为因疫情防控而未能前往慈溪给李前宽导演送别的同行亲友提供一个表达景仰、感恩心情的契机和场合。

中国文联党组书记李屹与李前宽、萧桂云夫妇熟识多年。8月12日，在外开会的李屹书记专门给我打电话，委派我作为文联代表前往浙江慈溪，对李前宽导演逝世表示沉痛哀悼，于16日为他最后送行，并向萧桂云导演转达深切慰问。近日，李屹书记审批了影协举办这次追思会的请示报告，并委派我参加今天的追思会，委托我代表文联党组向李前宽导演表示悼念之情、敬仰之意，向李前宽导演家属表示亲切问候，请

1　胡孝汉：时任中国文联党组成员、书记处书记，副主席。

你们多珍重，并向前来参会的各位艺术家及亲友表示衷心感谢！文联副主席李前光中午对我说，李前光与李前宽像兄弟俩，兄弟之间有情谊、有故事，他托我转达他对李前宽大哥的悼念，对萧桂云大嫂的慰问。

关于李前宽导演的业绩、功德，各位同行和老友作了深情缅怀，作了生动描述，作了高度评价，让我受教，让我感动。我深表赞同。今天这个追思会已开了四个小时，大家争相发言，轮流回忆，都觉得讲不完。相信还有许多人想讲，还有很多故事要讲，但因为时间有限来不及细说。我刚来文联一年多，与李前宽导演只有两三面之缘，了解得不如大家多而深，没有多少故事可讲，也不便作全面评价。这里仅从有限的接触，仅凭有限的资料，来讲几句感想。

在近六十年职业生涯中，李前宽导演干的工作就是电影。也许可以说，他一辈子只干了一件事，那就是电影。或者换一种说法，他的职业、他的事业、他的专业，统一于电影，专一于电影。他精于电影、成于电影，是一个专业的电影人，是一个成功的电影人。

李前宽导演在电影界的成就很大，故事很多。我仅选他做的几件大事，合成“七个一工程”：他导演创作了一批电影经典（代表作有《开国大典》《决战之后》《重庆谈判》等）；他倡议开办了一个电影频道；他推动发展了一批电影银幕（4.6万块）；他建议促成了一份电影产业文件（国务院办公厅《关于促进电影产业繁荣发展的指导意见》）；他筹划建起了一个电影博物馆；他参与领导了一个电影群团（在中国影协任一届主席、两届名誉主席）；他主持开拓了一个电影基金会（担任理事长长达14年）。显而易见，每个“一”都是大事，都是大功。过去、现在，我们乐享其成；将来很久，还会受其泽被。在中国电影界，他既是专业的艺术家，又是全能的活动家；他是电影人的模范，他是电影人的骄傲！

古人有言，人生有三不朽：立德、立功、立言。李前宽导演堪称三不朽。他为电影奋斗一生，他因电影获得永生。他因电影拿过金杯，获得口碑，树起丰碑。他的永生和不朽，体现在他创作的经典电影中，活跃在他共事的同行心目中，融汇在他奋斗的电影事业中！

希望电影工作者，用好李前宽导演的成就经验，学好李前宽导演的精神品格，把他迷恋一生、奉献一生的电影事业继续推向高质量发展新阶段，在建设电影强国的新征程上奋力前行，建立新业绩、作出新贡献。

愿李前宽导演安息。请萧桂云导演及各位亲属珍重！

感谢大家！祝福大家！

2021年9月28日

本文节选刊发于《电影文学》2022年第5期

在李前宽导演追思会上的讲话

冯远[1]

各位领导、各位同志：

今年8月12日，中央文史研究馆馆员、著名电影导演李前宽先生永远离开了我们。一个月来，我们真切地怀念他，怀念他的高尚品格，他的艺术成就，他的人生经历。今天的追思会，本应前往参与，但因另有公务，无法成行，殊为遗憾，特奉函致以深深缅怀和无尽哀思。在此，我谨代表国务院参事室、中央文史研究馆，向李前宽先生的在天之灵致以敬意！向前宽先生的亲属表示慰问！

李前宽先生2013年11月被聘为中央文史研究馆馆员。

入馆不久，李前宽先生就积极参与到文史馆组织的文史研究项目中，承担了“弘扬中华优秀传统文化与文化强国建设”重点课题中的“深化和创新同港澳台的文化交流与合作，增强海峡两岸暨港澳文化归属感”子课题的研究。

2014年和2015年，李前宽先生连续两年参加了文史馆举办的“中华文化四海行”走进甘肃和走进新疆

1 冯远：中央文史研究馆副馆长，中国文联原党组成员、书记处书记，第九、十、十一届驻会副主席，十二届兼职副主席。

活动，并作《光影追梦——一个电影导演的画外音》专题讲座。两次讲座我都在现场聆听，至今记忆犹新。讲座中李前宽先生结合自己的创作经历，讲述了电影人在不同历史阶段与民族和国家的命运同步，与时代和人民同行的追梦历程，讲述了电影幕后鲜为人知的故事，折射出电影人的辛勤和坚守。

近几年，李前宽先生不顾年事已高、舟车劳顿，仍然坚持深入基层开展调查研究，以其独到视角体察社情民意，为国家文化建设建言献策。2018 年李前宽馆员先后参加“促进大湾区区域文化融合”“香港和内地搭建文化平台”为主题的调研，并上报有关建议。2019年，李前宽先生作为课题负责人，参与中央文史研究馆调研组赴长春开展以“电影摇篮”和东北振兴为主题的调研，并上报了有关建议。调研中，李前宽先生动情地说:“长影的‘摇篮精神’是什么？就是为了国家和人民，不畏艰险，敢为人先的创业精神。今天的条件比那时候好得多，我们要有充分的文化自信，发扬‘电影摇篮’精神，挖掘历史积淀，整合优势资源，打造精品项目，拿好作品说话。”

此外，李前宽先生还积极参与和支持文史馆的《馆员文丛》、馆员双月文化座谈会、馆员音像资料拍摄、文史资料征集等工作。

李前宽先生一生致力于电影创作，把镜头聚焦祖国和人民，通过光影艺术歌颂祖国，留下了许多令人印象深刻的作品。前宽先生执导的《开国大典》《重庆谈判》《七七事变》等经典影片我都看过很多遍，其作品叙事场景宏大，思想内涵深邃，有着厚重的史诗风格和极强的艺术感染力。作为导演，作为“国家有突出贡献电影艺术家”，前宽先生将自己的一生都奉献给了中国电影，对中国电影事业作出了卓越的贡献。作为中央文史研究馆的馆员，李前宽先生积极参与、十分支持文史馆的工作，在社会主义文化建设中发挥了自己独特的作用。李前宽先生的逝世，是中国文艺界的巨大损失。

本文节选刊发于《电影文学》2022年第5期

前宽就在身边

——忆著名电影艺术家李前宽

刘建中[1]

李前宽，是一位和绝症顽强奋斗了七年的电影人，却始终气度非凡、豪爽乐观、精力旺盛、欢声笑语……这是何等的毅力啊！每当想起我这位老学友就让人阳光欢乐，忧愁皆无。然而，8月12日上午在微信中突然看到他去世的噩耗，真是不敢相信自己的眼睛，鼻子一酸，眼睛模糊，让我脑海不禁泛起了无尽的思念……

我与前宽以及他的夫人、著名导演萧桂云，我们都是北京电影学院的同期校友，前宽比我和萧导高一届，我们三人分别毕业于三个系，不同专业，在校时我们就已熟悉。毕业后，李、萧二位导演以他们斐然的艺术成就，成为电影学院优秀的毕业生，他们的电影作品在电影史和观众心目中，早已经留下了闪光的记录。记得1990年我有幸作为第10届金鸡奖的评委，有机会认真观看研讨了李、萧二位导演的经典作品《开国大典》，至今印象深刻。这部史诗般的影片，是我国重大革命历史题材影片开山代表作品之一，它首次用电影故事的叙事，成功地展示了新中国成立前

1　刘建中：国家广电总局电影事业管理局原局长、中国电影家协会第六届副主席。

夕，以毛主席为首的党中央领导中国人民推翻“三座大山”，击败蒋家王朝，建立新中国这段极其重要的历史。面对复杂的史实、众多的人物，影片以完整的故事、清晰的思路，准确而艺术地演绎了这段历史，全片既有大事的概括与节点，又有动人和富有内涵的细节，既有史诗般的宏大场面，又有涓涓细流的情感，可以说是重大革命历史题材“大事不虚，小事不拘”的创作典范。说它脉络清晰、大事准确不虚，可以当作形象的党史教材；说它有故事、有细节、有情感、有生活，可以当作艺术品去欣赏，我以为至今还有很好的借鉴意义。在当年，请演员扮演领袖人物刚刚出现在银幕不久，李、萧二位导演就大胆起用了初出茅庐的古月，让他扮演毛主席，他首次以戏份很重的主角展示在亿万观众面前，就大获成功，彰显了导演对人物的深刻理解和对演员成功的启示与准确把握。同时还形神兼备地塑造了众多的领袖和历史人物，是那个时期在一部电影里出现领袖和历史人物最多的影片。两位导演还采用了纪实与艺术相结合的手法，巧妙地运用历史的真实镜头（资料）与演员扮演的画面重合使用，以当年记录的真实现场影像与今天艺术再现的场景交替剪辑，真实与艺术相映生辉，大大延展了影视的时空，丰富了观众的想象力，更增加了影片的历史真实感，尽显了两位导演的创作力。再加上美术专业基础深厚的前宽，以极强的绘画功力，营造了既准确又似油画般厚重的历史氛围，以一幅恢宏的历史画卷，成功地诠释了开国大典这一伟大的主题，使观众始终在强烈的共鸣中感悟着这篇巨著。当然，这类影视作品现在多起来了，但别忘了他们是33年前这类作品的开拓者呀！经过时间的沉淀，仍然闪烁着经典的光芒！所以在第十届金鸡奖评选会上，在于敏、于蓝、石方禹、王炎、武兆堤、郭维、陆柱国、徐桑楚、艾明之、余倩、邵牧君等等这些赫赫有名无私的前辈专家们，治学严谨的评论和无记名的投票下，该片几乎以全票荣获了金鸡奖最佳故事片奖，由于导演的创新，还同时荣获了金鸡奖最佳导演奖，同一部影片同时获得这两项殊荣是非常难得的。当年影片还赢得了很高的观众人次和不菲的票房，在全国观众中引起强烈的反响。

这么一位有成就有名望的艺术家，却经常舍弃自己的名利，认真地做公益事业，这也是我抹不去的记忆。在20世纪八九十年代，随着改革开放电影要发展，电影界要求建立自己的电影宫、电影博物馆，呼声很高，可是各种原因几上几下，没有结果。大家都知道，只是作为一位导演，前宽却一直放在心上，终于在1998年影代会期间，他奔走于各位艺术家之间，起草发起了联名给中央领导的致函。记得他拟好稿后，到我开会的房间请我看看并征求意见，当时我就觉得一位导演，为了电影事业的发展，竟不辞辛劳，主动担当与自己利益毫不相干的麻烦事，真让我从心里敬佩。那时总局和电影局曾多次向上级有关方面报告，都没有得到理想的结果，正需要其他助力时，前宽有创意地联合众多知名电影艺术家发声，得到了中央最高领导和有关方面的高度重视。在资金和具体任务没有落实前，前宽又主动联系有关部门的热心人，自掏腰包组织他们将近一年的各地调研和准备工作。到了2002年，国家广电总局和北京市联合组成了中国电影博物馆布展领导小组，前宽被正式聘请为专家组成员，由于他是很有成就的电影导演，有想法又善于表达，再加上又是美术专业出身，在造型色彩等方面有很高的造诣，所以他必然成了专家组的重要成员。那时我作为布展领导小组组长经常要拉着他，让他花费了大量的精力与时间，于是直到2006年，四五年间，他放弃了名利双收的导演工作，义务为筹建中国电影博物馆尽力。在博物馆筹建的几年中，前宽有很多事情让我难忘，比如每次研讨展陈大纲和设计方案时，在郊区一住就是几日，可他都聚精会神，就像对待他的导演作品一样。记得在讨论博物馆序厅方案时，设计单位几次设计方案均不理想，大家七嘴八舌，争论不休，下一步怎么办？主持会议的我也是一筹莫展。此刻，前宽发表了成套的意见，另一位经验丰富的八一厂原总美工师寇洪烈老师又进行了很好的补充，那么这些意见让设计公司怎么接受呢？他们能很好地理解吗？于是就在会议小结中，我大胆指令性地提出，李、寇二位老师有见地又都是美术大家，为保证质量，就请二位动手直接完成方案（创意）设计，这无疑给他们增加了额外的工作量，于是休息时间两位专家主动忙了起来，他们笑谈这回可不光是提意见动嘴了，还要自己动手等人家提意见了，更需要认真。为此，有的同志说我这是鞭打出头鸟，这以后谁还敢提建议，不是给自己找麻烦吗，又没有稿酬。我很有把握地告诉他们，前宽和寇老师他们不会，以后他们还会积极思考，贡献才智，这是他们的本质，所以我敢在着急得连招呼都没打的情况下就做了决定，之后的实践也证实了我的判断。

还有一次为了赶进度，半夜制作公司从制作现场传来消息，他们遇到了设计制作中的困难，需要现场指导关于第十一厅介绍摄制组构成人员的沙盘模型。我首先想到前宽作为资深导演最熟悉摄制组成员，以及他们的典型形象与动作，根据多年对他的了解，我想都没想已经是深夜了，立马拿起电话把他叫起来。他二话不说，随我一起奔赴二十多公里以外的郊区，一到现场前宽精神百倍地给制作公司做各种示范动作、指点道具、现场画图等，忙到凌晨，成功完成了至今仍存于博物馆的摄制组工作现场及职责介绍的沙盘模型。记得还有一次，我们在法国参观考察，在从法国未来影视城返回巴黎的途中，我突患肾结石，疼痛难忍，大汗淋漓，高烧骤起。为了减轻我的痛苦，上汽车以后前宽让我上身平躺在他的双腿上，就这样他硬是坚持了5个多小时，直到回到巴黎送我进了医院。至今我想起来这一切，一是赞佩于他，二是愧疚于他。因为筹建博物馆的一切工作都是没有酬金的，他个人从艺术和经济上都有很大的损失，可我从来没有听到他有一句抱怨，甚至是玩笑都没有，这是何等的情操啊！

我流泪，我叹息！

……

前宽，前宽！我常这么称呼他。噢，他听见了，他听见了！他又发出了让我们再熟悉不过的爽朗的笑声，他超出常人的乐观振奋了我，欢声笑语的他在天国神游……他的音容笑貌始终在我们身边。

本文节选刊发于《电影文学》2022年第5期

一位有思想的电影艺术家

——痛悼李前宽导演

仲呈祥[1]

8月12日，我正在北戴河读书休养，忽闻著名导演李前宽兄辞世，悲痛不已，急为萧桂云嫂发去唁电，嘱节哀保重。夜不能寐，提笔记下难忘往事。

我在20世纪80年代初由电影《佩剑将军》认识前宽、桂云夫妻导演的。其时，我正有幸作为钟惦棐先生的“关门弟子”住在钟老家求学。钟老观罢《佩剑将军》，沉思良久，以为这对夫妻首次独立执导，就能有此独到的艺术表现，值得关注。但钟老对张笑天等的剧作，却有微词。待到2013年，前宽兄与我都退休后，竟同时接受总理亲自颁发的聘书，被聘为中央文史研究馆馆员。我清楚地记得，那日席间，他兴致极高，纵横捭阖，海阔天空，谈电影人生。他恐怕是唯一获批进中南海实景拍摄电影次数最多的导演。从《开国大典》到《重庆谈判》，都在中国电影史上占有重要的位置，写下了光辉的篇章。

更难忘的是，2012年，我受中国文联党组委托，带领中国文联艺术家赴海南采风，团中便有中国电影家协会的两任主席吴贻弓夫妇和李前宽夫妇。我这个

1　仲呈祥：评论家、理论家，研究员，中央文史研究馆馆员，中国文联书记处原书记、原副主席。著有《文苑问道》《银屏之旅》等。

领队小弟，任务自然是为他们尽心尽力服好务。其实，真正成为全团核心人物和为大家服好务的，也是全团总导演，正是前宽兄。他多才多艺，能说善演，令全团充满了生气和活力。一会儿，他为大家讲述拍摄《开国大典》中如何把纪录片中的真实镜头画面与新拍的充满诗意的虚构艺术画面无缝衔接起来的故事，让大家听得入神；一会儿，他又支起画板，或现场写生，或为大家速写素描；更有趣的是，他能模仿毛主席、周总理、邓小平、陈毅等老一辈无产阶级革命家的话语风格，讲得惟妙惟肖，让大家都怀疑那些知名的特型演员都是被他“导”、跟他“学”出来的。记得那次访问红色娘子军纪念馆，当地群众和身着红色娘子军服的工作人员把代表团里的著名演员祝希娟团团围住，欢呼“吴琼花回来了！”却把贻弓、前宽这些大导演“冷落”在一旁。前宽看着很兴奋，淡定自若，对我说：“这就证明了艺术的魅力！”是的，祝希娟50年前随谢晋导演来海南深入生活，之后在电影《红色娘子军》中成功塑造了吴琼花这一典型艺术形象，代代相传，深入民心，至今仍为海南人民的英雄偶像和文化品牌，足见人民离不开文学艺术力量的推动呀！前宽兄和我还有意询问了身边几位海南老百姓，是否知晓当年在海南坚持抗战十数年的琼涯抗日游击队独立纵队司令员冯白驹（解放后曾任广东省副省长），结果无一人知道，那缘由，恐怕就因为荧屏尚未有为冯白驹传神写貌的成功艺术形象。吴琼花是艺术虚构的形象（历史上并无此人），而冯白驹却是真真实实的历史人物，两相比较，艺术的独特价值显得何其重要！前宽兄的多才多艺之后，还有“多思”——他的善思多思，使他成为一位有思想的电影艺术家。

前宽兄正因为有思想，所以从来旗帜鲜明，褒优贬劣，激浊扬清，毫不含糊。每每参加中央文史研究馆举办的“双周座谈会”，凡他出席，总会听到他声如洪钟、气宇轩昂的发言。对于影视界一度出现的打着“创新”旗号用一批流量明星扮演历史重要人物以赚取眼球赢得票房的做法，他总是以自己执导多部重大革命历史题材电影电视剧的实践经验予以批驳，指出没有充足的历史修养、文化储备和艺术积淀，是断然走不进历史重要人物的心灵、塑造不好历史伟人形象的。他总是以亲身体验呼唤青年电影工作者不断提升自身的学养、素养和修养。他批评低俗庸俗媚俗作品和泛娱乐化倾向鞭辟入里，毫不留情。他具有极高的讲演才能，记得中国文艺评论家协会举办的全国中青年评论家高研班，曾请他讲学，整整三个小时，讲者抑扬顿挫、绘声绘色，听者聚精会神、丝丝入味，全场进入了一种难得的学术境界。他主持过中国电影金鸡奖评选，担任主席极，善于抓住本质，把复杂的问题简单化，而决不让简单的问题复杂化，快刀斩乱麻，通过争鸣求得真理。他堪称是历届中国电影金鸡奖中贯彻执行“学术、争鸣、民主”的评奖方针和“六亲不认，只认作品；八面来风，自己掌舵；不抱成见，从善如流；充分协商，顾全大局”的评奖风格最为彻底的评委会主席之一。

前宽兄作为新中国培养的一代承前启后的重要电影导演群体的中坚人物，在中国电影百年华诞时被授予“国家有突出贡献的电影艺术家”称号。他从小酷爱美术和电影，8岁画的第一张画便是天安门，这冥冥之中便为他心无旁骛从事电影艺术的代表作《开国大典》埋下了伏笔。他1959年从大连考入北京电影学院，受教于李苦禅、傅抱石、蒋兆和、赵丹、侯宝林、谢晋等美术、电影、相声大师，练就了中华优秀传统艺术和中华美学的功底，学习了前辈优秀艺术家的爱国情怀、学术操守和人格风范；又以开阔的胸怀和视野，研读了法国新浪潮、意大利新现实主义、苏联现实主义理论，观摩了库里肖夫、爱森斯坦、特吕弗、罗西里尼等外国电影大师的代表作，批判借鉴了人类电影史上的文明成果。因此，他终生从事的电影理论思维和创作实践可以说都是朝着把马克思主义文艺观中国化的正确方向努力，以继承发展中华优秀传统文化、红色革命文化、社会主义先进文化为宗旨，批判借鉴外国文明成果，并实行交融、整合、创新。这，昭示了一条，我们应当坚守的繁荣发展中国特色社会主义文艺的康庄大道。这便是前宽兄电影人生的价值与意义。

愿前宽兄精神永存，英灵安息！

2021年8月12日子夜

本文节选刊发于《电影文学》2022年第5期

曾有惊天动地文

——追忆李前宽导演

李国民[1]

长影集团原导演、总导演、中国影协原主席、名誉主席李前宽逝世，令我非常沮丧，几近崩溃，想起最后一次聚餐的情景，恍如昨日，他用他那一贯的神采飞扬和妙语连珠，明白无误地告诉大家，他战胜了病魔，他恢复了健康，却怎么在倏忽之间就不辞而别、驾鹤西行了呢？悲痛，不舍，怀念，致敬……一起涌上我的心头。

我和李前宽认识三十几年，共事十几年：长影五年，影协六年。我们之间的关系，先是榜样，楷模；后是同事，朋友。想当初，电影《开国大典》横空出世，蜚声影坛，让该片的导演李前宽萧桂云一举成名，万众瞩目。在敬仰的同时，不少人也在思考：为什么不能像他们一样，经过自己的努力和拼搏，在自己所从事的行业中走得更快，行得更远，攀得更高，做得更好，用成绩来证明自己，用成功来实现自我呢？这其中也包括我。我对《开国大典》的艺术成就佩服得五体投地，因而也对李前宽、萧桂云的艺术才华刮目相看。《开国大典》是李前宽、萧桂云电影创作

1 李国民：长春电影制片厂原党委书记、厂长，中国电影家协会原党组书记。

的一个高峰，也是中国电影发展繁荣的一个高度，它毫无悬念地夺得了当年的中国电影金鸡奖和大众电影百花奖。当时，广电部还没有设立“华表奖”，中宣部还没有设立“五个一工程”奖，如果设立，再中两元也毫无悬念。我因工作关系和工作需要，先后看过五遍《开国大典》，越看越觉得有意义，有意思，有意味，有意境。它无疑是重大革命历史题材电影创作的重大突破和重大开拓：让艺术回归人本，让形象彰显人性。它大胆地把人民领袖毛泽东从神坛上请了下来，也大胆地把人民公敌蒋介石从鬼域里拉了上来，一并恢复人的本来面貌——毛泽东是人不是神，蒋介石是人不是鬼，从人的本性出发，描绘人与人之间的对抗，抒写人与人之间的对话，既有残酷的战火味，也有温馨的烟火味。创作者决绝地摒弃了公式化、概念化的套路，果敢地冲破了泛政治化和泛功利化的藩篱，努力站在人物自身的立场，设身处地地为人物着想，寻找人物本我的行为逻辑和性格逻辑，然后再做出历史的和艺术的评价，尽可能达到历史真实和艺术真实的完美统一。《开国大典》的口碑是普遍的，广泛的，不仅像我们这类“文化大革命”前的大学生喜欢，就是“文化大革命”后的新生代也同样喜欢。我有一个小朋友，也是一个小学弟，他就是小说家赵洪峰，人送绰号“北丐”，他和“南帝”苏童、“东邪”余华、“西毒”马原、“中神通”格非并称“文坛射雕五虎将”，其中马原和洪峰是公认的“先锋派”代表，被称为是“属于下一个世纪的作家”。但洪峰却赞许《开国大典》，他跟我说，他不愿意看重大革命历史题材电影，但他愿意看《开国大典》。对此我感到奇怪。他却说一点都不奇怪，《开国大典》中有所有文学艺术门类共同、共通的东西，三十年后我仍旧会喜欢。对此，我至今仍心存惊奇和惊喜。然而，令我更加惊奇和惊喜的是，《开国大典》里许多经典的桥段已经转化为日常生活中的掌故，被经常使用。我在中共吉林省委宣传部工作的时候，有一天下午刚上班，时任省委常委、宣传部部长谷长春到下属处室去检查工作，正好撞见一伙人在办公室里打麻将。大家都傻眼了，谷长春也一愣。少顷，谷长春问：“谁输了？”一人答：“我。”谷长春说：“来，我替你打一把。”结果谷长春赢了。老谷把牌一推，有板有眼地说：“打牌你不行，打仗我不行。全省的宣传工作能不能搞好，就全仰仗诸位仁兄了！”说完又向大家拱了拱手，把大家都逗笑了。然后他说：“散了吧，工作去。”从此以后，省委宣传部中午休息时间，再也无人打麻将。一部电影能够如此深入人心，过目成诵，信手拈来，恰当使用，实属不易，也非常难得。这也正是我推崇《开国大典》和敬重李前宽、萧桂云夫妇的个人化、情绪化原因。三十年后的 2019年“十一”前夕，我应邀观看《开国大典》的4K修复版，仍然觉得它的味道是那么醇厚，意蕴是那么隽永，典型环境的营造，典型人物的塑造，至今无法复制，无法超越。“北丐”洪峰的预言应验了：三十年后，我们仍然喜欢《开国大典》。

我和李前宽的第一次亲密接触，是在著名小说家、编剧张笑天的寓所，时间大概是在我调入长影之前，张笑天调离长影之后，是剧作家、报人李杰攒的饭局。李杰也是吉林省的名人，他和李前宽、萧桂云、张笑天都很熟，李杰的电影剧本《田野又是青纱帐》《鬼仙沟》是李前宽、萧桂云给搬上银幕的；李杰和张笑天也共同创作了电影剧本《关东女侠》，由白德彰、徐迅行联合执导；而李前宽、萧桂云与张笑天是长期合作的黄金搭档；我和李杰也在省直文化系统共事多年。我们谈得很愉快，很兴奋，天南海北，古今中外，从小说到电影，从电影到戏剧，从长影、作协到文化厅，从编剧、导演到美工师，从写作机器、跨界转行到自学成才……大家聊得很开，扯得很远，或侃侃而谈，或娓娓道来，无拘无束，自由自在，非常和谐，非常享受。主角当然是李前宽、李杰，其他人偶尔也说上几句，或抬抬杠，或帮帮腔，插科打诨而已。席间，我夸奖了女主人杨静的厨艺，也夸奖张笑天的凉菜拌得好。同样的黄瓜，同样的粉皮，同样的香菜，同样的麻酱，同样的酱油、米醋、味精、白糖……为什么我们就拌不出这个味呢？我问张笑天，张笑天取笑说：为什么我能写小说你不能写？为什么李前宽、萧桂云能导电影你不能导？为什么李杰能编剧本你不能编？闻道有先后，术业有专攻。你的兴趣不在这上面，你的心思也不在这上面，不研究，不琢磨，怎么能拌得好？他觉察到他说得有点直、有点硬，怕我误解，怕我尴尬，马上又补充说：为什么你能当文化厅厅长我们不能？没有这方面的天分，也没有这方面的追求。我赶忙说，厅长你们谁都能当，可作家、编剧、导演哪一个行当我都干不了。李前宽见缝插针说，可是作家、编剧、导演都得在厅长的领导下呀！李前宽这是给我面子，让我下台阶，我也知趣地回敬了他：谁敢领导你呀？中国第一牛导演！李前宽笑了，说你又埋汰我？不厚道！我怕闹过头闹过火，于是就此打住，收回话茬，颇为认真地问李前宽：你凉菜拌得怎么样？李前宽说，我不行，萧桂云可以。我对萧桂云说：是吗？萧桂云说：你别听他瞎说，张笑天拌凉菜是长影一绝，我怎么能比？但我肯定比李前宽强。李前宽说，你别谦虚，你不仅凉菜拌得比我强，拍电影也是我的老师……但有一样你不如我。我问：什么？李前宽说：找对象，她找的对象没有我找的好。我一时没有反应过来，待我反应过来时，都笑喷了。我咳嗽几声后，对李前宽说，我算知道萧桂云为什么被你追到手了，你夸人的本领太高超了，再优秀的女生也经不住你这么忽悠啊！少顷，我告诉李前宽，我曾经在王肯（吉剧电影《包公赔情》《桃李梅》编剧）家里见过萧桂云，当时就被她的美丽惊到了，长影怎么还有这么漂亮的女导演啊？这不是把长影当红的女星都比下去了吗？后来看了电影《佩剑将军》，才知道萧桂云的配偶是你李前宽先生，艳福不浅哪！今日得见，果然超凡脱俗，出类拔萃，天造地设的一对呀！说得大家都笑了。后来，我曾不止一次地对李前宽说，你这一辈子真是没有白活，娶到这么好的老婆，拍出这么好的电影，又是全国人大代表，又是全国政协委员，国家领导尊重你，平民百姓喜欢你，上上下下，左左右右，有那么多好朋友，有那么多崇拜者，你还有什么不满足的呢？！李前宽点头称是，说满足，满意，我赶上了好时代，选择了好行业，分到了好单位，摊上了好领导，遇见了好伙伴，娶到了好老婆，我幸运，我命好……

我到长影之后，所参与的第一项业务活动就是宣传发行电影《蒋筑英》和看望慰问《重庆谈判》剧组。在厂内审查《蒋筑英》时，我给予了很高的评价，我预言它肯定能得奖，还有可能成为当年电影创作的领衔之作，首屈一指，独占鳌头。这是我第一次参加厂内的审查活动，大家都觉得我说得有点楞，有点过，连创作者本人也认为是礼貌之词，溢美之词。但侥幸的是我的评价与媒体看法不谋而合，《人民日报》海外版连篇累牍发了9篇文章加以赞扬，后来也得了当年“华表奖”头奖头名。导演宋江波非常惊喜，也非常感激，就邀我和男主演巍子、女主演奚美娟一起做《蒋筑英》的宣传发行。彼时，李前宽、萧桂云正在重庆拍《重庆谈判》，这是他们夫妇继《开国大典》之后的又一部重要作品，中央和国家有关部门、省委和省政府有关领导同志都非常重视，非常期待。启程时，时任省委副书记谷长春亲自为剧组送行，长影领导班子当然应该更加关心、支持，我作为长影党委书记责无旁贷。于是，我决定把两件事合在一起做，到重庆推介《蒋筑英》时，探访《重庆谈判》剧组。

我到剧组是在一个下午，在重庆谈判的旧址林园，李前宽、萧桂云正在一个房间里拍戏。我到了以后，他们停了下来，拥抱，握手，问候，寒暄。李前宽把我介绍给毛泽东的扮演者古月、蒋介石的扮演者孙飞虎，我向他们道了辛苦，他们向我表达感谢。热闹片刻以后，李前宽让萧桂云继续拍戏，他陪我在角落里坐下来观看。我示意李前宽和萧桂云一起拍戏，不用管我。李前宽说：没关系，文戏、内景本来就以萧桂云为主，外景、大场面、大调度我多张罗一些。萧桂云拍了一个镜头之后，马上走到我和李前宽面前询问，轻声细语、诚恳谦恭地问：怎么样？还可以吧？李前宽也认真严肃、和蔼可亲地回答：我看没问题，你若不满意就再来几条。那种互相尊重、互相信任、夫唱妇随、琴瑟和鸣的劲头显露无遗。我心有感触，面有动容，不是所有夫妻档都像他们这样亲密无间，据说有的导演夫妻档在拍摄现场吵得不可开交，就差诉诸武力了。在李前宽、萧桂云身上，我悟出了夫妻之间、伙伴之间的相处之道：相濡以沫，相敬如宾，一样也不能少。李前宽、萧桂云之所以屡屡成功，和他们之间的信任、默契是绝对分不开的。

晚上，他们请我吃了一顿饭，让我在剧组住下。第二天，李前宽陪我在林园转了转，沿着当年毛泽东和蒋介石散步的小道追寻往事。我们谈到了国共合作，谈到了统一战线，也谈到了长影的过去、现在和未来。李前宽建议我多到剧组走一走，看一看，多联系实际，多联系群众，重视艺术创作，重视人才培养。我说我是党委书记，我会做好我分内的事，创作生产还得靠你们专业人士，尤其你和萧桂云。李前宽拍着胸脯对我说：书记大人，你就瞎好吧，萧桂云、李前宽不会给您丢脸，只会给您长脸。《重庆谈判》不敢保证能超过《开国大典》，但也差不到哪里去，你就等着上台领奖吧！我说上台领奖是你和萧桂云的事，我当好后勤部长就行了。后来，台湾演员胡慧中来厂里拍《重庆谈判》，他们两口子还专门把我叫到“小白楼”，与胡慧中见了个面。

他们拍《七七事变》的时候，我也如约到剧组探班，先后去了三次：一次是在北京的卢沟桥，一次是在长春东面的一个大铁桥，一次是在长春西面的一个大矿坑，每次都给我留下了深刻印象。这几场戏都是李前宽坐镇，萧桂云辅佐，运筹帷幄，胸有成竹，一派大将风度。我记得在卢沟桥拍的是敌我双方军队相遇的戏，偌大的一个十字街头，我们在东南角，李前宽站在椅子上，手执导筒，发号施令，不怒自威；各部门闻风而动，令行禁止，有条不紊，秩序井然。我觉得李前宽真的了不起，拿得起来放得下，举重若轻，游刃有余，不愧为大导、名导、牛导，服了。这几个镜头拍了好多遍，好多条，嗓子都喊哑了，真不容易，也真不简单。苍天不负有心人。这场戏果然成为整部影片的经典画面，非常震撼人心，非常鼓舞士气。《七七事变》这个剧本拍摄前我看过，我当时并不十分满意，还找李前宽谈过，希望他能让编剧再修一修，改一改。李前宽说，书记大人请你放心，你要相信萧桂云李前宽的判断能力，相信萧桂云、李前宽的纠错能力，相信萧桂云、李前宽的影像转化能力，相信萧桂云、李前宽的现场发挥能力，像《重庆谈判》一样，你照旧赌好吧！果然又被他又说中了，《七七事变》完成后，在北京举行首映礼，时任中央纪委书记、全国总工会主席、北京市委书记的尉健行出席并给予高度评价，该片也如愿地拿到了当年的“五个一工程”奖、华表奖、百花奖和金鸡奖单项奖。

经过这几次探访剧组，使我深深地感觉到，电影导演这个活儿并不好干，也不轻松，既要有艺术创造能力，又要有行政组织能力，既是个脑力活，又是个体力活，贪黑起早，风餐露宿，什么苦都吃遍了，但未必什么福都能享到，因为成功者毕竟是少数。李前宽萧桂云就是这少数幸运者之一，必然中的偶然，偶然中的必然，归根到底是必然。

1996年春天，我以长影党委书记、厂长的身份，和胡建、李前宽、高翔、崔国明、于慧、宋春丽、杜丽娟、王浙滨、叶大鹰，还有广电部台办副主任路明一起访问台湾，举办长影电影展。这件事是由中影公司原总经理胡建促成的，我请他当顾问；崔国明具体联络这件事，我让他当秘书；李前宽是全厂艺术干部的总代表，我称他为首席；高翔是厂纪委书记，负责全团纪律检查；路明代表部里全程监督指导。这次访问，接待我们的是台湾的一家民营公司，在住宿方面，除了我和胡建、路明是一人一间之外，其他人都是两人一间。有的团员有意见，而且提了出来，坚决要求换房。我也觉得有点问题，像李前宽、高翔两人，虽然不是团长、不是顾问，但也是厂领导班子成员，住一人一间比较合适。于是我就主动到李前宽、高翔房间去看他们，向他们解释解释，并征求他们的意见，看用不用换一换房间。可是刚和李前宽一说，李前宽就坚决不同意，他说很好很好，不必不必，我们在家住不也是两个人一间吗？朴实诚恳、机智幽默的几句话，让李前宽的形象顿时高尚起来，闪亮起来，“大”导演，“名”导演，“牛”导演的品位、段位出来了：德艺双馨，品学兼优，名副其实，令人敬佩。

在台湾，李前宽就是我们代表团的一张名片。他的作品在那里，《佩剑将军》《开国大典》《重庆谈判》《七七事变》；他的成就在那里，金鸡奖、百花奖、华表奖、“五个一工程”奖大满贯得主；他的地位在那里：全国人大代表、全国政协委员；他的身份在那里：长影总导演。凡此种种，都使他受到了台湾同行的格外尊敬与重视。有一位资深的台湾导演就对我说，我们很多同行都看过李前宽导演的历史题材电影作品，在政治上我们很难完全认同，但在艺术上我们却不敢有些许小觑，他塑造的蒋介石形象我们能够接受，他塑造的毛泽东形象我们也能够接受，不少人对他的作品是大体认可的。在两岸分立的情况下，能有这样的评价、共识，实属不易。

李前宽是学美术的出身，给人即时画像是他的一个绝活。在台湾，他的这个绝活大显身手。台湾各界对我们代表团都非常友好，非常热情，一周的时间里累计发表几十篇报道、文章，没有一篇是负面的。请客吃饭的单位和个人也排成了队，几乎每天中午、晚上都有饭局。为了回报主人的周到安排和热情款待，李前宽每次都在餐桌上用餐巾布给主人画像，寥寥几笔，栩栩如生，乐得主人心花怒放，欣喜若狂。有的人还开玩笑地说：我得给李导润笔费呀！说着就掏出一沓新台币来。李前宽也开玩笑地说，我可不敢收，我左边是厂纪委书记，右边是部台办主任，我缺心眼啊？逗得大家哈哈大笑。我记得，李前宽也给台湾著名导演李行先生画了一幅，李行先生爱不释手，赞誉有加。他们二位正是通过这次访问建立起了长期密切的联系，为后来两岸电影文化交流铺路搭桥。李前宽被推举为中国电影基金会理事长后，就和时任台湾两岸电影交流委员会主任委员李行一起，创办了海峡两岸电影展，从2009年开始，至今已举办了12届。就是在民进党“台独”势力日益猖獗的情况下，也没有停止、中断，是两岸电影联系的金丝带。

李前宽此访的另一大贡献就是向台湾同行介绍了中国大陆的政治制度。这是一个敏感话题，但李前宽毫不避讳。他有问必答，有惑必解，跟人家讲“人大”是个什么机构，“人大代表”是怎么产生的，“人大代表”有什么权利、义务，怎样参政、议政等等。他说他参政议政的主要方式就是提出议案，建言献策。他是吉林省的代表，他要反映吉林人民的意见和要求；他也是电影界的代表，他要反映电影同仁的意见和要求。这些意见和要求要实事求是，有的放矢，要在调查研究的基础上提出，不能凭空想象，更不能信口开河。李前宽是这么说的，也是这么做的。他当全国人大代表的时候，联合其他人大代表共同提交了一份议案，建议借鉴HBO的做法，建立中国的电影台，后被国家有关部门采纳，这样才有了现在的CCTV-6，电影频道节目制作中心；他当全国政协委员的时候，联合其他政协委员呈送一份提案，建议参照电影大国的做法，修建中国电影博物馆，也被国家和北京市有关部门采纳，并于2007年修建完成，对外开放，是世界上单体面积最大的电影专业博物馆。在开馆仪式上，国家和北京市有关部门专门表彰了他。我到中国电影版权保护协会工作以后，也请他提出关于加强电影版权创作、利用、管理、保护的提案。他看到草稿后，约我当面沟通，并让我们补充开展一项调查，形成调查报告交给他。在电影界全国人大代表和全国政协委员的呼吁下，中国电影版权工作得到了进一步重视，中国电影版权保护协会也由著作权保护组织变更为著作权集体管理组织，定名为中国电影著作权协会，这中间也有李前宽的一份心血，他起到了催生助产的作用。

在我调离长影的前夕，省委组织部领导同志找我谈话，希望我能推荐一下长影领导班子的预备人选，包括党政一把手。我说这是一个严肃的问题，我得对组织负责，对他人负责，也得对自己负责，我需要认真考虑一下，明天答复你。第二天，我经过反复比较，再三权衡，提出了几个人选，有党政干部，有艺术精英，其中包括李前宽。省委组织部领导同志对李前宽特别有兴趣，特别有感觉，让我尽量详细地谈谈理由。对此，我有预料，也有准备。我向他们陈述了以下七条。第一，李前宽是长影培养出来的艺术家，他对长影有着极其深厚的感情，这是我们这些外派干部所无法比拟的。让他作一厂之长，他一定能以厂为家，不舍日夜，拼死拼活、全心全意把活干好。一个人如果把公家的事当成自家的事来做，就没有做不好的；第二，李前宽1964年到长影，30多年了，他对长影的优良传统和人际关系非常熟悉，从工人到干部，从群众到领导，没有他不认识的，也没有不认识他的，这对继承长影优秀传统、调动长影员工的积极性非常有好处。长影人如果能各安职守，各尽所能，不藏奸，不耍滑，坚持方向，坚定信心，长影就没有办不好的道理。第三，李前宽在创作上的成功，提升了他在厂内外的声望。在厂内，没有人敢在他面前发飚，就是背后对他有异议的人当面也得叫他“李老师”；在厂外，从中宣部到广电总局，从各电影厂到各电影公司，包括这些机关单位的领导，都很信任他，有的还是他的朋友。一个国营电影厂，如果没有中央和国家主管部门的支持，没有省委、省政府的重视，没有各电影厂、电影公司的协助，是绝对不可能办好的。第四，一个剧组就是一个小电影厂，编导演摄录美服化道，各色人等，一应俱全，导演不仅是剧组的艺术灵魂，也是剧组的行政管家，人财物，吃住行，方方面面都得照顾到，能管好一个剧组就有可能管好一个电影厂，更何况李前宽管的都是几百人的大剧组。第五，《开国大典》是李前宽创作的一个高峰，也是中国电影的一个高度，别人超越难，自己超越也难，不妨在已经身居高位后试试转做行政管理，也许在这方面能另辟蹊径，崭露头角，创造另外一个高峰，达到另外一个高度。第六，李前宽是艺术专家，论艺术判断绝对一流；李前宽是民主党派，讲艺术民主也丝毫不差；如果再配上一个政治上强、作风上硬、有亲和力、有公信力的党委书记，说不定真的能在长影唱响一出新时代的“将相和”呢。第七，李前宽最大的思想障碍可能就是不愿意丢下导筒，但他的夫人萧桂云可以帮他弥补这个遗憾，李前宽自称萧桂云是他当导演的老师，萧桂云也确实比李前宽当导演还早，独立拍片，小菜一碟，用不着李前宽这个拐棍。一家之中，一个拍电影，一个管电影，未尝不是更好的安排。我的理由好像说服了省委组织部的领导同志，不久，他们就专门找李前宽谈话，征求他的意见。但李前宽不同意，且十分坚决，他说：我是长影总导演，顾名思义就是总给长影当导演，离开导演这个位置我会失落，我会迷茫，结果必然是导演当不了，厂长当不好，还是另请高明吧！他发自内心、声情并茂的陈述又说服了省委组织部领导，让他们成全了他的愿望，否定了我的建议。后来，我到中国影协担任分党组书记，在第六届中国影协换届选举中，我和李前宽一起被选举为中国影协副主席；我在中国影协退休后，李前宽当选第八届中国影协主席；离任后又被聘为第九届、第十届中国影协名誉主席，一切都是水到渠成，实至名归。

我调离吉林，调到首都，陆陆续续，稀稀疏疏，也有几位老乡来看我，但第一位来中国影协机关看我的长影人是李前宽，在那个特殊的时间里，在那种特殊的氛围中，让我刻骨铭心，至今难忘。那一年气候反常，长春冰天雪地，北京寒风刺骨，是李前宽的到来给我送来了温暖。常言说，万事开头难，头三脚难踢，在一片观望、怀疑，甚至抗拒、对立的情绪中，是李前宽的到来给我增添了力量。李前宽问我怎么样？我说沉舟侧畔千帆过，病树前头万木春，一切尽在掌握之中。李前宽问我忙什么？我说集中精力、排除干扰、全神贯注、心无旁骛地筹备第六届影代会，影代会召开之后，一切将尘埃落定。李前宽又问影代会什么时候开？我说长春雪化冰消，北京春暖花开之时。李前宽明白我的意思，他说你还行，有点老猪腰子。我说谢谢鼓励，谢谢夸奖，那我们就去吃“爆炒腰花”吧。我们在影协附近的小餐馆里吃了一顿便饭，李前宽非要买单。我说我现在也算是半个贴牌的北京人了，就让我尽一尽地主之谊吧。

第六届影代会召开之后，我和李前宽都被选为中国影协副主席。根据中国文联党组的安排，受谢铁骊主席委托，我主持召开了中国影协第六届主席团第一次会议。在谢铁骊主席致辞之后，李前宽带头发言，他说他一定要把中国影协当成自己的家，动用自己的一切资源，奉献自己的一切力量，把中国影协办成中国电影人之家。在他的带动下，其他主席团成员也都积极发言，表明态度。我记得潘虹副主席说，我们也要向前宽导演学习，努力完成影协交给的各项任务，绝不能让影协端着金碗要饭吃，打好影协翻身仗。

1998年重庆中国金鸡百花电影节是我到影协之后主持筹备的第一个电影节，李前宽萧桂云是电影节的特邀嘉宾。他们报到后，第一时间到我的住处去看我，还拿了很多水果和点心，足够我电影节期间吃的了。我很感动，也很兴奋，便开玩笑地说，你不知道我是大胖子、肚子大嘛，这些东西也不够我享用一周的呀！李前宽知道是闹着玩，便随手从口袋里掏出一些散碎银两，有分票，有角票，有元票，也有拾元票和百元票，说这是我全部家当了，再不够我也没办法了，并把衣兜翻过来给我看。我不收，他硬留，弄假成真，好不尴尬！

电影节闭幕后，他和吴贻弓副主席在返程前特意来跟我告别，向我表示祝贺，给我道个辛苦。李前宽说，我的大师兄认为电影节办得不错，非要我和他一起当面向你致谢。吴贻弓说，是的，一个电影节能够发动得如此广泛，宣传得如此深入，连社区黑板报上都是影迷撰写的影评，实在了不起。从影迷和观众的热情中我看到了中国电影的前途和希望！李前宽说他完全赞同，中国金鸡百花电影节真正成了举办地党委、政府和人民心目中的盛大节日，几乎做到了家喻户晓，尽人皆知，参与其中，享受其中，而不是电影人的自娱自乐。我相信他们的感受是发自内心的，但他们对我的关爱、支持、鼓励和深情更让我感激涕零。这是我第一次筹备、主持中国金鸡百花电影节，我需要主席团成员的肯定和表扬。他们理解到我的心情，满足了我的渴求，既是雪中送炭，也是锦上添花，我像饮了庆功酒一样，十分陶醉。

李前宽是中国金鸡百花电影节上的大红人、香饽饽，炙手可热，因为他有主持各种典礼、晚会的才能和实践，不用给他准备主持词，不用跟他讲调度，你就跟他说说意图、要求，他就齐活了，而且效果超出你的想象，常常给你大惊大喜。有一次为了争夺李前宽，负责两个不同影展的人打起来了，到我这里来告状。其中一个人说，他去年就是主持我们的影展，我们去年就说好了，今年还由他主持，可是现在他们却要他主持他们的影展。另一个说，我们来前就跟李主席定好了，让他主持我们的影展，李主席也答应了，并没有说他要主持你们的影展，我们有什么错？我禁不住笑了，我说你们都没有错，是我错了，我没有细致入微地检查你们的落实情况，没有及时发现撞车的问题，我来负责，我来补救。你们看我给你们主持一个好不好，也不用写稿，不用排练，可以吗？他们都笑了，握手言和，冰释前嫌。

李前宽后来被选为中国电影基金会理事长，接替我们长影的老厂长苏云前辈。有一天他气囔囔地到我办公室来找我，开门见山，直奔主题，说我没有办公室，要跟我“合署”办公。我说你先消消气，撤撤火，不管有什么问题，我都给你解决。我这么一说，他的气和火就泄了一大半。他说他让基金会下边的人去找影协办公室主任，希望影协能再给基金会租赁一间房子，给他做办公室用。但影协办公室主任一口回绝，没有商量的余地……我打断他的话，说你不用再说了，我已经明白了，我立即给你解决好不好？他说好哇。我马上把办公室主任叫过来，对他说，影协的办公用房很紧张，我知道，你回绝他们也没有错，我也不怪你。但李前宽是什么人？他是我们影协的准现役人员，招之能来，来之能战，战之能胜，给咱们影协办了那么多事，解了那么多难，现在他有难处了，我们不得帮他一把吗？这不是我们对他的照顾，这是他应该得的，我们得报答他。他有钱就租，没钱就借，克服困难，马上落实。李前宽知道我对他的真心和诚意，也清楚他自己对影协的工作无比热情，无私奉献，马上就说，谢谢书记了，麻烦主任了，我们不借，我们租。我说也好，亲兄弟明算账。李前宽说基金会和影协本来就是一家人，现在虽然分出去另过了，也还是一家人。今后影协如果有用得着基金会的地方，尽管直说，我们必定全力以赴，真心配合。后来，我们还真的和基金会一起办了几次活动，取得了1+1>2的效果。

“曾有惊天动地文！”那个拍过许多经典电影、精品电影、传世电影、不朽电影的李前宽导演走了，这无疑是长影集团的重大损失，中国影协的重大损失，也是中国电影事业的重大损失！但我坚信：李前宽导演和他的电影作品必将永载史册，永放光辉，永远活在亿万观众的心中！

2021年10月10日

本文节选刊发于《电影文学》2022年第5期

水调歌头·怀念李导

明振江[1]

填词一首，缅怀李前宽导演。

《佩剑》出春城，《金戈铁马》远。
国恨家仇《事变》，惊世作《谈判》。
光影书写历史，英雄银幕再现，
《开国》可称冠！
举目望《星海》，生死一《瞬间》。
善书画，能吟诗，歌喉展。
创作苦乐，“何事难过火焰山”
终身拼搏奋斗，赢得佳片连连，
精品留世间。
感君平生事，影坛识大鸾！

1　明振江：电影事业家、制片人、评论家及作词家，中国电影制片人协会理事长。先后组织创作拍摄了《冲出亚马逊》《惊涛骇浪》《惊心动魄》《惊天动地》《太行山上》《我的长征》《八月一日》《飞天》等60余部影片。

宏大历史叙事的银幕书写
——论电影导演李前宽

丁亚平[1]

在中国电影史上，李前宽属于社会人文类型的重要电影家，他的电影创作具有颇高的艺术价值，尤其是历史片方面，富于创新精神，影响巨大。在时代的急激变迁中，李前宽不断求取进步，填补空白，从历史中发现或创造模式、意义和故事，他的电影创作，代表了社会主流所倡导的价值观，同时呈现不俗的审美意识，对重大主题创作以至整个中国电影业的兴旺有着重要作用。李前宽作品及其展现的新的电影意识与路径，是在广袤大地结出的真正地道的果实，有着原初的激情、创造的力量和酣畅的诗性信念，从不同维度遥视并总结，富有重要的意义。这位电影家所留下的电影创作与贡献会在中国电影进一步发展的当下起到更大作用，显现所蕴藏的力量。

元气氤氲：一生的旅程

说起李前宽，大家公认他擅长大题材的宏观把握，称他的作品是有突破性的“大作”[2]，“力求从宏伟的

1 丁亚平：中国艺术研究院研究员、博士生导师。著有《中国电影通史》《中国电影史学》《影像中国》等。

2 梅朵：《一次突破性的成功——评影片〈重庆谈判〉》，载王人殷编《云开天地宽：李前宽、肖桂云研究文集》，中国电影出版社，2003，第277页。

历史背景下，对史实的准确真实的叙述、表现”[1]，“从中可见历史的真实，并有艺术激情，大长了民族的志气”[2]，“（一贯追求）气势磅礴、历史宏阔的艺术风格”[3]，评论者隐含的判断反映了这位重要导演特有的世界观和创作上的意识自觉与选择。李前宽生于渤海之滨的大连，根基深深扎根于北方的历史文化中。一望无际雄浑壮美的原乡高地景色、松辽平原上吹拂而过的荒野之风、瀚海无垠的荣辉与博大和他的人生、历史格局交融在一起，给他重要的影响，促使他其后数十年自觉自省地进行中国化创作。这些融入他对电影的炽热之情，成为他一生旅程所追求的信念和要求。

高中毕业，他同时考取沈阳和北京的高校，最后选择去了北京电影学院美术系学习。1959年共和国十年大庆前夕，他来到了北京电影学院，开启了自己的电影生涯。他想扩展自己的世界，他的共和国情结由此时刻萦绕魂牵。李前宽与后来成为他妻子的萧桂云自北京电影学院毕业后，先后被分配到长春电影制片厂工作，分别担任故事片美工和场记。在新中国电影发展的广袤历史空间里，长春电影制片厂是最早诞生的国有电影大厂，从影史源流上看，延安电影、解放区电影皆是其历史发展的荫蔽形式，在中国电影发展中以它具有的特定身份、传统和标签发挥了重要作用，被誉为“新中国电影的摇篮”，创造了新中国电影史上的多个第一，先后拍摄了近千部故事影片。

“长影”的《白毛女》《钢铁战士》《赵一曼》等经典影片脍炙人口，袁牧之、沙蒙、袁乃晨、王家乙、苏里、刘国权等电影家的名字伴随着20世纪五六十年代的辉煌，成为李前宽和一代人的青春记忆。置身于此，他们感受到了时间，拥有了身份，更拓展了自己人生的视野及电影的空间。

他们有了一份很棒的职业，又在感情上找到圆满归宿，一起进入光影流转、阳光照耀的二人世界。他们特意选了“十一”国庆节结婚。“爱情”在当时似乎并不是一个值得炫耀的词，但是土地与诗和祖国同样成为“原初情感”，成了这对青年电影家内心深处共同秉持的移情因素。一直以来，李前宽努力把注意力放在当下，导演于他成为一个很诱人的职位，而与萧桂云谈恋爱、结婚也是很重要的私人因

1 陈荒煤：《关于〈开国大典〉的通信》，载王人殷编《云开天地宽：李前宽、肖桂云研究文集》，中国电影出版社，2003，第262页。

2 余倩：《让历史在银幕发言——看影片〈七七事变〉随感》，载王人殷编《云开天地宽：李前宽、肖桂云研究文集》，中国电影出版社，2003，第283页。

3 任殷：《〈世纪之梦〉不是梦》，载王人殷编《云开天地宽：李前宽、肖桂云研究文集》，中国电影出版社，2003，第289页。

素。萧桂云是导演系毕业，受到导演苏里和袁乃晨等人的赏识。1977年，她执导个人首部电影《希望》，1979年和1981年，导演了戏曲片《包公赔情》《桃李梅》。他从她身上获益良多。但说她是当年李前宽从事导演的“向导”也许并不合适，李前宽是电影科班出身，在北京电影学院学习时便和同为大连籍的导演系主任田风老师相识，常常能在田风老师身边学习导演知识，学习以一个导演的目光观察生活。由电影美术转而做导演，“学的是美术，走的是导演的路”[1]，从田风到尹力、霍建起，这是比较多的人的选择。李前宽的选择并不依赖萧桂云，但显然也从萧桂云那里得到了一些重要的启示、鼓励和明智的建议。但他一生中做的许多好的决定，都是依从了自己的直觉。萧桂云的才情、内敛和包容一切的爱吸引并感染着他。他全部的信任都寄托在她身上，她全部的信任也都献给了他。两人每天起早摸黑来回为工作奔波，各自全身心地投入创作。几十年倏忽而过，他们成为扬声影坛的银幕伉俪，且以拍摄重大历史题材影片著称。他们从《开国大典》到《世纪之梦》再到《星海》，在一生的艺术旅程中彼此促进，协调一致。

多年以后，谈起两人的电影姻缘和合作情形、方法时，李前宽说：“我俩的矛盾不少，争执很多，有时吵得很厉害。当然，焦点问题全是艺术创作。”说起“最终服从谁”的问题时，他幽默道：“谁嗓门大，谁坚持到最后服从谁。”而萧桂云则纠正：“谁的观点正确，有说服力就听谁的。”[2]他们的话是轻松、幽默、愉快的，又是交心的、发自肺腑的，最重要的显然是，重在互补，支持彼此，从真实的原乡和原初的情感出发，发出他们共同的声音。这是他们长期合作的基础，是他们始终与电影共在的割舍不了的情结，也是他们纯粹个人性的凝聚。这超越了具体的创作活动，恰如超越了教条或某个单一主题。

“时间开始了”与电影的后见之明

“长影”在20世纪六七十年代充满了大事件，置身其间，极大地激发了李前宽作为一个电影家的活动。仅1973年，全国拍摄影片4部，作为当时电影生产重镇的“长影”就承担了3部。而李前宽、萧桂云有幸入选了其中的《青松岭》《战洪图》摄制组。无论是做美工助理或是当场记、副导演，都被视为“长影”人才和“干

1　敖日力格：《中国电影美术教育五十年》，中国电影出版社，2016，第105页。

2　文安忠、张劲松：《最佳夫妻导演掀起〈红盖头〉》，《电影评介》1997年第1期。

将”，他们“事业的马拉松”由此开始：“人生道路就是要实干，心中有包容，行动要持之以恒，在逆境中依然有理想，保持坚定信心和把握每一次机会。在电影厂里，人家不听其言，而是观其行，是干将才能令人折服和信任。”[1]

从后见之明的角度探问，李前宽青年时期热烈的情感、青春的记忆和新中国的诞生相生相随。对于他来说，生命时间的开启和作为艺术家憎爱选择的关联显然并非无足轻重。那时的李前宽看了不少像《丹娘》《夏伯阳》[2]这类的苏联电影，引进过来、车载斗量的苏联文学作品，以及俄罗斯音乐、绘画，都曾给他启迪，增强智慧。他对历史、社会和电影的深刻而内在的意识，是这段生活给予他的。除“老大哥”文学艺术全盘性的介绍影响之外，作为电影家理念的形构，在更深层是和冷战时期那个特定时代的意识，和殖民主义与列强的侵略连在一起的。1977年，他担任副导演的悬疑电影《熊迹》[3]上映。影片讲述在东北发生的一起越境敌特被我方击毙的案件而引发的抓捕“苏修”特务的故事，情节曲折，反派人物角色接地气。影片包含很浓的时代烙印与局限，正面人物浓眉大眼，后来如影迷所说，片中的外国人表情和腔调一点儿也“不外国”，坏人，一看就暴露。但这部电影对于当时人们的思想、意识，正、反思想方法，以及中国和苏联紧张的关系做了及时的反映，而且，影片也提出一个饶有趣味的问题：影片为娱乐而打造，和映射时代、教化观众的关系是什么？如何分辨、处理这个矛盾，意义何在？

1981年，李前宽和萧桂云联合执导电影《佩剑将军》，成绩抢眼。据说这是编剧张笑天指名要与李前宽合作，让他执导该片的。《佩剑将军》表现淮海战役时贺坚、严军率部起义的故事，视角独特。作品取材于徐州北线国民党第三绥靖区何基沣、张克侠将军率部起义的真实事件，但剧中“人物多，线头多，人物关系错综复杂”[4]，叙事轮廓不易把握。影片留下特定时代的人物造型、表演以及过于剧场化等技巧和形式上的局限，但李前宽在创作中融入新时期对电影规范或惯例的挑战的想法，体现了他对国共内战视角建构和历史题材创作中的当代逻辑的理解。这部用54

1 敖日力格：《中国电影美术教育五十年》，中国电影出版社，2016，第104页。

2 电影《丹娘》《夏伯阳》由中央电影局东北电影制片厂于1950年至1951年译制。

3 《熊迹》导演赵心水1963年曾导过电影《冰山上的来客》，并凭借该片获得长春电影制片厂“小百花奖”最佳导演奖，赵心水导演的戎马生涯、军人气质与一身正气，创作上的写实兼具浪漫的艺术风格，以及外向而擅长与人沟通的交流能力，给李前宽较大的影响。

4 肖桂云、李前宽：《将战斗在敌营内的“特殊党员”形象搬上银幕——〈佩剑将军〉的导演处理》，载王人殷编《云开天地宽：李前宽、肖桂云研究文集》，中国电影出版社，2003，第85页。

个工作日完成拍摄的大片公映后，反响强烈，创下当年电影拷贝的最高纪录。

拆除制式电影的模子：《开国大典》与我们

李前宽曾说他拍电影，就是要以极大的热情，“不按常理出牌”，“把创造历史的主体和电影艺术庄严地融合，让创作银幕辉煌成为一种自觉”。[1]这确实是值得一求的理想。李前宽的电影不是“制式电影”。这里我提出的“制式电影”，是在历史题材，特别是在大题材或主旋律的电影创作中，或者急功近利，“靠喊口号达到创作的目的”[2]，或者粗制滥造，以功利的、浮躁的商业化动机去赶时髦，在其核心深处，反映出艺术和思想的苍白，既没有敏锐的政治嗅觉和深刻的洞察力，又缺乏丰富的内容与形式：“那些急功近利，为了得政府奖而粗制滥造的电影，无疑违反了创作规律，必然遭到观众的反感。”[3]这样的作品简而言之，可称为百无聊赖者之歌。李前宽的电影，摒弃创作中存在着的一种伪现实主义，同时积极接受前人的成果并超越之，深刻表现时代精神，通过艺术手段反映历史，塑造生动可感的艺术形象，他的选择和突围是对制式电影的着意解构。他的重大题材创作，体现历史的真实，反对标语口号式地直奔主题，不提交与事实及当代理解相左的材料，努力反映当下情况、思考和价值观念，用电影唤醒灵魂，“清晰地呈现出我们这个民族在历经劫难之后，走向成熟、走向大度”[4]，是他所追求的。

《开国大典》是作为新中国成立40周年的献礼片任务交到李前宽手上的。影片包含了极为复杂的情感与需求，如何以对史诗的崇敬感去面对历史和历史人物，包括革命领袖，怎样调动综合艺术元素，去开掘这样一个富矿，把大规模的历史场面和自己的艺术个性体现出来？这是一个考验，何况他们只有不足三个月的筹备时间，拍摄资金仅500万元。但在李前宽心灵的深处，他是不服输、不习惯沉默或退后的人。

拍《开国大典》，记录并表现历史，展现“对史诗式美学风格的求索”[5]，他必须

---

1 李前宽：《一个导演的电影观：感悟电影的品格与发展》，《中国艺术报》，2011年1月17日；马李文博：《“我只是遵从了艺术规律”——访中国文联荣誉委员、中国影协名誉主席李前宽》，《中国艺术报》，2019年10月23日。

2 马李文博：《“我只是遵从了艺术规律”——访中国文联荣誉委员、中国影协名誉主席李前宽》，《中国艺术报》2019年10月23日。

3 李前宽：《一个导演的电影观：感悟电影的品格与发展》，《中国艺术报》，2011年1月17日。

4 李前宽：《一个导演的电影观：感悟电影的品格与发展》，《中国艺术报》，2011年1月17日。

5 黄式宪：《宏大叙事：艺术主体与历史精神的庄严遇合——论李前宽、肖桂云的银幕耕耘及其史诗风格的熔铸》，载王人殷编《云开天地宽：李前宽、肖桂云研究文集》，中国电影出版社，2003，第23页。

走进那个年代，升华崇高，努力去参透大题材电影的种种选择。他将找到的辩证法融入电影，思考此电影与观众和我们的种种关系及其性质，体现了对重大主题创作与观众对话性的理解。

创造关于过去的连贯、有趣而有用的信念、修辞和艺术叙述，在银幕上塑造生动的角色形象，细节感人。影片涉及历史人物有138个之多，对历史的案头工作要求格外扎实，片中的人物神态、语言、气质、风度呈现细腻、新颖、生动，又富有分寸感。在紧张的工作间隙，战士给毛主席梳头，一丝不苟。在西柏坡，毛泽东和周恩来抢夺香烟，互动频繁；彭德怀等回身看到有摄影机，赶紧躲开。毛泽东、朱德、陈毅、粟裕等人围着炕头讨论战略转移和部署，谈笑风生。毛岸英在西柏坡找父亲汇报个人情感问题，看到他吞吞吐吐，毛主席道：我不喜欢不果断的男人，有事就说嘛。岸英说：爸爸，我找到女朋友了。毛主席问：长得漂亮吗？格外有趣。父亲不赞成儿子马上就要结婚的想法，父子谈崩了。在解放军强渡长江前夕，国民党上下氛围凝重，蒋介石和江防司令一起打麻将，赢了钱后对部属说："打牌你不行，打仗我不行。长江防线能不能守得住，各位仁兄，拜托了！"演员表演分寸把握得不错，但演员把人物演活，植根于导演的意识、审美语感和修辞。也许，恰恰是有了李前宽坚持的"对于那诸多的历史事件一律以为我所需、为我所用的标准来决弃取、定长短"[1]这样的艺术自觉和思维，电影之为电影才能维系着艺术本质主义的力量。

饱含热情，在浪漫主义和现实主义结合处，擎起精神火炬，融入对艺术中的主观情境的思考和处理。全片100多个场景，"开国大典"这一宏大场景和庄严的历史时刻与辽沈、淮海、平津三大战役以及百万雄师渡长江的场面相呼应，影片开始即出现遍布死伤英烈的战场上一名战士站起来迎向太阳的推进镜头，颇具表现性的美学语感。天安门广场"开国大典"的人声沸腾，毛主席的"中华人民共和国中央人民政府，今天成立了"振奋人心的宣告，腾空而起的绚丽礼花，人民万岁的主题音乐，叠化出无数革命先烈在炮火中缓缓倒下，"以静制动"，展现了艺术的主观性和浪漫主义诗性。《开国大典》中使用了四十多处珍贵的修复上色资料片，它们与新拍摄镜头在一种褐色的历史影像中融为一体，既具纪实与创作的双重品质，又解决

1　李前宽、肖桂云：《用心血在银幕上浇铸丰碑——影片〈开国大典〉导演艺术总结》，载王人殷编《云开天地宽：李前宽、肖桂云研究文集》，中国电影出版社，2003，第145页。

并探索了历史与真相的表现性和意义。

思考主题电影创作，部分是要思考历史是为了什么，为了谁，努力在重要革命题材创作中探究、表现这个问题，展现并阐释过去的基本“历史”是什么，对今日将会有什么帮助。影片把笔墨集中在毛泽东和蒋介石这两个人物“内心世界”的揭示上，聚焦并反映新中国诞生的宏大主题，它在史实基础上，将国共此消彼长的发展走向与所处位置进行剖析表现，把历史内部错综复杂的矛盾、兴衰和国民党分崩离析的困境予以深刻的展示。导演以自己对重大革命题材的研究与理解，展示了他们和那一代电影人的历史视野。党中央从西柏坡进北京，120辆军车排布在两公里以外的地平线上，毛主席和他的战友们登阶梯很“静”地走上天安门城楼。拍摄时，清澈的天空下，阳光洒落下来。“晨钟远远一声扬！不知来何从。”[1]《开国大典》气势宏伟，堪称鸿篇巨制，其规模之宏大、覆盖面之广，都是同类历史片中少有的。难能可贵的是，不止影片处理得富有气势，而且更具有史诗般的特点，它对中国电影的贡献谁都不能抹杀。“还历史以本来面目”成为在李前宽的创作中起作用的基本关切和主题。李前宽曾思考：为什么一些主旋律作品会遭到扭曲呢？这是因为有的主旋律电影确实没有拍好，你“对着观众张着大嘴说革命口号”，这当然绝不是艺术。[2]

再现秩序与人文类型

《开国大典》不仅获得了艺术突破，也创造了1.7亿元的票房新纪录，还在香港连续放映147天，被视为奇迹。影片荣获第10届中国电影金鸡奖最佳故事片奖、最佳编剧奖、最佳导演奖、最佳男配角奖、最佳剪辑奖，第13届大众电影百花奖最佳故事片奖、最佳男主角奖、最佳男配角奖等奖项，受到各方热烈好评。这让李前宽、萧桂云站在了一个令人羡慕的事业门槛上。他们在电影上继续摸索，涉及重大事件与主题性的创作，高度尊重历史，人性的丰富性得到凸显，也让人觉得李前宽是真正继承了第二代、第三代导演的遗产，展现了第四代导演所能够拥有的任何可能的艺术关系和艺术认识的发展。

1　李欧梵：《漫谈晚清和五四时期的西学和国际视野》，载王德威、季进、刘剑梅主编《当代人文的三个方向》，香港三联书店，2020，第14页。

2　李前宽：《一个导演的电影观：感悟电影的品格与发展》，《中国艺术报》，2011年1月17日。

《开国大典》之后，李前宽和萧桂云沛然向上，充满创作激情，克服困难，相继导出了《决战之后》《重庆谈判》《七七事变》《金戈铁马》等表现20世纪三四十年代革命历史题材的重要历史片，其中充盈浪漫主义的崇高与历史的关怀。《决战之后》讲述对国民党高级战犯改造的故事，展现并想象思想衍变的时空维度。《重庆谈判》表现毛泽东亲赴重庆与蒋介石谈判的过程，遵循历史，揭示了当时国共两党复杂的矛盾和斗争的局面。《七七事变》比较真实地描写了敌我双方的众多人物及其交锋过程。除了尽力还原并叙写大历史，还重点展现了英勇善战、不怕牺牲的普通官兵形象，做到“人各有貌”[1]。《金戈铁马》在尽力尊重历史的前提下，构建了我军进军大西北的恢宏战争场景，简洁明快。其他的还有影片《旭日惊雷》《世纪之梦》《田野又是青纱帐》《甜女》《红盖头》《星海》和电视剧《苍天圣土》《抗美援朝》《血洒故都》《明月出天山》等。作品的现实主义，包括其影像、历史和形式，大都指涉政治史、社会史、心灵史的图景，将之全面生动地呈现给观众，规模宏大，引起很多人的兴趣。“当过去重新进入现在，它就成了一个强有力的所在。”[2]伴随艺术之树成长，寻求并坚守心中的艺术理想，需要实干和持之以恒。

艺术是复杂的，电影的拍摄确实难。李前宽的电影创作及意识，拥有两种再现秩序，即历史现实的秩序和艺术他者的秩序。前者有一个描摹历史与照见现实问题，既反映真实的时代和人文环境记录，又映寓一个观察者、参与者的关切。而后者呈现给我们的，除了作为创作主体的历史符码及象征外，更多的则是一代电影艺术家对艺术表达、艺术理想的追求，蕴蓄审美的创造的世界。李前宽的影片之所以气韵生动，在影坛常常风行，与这两种关系的良好处理和克服有直接关系，不管外界世界如何，“耐得住挫折”最重要，心中的电影和理想仍需要坚持。在内心深处，他不会将自己努力创作的一切毁于一旦，但是内中的因素和成规不少，他有时候也备感无奈。像2000年他和萧桂云合作拍摄的30集电视剧《朝鲜战争》，将描写的重点放在中美双方在这场战争的主帅与他们周围相关的人物及相关的战争过程上。作品直面历史真相，主题凝重：“这场战争本身就是凝重的，它的惨烈、悲壮，以及长期以来无法真实言表的本身就是残酷的，是战争里的政治，更是一场

1 李前宽、肖桂云：《为中华民族之魂呐喊——拍〈七七事变〉有感》，载王人殷编《云开天地宽：李前宽、肖桂云研究文集》，中国电影出版社，2003，第198页。

2 ［英］约翰·H.阿诺德：《历史学》，李里峰译，香港牛津大学出版社，2016，第17页。

政治里的战争。”在这场战争过去半个世纪后，他们依然感受到反映这场战争的艰难，在他们已经拍摄的画面外，还有许多未尽的语言，它令这部作品的主题服从政治，又显得很凝重，“凝重得不可思议”，这不仅仅是作品的张力，它确确实实有时代烙印，反映着时代的艺术家必然受时代的制约。[1]非常可惜的是，因为语境和涉外的原因，花费大量精力物力，中央电视台全额投资3300万元，动用美国、俄罗斯等17个国家的演员和部队十多万人次，历时一年多才完成的作品，未能如预计的在2001年元旦作为“一黄”（中央一套黄金时间）新年开篇剧目播出。如果没有不了了之而能顺理成章地播出，相信它至少和后来的《跨过鸭绿江》一样，为当代中国影视史添加新的一章。

在生命的最后时期，李前宽打算拍一部有关“东影”/“长影”的影片，这也是一部未完成的作品。他是想到中国电影的黄金起步和多声部的关键性时刻与场景，思考中国电影怎样在横向上追求多元，在纵向上追求艺术灵魂的“深邃”？而且这是否在向“东影”“长影”和中国电影致敬？还是要达到一个新的革命移情的效果，进而把原来电影“杂多”的或浮嚣于市场的意义做解构？

李前宽并不给自己界定脸谱的或电影的话语体系。作为导演的副本，他通过画画展示着自己的心灵自由。有着电影学院美术系扎实基础的他，其个性、勤奋和“美术”情愫，包括他的真实感受，呈现在一个个即兴速写与素描中，一本本人物、风景作品中。画家王明明称他的画“不绕弯子”，“直接就抓住了精、气、神，很能打动人”[2]。

李前宽是“长影”走出来的中国第四代导演的代表人物。第四代在新中国成立至改革开放前成长，“由最初的借鉴、消化吸纳向创新、探索的成熟和丰收迈进”[3]，到新时期一度成为电影的主流，他们的创作反思政治和历史，带有紧迫性，并不断获得一种新综合和真正信仰的力量，在中国影坛建立起比较可行的电影经典的创作基础。新时期之萌兴，是第三代、第四代和第五代电影人竞相出现的新局面。这样众声喧哗的现象，如今看来，尤感弥足珍贵。他们是把自己投入一个与中国电影休戚相关的共同体系之中，参差不齐，却努力让自己的作品拥有盛期创作的价值。多

1 李前宽、肖桂云:《艰难的战争——拍摄〈抗美援朝〉赘语》，王人殷编《云开天地宽：李前宽、肖桂云研究文集》，中国电影出版社，2003，第233页。

2 王明明:《专业与业余——读李前宽的画》,《美术》2014年第2期。

3 丁亚平:《中国电影通史（第2卷）》，中国电影出版社、文化艺术出版社，2016，第122页。

元一体的创作格局奠定与时代同行的意识基础。中国电影创作中的导演，概而言之有三种人文类型，各具一定的持续性和影响，代表了当代电影的三个方向。

第一种是社会人文型导演。面对严峻的历史，民族国家建构和国家想象扩展了电影人的世界观，这一人文类型的电影家，绝大多数努力通过创作，把自己的历史主体性带了出来，放到电影故事的前台，着意建构民族国家历史，关注现实生活。他们的创作开历史或现实题材电影的风气之先，以史诗般的笔触塑造角色形象，以强烈的时代意识去烛照历史。第二种是商业人文型。它的价值内涵重视世俗与娱乐性，观照当下，在艺术的类型化上不断发力，与市场经济和电影工业化意识结合。在电影产业化不断发展的过程中，充满新的能量和多样性，有的作品的质量进一步提升，有的创作更加多元，有的重视市场更趋理性的“软实力”作用，当然，也有一味重视为市场及市场眼皮底下的利益的。第三种是艺术人文型。听从灵魂的召唤，聚焦精巧的造型，自己的创作不以社会欢迎的多寡为标尺；无论是多元创作，独立思考，抑或自由、执着和世界性的艺术想象，其背后的视野更为宽广。

李前宽作为社会人文类型的电影导演，从青年转向中年，其艺术意识和世界观的变化，受了从延安电影到解放区电影再到“东影”/“长影”传统的比较明显的影响，从他身上可以看出信仰和意识形态的力量，其个人的创作，偏于表现宏大而深刻的主题思想，反对为市场而市场的商业化，展现了社会主流所倡导的价值谱系。李前宽当然并未被定位在边缘的电影知识分子之上，但是和艺术人文型相似，他的影片中人物和故事不无认知和思考性，富有诗性观念和艺术的审视与创意，金戈铁马的恢宏场面包蕴着一种独特国家想象的强大人文力量，艺术表现上的视听画面营构和动人心弦的儿女情长描写不仅没有失去自己，更让作品印记着时代的烙印和兴致高涨的浪漫主义精神的典型性表现，有着更高的审美意识的张力，让观众在看过作品深受感染的同时也会获得冷峻的思考。

李前宽对自己作为中国电影人的艺术身份和社会身份做过一番深入的反思，反映了电影家在“第二空间”上的思想与行动力。在他内心里，只要能推动中国电影发展，他都愿意摇旗呐喊、站脚助威。“在其位，谋其政。”作为全国人大代表，李前宽曾提出过多项提案，如倡建电影频道、中国电影博物馆，促进中国电影产业政策的出台，建议政府加大投资力度，掌控部分影院，使院线迅速扩展起来，让更多的人走进电影院，等等。2008年，他担任中国电影家协会主席，竭尽分内之责。

而作为中国电影基金会理事长，他积极从事电影公益事业。[1]只要是有助于中国电影繁荣发展，包括海峡两岸暨港澳电影的团结与合作的事，超越自我创作、置身“公共空间”的他都愿意去做。

一个导演，之所以有大气魄，除了不必着眼于急功近利和眼皮底下的利益，更要表现出自己真正的电影意识及宽阔视野和独特观点。之所以说独特，第一是基于当时他所处的位置，有自己的偏爱，但不迁就一时一地的东西，电影史上第一代至第三代导演中的郑正秋、蔡楚生、谢晋等，有过自觉意识，做出过出色的努力，产生了重要的影响，而在第四代导演中李前宽及其作品足为代表。第二则是通过创作精品化的努力把自己的作品留在观众的视线里、口碑中并写到电影史的篇章上，于李前宽而言，他已经成功地交出自己的答卷。而从历史的品位、广泛的领域进一步认识、发现与拓展电影，作出重要对话，有待更多人的努力。

本文刊发于《电影艺术》2021年第5期

1 赵凤兰:《“银幕大将军”的共和国情结——访电影艺术家李前宽》,《中国文艺评论》2019年第6期；王昆:《中国电影家协会主席李前宽畅谈电影发展：中国电影事业不能纯市场》,《今日中国论坛》2009年第Z3期。

我的良师益友

——怀念李前宽导演

王子伟[1]

2021年8月12日上午8时29分，曾执导《开国大典》等经典电影的国家一级导演、中国电影家协会名誉主席，我的良师益友，电影事业上的领路人李前宽导演，在浙江宁波慈溪逝世，享年80岁。听到这个消息，我心情无比沉痛，李前宽导演的逝世是我国电影界的重大损失。他深厚的家国情怀、杰出的艺术成就和高尚的精神品格，将永远铭记于中国电影的史册！

想起与李导演在一起工作生活的日日夜夜，感慨万千，潸然泪下。李前宽导演是我电影艺术道路上的前辈和领路人，是我的恩师，在工作和生活中又是我的挚友。算起来，我和李导相识已四十多年，工作合作也有20多年。从电影《田野又是青纱帐》《血悟》《开国大典》《决战之后》直至《抗美援朝》《传奇皇帝朱元璋》，在这么多年的工作生活中我们结下了深厚的友谊，我也是通过这一部部艺术作品不断地成长，在这其中，李导对我的教诲帮助是极大的，也是让我终生难忘的。对于他的不幸病逝我深感痛心。李导给我的感觉一直是乐观向上的，他的胸怀和面对一切的勇

1 王子伟：长春电影制片厂一级美术师，曾在李前宽、萧桂云执导的《开国大典》《七七事变》《决战之后》《抗美援朝》《传奇皇帝朱元璋》等多部影视剧中担任美术师。

气，也是我非常敬佩的，很难想象他倒在了病魔下。

李导已去世数日了，今天伏案写追思李导的文章，那原本平息了的思绪又升起一股哀伤，在冥冥之中仿佛看到他就在我身边。但梦醒后又是一片茫然。我痛心失去了一位好朋友、好老师、好的领路人。他为人宽厚不计前嫌，坦坦荡荡，永远给人带来快乐，希望和奋斗精神。我记得李导常说一句话："拍电影就是迎着困难前行的工作。"现在想起来，感到确实如此。在拍《开国大典》时，剧组一直为如何展现138位真实的历史人物、多场重大战役以及天安门广场开国大典的庄严仪式而纠结。经过冥思苦想，在李导的带领下，终于找到了一种以真实性与表现性相结合的艺术手段，即把老一辈电影人在战场上拍摄的那些珍贵纪录片镜头，与我们拍摄的镜头融合在一起，巧妙地衔接起来形成崭新的电影语言。功夫不负有心人，这部电影最终获得了第10届中国电影金鸡奖最佳故事片奖、第13届大众电影百花奖最佳故事片奖，成为银幕经典之作，并于2019年10月18日公映了4K修复版。这也很好地验证了李导"拍电影就是迎着困难前行的工作"这句话的深意。

在电影《七七事变》拍摄中，李导告诫我们对于历史题材首先要尊重历史，但又不能拘泥于历史。要用现代人的思维，用化学元素不断组合、不断变化而达到为我所用。他常说一个好的场景能给导演非常好的启迪。一个好的美术设计，不应是一个工匠，应是一个有思想的，能以影片整体造型色彩的设计，为导演提供理想的剧情环境。电影《七七事变》的成功。也为我以后的艺术创作，诸如《抗美援朝》《传奇皇帝朱元璋》《走西口》等影视作品打下了良好的基础。

回想和李导的最后一次合作是在2018年长春电影节期间。李导来电话约我到厂里参加《东方欲晓》电影剧本研讨会。这时我与李导已几年未见了，我知道他的病，但只是侧面了解些，没勇气直面，不知道现况如何。我怀着忐忑的心情从外地赶去长春，下午两点我在厂大会议室见到李导和萧导，让我很惊讶李导除了面部皮肤稍黑些，其他看不出任何病状。尤其握手时亲切的力度和"来了蔫土匪"（他对我的别称）那久违带有磁性的声音和幽默的语言。我回他说"我来了李大爷"，此时我悬着的心终于落了下来。

剧本研讨会上李导面对省委宣传部领导、厂领导及专家、记者们，阐述了这部描写新中国电影摇篮的创作构想，这是一部重大革命历史题材电影，在新中国电影史上的重要地位……他慷慨激昂和略有点煽动性的演讲及对艺术的追求，打动了每一位与会者。我为之一振，不是他的演讲而是他的精神头。他如同一个完全健康的人一样，完全没有了自我，沉浸在了剧本创作之中。

次日，我们来到二道区拖拉机厂旧厂房勘查景地，天空下着丝丝细雨，在泥水中李导和我们一样，仔细研究分析厂房的建筑结构和安全系数，讲解着剧中场景的分布和构想。然后我们又驱车前往废弃的机场，看着长长的长满荒草的跑道，他脑海里又有了新的思路，向我们拓展他的新构想……我看着他雨中的身影，那激情满怀的精神，这一切真的很难将他的年龄和病情连到一起。这就是忘我精神，这就是一个导演对电影事业的责任。不禁让我想起李导在任全国人大代表期间，多次提案建立中国电影博物馆及电影频道等事宜，经多年的奔波努力均已成为现实，他为中国的电影事业作出了巨大贡献。这就是格局，一个大导演的格局。

因多年未见，晚上李导到我房间说要换换脑子聊聊。于是像以往一样，他习惯性地斜靠在沙发里将脚搭在茶几上，天南海北地聊，聊这些年在外拍戏得与失，成功与不足。从家庭、工作到健康，当谈及他的病情时，他显得是那样从容淡定。他说当医生告知他病情时他还在为医生画像，医生都很吃惊，他说当了这么多年大夫，看了无数个病人，还没有一个病人能如此镇定自若，像没事人一样。而且这还不是一般的病。面对着生与死能如此淡定，而且和我一边聊还一边调侃着，这得需要多大的精神和勇气呀。这绝不是一般人所能具备的。以前我常听萧导唠叨说李导啥事没心没肺，看来还真是如此。当然这是句玩笑话。我想真正支撑他的是一种精神和信仰，而这种精神只有胸怀宽广的人才具备。这里装有对亲人的爱，对事业的眷恋。他和我说心情就像蓝天白云，每一天都让阳光照耀你，你就灿烂。真正的唯物主义就要面对现实。他的这种无所畏惧的精神，真值得我们好好学习。

以前他常讲起他的恩师田风，一位优秀的大艺术家，电影学院导演系主任，精通绘画、音乐、导演。他抛弃了优渥家庭，为民族为理想参加革命，解放初期国家困难，他变卖家产，捐献给新中国组建了大连交响乐团。恩师说想成为大艺术家，就要吃苦，要苦干，要舍得，要有为艺术献身的精神。这就是一个大艺术家的胸怀。李导很幸运有这样一位领路人，为他精神世界和艺术事业打下了良好的基础。李导十分感恩和怀念他。在做人上李导告诫我们要德字当头，要有德行，要孝顺父母，一个人连自己父母都不孝，这个人不能交。这些年在李导和萧导身边耳濡目染，使我的思想和艺术道路少走了很多弯路。真可谓近朱者赤呀。

我们聊到了《东方欲晓》从故事结构到人物的取舍及对环境、道具、服装、化装造型的要求，聊到了影片的历史意义和现实意义。“东影”是新中国的电影摇篮。它是共产党人用鲜血和生命换来的，它创造了新中国电影的七个之最，它为全中国输入了大量电影优秀人才。这是中国电影史上不可缺失的部分。他说他是怀着一种使命感来拍这部重大历史题材戏的。我们拍就一定要拍好：一、要有突破性；二、要在大的历史背景下真实再现历史；三、要有波澜壮阔的艺术效果。这是创作原则，也是我们的追求。他讲当年拜见李苦禅大师时，告诉他画画就要画大画，要有将军站在山上俯瞰千军万马的精神，心中自有雄兵百万。我想这就是多年从《佩剑将军》《开国大典》《决战之后》《重庆谈判》《七七事变》《金戈铁马》《世纪之梦》《抗美援朝》等作品中看到的，这些巨作都代表着他对艺术的理解和深沉热爱，引领社会风尚，塑造人民共同体意识，热爱党，热爱我们的祖国。他似乎每部影片都是带这种感恩之心去拍。这得益于他对国家民族的热爱和对艺术执着追求，不忘前辈的教诲，不忘初心。我想这就是李导常和我讲的人要有的德行吧。随着时间的漂移，夜已近半。我望着他耄耋之年不言老的样子，感觉自己又年轻了。

正月初四是李导的生日，他们搬到北京之前，一到这一天剧组里的老老少少、男男女女的一帮人都聚集到李导家。萧导热情招待大家，李导在家是典型甩手掌柜的，萧导在厨房忙活，让李导招待。他一会问烟在哪儿，一会问水果洗没洗？……萧导还得一一找出来，亲昵地责备他几句。这时候李导非常自豪地摆出一个大丈夫样子，向我们炫耀，招来一片唏嘘声，客厅里充满了欢声笑语。这时萧导已在厨房忙得不亦乐乎，而且她还不要任何人帮忙。萧导真的是一个美食家，她做的菜色香味俱全，尤其是拌木耳、蔬菜沙拉、清蒸鱼、海螺炒蛋……真是幸福满满。面对一桌丰盛的佳肴美酒，李导又要调侃萧导几句，在一片欢笑声中，我们献上对李导和萧导最美好的祝福。大家纷争着和李导萧导合影……我多么希望时间能永远定格在这一刻。

李导，山东人的性格豪爽仗义，在外人的眼里他是个大导演，但在我们心里他就是一个“哥们儿”。记得在拍电影《开国大典》时，他为我的副美术上字幕一事竟不惜惊动了电影局。我感谢之时，他说你做到了，这是应该得到的。这就是他的为人。他在工作中既严格要求，又真情呵护。剧组里谁有了困难，他都会毫不犹豫帮助，就连组里司机经济上遇到困难，李导和萧导也立即拿钱帮助。1996年我和萧导在云南拍戏，我爱人来信说长春有一个新楼盘，离厂很近问我买不买。我即刻和萧导商量（当时我们什么事都愿意和他们商量），她马上说好啊，买！钱有问题，我帮你解决。

我在外拍戏时间长了，他们会让组里将我爱人和孩子接到组里小住几日。节假日时他会让主创们带着家属聚聚，以表示慰问。家里有什么矛盾，也愿意找他们帮助调解，为此我们建立了深厚的友谊。在李导和萧导的带领下，我们这个摄制组一直是厂里的先进集体。我们也为能有这样的领头人感到自豪，

李导常说，“我庆幸自己这一生选择了电影”。而今天，我深深地感到，我庆幸，我不仅选择了电影，更庆幸结识了李导，这位我的恩师、我的良友，他的优秀品德一直深深地感染着我，创作上他大气，做人上他大度。虽然再无法听到他的教诲，看不到他在片场的叱咤风云，但他的品格依然在感染着我们，他的力量依然在鼓励着我们。

我怀念那个时候，我更怀念李导。

深切悼念李前宽先生

王英伟[1]

我怀着沉重的心情，深切悼念我的好朋友、电影战友、电影大师李前宽导演。

我谨以最深的怀念与致敬，向李前宽导演的家人致哀。李导演一生热爱电影，通过光影艺术歌颂祖国，其成就深受国家和业界肯定。李导演于1959年至1964年，在北京电影学院美术系毕业，是一名杰出校友。在毕业后曾担任长影厂总导演，拍摄过《开国大典》《重庆谈判》《七七事变》等经典作品。他的作品形神兼备，从其扎实的专业基础，可见作品叙事能力极强，张弛有度，分寸拿捏得极其潇洒而准确，其中所呈现的人物和画面，都能给人留下难忘的印象。

李导演对中国电影事业有卓越贡献。他曾担任第九、第十及第十一届全国政协委员，中国文联第九、第十届主席团荣誉委员，中国影协第七届副主席，中国影协第八届主席，中国影协第九届、第十届名誉主席。更于中国电影100周年华诞时，被国家人事部和广电总局授予“国家有突出贡献电影艺术家”称号。

我与李导演相识于2004年，从我出任香港国际电

1　王英伟：香港特区政府艺术发展局主席、香港特区政府电影发展局主席、香港国际电影节协会主席、亚洲电影大奖学院主席。

影节协会主席开始。此前香港国际电影节先后每年由市政局及艺术发展局主办，其后发展成熟，香港特区政府决定成立独立非官方及非牟利的慈善团体进行运作，以“电影令世界大同”为口号，致力发扬电影文化。我和李导演结下不解之缘是在我出任主席后，李导演每年皆率领中国电影代表团出席香港国际电影节，拉近香港和内地电影人之距离，为此后的两地合拍潮流起到引领作用。我和李导演因对电影有共同理念和以相知系于诚的心态，成为挚友。他大力支持我推动亚洲电影大奖，并于2007年在亚洲电影大奖创立之后持续十几年间，努力不懈地支持我推动亚洲电影人的交往和合作。为表扬他对亚洲电影事业之贡献，亚洲电影大奖于2016年颁发卓越贡献奖给李导演。今天，亚洲电影大奖已来到第15届，一直以亚太区为中心及每年由亚洲三大国际电影节联合举办，即香港国际电影节、东京国际电影节及釜山国际电影节，其影响力亦与日俱增。

在我心目中，李导演为人乐观积极，热爱助人。他传承了电影给他的使命，在作品里人物鲜明，有着深刻的个性，能讲出好故事；亦把中国电影承续至今，让镜头聚焦在民族的沧桑和国家的命运上。作为一个导演一个艺术家，他是德才兼备，尤其是他深厚的爱国情怀，是我们每个人都应该毕生学习的榜样。

多才多艺李前宽

王霆钧[1]

2021年8月12日，中国共产党百年华诞庆典活动中的一个普通日子。

这一天，《新民晚报》以“致敬伟大征程全国优秀电影揭晓：《开国大典》《中国机长》等20部影片获奖”为题，发布了第30届华鼎奖的最新消息。这届华鼎奖李前宽还获得全国优秀电影导演奖。

这是李前宽生命中最后两个大奖，然而，他已经听不到这个喜讯了。

这天早上，他不幸病逝。

一颗巨星从此陨落。

悄然陨落的巨星在网络的汪洋大海里激起滔天巨浪。李前宽的生前好友不相信这事，迅速找到李前宽的夫人萧桂云求证。在噩耗传来之后，吊唁的文本通过微信在网上如雪花飞来。

亲友们怀念他的为人，怀念他的才艺。除了电影他的老本行之外，多才多艺的他，在绘画、音乐、表演、演讲、指挥等艺术方面都有相当深厚的造诣。

1　王霆钧：作家。历任长春电影制片厂原文学部主任，艺术处处长，吉林省电影家协会秘书长等职。著有《小巷经理》《关东民谣》《少奇专列》《月色无言》等十余部。追随李前宽、萧桂云多年，是《画里画外——导演李前宽、萧桂云电影传奇》的作者之一。

从《开国大典》李前宽成名那年开始，我就追踪采访他。将近三十年，从长春到北京，我们经常见面。为了深度了解，他出去拍戏有时也带上我。在他生命的最后两年，我们合作了表现东影创业史的电影剧本《东方欲晓》。我和他在一起的时间相对比较多一些，对他的了解也就多一些。

我愿意将我了解的多才多艺的李前宽呈献给每一个读者。

他的画，一手令人称奇的绝活

他从电影导演出名，我先说他的画。

1992年2月初，李前宽住在长影大门右侧的新房子里。采访结束之后，他给我画了一个速写，几分钟就把我画出来了，画得很有神采。他是画在速写本上，把这一页扯下来给了我。我知道，人物速写是他的一手绝活。1987年夏天，他第一次出访苏联的时候，他为多位苏联老电影人画的速写，不仅为他，也为中国电影代表团争了光。他为当过老红军的电影厂长父亲画了肖像画，寥寥几笔，神形兼备。让厂长大为惊喜，想不到中国电影的年轻导演画得这么漂亮，连呼他有才！他到莫斯科的“老战士之家”为已经88岁的编剧画了像，老人连连称好，作为最珍贵礼品收藏起来。在访问《政府委员》的导演、列宁奖章的获得者扎尔赫依时，李前宽兴奋不已，很快在速写本上勾勒出他的头像，送给他。扎尔赫依看了，高兴地伸出大拇指，连说：“很好，很好。我们很多电影大师都是学画的。好好干，你会成为非常棒的大导演。”

李前宽在瓷碟或瓷盘上的人物速写更是令人叫绝。每次出访或在国内参加大型宴会，在等待上菜的空档，他都会掏出笔来，拿过放在旁边的碟子或盘子，给身边的人画像，两三分钟，画像完成，然后送给被画的人。每个接过画的人都分外惊奇，成为十分珍贵的收藏。他在不同场合给人画像，给艺术家画过，也给中外地方政要和名人画像。在人民大会堂开会时，他给国防部长迟浩田画像，给国务委员李铁映画像。有一年春节，文化部部长在钓鱼台国宾馆宴请文联各大协会的领导，李前宽和部长同坐一桌。李前宽兴之所至，掏出经常带在身边的碳素笔在盘子上给蔡武部长画起像来，几分钟，一幅栩栩如生的画像出现在盘子上，签上字。王文章副部长一直在旁边看着，惊讶地说：“李主席，你这造型功夫太好了。”蔡武部长看了自己的画像，高兴地说，这个盘子我收藏了。他又说：“前宽，我和你去日本札幌，你给札幌市长画的像，乐得他直说这是中国艺术家最好的礼物。”

美国作家库恩也说：“在晚宴上用十几秒就在一张餐巾纸上画出我的肖像，李导从来都是创造力的化身。”

在餐巾纸上画人物，比在盘或碟上画更见功力。

李前宽是从电影美术转行做导演工作的。长影人最初见识李前宽的绘画才能是在20世纪80年代。吉林省文艺界向全省美术爱好者发出征集美术作品举办美展的消息。长影的美术人才跃跃欲试纷纷投稿。李前宽出差回来，距结束征集活动只有半月了。李前宽在电影学院学的是美术，可他到长影以美术助理的身份只参加过一部影片的摄制工作便改行去干场记，想往导演上发展。在一些人看来他是美术不行啊！有些同行想摸摸他的底，把省里美术作品征集的消息告诉了他，问他参加不。李前宽说参加。没用半个月，他把一幅油画《鲁迅》交了上去。

美展开始那天，观者云集。《鲁迅》油画作品独树一帜，立刻吸引了众多目光。鲁迅站在斗室的窗前，右手拿着一支香烟，灰白色的烟灰已经很长了，墙上挂着德国版画家珂勒惠支的版画。桌面上放着文稿、书籍，一支毛笔放在砚台上。罩着绿色灯伞的台灯发出柔和的光，鲁迅先生表情凝重，望着夜空，而夜空是北斗七星。那独特的构思，细腻的笔触，丰富的细节，主人公的表情，让每个看画的人看到画家不凡的艺术功力。

李前宽的作品获得了一等奖，在省文联刚恢复出刊的《长春》杂志封面上发表了。厂里没人再说李前宽不会画画了。

最让我感兴趣的是他用画写的检讨书。

那是20世纪六七十年代的事情。李前宽被打成“五一六”分子，工宣队让他写检查交代。李前宽整天面壁思过，无从下笔，索性不写了，拿起田风老师送给他的笔，画起画来。他画了一张马克思的肖像画。厂里工、军宣传队向李前宽要交代材料。他把马克思画像交上去，说，“这就是我的交代材料”。工、军宣传队看画面上那高超的技法，细腻的笔触，把马克思画得炯炯有神……工、军宣传队无言以对，也只好让他过关了。

此事在长影传为佳话，有的说李前宽太牛了，竟然敢把无产阶级的祖师爷马克思当成交代材料，弄得工、军宣传队哑口无言。还说，也只有李前宽才能想出这样的奇招，让工、军宣传队无可奈何。时隔46年后，已经成为中央文史馆馆员的李前宽，参加“文史翰墨四海行”的文史大家手稿展活动。当这一盛事在上海刘海粟艺术馆举办时，李前宽除了展出他的国画《黄山之晨》及影片《开国大典》的分镜头手稿外，还展出了这幅《卡尔·马克思》的肖像画。他在画面右上角，写了几行文字，简略介绍此画的创作过程。第十一届全国人大常委会委员长吴邦国仔细看了李前宽画出来的分镜头剧本，又听李前宽讲了马克思画的故事，感慨道：“我们的艺术家太有才，太有个性也太有智慧啦。”

李前宽告诉我，最有挑战性的一次画像是在南京。当时，江苏省委宣传部请李前宽和北京文化界几位大师级人物前去讲学。上午李前宽在讲堂上侃侃而谈，下午他在省委宣传部副部长杨承志的陪同下进来时，发现室内摆上了二十几张大画案，铺着白毡，摆着笔墨纸砚，屋内飘散着一股墨香。每张案子前都有人挥毫书画。李前宽知道，江苏不仅是经济大省，也是文化大省，文艺界藏龙卧虎。杨承志把他带到这里，也是让他感受江苏的文化实力。

杨承志陪同李前宽逐一沿着台案走着看着。在工笔画大师喻继高先生的画案前，杨承志停下了。喻继高先生是当代杰出的工笔花鸟画大师，也是中国文联牡丹书画艺术委员会副会长，极擅工笔重彩花鸟，典雅秀丽，作品多次参加全国美展和国际性展览。

“李导”，杨承志客气地说，“请你也留下墨宝好吗？”

“拿不出手，拿不出手。”李前宽看看周围的书画家们，对杨承志说，“在这么多书法绘画大家面前不是出我丑吗？我是来向各位大家学习的。”喻继高和李前宽已经认识了，就说：“李导，上午听了你的报告，太精彩了。今天您来这里跟我们一起助兴。”说着，就把笔递了过来。李前宽再三请辞，对方仍然不肯收笔，杨承志又一次说，希望李导能留下墨宝。

李前宽知道不能再推辞了，应了一声，接过笔来，对杨承志说：“杨部长，请您坐这，我给你画张像。”

诸位书画家听说李导演要给部长画像，都纷纷放下笔，围过来看。画家心里清楚，敢在众目睽睽之下，为一领导当众画像可不是件容易的事，特别在生宣纸上用毛笔画人物肖像，必须落笔成型，一丝不苟，这需要有严谨的造型能力和心理素质。

李前宽以前画人物用的是硬笔，现在是软笔。他深知这支笔的分量，落下去不能改动，必须一步到位准确无误。

“喻老，”李前宽对喻继高说，“借你这方宝地，前宽在你面前献丑了。”

李前宽说着，看了杨承志一眼，在四尺见方的生宣上，一笔下去，画了眉弓。书画家们都静静地看着。画室里非常安静。了解李前宽画功的静静地期待着；不了解他这一手绝活的心里在想，你拍电影是大家，画画行吗？在这里卖弄画技不是在关公面前耍大刀吗？

李前宽接下去就是画了杨部长的鼻子眼睛，四五分钟的工夫，杨承志的面部轮廓出来了，她的神韵也有了。一比一的画幅，半侧面。哇！那个像呀，大家鼓起掌来，都惊奇地说：李导演你还有这一手，太厉害了。

这幅画让江苏文化界认识了李前宽，他是电影导演大家，也是美术大家！

后来我听萧桂云导演说，他晚年视力非常不好，一只眼睛几乎失明，另一只眼也视力不佳，他能够画得像，真是了不起。

他的歌声，成为朋友聚会的保留节目

在电影《重庆谈判》中毛主席乘飞机前往重庆，中央领导到机场送行，山头上一位牧羊老汉唱了一曲“信天游”：

> 哎——
> 宝塔山上那个宝塔哟，
> 嗨——
> 连着连着那个青天，
> 哎哟，毛主席和咱山里人，
> 嗨，心呀心相连。
> 嗨呀嗨——

观众谁也没有想到，这支充满陕北风情的民歌竟是导演李前宽自己唱出来的。

李前宽唱的这首“信天游”，在大连国际服装节的大型广场开幕式演出过，受到数万家乡人的喝彩；在上海举办的首届中国电影音乐盛典音乐会上独唱过；这首“信天游”，让李导作为歌手正经火了。后来，在朋友聚会的场合，每有人提议让他

唱歌，他就高歌这曲“信天游”。

他的唱歌天赋也是逼出来的。当时在录音时，如何录好牧羊老汉唱的“信天游”，让作曲施万春费了不少劲。找了几个人录，都不能令人满意。李前宽对作曲说，一定要有感而发，激情地道的陕北味，不要太像演唱。现场录制的牧羊老汉味道虽足，发音却不清。作曲一直没有找到合适的人来演唱。马上要送审了，不能有缺失呀！施万春看着李前宽，突发奇想：歌词是你自己写的，你来唱一定有感觉，就你来吧！

李前宽心想，马上送审双片了，先顶上个缺，回头再换人也来得及。于是，二话没说，走进录音棚，张口就唱起来。李前宽在唱时，曲调也没受什么限制，任由感情的奔放，随意加些感叹词。由于长期疲劳，声音有些嘶哑，李导也不在乎，放开嗓门唱。等他唱完，施万春就大声叫了起来，说：“李导，唱得太好了。就是你了。”李导演说：“你还要继续找人……”

在电影局审查双片时，懂音乐的石方禹局长，听了影片中牧羊老汉的歌，问导演：“片中‘信天游’插曲是谁唱的？”李前宽微微一笑，说：“临时抓来的，一个非著名歌唱家李前宽唱的。”此话一说，石局长和在座的领导都愕然地看着李前宽，石方禹局长认真地问：“你学过音乐吗？”“学过。”李前宽认真地回答。“哪个学院？”“小学，音乐课。”

石局长惊叹地说：“天赋！李导是全才呀。我知道你以前学的是美术，画画很好，没想到你的歌唱得也这么精彩。天才！”

这样，这首“信天游”就成为李前宽的保留节目久唱不衰。在纪念世界电影一百年中国电影九十年的音乐会上，李前宽登台独唱这首歌，全国现场直播，他扯开嗓子就唱。刘欢对他说：“李导，听了你的歌，我还唱什么，干脆回去教书算了。”施万春逢人就自得地说，是他挖掘出一个“歌唱家”。

李前宽的歌声给许多人留下美好回忆……

他的指挥艺术，让指挥家钦佩不已

20世纪60年代末，对峙了几年水火不容的长影两大派群众实现了革命大联合。这是“文化大革命”从混乱走向秩序的标志，意义重大。两大派组织决定举办一次音乐会以求庆祝。谁来担任指挥？众说纷纭。有的说当然是上过字幕最多的人——著名指挥尹升山了。有人不同意，因为他还没有“解放”，他怎么可能有资格指挥呢？有的人又在乐团的备用指挥里点了好几位，都没有获得通过。这个时候，李前宽自告奋勇毛遂自荐。

“我来指挥！”

大家惊奇的目光转向他：“你行吗？”

“到时候看嘛！”李前宽十分自信。这个时候的李前宽虽然进厂已经几年，但还只是当过美术助理和场记，连副导演都没干过。但他的组织能力还是有目共睹的。但有组织能力并不一定能够指挥好音乐会。既然李前宽信心满满，大家也就同意了。

经过一段时间准备，长影大联合音乐会在一个周末隆重举行。地点是长影大剧场。当大幕拉开，李前宽拿着指挥棒走到台前，先向台下鞠躬，然后转向舞台的乐队和合唱队，优雅地抬起双手。台下万籁俱寂，都眼瞪着台上，不看乐团的演出而是看李前宽的指挥。有的人在想，你懂什么是音乐吗？你以为长一双手就可以上去比画吗？

曲目是由李前宽和乐团共同敲定的，有合唱、有独唱、有乐器独奏、合奏；有中国传统音乐，也有西方古典音乐。虽然批判了“封资修”，但在李前宽看来，有些遭到批判的东西是人类共同的精神财富，该演唱就演唱，该演奏就演奏。

每一个节目结束，都有掌声。

当最后一首乐曲演奏结束之后，李前宽和全体学员谢幕，掌声更是热烈。大家认可了这个指挥。在观众席里坐着一位指挥家尹升山，他的掌声尤其热烈。他觉得李前宽不是一般的懂音乐，他的乐感非常好，对每个曲子节奏的把握并不比专业指挥差。他暗想，这小子还真行。

李前宽没有受过音乐的高级教育，甚至中级教育也没有，只在小学学过唱歌。他是一个有心的人，是一个热爱艺术的人。他对艺术的热爱不局限在一个领域，而是广泛的。他的兴趣在美术，也喜欢音乐，也喜欢指挥。在小学和中学，他曾经登台指挥过同学的大合唱。他参加过音乐会，他欣赏的不仅是歌唱，也欣赏指挥。他觉得只要理解了音乐，指挥并不难。

长影的这次指挥就是他的牛刀小试。

李前宽是自信的，自信的李前宽于2005年，在他的家乡大连的国际服装节开幕式上，指挥过贝多芬著名音乐《欢乐颂》。不了解详情的人以为他是专业指挥呢。

2012年5月，是纪念毛泽东主席《在延安文艺座谈会上的讲话》（以下简称《讲话》）发表70周年。李前宽担任中国电影家协会主席四年，同时还担任着中国电影基金会会长一职。在“五二三”即将到来之际，他策划了一台以纪念《讲话》为主题的大型晚会。是年5月15日晚，一台由国家广播电视总局、中国文学艺术界联合会共同主办，广电总局电影局、北京市广电局、中国电影家协会、中国电影基金会协办，央视电影频道、北京电视台、中国广播艺术团承办的中国电影界“春之光”大型电影音乐会，在北京电视台演播大厅隆重举行。

以大合唱《保卫黄河》作为整台晚会的序幕，呈现在观众面前。人们惊奇地发现，自信潇洒地站在指挥台上的，不是哪位专业指挥家，而是著名电影导演、中国影协主席、这台演出的总导演李前宽。他穿一套在英国购置的指挥装，微笑着向观众鞠躬，然后转向合唱队和交响乐队，在他们的注视下，李前宽饱含激情地抬起了双手。

《保卫黄河》那激昂的旋律，在他的指挥下开始了。

他曾用这双手指挥过摄制组，指挥过千军万马的群众演员，指挥扮演领袖的特型演员再现抗日战争、解放战争和开国大典的历史性宏大场面，如今指挥起乐队演唱《黄河大合唱》。

《保卫黄河》是四部轮唱交响，由国家广播交响乐团与合唱团，同中国电影明星、演员同台联合演出。在李前宽的指挥下，著名指挥家、钢琴家滕矢初手下的钢琴铿锵激越，管弦乐队的乐器如泣如诉，由老中青三代电影人及中国广播合唱团组成的合唱队放声高歌。一部轮唱二部轮唱三部轮唱四部轮唱，激昂的歌声如黄河的波涛此起彼伏，汹涌澎湃。

演奏结束，滕矢初看着仍处在兴奋之中的李前宽说：“李导，你的音乐感觉太好了，你学过音乐吗？”

李前宽又一本正经地说：“学过。”

滕矢初知道李前宽是电影学院毕业，却不知道在哪座音乐学府深造过，就问：“哪个学校？”

“小学音乐课。”李前宽告诉他。

滕矢初笑了，李前宽也笑了。

著名的指挥家滕矢初为一位非专业指挥的精彩发挥而笑，李前宽在为自己又一次成功而笑……

他的主持，绝不比专业主持逊色

李前宽的艺术创造力是无穷尽的，他还在向主持领域延伸，经常被国家级的许多大型文艺演出邀去做总导演或主持人。在北京举办的“中国民族歌舞周”和“首届中国选美大赛”以及在人民大会堂举办的全国“春兰杯”大型文艺演出等，都是特邀他担任总导演和主持人。

20世纪90年代初，各地又兴起文化搭台，经贸唱戏，结合本地的特点办节。大连人决定举办大连国际服装节，以吸引四海宾朋，参加大连建设。谁来担任总导演和主持人？他们自然地想到了因为《开国大典》而声名远扬的李前宽。

李前宽也觉得应为家乡贡献自己的才智，高兴地答应了大连的盛情邀请。

作为首届大型广场艺术晚会的总导演，李前宽绞尽脑汁，精心构思，策划一场巨型广场艺术晚会“相聚在星空下”。特邀了十四个国家的艺术团体的杰出演员，加上大连市的伴舞演员和群众演员，参加演出者多达六千多人。

男主持李前宽当仁不让。女主持由谁来担任？李前宽提出请台湾影星胡慧中小姐。胡慧中因为影片《欢颜》而蜚声影坛，成为大陆最受欢迎的台湾电影女明星。有她做女主持，一定会让这届服装节的开幕式锦上添花。

1992年的盛夏八月，大连服装节开幕式在人们的期待中如期举行。李前宽和胡慧中手牵着手，在三百多人组成的乐队演奏的《凯旋曲》中，准时地从后台中走出，出现在仿法国埃菲尔铁塔的样子建成的大舞台上。李前宽一身黑色礼服，精神抖擞，风度翩翩，左手牵着胡慧中小姐的右手。胡慧中小姐穿着专门由香港设计的用白色羽毛制成的晚礼服，头戴金边镶嵌的公主桂冠，如同仙女下凡，伴随着李前宽走下高高的闪光台阶，来到偌大的舞台中心。李前宽精神饱满热情洋溢地向家乡人致开场词，说：

“亲爱的家乡父老乡亲们，你们好！我是少小离家老大归。小时候，我就在这个体育场上踢过足球。一晃几十年过去了，弹指一挥间。今天和乡亲父老相聚在这个地方，今夜星光灿烂，我心潮澎湃。离家在外拍戏，走遍山山水水，还是我的家乡好啊！”

四万多观众立刻报以热烈的掌声。

“改革开放的春风让我的家乡越来越美丽可爱了。城市长高了，家乡变绿了，像花园一样，大连山美水美人更美。不论我走在哪儿，我都为自己是大连人而‘血长价’……”

李前宽在开场白最后一段，竟然出人意料地用了一句地地道道海蛎子味的大连话，立刻引起更为热烈的掌声。那掌声和海涛互相呼应着，哗哗哗，哗哗哗……经久不息，大连人为自己家乡的骄子而自豪。

作为总导演，李前宽从总体把握到场面调度，无不极尽其详；作为开幕式的主持人，他潇洒倜傥，热情大方。他那洪亮的嗓音，幽默的语言，机敏灵活的变化，节奏鲜明的语调处理，加上胡慧中小姐极为默契的配合，还在彩排时就让人们交口称誉。到了正式开始的时候，李前宽发挥得更加淋漓尽致，使整台晚会熠熠生辉。

辽宁电视台和大连电视台现场直播了盛大的开幕式，乡亲们为这台精彩的广场艺术晚会称奇叫好。不久，中央电视台转播了这台空前盛大的广场晚会，让大连服装节和总导演兼主持人李前宽的名字通过电视这一媒介，传播得几乎家喻户晓。许多认识李前宽的人惊讶地说，李导演还有这一手……

他的口才，让每一个领略过的倾听者敬佩

每个人都会说话，并不是每个人都有口才。滔滔不绝口若悬河却夸夸其谈，未必是口才。所谓口才必须言之有物、有理、有情，还要有序。口才是不是好，在日常生活中固然看得出，但在关键时刻，在大庭广众前又是出访在国外，突然需要你演讲，这才是考验口才的机会。

第一次随中国电影代表团出访苏联的时候，正跟随代表团观光并在速写本上画市容速写的李前宽，突然得到一个消息：一会儿在全苏电影界欢迎中国电影代表团的大会上，你要代表中国艺术家有一个演讲。

李前宽一愣，放下画笔，看着团长问道：“让我演讲？不是团长发言吗？”

陪同访问的卡图宁用熟练的中国话说：“今天是两国电影艺术家的交流，要艺术家讲。因为要放映你的影片。”

李前宽知道这是不能推辞的，可是他根本没有做演讲的准备。到苏联这几天，他们在苏联的行动日程，安排得十分紧凑。

李前宽不得不认真考虑一下他要讲些什么。

这天下午，李前宽随代表团到达莫斯科电影宫。听中国电影家演讲的有电影界的名人，还有文化艺术界名人，有莫斯科电影学院的部分老师和学生，有中国驻苏大使馆的人员和留学生。李前宽在电影学院的老师吕志昌和周坤，正在苏联做访问学者，也应邀赶来参加大会。

在苏联电影家发言后，该李前宽演讲了。他从容不迫地走到舞台中央，把手中的鲜花转送给主持欢迎会的苏联女导演，用洪亮的嗓音说：

“亲爱的同志们，亲爱的朋友们，你们好！”

李前宽说的居然是俄语。这俄语发音之标准让他的同伴惊讶，没想到出口不凡，引发全场一片雷鸣般的掌声。苏联朋友没有想到，中国艺术家把俄语说得如此地道。这是中苏关系解冻以来，第一个中国艺术家在这儿用俄语向他们问好，称“亲爱的同志们，亲爱的朋友们”，他们感到格外亲切。

接着，李前宽用汉语表达了中国电影艺术家对两国电影文化交流的热烈颂扬。他潇洒热情地向苏联朋友叙说了苏联的文学艺术对中国文学艺术的影响，也叙说了苏联电影在中国电影人心目中的地位。李前宽的演讲足足讲了十几分钟，令苏联电影人吃惊的是，在这位年轻的中国电影导演发言中，可以毫不费力地说出苏联的著名作家、著名画家、著名音乐家和著名电影大师的名字和他们的作品。

这是李前宽第一次在外国又是在外国人面前演讲。

随着李前宽知名度的提高，他出访的机会多了，临时安排的演讲机会也就多了起来。

筹拍《抗美援朝》的日子，也是中国加入世贸组织谈判最为紧张的时候，国家派出以广电部副部长田聪明为团长的政府代表团，第一次参加“世界娱乐年会”，李前宽是团员之一。美方要求有一位艺术家代表发言，这个艰巨任务就落在李前宽的头上了。他精心准备了演说辞《同在蓝天下，电影让我们走到一起》。中国正在进行入世贸谈判举世关注，美国也很重视中国官方的这个代表团。默多克新闻集团和好莱坞电影人联合举办了对来自太平洋彼岸的中国同行的盛大欢迎会。地址在二十世纪福克斯公司的摄影棚里，参加欢迎会的有四五百人，绅士淑女，西装革履，盛装华服。好莱坞八大公司的掌门人、美国媒体及美国电影家协会主席瓦伦蒂先生、世界新闻集团主席默多克先生等也出席盛会。

在按流程发言之后，该李前宽演讲了。他潇洒地走到台上，面带微笑，目光扫视着高大的摄影棚，这种似曾相识的场面让他灵感泉涌，说："女士们先生们。大家好！我是一位来自东方中国的电影导演，走进摄影棚，闻到我熟悉的味道，马上就会进入拍戏状态。欲喊预备开始！主办方这个创意好啊！"当翻译把这话传到来宾耳中，听众马上传出一片会心的笑声。李前宽接着说，"我们因电影走到一起，世界在电影面前变小了，国界似乎不存在。胶片架起了彼此间沟通的桥梁和纽带。"

善于演讲也善于把控现场听众情绪的李前宽话一出口，如江河滔滔不绝。他说到中美两国的历史文化差异，也说到两国的价值观上的不同，说到卡梅隆《泰坦尼克号》的热映。然后话锋一转，说："不错，中国现在是发展中国家，也没有你们富裕。但是中国人比你们慷慨，我们孩子腰兜里有十块八块的也舍得花钱买票去看你们的电影。可是你们美国虽然比我们富有得多，但你们很吝啬，也不情愿在你们的院线放映中国电影，只强调保护你们的电影，拒绝多元文化。我是电影人，只要看了你们五部电影，就摸清你们的创作模式，看了前面就知道后面怎么发展。"观众席里一片掌声。待掌声停下，李前宽又说，"有人说21世纪是东方的世纪，不错，东方充满希望，你们美国电影人能不能到东方来到中国来？中国有五千年的文明史，中国农民挖菜窖一不小心就能挖出数千年前的文明宝贝来，中国有太多的精彩故事要讲述，有太多的美景要拍！中国热情好客，中国人胸怀宽广，远方的朋友请你们到中国来拍片合作！共同为发展双赢而努力！"李前宽话音一落，又是一阵热烈的掌声。

有人提问："导演先生，听说中国电影都是反映共产党的英雄历史，这样的创作作为一个导演你不感到尴尬吗？"李前宽打量一眼说话的人，见他留着一头长发，个子不高，是个记者，就回答说："这位长发先生，你一定看中国电影太少了，否则不会提出这个问题。中国的历史源远流长，出过太多的名人大家；我们民族多灾多难，也涌现出太多的民族英雄。李时珍、邓世昌等数不胜数，中国电影怎么能只反映共产党才几十年的历史呢？我和我的夫人拍的《七七事变》就是表现中国国民党军队反击日本侵略者的题材。我们的历史丰厚，色彩绚丽。我想这位先生如果多看几部中国电影，从中了解一些中国历史，就不会提出这样的问题了。我的回答你满意吗？"那人忙说满意满意，然后观众又是一阵热烈的掌声。

一个口才好的人还要有极强的应变能力。

李前宽的口才还体现在他善于化解生活中的各种矛盾和突如其来的问题。

李前宽拍完表现王震将军率部入疆的影片《金戈铁马》，电影局召开了影片的新闻发布会，对影片给予高度评价。新疆几家媒体和北京的各大媒体都有相应报道。第二年“两会”期间，在北京参加“人代会”的李前宽突然接到电影局的通知，要他以《金戈铁马》导演的身份与局长一起，陪同主管电影的副部长赵实，到已故王震同志家里会见其夫人王季青同志。

李前宽心里一惊，明白以前预料到的麻烦事来了。

李前宽到了电影局长办公室，刘局长告诉他，中央安排他们当面向老人家检讨。之后，赵部长、刘局长和导演李前宽三人就到了王家。王老太太看来真的动气了，面无表情地坐在那里。赵实部长以她女性领导特有的风度，微笑着主动向老太太“请安”，并向她介绍了刘局长和李导演。

赵实诚恳地说：“王老，我首先代表广电部和电影局向您道歉，电影《金戈铁马》拍完上映了，也没向您汇报，今天我与电影局局长刘建中同志、该片导演李前宽同志，他还是本届全国人大代表，正在北京开两会，共同向您表达一种诚意，也希望当面聆听您的指导。”

王季青板着脸说：“指导谈不上，我也不是拍电影的。我听说你们这部电影《金戈铁马》遭到许多人的反对，大家说这是一部没有反映老一辈革命家真实生活的片子，为什么要拍呀？”

这时，李前宽发现，老太太手里拿着两封信，是新疆业余作者和在“文化大革命”中反对王恩茂的两位所谓的老同志写的告状信。他们向《人民日报》和广电总局都发过同样的信，李前宽见过。

王季青同志指着手中的信，说：“电影里还有一段歌，唱的什么呀，说‘从很远很远的地方来，还穿了一件白衣裳，来赴一个没有花的约会……’把我们的战士描写成什么样子呀，哪有革命的样子，说穿着素洁的白衣裳参加革命，那不是死人的孝服吗？什么意思呀？没有必要拍这样悲悲切切的电影。若王老健在，他也是不同意拍这样的电影的……”

李前宽知道，到了导演向老太太做解释的时候了。他恭敬地说：“王老，您老人家先消消气，我是电影《金戈铁马》影片的导演李前宽，今天赵部长把我从‘人代会’上叫来，就是要当面向您汇报。四年前即（19）91年春节过后，是王震老的秘书李慎明同志约我来到这里，就在这个客厅，王老接见了我，并说明中共新疆维吾尔自治区党委决定要拍一部反映在解放战争已取得决定性胜利的历史时刻，派彭德怀、王震率中国人民解放军二、六军进疆，是毛主席、党中央的重大战略部署。这一题材从未在电影里表现过。区党委决定请拍过电影《开国大典》的编剧和导演完成这一任务。我当时高兴地向王老报告，我们已接到正式邀请，而且中共吉林省委指示长影组织一个强有力的摄制组完成好这一任务。我对拍好这部影片很有信心。王老听了很高兴，他笑道，‘毛主席、党中央当时下令进疆是很有战略眼光的，当时全国没全解放，新疆还在国民党手里，而且剿匪任务也很重，不派兵进疆保证不了国家统一和新中国的建立。所以说，毛主席还是很有战略家的眼光的’，说着站了起来，对我说，‘你看我现在还把毛主席像挂在这里，说明我这个人思想很保守吧。’我回答说，‘您热爱毛主席，毛主席也把您视为爱将王胡子，这是多么深厚的无产阶级革命感情呀’。王老当时哈哈大笑，说，‘拍这部电影要把毛主席的伟大表现出来，要把彭老总的大将风采表现出来。重要的是要在这部电影里，好好表现我们广大指战员，我们的战士是不畏惧困难和牺牲的英雄，没有这些无所畏惧的战士，就没有战争的胜利。不要写我，我个人没有什么好写的’。我对王震老解释说，‘您说的这些我们一定会在影片中认真表现。可是一部电影总该有一个主要角色呀，这个主要角色正是您王震将军。电影也是要讲究真实的历史和周围人物关系的，你虽然是主角，您上面有毛主席、党中央，有彭大将军，您的下面有广大指战员，您周围也有战友，譬如王军政委、王恩茂同志、参谋长张仲瀚同志、二军军长郭鹏同志以及张希钦等同志。红花应有绿叶来衬，不能光写一个光杆司令呀。当时把王震同志说得笑得合不拢嘴，他热情地留我与他共进午餐。”

说到此处，李前宽一指侧厅的一间屋，对王季青同志说：“我们就在那屋边吃边聊。王老当时开心之极。”

李前宽导演声情并茂地说着当年在这个客厅里与王震将军相见的情景内容，令在座的人都为之震惊。王震的长子王军同志在一旁听得吃惊，友好地向李导上茶。客厅里气氛也变了，王季青老太太的脸上由阴转晴，露出喜色。

李前宽导演进一步解释说：“曾为电影《开国大典》《佩剑将军》等影片编剧的著名编剧张笑天同志，怀着对王震将军等老一辈革命家的崇敬之情，几进新疆，翻阅历史资料，采访诸多当年跟随王老进疆的老同志，剧本完成后经中央重大革命题材领导小组审查通过，才能进入拍摄。这个领导小组是经党中央批准的，由党史专家、军史专家和中央有关方面的负责同志以及电影界专家、领导共同组成的权威审查机构，从剧本创作到完成通过进入筹备，用了长达五年的时间。这期间我在王老家、在中南海国家副主席王震同志办公室等多次得到王老的接见并听取了王老当年进疆时的回忆。这些对我们的创作都是十分有益的。”

李前宽接着说：“1993年3月12日，王震将军不幸病逝。我和新疆维吾尔自治区领导同志一起向王老告别。在离开八宝山时，李慎明泪流满面地拉着我的手说，‘王老走了，这些年来你们为拍反映王老的电影做了许多工作，谢谢你们’。我当时也向李慎明同志表示了谢意，‘您帮助我很大，每次与王老会面都是您安排的，还为我提供了许多关于王老的资料，谢谢您’。李慎明拉着我的手说，‘把悲痛化为力量，希望这部电影能尽早问世，让王老进疆这段历史得到宣传，我们会向自治区党委提出建议的，到时候要麻烦你们的’。我说，‘这是我们应该做的，我期待着早日开拍’。在新疆维吾尔自治区党委的支持下，这部《金戈铁马》电影于1995年深秋开拍。在乌鲁木齐延安宾馆举行了大型的新闻发布会和开机仪式。新疆维吾尔自治区党委书记王乐泉同志和兵团等方面的领导均出席。在开机仪式上，大家观看了王震将军在开国大典前夜，在酒泉接到毛主席电话的一场戏，看得大家都流下了感动的热泪。这部电影有百分之九十五的镜头是聚焦主人公王震将军，同时也全方位地表达了毛主席、党中央对新疆的关心，对王老的情感，表现了广大指战员的革命乐观主义和献身精神。影片放映在北京看片会上，得到了媒体记者和业界专家的广泛好评。”

老太太的耳朵有些背，当李前宽讲到兴致时，老太太主动用手示意，让他坐到她左边的沙发上来，听得更真切一些。李前宽及时挪到她跟前，表达得也更具激情：“一部电影的成功与失败，导演是决定因素，导演是剧组中心。我是这部影片的导演，是自治区党委通过吉林省委邀请我与萧桂云和编剧张笑天赶赴新疆完成歌颂王震将军率部进疆这一重大革命题材。如果电影没拍好，是导演的责任。这一点与区党委、与王恩茂同志没有任何关系。相反自治区党委和王恩茂同志对这部电影倾尽深厚情感，王恩茂同志曾多次向我表示，王震是对中国革命有重大贡献的伟大无产阶级革命家，军事家，他坚决执行毛主席、党中央关于进军新疆的伟大战略部署，王恩茂同志要求我们在影片中要突出这一点。”

当李前宽导演把电影《金戈铁马》的来龙去脉说得一清二楚，把其中所出现的问题也都当着领导的面，全盘端了出来。似乎一切疑惑也都点明，屋内的气氛也与开始全然不同，李前宽化解了一场非同寻常的矛盾。

李前宽无与伦比的口才在演讲中发挥得更是淋漓尽致。在不拍电影的日子里，李前宽和夫人萧桂云会应邀参加演讲。他的演讲非常受欢迎，不要说嘉宾云集座无虚席，整个演讲期间没一个人看手机，更不要说中途退场了。因为他不仅有讲，还有演。他的演不是表演而是活灵活现的语音模仿……

他的模仿，比专业演员还精彩

我曾听李前宽曾讲过的一件趣事。有一年，他乘飞机去东北。他是头等舱，刚入座，一位彪形大汉坐在他旁边的座位上。空姐连忙过来告诉他，说你的座位在后面经济舱。这位留着胡子的大汉操着一口极为难懂的地方话，摆摆手，回绝了她。他说什么，空姐听不懂，任空姐怎么耐心解释，他也都“听不懂”，就坐这里一动不动，甚至脱下鞋来，仰面躺在宽大舒适的座椅上，而这个座位的客人就在旁边等着。

空姐急得直冒汗，叫来了机长。因为语言不通，无疑鸡对鸭讲，无法交流，机长也是无可奈何。眼看着就要到起飞的时间了，机长和空姐都一筹莫展。这时，坐在旁边的李前宽说话了。

他用那个大汉完全一样的地方话，说了几句。大汉一愣，看着李前宽，乖乖地交出登机牌，然后站起来提起身边的行李，离开座位就要下飞机。李前宽见等座位的已坐下，才又对准备下飞机的人，用他能听得懂的话，说了什么。那个家伙愣了愣，看了看后面座位，乖乖地走向后面经济舱。

我问李前宽说些什么？李前宽笑着回答，我说兄弟，我能看看你的登机牌吗？然后说，你是去这个地方，坐错飞机了。这个飞机是去哈尔滨的，方向反了。那个人信以为真，连忙站起来。当他明白过来，只能去坐经济舱他的座位了。

机长和空姐看着这位慈祥的长者，真的以为他和那个大汉是同乡呢，不然怎么把那里的话说得那么地道？连连向他道谢。李前宽微微一笑，说没什么。他们哪里想到这位极有语言天赋的人居然是大名鼎鼎的电影导演李前宽呢。

他的语言天赋高，极擅长模仿，在各地只需住上三五天便可以说熟练的地方话。他从来没有登台像演员那样去秀模仿，如果去了我相信不会比哪个模仿秀差。他的这种天赋在生活中。我在采访他的时候，他就发挥了这种语言天赋。哪个老将军是哪里人，说的什么话，他都能学得，在我看来十分像。说到在长影厂找厂长办事，他把哪个厂长，尤其是苏云厂长学得简直是苏云声音的再现。让我的采访十分愉快。

他的这种语言天赋，工作中也帮了他大忙，解决了许多难以解决的问题。

长影要拍《金光大道》。导演林农想邀南京演员王馥荔出演剧中大嫂一角。可是这个王馥荔是南京京剧团的台柱子，正在热演的京剧《龙江颂》中扮演江水英，观众非常喜欢她。长影去了几个人请她都无功而返。就连在剧中扮演重要角色的马精武去请都碰了钉子。但是林农态度坚决，非她莫属。这个时候李前宽正好在南京为他担任副导演的另一部戏选演员，林农就通过李前宽的导演赵心水给他打了个电话，让他务必把王馥荔拿下，赵心水把话说得很绝，请不来你也别回来了，然后放下了电话。

李前宽只能放下自己的事去请王馥荔。他先找到王馥荔了解情况，知道了她剧团的主要负责人是山东蓬莱人。李前宽去找这位负责人，一进门就用家乡话拉上了家常。李前宽老家也是蓬莱，但他出生在大连。可是他的语言天赋让他学话特别快，父母虽然到大连多年，说话还有胶东味。李前宽学胶东话学得像从小生活在胶东一样。两个山东老乡越唠越近，李前宽就提出让这个老乡帮他想办法把王馥荔借出来，说，“老乡俺不难为你，你给指条道，找谁能拿下王馥荔？老乡，你得帮这个忙。”负责人说：“借王馥荔我们团里说了不算，文化局也说了不算。”“那谁说了算？”“省委宣传部戴部长。他说放人我们才敢放人，要耽误了她正在演的样板戏《龙江颂》谁负得了责任？”

李前宽知道这是真心话，不是敷衍，向老乡要了部长电话，回到住处给部长办公室打个电话，接电话的是秘书，说部长开会没时间。这样的电话一连打了三天，要约见部长。秘书都说部长开会不能见。李前宽放下电话寻思，部长再忙也不至于天天都开会吧？是不是一听说长影的人就知道什么事情而故意推脱不见呢？李前宽琢磨着怎么才能见到戴部长。他知道不能天天打电话，也不能总这样等下去。主动出击，直奔戴部长家，只要能见上面，不信说不动。

他打听到了戴部长家居何处，一早就找了过去。那是一个典型的江南小院，一座小楼，楼上的窗帘还遮着。从小院稍敞开的门缝看去，一位阿婆在煤炉前点火。不知是煤不好烧还是引火柴不好烧，炉子冒着浓烟，呛得阿婆直咳。李前宽进去用江苏话悄声地问："阿婆，这是戴部长的家吧？"

阿婆看看他，以为是宣传部的人，说："是的是的。"

李前宽走到阿婆跟前，蹲到炉子前，说这炉子怎么不好烧啊？他看木柴还没点燃，掏出来，用放在旁边的小斧子劈得更细一些，然后又架到炉灶中，点着报纸塞到柴下，不一会儿，柴着了，火也旺了。他把煤球放到柴上。阿婆看着他，说，你还很会生火！阿婆就和他聊了起来，很是亲热。正说着，小楼里走出一个五十几岁的男人，穿着拖鞋，挺有风度。李前宽知道他就是戴部长了。

"这是谁呀？"戴部长看着李前宽走过来。

"我是长影的副导演李前宽。"李前宽改用东北话回答。

戴部长有些受触动，自己还没起床，人家就跟母亲一起烧上饭了，便热情地让他进客厅。李前宽知道部长很忙，就直截了当地说："戴部长，你很忙我长话短说。"接着就把厂里筹备拍摄《金光大道》，导演是谁，厂里如何重视，如何想用王馥荔的事说了一遍，然后又强调说，"这是重点故事片，中央首长非常重视。现在开机在即演员来不了，厂里很着急。请王部长能以全国观众为重给予支持。"

戴部长说："这事我知道，不用细说了。你先回去，我和团里沟通一下。"

李前宽看戴部长没强调王馥荔出去演电影会给省京剧演出带来什么困难，知道有门儿，忙向部长道谢，感谢他对长影的支持。话别时，李前宽双手紧握，诚挚地向戴部长说了声："谢谢！"

星期一下午，王馥荔来电话告诉他，团里同意出去拍电影了。李前宽感谢那位蓬莱老乡给他指的路子。大家做梦都没想到戴部长会这样快答应"借人"。

说起李前宽的口才，他能给音乐家讲音乐与电影，给建筑家讲建筑的节奏，给金融家谈投资，给军事家讲战争，常常听得专家们惊讶。

他的导演，面对突发事件，指挥若定像一位大将军

李前宽同夫人萧桂云联合拍摄过的影视剧可谓多矣，其中最具挑战性的，莫过于电影《佩剑将军》《黄河之滨》《开国大典》《决战之后》《重庆谈判》《七七事变》和《世纪之梦》，还有电视剧《抗美援朝》。

最具挑战性就是最难拍。《佩剑将军》是李前宽的导演处女作。在他拿到剧本

时，要独立导演，厂里不允，因为他不够资格。按厂里的规定，必须经过联合导演这一关。也就是说，他要找个已独立的导演合作才行。既是联合，在拍摄场必有主有次，在署名上也有前有后。他是找人联合，肯定要位列其后，到了摄影机前聚光灯下，人家要说了算，他也只能依着。不论找谁合作，影片拍好了成绩是别人的；不如意，把账算到他头上，他无话可说。找谁联合？李前宽决定找因戏曲片《包公赔情》和《桃李梅》而成名的年轻导演，他的夫人萧桂云。用他的话说，“拉兄弟一把”。萧桂云呢，当然也乐于和他合作。只有她最了解他。于是，新中国电影史上最漫长最合适也最为牢固的合作从此开始。

两人珠联璧合，相得益彰。一个大江东去，一个小桥流水，把一个难拍的历史片拍得如行云流水，让厂领导大为惊喜，在审查影片的时候，长影党委书记纪叶惊叹道：“我相信他们会拍得不错，但没想到拍得这么好。我高兴的不仅是看见一部好影片，重要的是发现了人才。”主管电影的文化部副部长陈荒煤、电影局长丁峤、副局长陈播等人在看了影片，给予的评价与纪叶的评价如出一辙：“片子拍得很老到。我们高兴的是不仅看了一部好片子，而是看见了两个人才。长影有人才呀！”

被电影局领导称为两个人才的伉俪导演在后来拍完《无字碑》时遇到了大麻烦。在送审时遇到了困难，原因是他们写了困难时期山东黄泛区饿死了人。有关部门让他把饿死人的情节改掉，不然影片不能通过发行。李前宽不剪，只将片名改为《黄河之滨》。影片受阻，既给厂里造成损失，也让导演背上沉重的包袱。李前宽坚信此片没问题。他一边工作一边等待机会。中央一位领导同志到长春视察。李前宽认为时机已到，立刻给写了一封信，并征求了苏云厂长意见。在他将信送交视察的首长后不久，《人民日报》文艺评论版发表文章，给《黄河之滨》以高度评价，说此片是长影继《不该发生的故事》之后的又一部现实主义力作。《人民日报》整版宣传：这是端正党风的好教材。

李前宽夫妇拍摄《开国大典》，遇到的问题前所未有。一是资金有限，不可能复制天安门广场场景；二是事件众多，人物众多，怎么叙述好故事？影片拍完送审又受阻。总之，他们夫妇克服重重困难，终于在新中国成立三十周年时成功上映。

《七七事变》是别的厂家放弃不拍的；《重庆谈判》也是在别的厂搁置了几年没有拍出来的……不论有什么困难，只要李前宽想拍，就没有拍不出来的。在他面前这些都是小菜一碟。

最考验导演智慧的是在突发事件面前。

1991年夏，华东长江流域发生特大水灾，全国18省市遭受洪水的侵袭。风雨无情人有情。社会各界社团组织也纷纷开展募捐和义演活动。8月29日，中国电影界在北京工人体育馆举行赈灾义演。海内外演艺界对这次义演都十分重视。港台明星歌星纷纷报名。在海外的中国电影人、歌唱家也闻讯回国。

李前宽被邀为这场电影界赈灾义演的总导演，最后的压轴节目《摄影棚内》，他是剧中主角，扮演戏的导演。

那天的义演盛况空前，电影界的领导、影坛名人，全国各大电影单位都参与。观众也对这次义演给予了极大的关注，座无虚席。这是代表全国五十万电影人对灾区献爱心的一次大型公益演出。可是演出时间到了，此次义演的重头戏，香港演员团队还没到。

“怎么回事，香港的演员怎么还没到？”

“因为天气的原因，航班误点了。”

天气不好，这是谁也没有办法的事，但是节目单早就排定，香港演员的节目排得靠前，他们不能及时到场，只好往后调整，安排在李前宽导演的最后压轴节目之前，以便给香港的演员留出时间。

演出开始了。节目一个个地演出，十分成功。李前宽观看着演出，不时地看着手表，时间一秒一分地过去，香港同行还没消息，万一他们因故来不了，或者在演出结束之后才到，义演筹备组将如何向众多的观众交代？关键时刻，他们赶到了。李前宽松了一口气。当香港影星们出现在舞台时，全场格外兴奋。女主持人李媛媛把天王歌星谭咏林、梅艳芳、邝美云等一一介绍给观众。香港演员六十多人，集体表演了一个合唱《忧愁河》，就匆匆下台赶回宾馆了，他们因在香港机场长时间候机，又渴又累，根本没有做个人演出的准备。然而，全场观众还在按照节目单上的安排，准备欣赏天王歌星的演唱呢，可是……

男主持人是著名表演艺术家孙道临。此刻，他拿着麦克风满面春风地走到台上，开始报幕了：“下一个节目是今晚最后一个节目《摄影棚内》。”

他的话还没说完，观众愤怒了。我们花钱买票看义演，一是想为灾区献爱心，另一方面，也是冲着港台明星，他们刚刚合唱一首歌就匆忙下台，不是拿我们开涮吗？于是，口哨声、起哄声海啸一般涌来，各种饮料的包装盒、香蕉皮什么的，像手榴弹似的飞到台上。

一向仪态从容沉着老练遇事不惊的孙道临在这突然的变故面前惊呆了。他平常洪亮宽厚抑扬有致的声音，也被这叫声淹没。

坐在主席台上的义演组织者们，也被这突然的变故弄得面面相觑，不知所措。这是怎么回事？北京话这叫“炸场子”。如果处理不好，几年前就在工人体育场发生的足球界的“五一八”踩踏致多人伤亡的严重事件，就可能在这场赈灾义演中重现，后果不堪设想。

上万人的体育场被一片哄叫的气氛所笼罩，有的人甚至大吵大叫，咚咚咚地跺起脚来，那强烈的声音如同夏天的惊雷令人惊悸。假如人们都被不明真相的人煽动起来，一齐跺脚，形成共振，体育馆是否会轰然倒塌，也未可知。

主持人孙道临要说的台词是“请电影《开国大典》导演李前宽上场”，话未出口已经炸场子了。这位深受观众喜爱的著名表演艺术家，此刻也在台中心懵住了。李前宽意识到形势严峻。他深知观众愤怒的是香港歌星没登台演出。然而，观众并不知道香港演员因天气原因被困一天的实情，他们要看的就是节目。李前宽责任感充盈心头，他不能让这种无序的状态继续扩大下去，观众一旦闹起事来，秩序大乱，真的可能发生严重的恶性事件。在这千钧一发之际，就要看一个人的胆识、魄力和智慧了。

正当候场演员不知所措时，李前宽向演员说：“现在大家要镇定，下面一切都听我的。”说着，李前宽转身登台，从容地来到体育馆舞台中心孙道临的身边，接过他手中的麦克风，礼貌地把孙道临请下台。然后，镇定自若地巡视着四周的观众，面带微笑地说：

“亲爱的观众朋友们，亲爱的同志们，今天大家不是观看一般的演出，而是大家共同向灾区献上一片爱心。今天大家的情绪都很高涨！……”

观众依然叫着闹着，水果皮和包装盒飞也似的扔过来。观众今天不听你唱高调，就要看港台明星的演出，演出不能应付了事，我们花钱买票献爱心看节目，要看你们介绍的港台明星演出。一阵阵的呐喊声令整个体育馆都在震撼。

李前宽并不惊慌，他清楚地知道香港的演员已经离开，不能再登台了。同时他也知道今天的演出不妥善解决，不仅影响明天、后天的演出，而且还会在海内外造成无可挽回的影响。他清醒地意识到，对观众的这种心态不能批评，只能疏导，就像大洪水到来只能开流而不能堵水一样。他现在的责任就是要因势利导。

李前宽开始自己报幕了：“观众朋友们！下一个节目，《摄影棚内》现在开始！”

观众的叫声闹声依然刺耳。

坐在主席台上的领导们毫无办法，义演组织者们忧心忡忡地看着表演区，看着周围的看台，看着李前宽。他们知道李前宽有极强的组织能力和现场应变力，可是今天的情况太突然了，他能控制住眼前上万名“脱缰的野马”的怒吼吗？他能把观众的异常情绪引向正常的轨道吗？

李前宽朝守在台口时刻准备上台的演员一挥手：“演员们上场！”

随着号令，扮演灾民的北影著名表演艺术家陈强和张连文、卢桂兰等，背包罗伞地登台；拍抗灾戏的摄制组推着架在移动道上的摄影机也开机了；照明工带着灯具在台上布灯；在这个偌大的体育馆里，李导要把它当做摄影棚拍戏的现场，再现“重建家园”的情景。而李前宽演一位导演在现场指挥。

陈强在张连文的搀扶下，满脸沮丧地仰面大叫：“老天哪！大水冲了我的土地，冲了我的房子，我可怎么办哪？”

演员在演出，观众的叫闹并没停止。他们根本不在乎舞台上的演出。

站在台中的“导演”大声喊道：“停！陈强，你的表演情绪不对！”

导演改词了。原来的剧本不是这样的。富有表演经验的陈强似乎明白了什么，也就即兴问道：“导演，你说怎么不对？”

“你是全村德高望重的长者。你的情绪直接影响到全村人的情绪。你现在的情绪太低沉了，这样的情绪怎能带领全村人重建家园？要振奋起来！你看今天现场观众的情绪有多么高涨啊！你要向观众学习。”

陈强不愧为表演艺术家，他敏锐地意识到李前宽导演的意图，也就跟随着“导演”的随机应变而变化着。这时，四周看台上的观众依然呐喊着，全场的跺脚声似雷鸣一样轰鸣。

李前宽又对摄影师和照明师说：“同志们，今天观众的情绪这样高昂，他们的心连着灾区人民的心。我们应该把他们高昂热情与我们的演出历史性地记录下来。照明师，把灯光对准东区。东区的观众情绪何等的好啊！”

接着，李导在舞台中心来了个大调度，扶陈强走向东区口，手一指，陈强随即向东区的观众双手合掌说：“我向东区的观众致敬啦！”

“摄制组”按“导演”的指挥，把灯光冲向东台，摄影机也把镜头冲向了东台。东区的观众在聚光灯下突然间不知所措。

李前宽的这一招真灵，东台的观众在聚光灯下立即静下来了。他们愣住了，万万没有想到这个节目把聚光灯和摄影机都朝向自己。于是，变呐喊声为热烈鼓掌。

现场奇迹发生了。

李前宽大声说：“开拍！”

摄影机的马达发出沙沙的声音。接着，李前宽又指着南台说：“照明师把灯光照向南台。”在照明师把灯光转向南台时，摄影机也转向了南台。陈强在李导的指挥下向四周观众调动着自己的情绪，以现场突发的表演激情表演着……

李前宽命令：“开拍！”

南台的观众不仅静下来了，接着响起了掌声。这掌声随着摄影机的转动越来越响，鼓掌的时间也越来越长，最后形成有节奏的错落有致的掌声。尖叫声与呐喊声不见了，也没人扔饮料瓶了。整个体育馆的局面被李前宽执导的《摄影棚内》征服了。李前宽拍完四面观众，偌大体育馆一片掌声。接下来是静静地观看着李导的排演。

义演组织者悬在嗓子眼里的那颗心落了下来。

李前宽把“戏”拍完，灵机一动，把双臂一张，那神态就像一个大指挥家。他起了个头，指挥场上的演员唱《团结就是力量》。演员的歌声一起，他又面向四周观众，胳膊一起一落，指挥起观众唱起来了。在场的十六面大鼓同时擂响，观众与演员同唱一首歌，在李前宽的指挥下，极具震撼力，令人为之感动。站在侧幕的演员们流下激动的泪水。

观众的歌声和演员的歌声融合在一起，气壮山河。这场义演就在大合唱中拉上了帷幕。

眼看着就要出事的演出转危为安，眼含热泪的演员们不约而同地迎着从台上走下的李导演，激动地拉着他的手说：“李导不愧是《开国大典》的导演。遇到非常情况一点也不惊慌。而且在台中心镇定自若，信心十足力挽狂澜。看到李导这样镇静，我们心里也有底了。”

参加演出的黄梅戏演员马兰，深情地对李导演说：“开始炸场子真吓死人啦。孙道临老师在台上冒了汗，也下不来呀。当我们看到李导跑上台见机行事临场应变指挥若定，我心里就想，能指挥千军万马的大导演，是很有气场的，是能镇得住场子的！真了不起呀！”

主席台上的领导眼见李前宽化解了一场危机，纷纷来到李前宽面前，向他致意。时任影协党组书记的导演郭维主动握着李前宽的手说：“前宽呀！今天你力挽狂澜救了场子，把中国电影界这一大型赈灾义演在危境下拉回正常，你立了大功。我代表中国影协向你致敬！”

长影老厂长、影协领导苏云，不无自豪地说：“这种情况下，炸场子只有李前宽才能镇得住。”

结　语

李前宽还为他的影片写过歌词，和人联合创作过电影剧本。在担任影协主席和中国电影基金会会长期间，组织策划了多场大型演出和电影界美术展览活动。他在担任人大代表和政协委员时，推动了电影频道和中国电影博物馆的建立；当时中央领导向他了解电影业的发展时，他向中央最高领导建言献策，推动了中国电影的繁荣。

李前宽，电影界的帅才，艺术领域里的奇才，办事有干才，演讲有口才，绘画有天才；对中国电影的发展才略深远，著文写本才思敏捷。他才能广泛，才华横溢。他是一个不羁之才又绝不恃才傲物，绅士一样对待每一个人。

前宽老师，我们永远怀念您。

怀念同李前宽导演拍摄电影《七七事变》的日子

尤建华[1]

8月12日上午，朋友发微信告诉我，李前宽导演逝世了。我不相信是真的，连忙上网去看，长影发了讣告，才感觉是真的。我同李导相识，源于1994年合作电影《七七事变》，李前宽、萧桂云两位老师是导演，我是编剧。

我和李导最后一次见面是在2019年10月15日晚，在北京万达影城“经典电影《开国大典》4K新版首映礼”上。接到萧导通知，我去观影，更重要的是好长时间没有见到李导、萧导两位导演了，也想见见他们。我刚一进剧场李导迎面走来，他笑容满面，声音洪亮地说：“我都快认不出来你了，我得了一场大病，你差点就看不见我了。”我说：“您没事，您看您这精气神。”我们寒暄了一会，萧导走过来热情地带着我去换票。在大厅只见李导高兴地同各路朋友相谈。一会李导又走过来，拉着我的手去幕布板上签字。我说：“让我同大导演合个影。”李导、萧导我们三人在幕布板前照了合影。

在首映礼上，可以感到，李导为他的电影《开国

1　尤建华：知名编剧，李前宽、萧桂云执导的电影《七七事变》的编剧。

大典》4K新版重新回到大影幕很是开心。他在介绍文化艺术界领导和影视界嘉宾时，李导把我也郑重地介绍了一下:“他是我的《七七事变》编剧。”让我心里一热，这就是前宽老兄啊。

《开国大典》中刘少奇的扮演者郭法曾在主持时提到，在影片中合作演出的同仁们，如毛泽东的扮演者古月、朱德的扮演者刘怀正、周恩来的扮演者黄凯等都不在了，他百感交集，几度哽咽。我心里也有一丝不安，李导病情怎样，应该没事吧。

李导在讲话时铿锵有力:“虽然这部影片的很多工作人员都已经离开了我们，但他们留在银幕上的光辉形象和英名将和影片永存，中国电影人用自己的作品报效祖国，他们将和影片永远镶嵌在中国电影史的丰碑上。”我听了心中一股热流涌起，敬佩李导身患重病还在为中国电影事业摇旗呐喊，坚韧不拔。当时我想，是一种什么精神在支撑李导呀！让人一乐的是，入座后萧导坐在我身边，我们聊了一会电影。李导在台上没有忘记他的夫人、搭档，大声呼叫着:“萧桂云在哪儿呢，萧桂云快上台来！”这对老夫老妻、老搭档又让人会心一笑。

作为电影《七七事变》编剧，我有幸遇到李导、萧导两位大导演，是他们帮助当时的一个文学青年、业余作者，把文字变成了大电影。1995年夏，为了纪念中国人民抗日战争暨世界反法西斯战争胜利50周年，由长春电影制片厂和北京市委宣传部联合拍摄的电影《七七事变》，作为一部反映我国守军1937年在卢沟桥一带浴血奋战，抗击日寇侵略，拉开全民族抗战爆发序幕的历史巨片，获得好评。先后荣获中宣部第5届精神文明建设“五个一工程”奖、“中国广播电影电视部优秀影片奖”、“第19届大众电影百花奖最佳故事片奖”、“中国反法西斯战争优秀影片奖”等。但电影成功后面的艰辛，李导、萧导为这部电影付出的心血与智慧是少有人知道的。

电影《七七事变》是1995年纪念抗日战争胜利50周年献礼片。我久闻长影导演李前宽、萧桂云大名，像《开国大典》《决战之后》《重庆谈判》等巨片都出自这两位艺术家之手。我特别恳请电影局领导希望他们两位老师来导《七七事变》。当时李导、萧导刚拍完电影《重庆谈判》征尘未洗，赶到北京。

我在北京甘家口新疆驻京办事处招待所同李导、萧导第一次见面。李导告诉我，剧本要改，应该对重点人物聚焦，有些场景要合并，不局限于面面俱到等，让我一时难以接受。我心里着急，到底是拍不拍呀，时间都这么紧，还改本子。不管心里怎么想，还是按照李导、萧导的要求去改剧本。1994年夏天，李导、萧导和我在招待所谈剧本，经常是到深夜。北京夏天又热又闷，李导常常“赤膊上阵”，边说边表演。萧导话不多，那双大眼像潭湖水既包容，又严厉，每一句话，每个场景都不放过。后来同李导熟了，他对我说：“褒贬都是买主，把剧本改好，才能把影片拍好。”李导、萧导是导演，也是近代史、抗战史这方面的专家，对历史人物把握得很准。李导形容拍电影像手里一捧水，每个手指都不能漏，才能保住一部电影的成功。如果每个环节漏一点，到最后水就全没了。一部电影成功与否也是这样。

当时李导、萧导他们接电影《七七事变》是冒着很大风险的。一是拍摄时间离抗战胜利五十年纪念日不到一年，他们可以说是“临危受命”。二是拍摄的主要外景地卢沟桥环境并不好，桥下已经没有水，变成了练车场，桥周围也没有大片的青纱帐。宛平城内外都是烟囱和大楼，一拍就穿帮。作为主战场的卢沟桥铁桥，每几分钟就要过一趟火车，不能利用。此外，南苑、大红门、永定门等29军与日寇战斗遗址皆已面目全非，拍摄困难可想而知。我很担心怕重蹈上一个厂家覆辙。我的《七七事变》剧本原是参加一个电影厂的征稿，已经立项，选好了导演，就是因为卢沟桥拍摄条件太差，厂家从专业的角度告诉我，卢沟桥不具备拍摄条件，他们决定不拍的。

我看到，李导、萧导拍电影不光有一股拼命劲，还有勇有谋，很智慧，善谋划。由于拍摄时间紧迫，他们制定了北京、长春两地奔袭方案。主创团队“兵分两路”，在全国选演员、搭外景。李导、萧导回到东北，在长春电影制片厂的斗室里写分镜头剧本。等我1994年8月26日去长春电影节参加《七七事变》开机仪式时，短短两个月，长影厂内已搭起丰台镇一条街。在长春郊外的青纱帐里建起了大红门。利用吉林省扶余市陶赖昭镇的一座废弃的大铁桥，改造成卢沟铁桥。我在长影看到第一幕是李导骑着战马在排练拍摄宛平城被日军轰炸戏，让我震撼不已。在北京，李导、萧导为再现卢沟桥战斗时水柱喷射的场景，让剧组在北京郊区找了一个水塘，按１：１做出卢沟桥的桥栏杆和石狮。看电影时，大家都以为卢沟桥有水了。等到10月26日，在北京卢沟桥召开《七七事变》新闻发布会时，南苑血战和卢沟铁桥争夺战等几场重点戏已拍摄完成，想起来真是奇迹。

李导、萧导拍摄的电影《七七事变》，被业内称作是近现代的战争题材影片的拍摄标杆。让我不能忘记的是，《七七事变》在1995年8月4日下午，在北京人民大会堂《纪念中国人民抗日战争暨世界反法西斯战争胜利50周年电影展映》开幕式上放映，在观众中引起了强烈反响。当佟麟阁、赵登禹等抗战将士牺牲时的悲壮场面；当赵登禹母亲送儿上战场的临别一吻；当宋哲元的老母把日军寿礼瓷瓶摔得粉碎；当何基沣旅长手撕日本国旗；当29军士兵奉命撤离卢沟桥，不愿移动的脚步和滴血的战马等，一幅幅悲壮又不失骨气的画面，令人回味无穷，感到震撼。观众时而泪流满面，时而响起热烈的掌声和笑声。我感到李导、萧导把中华民族的气节、民族魂刻画到了极致。

李导告诉我，在分镜头时，流了泪。他情不自禁地在旁边写下："壮哉卢沟桥，壮哉29军的战士们，壮哉中华民族铁血儿女们。"

影片成功后，我体会到了当时李导、萧导在改剧本上的苦心用心。从影片拍成后的效果看，李导、萧导对故事的提升和聚焦，使主题更加突出、人物群体鲜活、场面壮怀激烈、故事真实好看。尤其是李导、萧导浓墨重彩塑造了29军佟麟阁、赵登禹、张自忠、何基沣等一批"宁为战死鬼，不做亡国奴"的英雄人物，个个有血有肉，神形兼备，立得住，每一位都是活生生的那一个。像突围时，敌机狂轰滥炸，在一片无垠的向日葵地，佟麟阁身负重伤仍举枪向空中射击，倒在向日葵旁。一棵棵向日葵在炮火中昂着头挺立着，把爱国将士对国家、对民族的爱表达得淋漓尽致；赵登禹率部浴血奋战大红门，他背靠怒吼的石狮牺牲，看得人潸然泪下。每个英烈牺牲的环境都烘托了人物，留下精彩造型。

李导、萧导镜头下的战争场面，刻画得非常透彻，令人震撼。"七七事变"的重场战斗都有。每场对打环境不同，打法不一，但清清楚楚，不是混乱一团。"宛平城上反击""卢沟桥铁桥大刀战""南苑血战"等，导演以写实的风格把战火、阵地、冲锋、肉搏的战斗场面拍得十分逼真，扣人心弦。特别是中日双方在卢沟桥铁桥上的那场对决。当29军大刀向鬼子们的头上砍去，你会感到酣畅淋漓、荡气回肠、壮我中华。李导、萧导拍摄的战斗场面，不仅有枪声炮声，更重要的是在电影中传达了一种民族大义和人文情怀。最终呈现在观众眼前的是一部忠于史实、有历史厚重感的战争影片。

尤其让我感动的是，当时两位导演都已年过半百。可拍起戏来不要命，李导发烧，打着点滴，也不离开拍摄现场。萧导腿骨折了，绑着石膏仍在摄影棚指挥拍戏。他们的言传身教，让人折服和敬佩。

在拍电影《七七事变》过程中，李导、萧导经常派车把我拉到现场去看拍戏。记得1994年11月的一天，大雪纷飞。李导、萧导在拍南苑告急，29军开会那场戏。一个演将军的群众演员被冻跑了。李导、萧导他们让我上。一场戏不多，一句话没有，还把我的头发剪短了，一直拍到深夜两点。在冬天拍夏天的戏，穿单衣，口中还不能有哈气。我在体验中感到了李导、萧导他们导戏的认真和不易。李导在影片中自己也扮演了一个国军高级参议的角色，演得活灵活现。

我从心里感恩李导、萧导他们，不愧是大导演、大手笔，那些重重困难在他们面前都迎刃而解，是他们让那么多不可能变成可能，才有了电影《七七事变》这部历史巨片。

在北京卢沟桥电影《七七事变》新闻发布会上，在拍摄现场，我们看到了全国政协副主席、抗战老将军吕正操和全国人大常委会副委员长程思远；看到了时任广电部副部长田聪明和北京市领导白介夫、李志坚、封明为；看到了孙毅老将军和一些健在的29军将士；还有宋哲元、佟麟阁、张自忠、赵登禹、何基沣等不少抗日将领的后代。他们赞叹李导、萧导把《七七事变》拍得气壮山河。在新闻发布会上，当李导高喊“起立！”“敬礼！”后，扮演29军将领的全体演员向29军家属致敬和表达拍好电影的决心。所有人热泪盈眶，家属泪流满面。

当时我在外出访，一位日本公司的总裁看到《朝日新闻》李导、萧导在卢沟桥拍摄《七七事变》的消息，拿着报纸追到东京新干线车站送给我，并低头表示忏悔。原来他是一名当年侵华的日军士兵。一部电影能让这么多领导来现场观看，让这么多抗战英烈的家属全力支持，能在国外引起反响是不多见的。我想这同《七七事变》这部电影的重要意义有关，也是同李导、萧导善于驾驭历史大片，拍摄了一系列中国革命史巨片的影响力和个人魅力分不开的。

为了配合纪念抗战胜利50周年，也为了宣传《七七事变》这部历史巨片，当时，李导问我在北京哪儿作广告效果更好？我说在长安街西单十字路口有一个巨大的广告牌，那里是市中心，车流人流多。李导听后跟北京市商量，就在西单十字路口路南长方形的广告牌上，张贴了一幅电影《七七事变》的巨幅广告，起到了很好的宣传效果。可以说，在长安街上树立这么大的电影广告应该是第一次，从中也可以看出李导、萧导为电影作宣传的气魄。

1995年9月，在香港举行海外首映展。当时我还担心，香港没有回归，这种历史片香港同胞能否接受。没想到，影片放完后，全场响起了热烈的掌声。一位观众走到我们身边，握着李导的手激动地说：“谢谢你们拍的这么好的片子，中国的历史不能忘呀！”我一看名片，原来是香港一家学院的院长，他夫人还是英国人。据当时报载，电影《七七事变》在广州上映时场场爆满，被上海发行评为十大卖座影片之一。这不能不说是李导、萧导把影片拍得既有历史意义，又好看。后来电影《七七事变》获得国家众多奖项，也是对李导、萧导的肯定和褒奖。

电影《七七事变》后，我和李导、萧导见面不多了，但每次接到他们的电话都让我惊喜。电影《星海》首映式时，李导打电话叫我去看；拍摄电影《旭日惊雷》，李导通知我到张自忠路去看拍戏；影人的“光影彩墨”展，李导让我去观展；他要去美国做影展也告诉了我，都是好消息。每次都为李导、萧导高兴。特别让我感动的是，女儿报考大学艺术类，我去李导家咨询，他和萧导热情接待，还送我他俩的画册。走时，李导下楼一直把我送到大门外，聊不够。每次在电视上看到李导都感到他的精神状态很好。想想李导东北汉子的豪放，有时又很细。拍片时我带有《七七事变》字样的帽子落在长春，怕麻烦，我没讲。等李导来京时他却给我带了回来，他说，这帽子对我有纪念意义。

今年“七七事变”纪念日，央视又放映了电影《七七事变》。那天，我和萧导微信聊天说，一部电影年年放，只有《七七事变》。每年7月7日中央电视台电影频道都会播出《七七事变》电影，告诫国人铭记历史，缅怀先烈，珍爱和平。说明李导、萧导拍摄的《七七事变》是一部尊重历史，纪录片般的史诗巨作，是一部任何时候都不会过时的电影。我常想，李导如山，萧导似水，相互映衬。山有水更加伟岸，水有山更加深邃。李导、萧导珠联璧合，为中国电影留下《七七事变》等一部部力作。

今年8月16日送别李导，电影频道接连播放李导、萧导拍摄的电影《开国大典》《七七事变》，用电影为李导送行，让人感到很欣慰。电影将李导的真诚与奉献镌刻永恒。

李导，想念您，您为中国电影鞠躬尽瘁，死而后已。您在电影《七七事变》画册上给我写的那段赠言，我还记得：“建华贤弟，美好的合作将与影片同在。”我永远感恩李导和萧导两位恩师对我的引领和帮助。我把李导您在“《开国大典》新版首映礼”上讲的那句话也送给您：“中国电影人用自己的作品报效祖国，他们将和影片永远镶嵌在中国电影史的丰碑上。”我说，前无大师李前宽，后无李前宽大师。

2021年9月28日

追思前宽姑父

边广民[1]

2021年8月12日上午8点29分，噩耗传来，群星黯淡，日月无辉，亲人落泪，朋友悲伤。一位伟大的艺术家，永远阳光、慈祥幽默的大姑父李前宽先生永远地离开了我们。

他那奔放的性格、爽朗的笑声，在我心中永远抹不去。记得大姑父和大姑每次来哈尔滨看望爷爷奶奶时，都把我们晚辈儿叫去，请我们团聚。就餐时，用他那富有感染力的表情和特有磁性的声音，给我们讲些他在国内各地和国外所遇到的见闻趣事。

记得他参加莫斯科国际电影节，在晚会上，有位西班牙女舞蹈艺术家，穿着狂热的西班牙长裙舞，迈着婀娜多姿的舞步，来到东方代表团面前发出邀请。前宽姑父见到此情此景时，他虽然不会跳这种舞，但是他临场不乱，现场发挥，用他那博学而又坚毅的神态，迈着自信的舞步，礼貌地和舞蹈家跳起舞来。当舞到中央舞池时，随着音乐节奏前宽姑夫一抖肩，西服在手，再一抖手，西服潇洒抛出。这时全场掌声雷动，惊叫声、呼喊声一片。东方的斗牛士，这一舞，

1　边广民：萧桂云侄女婿。

不仅舞出了我们东方人的魅力，也彰显出中国艺术家的艺术天赋，给中国的代表团赢得了荣誉，给各国艺术家一个崭新的印象。我们中国人虽然有温文尔雅、情感内敛的一面，但是也有激情四射、多才多艺的一面。

我们晚辈是看大姑父和大姑的电影长大的。大姑父的形象在我们晚辈儿的心目中是那样的高大。每当邻居和朋友说起大姑父拍的电影如何如何精彩和震撼时，我们感到非常骄傲和自豪。想到他那坚毅而又慈祥的眼神，和蔼又亲切的面容，既亲近他又崇拜他。我想要是生于战争年代，他一定是运筹帷幄，决胜千里之外的常胜将军。

我们晚辈崇拜大姑父是有原因的，因为那个时代拍摄大型的战争场面，动辄就成千上万人的实景拍摄，没有一位好导演运筹帷幄谈何容易？在荒郊野外，复原一个战争场面，战车、战马、烟火，这多难指挥呀。不像现在，可以电脑合成。

前宽姑夫在他的晚年，也不闲着。他有一种廉颇虽老，壮心不已的精神在支持着他。以他的大爱和对革命老区的情怀，策划并排演了大型红色实景剧《井冈山》和《太行山》等。把当地的红色老区，变成了旅游胜地，打出了知名度。老百姓演自己的事很过瘾，提高了每个人整体素质，也解决了当地父老乡亲的就业问题，给当地的老区百姓脱了贫，脱了困。

就是这样一位胸襟豁达、富有大爱、功德无量、让人崇敬的长者，他怕惊扰大家，悄悄地走了。他走的是那样的淡然从容，默默地洒然而去。愿他老人家，在佛光的指引下一路走好，早登极乐净土。这正是，英灵驾鹤已西去，留的巨著传青史。

悼师兄前宽

尹力[1]

那年，我在零下30多度的边陲小镇牙克石拍摄电影《铁人》，天寒地冻，旷野中站在白毛风下的拍摄苦不堪言，上千人的大场面，嗓子喊哑了。电话响起，话筒中，前宽导演大声说："老弟，我知道你不容易，坚持再坚持，拍完铁人，你小子也得是铁人。"这句话我记一辈子。也是那年，前宽成为新一届影协主席。

前不久，我们筹备"大地阳光、光影彩墨"——第六届中国电影家与美术家作品邀请展，这一延续多年的艺术活动是前宽主席倡导和创立的，每届都吸引了众多美术名家和知名电影人参加，已经在业内形成品牌。知道前宽导演因疫情原因延误了回京的日程，我给萧导通信，说前宽开创的事业我们当砥砺前行，努力再努力，只盼你们早日回京。

上周四，中午，噩耗传来，万不敢相信。

他生龙活虎，谈笑风生，激情澎湃，永远不知疲倦，而且可以把昂扬的情绪感染给身边每一个人。

他的电影以及电影中塑造的人物，无疑是中国电影艺术长廊中一个个不朽的丰碑。他对宏大叙事主旋

---

1 尹力：导演、编剧，中国电影家协会第八、十届副主席，导演作品主要有《我的九月》《云水谣》《张思德》等。

律电影的贡献具有开拓意义。

他待人诚恳，勇于担当，执着信念，锲而不舍。

他不仅是一位出色的电影艺术家和画家，而且对中国电影事业的发展做出了突出的贡献。倡议电影频道的建立、电影产业促进法出台、连续多少年在港澳台办中国电影展，促进海峡两岸暨香港电影人的交流与合作，举凡种种，无不留下印记和佳话。昨天，电影频道王平久副主任还在给我的微信中说，“我们不会忘记李导对电影频道的贡献”。多年以来，无论是中国电影基金会理事长还是作为中国影协主席的李前宽导演，胸襟开阔，站位高远，以他的见识、才学和过人的精力永远屹立潮头，开拓的思维和艺术的定力以及持之以恒的坚守使他成为当代中国电影不可争辩的旗帜人物之一。

前宽导演是我亦师亦友的兄长，交往中我受益多多。

六年前，知道你身体有恙，心中忐忑地上门探望，见你时，依旧谈笑风生，聊电影，聊你的拍片计划，聊绘画……我知道，你刻意回避谈自己的身体情况，一个一生要强的人，一个挥斥方遒的艺术家，一个被当做永远冲锋不止的大哥也许一辈子都不会示弱。同样，对待自己的病症也依然毫不畏惧，你仍然高谈阔论，仍然妙语连珠，仍然思维奔逸。你的达观和旷达感染了我，那天回去，按捺不住地在八尺整开的宣纸上一挥而就，为你造像一幅，题画名曰《红云》，我把你的主要电影作品嵌在题画诗里：

灵犀光影生妙笔，开国盛况彰不凡。
殊荣看淡非晕染，恰似春来料峭寒。
胸中甲兵抵千万，决战将军鬓已斑。
千磨万击还坚韧，此老笑处红云翻。

斯人已逝，感伤那个拍我肩膀，喊我小子的大哥没了。

那个鼓励我拍好电影、好好画画的大师兄走了。

泪如泉涌。

哥、师兄、李主席，您走好。

风雨中有您坦荡不羁的身影，彩虹里有您灿烂的笑容。

2021年8月15日

你们的传奇

史册[1]

> 你出生在海边的城市，那里会不会是你最想归去的所在？海水中潜游的鱼群，是我写给你的书信，它们逐波而去，尘封入海……
>
> ——题记

她一如既往地微微含胸驼背，眼睛明亮不混浊，没有年近八旬老人因为年纪与这个世界妥协而生的慈祥。声线中音区浑厚，是她稳健不容怀疑的坚定。只是，站立和行走的力量重心不自觉地移至了脚跟。她把装满洗好的红色提子的盘子摆在我面前，挨着我姐姐坐下。

“萧阿姨，我想写一篇怀念李叔叔的文章。”

“好啊。”导演萧桂云语速平稳，不疾不徐地回答我。

萧导是哈尔滨人，五官标致。但不可用婀娜、精致或是漂亮来形容她，那会削减、解构、模糊甚至误导了她的美。她的美是才华、高尚，是坚强和克制。

2021年的冬天，长春电影节绚丽的舞台上，李前

1　史册：李前宽好朋友史宪富次女。

宽导演并没有陪伴在萧桂云导演的身边。萧导独自一人，犹如一株掣着红色火炬的木棉般，站在那里……

一

李前宽，这三个字对于我来说是一个骄傲、一个榜样、一个可以确认我和电影有着关联的证明。他离开之后，这个世界的好多事物都会引发我对他的思念，通向红旗街的有轨电车、长影的围墙、每年电影《七七事变》在互联网媒体上出现的海报……我无数次地回忆这样一位可亲、可敬的长辈，我想一定要给他一个不一样的纪念，一个属于我的对他的怀念。

可当需要逐字去书写，我却觉得无从下笔，仿佛除了他的电影，对他一无所知了。在晃动的光影里，彩色的胶片失去颜色，还原到黑白，再到粗大的颗粒，再到，白茫茫的一片。

李叔叔和我的爸爸都在大连出生，他们一个从北京电影学院毕业分配到长春电影制片厂，一个从中央戏剧学院毕业分配到吉林艺术学院。他们的友谊也许起始于1959年国庆大典的北京高校方阵，也许是一次校际联谊。前宽叔叔无数次说起的"我哥们儿，一个窝头，掰一半给我吃"。当年听这段故事时，我对窝头的意义以及窝头和友谊的必然联系，没有准确的认知和判断。按照时间的推测，这段故事应该发生在他们上大学的1958年到1962年间。现在，李前宽导演和史宪富导演都已离开了这个世界，具体是在一个什么情境之下，两个少年如何分享了窝头，作为后辈，我已经无从知晓了。总之，他们的友谊是一件必然发生的事件——他们的友谊延续了半个世纪，我们这些孩子们也因此成为受益者。

我们家三个女儿中，姐姐和李叔叔、萧阿姨最为亲近。大家都开玩笑地说，姐姐是他们长春办事处负责人。小到接机、送机，大到处理长春的一些其他事情，李叔叔和萧阿姨特别信任姐姐，委托她去办理、落实。姐姐出差去北京，无论多忙也会跑去看望他们。李叔叔只要看到姐姐，就会大声说："我大姑娘回来了。"

李叔叔离开我们了，那一声亲切又熟悉的呼唤，只有在梦里才能听到了。

"你认为李叔叔对我们最大的意义是什么？"我问姐姐。

"我觉得，在我们成长的那个年代，没有互联网，没有那么多的资源来获取信息，我们不知道除了学校和家周围之外的地方都是什么样子，李叔叔给了我们一个不一样的世界。他讲新疆，讲另一种蓝色的天空和广袤的草原，但不是一般意义的文学的描述，那是在画面里的新疆，是蒙太奇中的新疆，是带有精神层面描述的一个空间的存在。你还记得李叔叔讲那匹马吗？那匹骏马。”

“你确认是一匹骏马？”

“大学老师的责任就是不停地问，你确认吗？”

“我是想确认，你是否有自我幻想的成分而夸大了当时李叔叔的描述。”

“是从局部开始的描述，皮毛的色泽和马头的抖动。你不是研究媒体的嘛，就完全是斯坦尼康的运动感觉的描述。”

“可是，你不搞艺术，这样的教育和影响，好像对我还是有更大的意义。”

对姐姐，我特别知道如何可以一招制胜。果然，她沉吟了一下。

“我的想象力，我的雄心，他把不可能变为可能的力量与勇气。李叔叔给了我这个。”

二

我不止一次地想，我要怎么去为我的后代描述，我生命时间轴线上所呈现过的空间。他们能否据我的表述，准确地勾勒出业已不在的建筑，还原出街上的行人和他们的神态。还有，长春冬季的寒冷、笨重僵硬的棉衣、清晨打不开的房门、用洗脸盆接水在煤堆上冲出的冰道就是孩子们的乐园。我尝试在头脑中努力地勾勒、还原父辈们的时空，期待最大程度地靠近他们的青年时代。李叔叔和萧阿姨是在哪个季节来到长春的，他们的婚礼又是在这个城市的哪个建筑里举行的。我在写这篇文章的时候，刻意没有预先对萧导进行采访。我希望打开我的脑海中的记忆迷宫，重新沉浸其中，建构属于我的描述，即便这种建构是变形的，甚至是不真实的。

电影导演李前宽和话剧导演史宪富是非常要好的朋友。李导邀请史导参加了他很多部电影的拍摄，从《佩剑将军》到《逃犯》，从《停战之后》到《七七事变》，从《传奇皇帝朱元璋》到《星海》。史导也将他的学生何伟、徐松子、李幼斌、李大强、嘎头等悉数推荐给过李导。

我想，是在20世纪80年代初深秋的红旗街，在电车与轨道的摩擦声响中，长春电影制片厂几个大字在门楣上显得更加庄严。长影院子里的草长得特别高，让人总是产生戏剧性的遐想，期待或相信一定会有故事发生。李前宽从厂里出来，没有搭乘有轨电车，而是一直步行到南昌路他的朋友史宪富的家，这大约要一个小时的时间，他很享受一边行走一边观察这个城市。省医院直行，再向前，转弯过去是吉林省戏曲学校的圆顶，然后是长春地质学院的鸽子楼，一个下坡是一排排日式的灰色小楼，再一个小上坡就到了需要转弯的路口了。长春，没有海，也没有潮湿的空气中潜伏的咸咸的味道，街道两侧没有梧桐，也没有陡坡，和他的家乡大连几乎没有相似的地方。让他安慰和温暖的是，这座城市有他的爱人，还有张笑天、史宪富、袁运生等好朋友。

朋友没有在家，只有他的二女儿——一个小学生在画画。

“闺女，你画的是鹦鹉还是老鹰啊？”

“前宽叔叔，我考考你，你觉得我画的是什么呀？”

“啊，叔叔给你表演一下。”

李前宽站起身来，认真地表演起来。

“怎么样？看出什么不同啦？”

小学生高兴地欢呼起来，“鹦鹉机灵，老鹰很凶！前宽叔叔你太聪明了，我画的是鹦鹉！”

“鹦鹉的爪子也是有力量的，你画的爪子又细又小，它怎么能在树枝上站稳哪？”

“叔叔，我要参加学校比赛的，你帮我改一下哈。”

我可以清晰地看到小学生期待地坐在他身边，他作画的姿态一如过去，肩膀放得很开，不大的眼睛仿佛思索了一下，嘴部由于专注略略收紧，然后疾速下笔，勾画起来。

晚上，小学生向她的父母展示她的参赛作品。

“只有这几只爪子最生动，有人帮你了吧？”小学生爸爸说。

“你猜！”小学生说。

因为李导演和史导演的友谊，让我很小就有机会跟着爸爸去长影看译制片，到摄影棚玩耍，听他们谈艺术、聊电影，前宽叔叔还介绍了好多来长影的艺术家给爸爸，爸爸与他们成了朋友。我还记得李仁堂来家里做客带来的白糖、马精武送给我的小泥人儿，还有前宽叔叔从陕北带回的故事，宝塔山、延河水，牵着毛驴戴着羊肚儿毛巾的老乡，远远的山坡上传来了“信天游”。我长大后在中文系读书，游荡在图书馆的藏书架间，翻阅到了贺敬之的《回延安》，一行行的诗句化成了前宽叔叔描述的画面，耳畔还有他带有一点儿大连口音的陕北民歌。后来，我在电视节目里看到前宽叔叔唱陕北民歌，那是一个全国的文艺界大联欢，他走到观众席引吭高歌、中气十足，行腔弥漫着浓浓的陕北味道，让我感到了强大的气场和强悍的力量。

我不知道在将来，我是否可以描述清楚我生命轴线上存在过的空间，但我一定可以描述清楚，前宽叔叔在秋日的午后为小学生表演的姿态和画画的神情，那么专注与沉浸。"他的眼睛拒绝琐屑之物，在轻眨漫顾之间便幻映出某种境界，它们望彻千里之外，又将种种关系尽收眼底。"

"一个好演员，会怎么样？"小学生问。

"他会创造出角色，很典型很生动的形象，让人们记住他。"史导演回答。

"导演比演员厉害，对吗？"小学生接着问。

"没有厉害，只有精彩。"

"前宽叔叔说，你是好演员。可是，他说他还不是导演。是不是你更厉害？"小学生问爸爸。

"前宽叔叔一定会是导演，大导演！"

彼时的史宪富在长春话剧院的六幕话剧《万水千山》、李前宽在长影的悬疑电影《熊迹》分别开始了他们的副导演工作，萧桂云的电影《希望》杀青。1979年，萧导独立执导的吉剧电影《包公赔情》公映，由史导执导的《救救她》成为中国现象级话剧，进中南海怀仁堂汇报演出，并被八个剧种移植，张笑天叔叔担任编剧的《佩剑将军》成为萧导和李导合作的发轫之作。随后的日子，在电影创作之外，李导和萧导还邀请史导共同完成了第一届长春电影节开幕式、纪念毛主席《在延安文艺座谈会上的讲话》发表70周年大型演出。

三

瓦雷里说，一首诗应该是一个智力的节日。

对于将中国革命历史拍成史诗般电影的李前宽导演和萧桂云导演来说，他们又为我们创造了多少个喜悦又具内涵的节日啊。

小的时候，下雪了，去前宽叔叔家吃酸菜，就是我的节日。

教历史的妈妈是腌东北酸菜的高手，她大概汇集了中国历史腌渍蔬菜的所有经验。秋末冬初，把大白菜热水烫过，渍在缸里，注满凉透的开水。把一块大青石用刷子反复刷洗，压在白菜最上面。接下来，寻找放置酸菜缸的位置至关重要。温度低了，不发酵；温度高了，整缸的白菜就烂掉了。高质量的东北酸菜，色泽微黄清透，口感清脆爽口。切酸菜也是一门手艺，把最外层酸菜帮子摘掉，其余的一片片铺在案板上，每一片都要再剖出三到四层。此时的酸菜，薄如蝉翼、晶莹剔透。然后，要用“连刀”的切菜手法，使刀刃与案板短兵相接，发出的声响有节奏的变化，一排排细细的酸菜丝，就在这旋律中以排山倒海的姿态涌现出来了。

我们家的酸菜就这样，码得整整齐齐地放在铝制饭盒里，和新鲜的韭菜花儿一起，装进网兜儿，爸爸一手提着网兜儿，另一只手拉着我，去前宽叔叔和萧阿姨家。萧阿姨的最爱是酸菜加韭菜花儿！！！

前宽叔叔家不大的屋子里，有一个很大的书架。小小的空间，冒着热气的酸菜锅，散发着韭菜花儿的清香，前宽叔叔还为爸爸准备了白酒，爸爸主喝，他可以陪着少少地喝一点儿。他们会谈很久，萧阿姨会把菜热几次，小小的房间，特别温暖。

“你们家老二真是特别聪明。”

我记得特别清楚，萧阿姨是这么说的。

“那就送给你们，我们两个女儿。”

“真的？你舍得？”

“送给你们，怎么舍不得。”

“不行，小家伙都六七岁了，什么都记得了，到时候跑回你家，我们白养。”

接着他们三个人哈哈大笑，是哈哈哈大笑。我装作什么都没听懂，继续翻画报。

后来，我长大了，妹妹会去前宽叔叔家和他们的女儿阳阳玩儿，有时还会睡在他们家。早晨，前宽叔叔会特意套上他的浴袍，戴着那顶波灵波灵的新疆小帽儿，唱着“我是阿凡提，骑着小毛驴”，叫两个小朋友起床。

那个高大的书架、欢快的歌声，在回忆的底片上渐渐模糊。银幕上，上千人的群众场面和炮火连天的影像冲击，扑面而来。在《开国大典》《七七事变》的海报上，我的目光轻抚你们的名字，你们的影片是无限的革命历史题材影片中的一种极限，体现着影像语言表达的一种理想。

四

这个盛开着鲜花、飘零着雪花的世界，这个充满歌声和洒满灿烂阳光的世界啊！穿过纷杂、喧嚣的周遭，把旋转马车和棉花糖抛在身后，站在群山之巅看到的是一个弥漫着激情与创造的所在，而死亡则是辉煌的阴影。

“你爸爸大前宽三岁，比他早离开三年。”

萧导平缓地感慨。那确实是一种感慨，这种感慨怕是只有经历了岁月冲刷和生命考验，见过人生大悲大喜之后，才能真正理解吧。

2000年，李导和萧导的《抗美援朝》在丹东开拍，史导也被邀请去扮演一个角色。开拍一段后，史导心脏病发作，迅速被送回长春。诊断后，要做大手术，约20万元治疗费，且不能使用公费医疗。李导和萧导找到省领导，由于两位的陈情，史导的医疗费由省里报销。

人生最大的戏剧性，最强劲的高潮，人生剧本中人尽皆知的终结，却鲜有人愿意早早领略。

史导在81岁时进入重症监护，这也是我人生第一次感受到医院竟有如此安静的空间，没有了人声鼎沸，甚至没有呻吟，只有仪器规律地声响着。每天短短的15分钟探视，我不停地为爸爸按摩已经青紫的手指，不停地问医生一个问题。

“他真的没有知觉了吗？”

年轻的医生没有再回答我，他低头按部就班地做了记录。抬头，用笔尖指了指显示器上的那条横线。

我们为史导演进行了人生的最后一个选择，放弃治疗。接着，是我们三个姐妹唯一一次被允许同时进入重症监护室的一次探视。我们每个人都轻声地和他告别。我甚至看到他的眼角有细细细细的泪水，无力地、缓缓地流下来。爸爸，这次的舞台景深太长了，我们无法真切领会你的导演意图。您是导演，您一定会认为死亡同样充满魅力。此时此刻，您一定特别会是以一个背身的挥手，和我们告别，然后头也不回地向着最光明的地方走去。

此时，前宽叔叔和自己的爱人依旧形影不离地辗转于台湾、浙江和北京。在他心里，辗转的意义不仅是治疗，也许是对自己人生剧本书写的一部分吧。他曾对我们说过："人生总会有你最不想面对的，可能是尴尬，可能是害怕，不管是什么，你怎么解决？"他停顿一个半拍，"直面，迎着它，走过去！"

尾声

"老板，你们家新的酸菜好了吗？"

"史老师，新的，咱的酸菜必须是山泉水山洞腌制，全塑封带礼盒。您还邮北京吗？"

"对，老地址，萧女士收。"

"明白，放心吧。"

长春的冬天，就这么来了。从从容容，不用邀请。

这个城市关于你们所发生的瞬间都如一幅幅画面，所有的画面在我记叙中亦显无章。但是，重要的不是画面，而是由这些画面构成的你们的精彩人生，和你们的传奇。

我心目中的李前宽

朱延平[1]

2021年8月12日，中国台湾电影界传来一个噩耗，中国大陆著名导演、中国电影的领军人物李前宽先生不幸病逝。我一是震惊，二是，也有些不大相信。在我心目中，李前宽导演是那么健康、多才多艺，而且爽朗、快人快语，不论他在什么地方都能给人带来欢乐。尽管我知道他近几年多次到台湾来，除了两岸电影交流，也是为了治病。据李行导演说，前宽导演患的病是很严重的癌，已经是晚期，可是我每次看见他，都是一个健康的人，乐观的人，从没有病态。医生告诉他，他的病是癌症四期，他还问有五期吗？没关系，我配合治疗。经过几年调治，他的病情确实见好。他怎么忽然就走了呢？后来证实，这不是空穴来风，我们尊敬的李前宽导演确实病逝了。

我和李前宽导演相识于两岸电影交流委员会。而且这个委员会就是李前宽和李行两位导演倡导建立起来的。2009年，我们的前主任委员李行导演倡议搭建一个两岸影人交流的平台，时任中国电影基金会会长的李前宽导演立刻表示赞同，因为他也有一个这样的

1　朱延平：中国台湾导演、编剧，两岸电影交流委员会代理主任委员。导演作品主要有《异域之末路英雄》《妙探神威》《大灌篮》《新乌龙院之笑闹江湖》等。

设想。两个导演一拍即合。记得李前宽导演对李行导演说，咱们李家两个导演，你是一个桥墩，我是一个桥墩，把两岸电影交流的桥梁建起来。同年夏天，李前宽就与我们一同创办了第一届两岸电影展，同时宣告两岸电影交流委员会正式建立。两岸电影展草创初期，资源窘困，李前宽导演亲自奔走张罗，劳力费心，我们两岸电影展才有日后的茁壮发展。之后，他多次带着大陆青年导演们来台北交流，两岸影人初次见面难免生疏，李前宽导演总能以他的豪迈热情让气氛热络起来，有他洪亮嗓音在的地方，担心冷场，总是笑语交融。

李前宽与夫人萧桂云因电影而相识，相伴五十载，合作执导多部经典作品：《佩剑将军》《开国大典》《重庆谈判》，获奖无数，他俩从创作拍片到公益事业，形影不离，鹣鲽情深，成为两岸影坛的佳话，是我们学习的典范。让我记忆深刻的是，1989年，他们联合拍摄的电影《开国大典》上映。在香港公映期间，台湾导演有人前去观看，很受震动。他们想不到，大陆导演能这样表现国共两党的斗争历史，想不到影片拍得这样好。他们都感到十分震撼。后来在两岸电影交流中，李行导演向大家介绍说，这就是拍《开国大典》的两位导演，大家都热烈向他们鼓掌致意。

李前宽导演喜欢画画，性之所至，随处都是他的画室，来台交流期间，常见他拿起餐盘、餐巾，提笔就画，有次我们一起至台中参访，到发车前迟迟不见他人影，原来他在路边写生，专注到忘了集合时间，他的人物肖像和风景写真，写实中带了诗意，就像他自然流露的艺术家气息，帅气潇洒！

惊闻李前宽导演病逝，哀恸不已，两岸电影展的创办人李前宽导演与李行导演于上月先后离我们远去，这是两岸电影人的共同损失。

如今，两岸电影交流这座大桥，已经建立十二年。虽然建设大桥的两个李姓导演都先后作古，哀悼感伤之余，我想到，他们精心搭建的大桥，因为桥墩结实，大桥也就结实。我们应秉持他们推动两岸电影交流的信念，继续前进，将两岸电影交流继续进行下去，以告李前宽导演在天之灵。

2021年9月14日

想到您，就像沐浴在阳光下

——忆李前宽导演的笑

任文萍[1]

深秋午后，清茶一杯在侧，握着笔凝望窗外。远处，深红、金黄、陈绿，交织在层叠的红砖前，映照在远方有些清冷的天空上。回忆如烟袅袅……李前宽导演一张张鲜活而温暖的笑脸飘忽而至。

第一次见到您，是十四年前三月的一个傍晚。我们带着苏嘉航去《少年星海》的筹备组面试。在北京四环边儿上的糊涂宾馆里，刚刚开完两会的李导有些许疲惫地靠在床边。当看到许多面试少年星海的孩子们陆续到了，李导立刻兴奋起来，带着十几个孩子做起各种游戏来。房间里顿时欢声笑语四起。孩子们踩着杂沓的脚步，嬉戏追赶，闹作一团。李导演在游戏的孩童中拽住嘉航问："要是他们合起来欺负你，你怎么办？"嘉航蒙了一秒，看来是没有想到好办法，挠着耳朵说："我，我跑。"李导哈哈大笑起来。又是几轮游戏过后，李导笑呵呵地向嘉航伸出手说："小子，跟爷爷一起拍电影好不好？"嘉航扬起小脸儿，兴奋地点头说："好。"爷儿俩的情缘就此展开……

同年四月，在珠海八一宾馆星海剧组的服装间

1　任文萍：演员苏嘉航母亲。苏嘉航曾在李前宽、萧桂云导演的影片《星海》中饰演冼星海，并凭此角色获得第14届中国电影华表奖"优秀少儿男演员奖"。

里，伴着爽朗的笑声，我们再次看到了神采奕奕的李导演。只是这一次不只是他一位导演。他指着身边穿着一身紫色衣服很有气场的女士问嘉航：“你知道她是谁吗？”又蒙一下，嘉航挠着头回答：“不知道。”又是一阵爽朗的笑声后，李导故作严肃地说：“小子，那你完了。”随后，眯着笑脸儿看向那位女士。这是我们第一次见到萧导演。

在珠海横琴为《星海》搭建起的壮观的小渔村前，李导演宣布开机，然后一个箭步冲到正在燃放鞭炮的竹竿儿前，拔起来冲着人群一阵挥舞，顿时尖叫声、笑声、鼓掌声响成一片，《星海》欢乐开拍。历时四年剧本的打磨与拍摄筹备，两位导演对摄制蓝图早已了然于胸。虽然拍摄条件十分艰苦，但一个个场景的拍摄依旧井然有序地进行着——横琴渔村，飞沙滩，银坑，梅溪牌坊的陈芳故居，中山影视城，南海影视城，澳门……点滴中透析出李导、萧导的专业专注和对电影精益求精的热爱。紧锣密鼓的拍摄进程中，在摄影师调焦的当口，李导抽空去洗手间后匆匆赶来，衣服没有整理得很整齐。萧导看到后逗趣地说：“文明口儿，没系好。”“就不系。”李导想都没想，冲口就说。工作人员瞬间笑作一团，萧导眯着眼睛嗔怪地看着李导，李导偏偏装作没看见，径自梗着脖儿回到座位上，留下周边的人一直笑个不停……两人不经意间的嬉闹，浓浓的爱恣意弥散开来，让辛苦了一天的工作人员笑意盈盈，倍感温暖。转眼移步换景，飞沙滩上演惊涛拍岸，生离死别的大场面。李导给嘉航说戏，细数情感深处到自己眼含热泪。当看到嘉航理解了，被感染，很快进入状态，笑容又重新回到他的脸上。他的笑容给演员坚定的信心和鼓励。

100多人的剧组，历时两个多月，辗转十几个场景。过往纵横于大题材、大手笔的两位导演，拍起儿童电影来没有丝毫的懈怠，一路兢兢业业，全力以赴。《星海》注定是一部禁得起品味的匠心之作。一部儿童电影串起了音乐家苦难又幸福的童年，又作为纽带，连接了海峡两岸几代人的记忆。《星海》在澳门回归十周年之际如期首映。澳门“《星海》银河之夜”宏大壮观的首映礼上，李导的推介激昂热烈，声情并茂，笑语连珠，让台下时任澳门行政长官的何厚铧先生一行以及观影的澳门人民深深地浸润在血浓于水的情感氛围中。

音乐家童年的小故事，折射出家国的大情怀。影片在海峡两岸暨港澳以及美国纽约联合国、休斯敦、洛杉矶、夏威夷，加拿大，印度等多地上映，在之后的北京、上海以及各大国际电影节上都有不凡的口碑。印象深刻的是，在华表奖颁奖的红毯前，看到嘉航有些紧张，李导拍拍他的头，鼓励他说：“小子，拿出冼星海谱写《黄河大合唱》的气概，昂首挺胸地走红毯…… ”

从《星海》走出的嘉航，执着地爱上了电影，并希望去现代电影业最先进最繁荣的美国学习，一去就是九年。每年暑假回国，他总是跟我们一起去拜访李导和萧导。2017年5月，我们和刚回国不久的嘉航又来到画室。与两位导演刚刚寒暄落座，李导就带着熟悉的笑容朗声说：“你们还不知道吧，我从鬼门关走了一圈又回来了，大概是阎王爷知道我还有好多的事情没有做完吧。”接着侃侃道来，2014年以来他就生病了，前阵子刚刚经历了一场生死考验后转危为安。李导从容幽默地讲述着，谈笑间一个个惊心动魄的生死瞬间就云淡风轻了……我们听着看着，无比感慨。这要怎样的岁月洗礼打磨，怎样的伉俪情深砥砺心间，怎样的大心胸大智慧，怎样的人间清醒与挚爱，才能在如此的病痛面前从容笑对，继续投身到火热的激情燃烧的生活和事业中，只有李导……

看到嘉航听得错愕出神，李导拉近他，详细询问他在美国的学习情况，针对他的疑问困扰，答疑解惑，给予他强有力的支持。“小子，不要做明星，要做艺术家。”这是李导对嘉航说的最多的一句话。多年来，李导、萧导的悉心教诲一直是嘉航珍贵的精神滋养。谈论到兴致处，李导拉着嘉航选好角度坐定，备好纸笔，开始速写。寥寥数笔，一幅生动的素描跃然纸上，然后是题词。多少年来，一幅幅俊秀飞扬的速写寄语充满浓浓的关爱希冀与祝福，伴着嘉航飞越重洋，带给他多少直面挑战的勇气和能量。感恩在嘉航成长的路上，始终有微笑注目的你们……临别时，你们送我们到楼前。李导总是习惯地一手搂着萧导，一手挥动告别。再回头时，已是一幅温馨恩爱的剪影……

最后一次见到李导，是2020年10月11日，阳阳的面包屋开业。致辞，寒暄，与老友迎来送往，诙谐潇洒，笑容满面……重病在身八年的李导，没有丝毫的消沉与松懈，以极大的意志力，保持着精神饱满又神采奕奕，规划着一件件的事情，一步步地完成。在与因疫情没有回国的嘉航视频连线时，李导热情洋溢地说：“小子，好好努力，两年后你的大学毕业典礼，我会去美国参加，带你认识认识我的老哥们儿，好莱坞的大导演，给你祝贺哈哈哈……”可以想象，这些温暖的笑容、温馨的话语，对于身处美国疫情孤单中的嘉航，是多么大的力量和鼓舞。

李导，您是中国电影艺术的大家，是中国文化的传承和发展者，是充满艺术创新责任感的领跑者……但是我看到的更多的是电影片场的李导，生活中的李导，书房里的李导，画速写的李导，依赖萧导的李导，与病魔抗争的李导，对晚辈谆谆教导的李导，声情并茂的李导，笑语殷殷的李导，您的笑容永远是嘉航艺术生命中不灭的灯塔……如今，苏嘉航已经考入全美最棒的电影学院——美国南加州大学电影学院的研究生，刚刚在洛杉矶拍摄完成了由他编剧并导演的又一部电影短片。他时常告诉我，在拍摄影片时，李导、萧导的身影一直在他的脑海中久久萦绕。从海边奔跑的小星海到1米88的大小伙儿，苏嘉航在追逐电影梦的路上，始终有李导温暖坚定的笑容。

回忆收拢，倏忽间，远处的天空不再清冷。想到您，就像沐浴在阳光下。您的笑容温暖真挚，睿智包容，淋漓尽致又激情四射，在您的周围就会被您的光芒笼罩。我知道，那是历经风雨纵横捭阖后的宽厚深邃，是博大视野和深刻哲思下的举重若轻。

李导，李导，李导……

闭了眼，又是您爽朗的笑声，又是您灿烂的笑容……

仿佛，您从来未曾离去……

大导演李前宽的小故事

江平[1]

二十年前，我记得是一个金风送爽的日子，电视剧《抗美援朝》在大连举行开机仪式。是日，锣鼓喧天，红旗招展，鞭炮齐鸣，一场“祖国亲人慰问志愿军”的戏也同时拍摄。作为李前宽导演的小友，我在应邀名册中，当然也穿上戏中的服装，粉墨登场，在乌泱泱的人群中，跑个龙套助威。那天，折腾了十几个小时，回到驻地，个个人困马乏，忽然，房间的电话响了，是电影基金会的张兰同志打来的：“江导，李导说有点急事，请您现在去大堂一下。”

听说李导喊我，我扔下洗漱的毛巾下了楼，老远就看见李前宽站在咖啡厅门口笑眯眯地招呼我，刚一走近，他就像乐队指挥一样，手舞足蹈起来，顿时，“祝你生日快乐”的歌声和音乐同时响起。我一瞧，嗬！一个双层的生日蛋糕插着五彩蜡，神秘而绚丽的烛光摇曳着，只见秦怡、李仁堂、吴海燕、方舒等老中青三代电影人围坐在一起朝我祝福，我这才悟到，那天是我的生日：“谢谢大家！你们怎么知道的？”

张兰说，那天你和李导一块儿在前台登记，给服

1 江平：国家一级导演，《电影文学》专家团队成员。国家广电总局电影事业管理局原副局长，中影集团原副总经理，中国电影股份有限公司原副董事长、总经理。

务生念出生年月填住宿表的时候，李导不知道怎么听到了，这就……

前宽导演乐乐呵呵地张罗着：“咱们干导演的，就得眼观六路，耳听八方，这小子那天身份证号一报，我一把就记住了，这不，给你个惊喜！”

我特别感动，竟无语凝噎。

李前宽是大导演，他和萧桂云老师琴瑟伉俪，志同道合，拍了好几部在中国电影史上能留下的经典电影。从《开国大典》到《重庆谈判》，从《佩剑将军》到《七七事变》，可以说都是大部头的作品。他长我整整二十岁，在我眼里，他不光是兄长和老师，也是能指挥千军万马的大将，同时他又是个充满着天真的顽童。

我俩认识好多年了，先是看了他的电影，崇拜他；后来是跟他有过多次合作，钦佩他；再后来像家人一样熟了，真正地从心里喜欢他，尊敬他。

前宽导演的几件小事，值得一说。

有一年，西安电影制片厂请他导演一部根据作家黄济人的小说《将军岂止决战在疆场》改编的电影《决战之后》，他风风火火到了西北，和编剧郑重一头扎进故纸堆，寻觅几十年前炮火硝烟熄灭后，那些曾经耀武扬威的国军将领在战犯管理所的往事。剧本初稿一出，他就邀请原作黄济人先生到古都磋商讨论。那天，飞机延误，子夜时分，黄济人落地，在候机大厅转了一圈不见接他的人，正纳闷，忽见墙角长椅上歪坐着两个裹着羊皮大衣的男人，鼾声如雷，定眼一看，其中一人正是李前宽！黄先生在此之前，跟李导只是神交，在报刊上见过照片，没想到这么大的导演居然亲自到机场来迎他。再一问，他身边正是编剧郑重。他俩为了接机，在大厅里待了六七个小时，实在熬不住了，刚找了个角落眯上就被推醒了。李导一个劲儿地抱歉：“看看，看看，起大早，赶晚集，真是怠慢老弟了！”

黄济人说，那时候李前宽已经导演过许多得奖电影，蜚声影坛，居然放下身段亲自去接一个小说作者，还能像民工大叔一样随便找个地儿就猫着打盹，这桩事让他一辈子不会忘记。

过了些日子，影片后期，一向大大咧咧的前宽导演居然像小媳妇儿见公婆那般蹑手蹑脚走进黄先生的房间：“兄弟，老哥和你商量点儿事……”原来，郑重作为“西影”的编剧，要评一级职称了，按规定须有自己独立的几部作品，如果这部电影黄济人署名，郑重的职称可能就要等下一回了。李前宽说：“我是一级导演，你是一级作家，咱俩要不都别参与编剧的署名，郑重兄弟这回一级职称就跑不掉了，平心而论，人家郑重为这部戏是下了大功夫的。你看，能不能就在字幕上写明‘根据黄济人小说改编’……”

黄先生没想到，前宽导演为了别人的事，如此真诚，如此谨慎，如此真切！他心说，李前宽这个朋友，可以交一辈子。

和李前宽有莫逆之交的还有李行导演。“二李”相识时，李前宽刚过半百，而李行也才花甲之龄，因为中国电影，他们惺惺相惜，携手并肩。他们联袂创建了海峡两岸电影展，多年来，从未间断，舞台上，看似风光无限，可银幕后，两位李导演都曾殚精竭虑。有一次，我在国外，手机响了，是前宽导演的号码，一接通，他那洪亮的声音立刻就穿透了过来：“你小子这是在哪儿耍呢？听电话拉长音，好像出国啦？对不住，问你点儿事，台湾的李行导演在上海电影节吃过的炒蒜苗，是啥样的？”

我这才知道，当天李行导演要从台北飞北京，身为中国电影基金会会长的前宽导演事无巨细，亲自布置接待，忽听说李行导演爱吃炒蒜苗，而且出处是在我这儿，他便亲自来电询问：“是那个大蒜青叶那个蒜苗，还是刚刚长出来的小蒜秧子？”

我告诉他，李行导演是我们江苏老乡，他爱吃的淮扬菜当中有一道炒蒜苗，其实就是用瘦肉丝爆炒，掺入北方人说的蒜薹，赤酱，重油，偏甜。

他乐了：“看，咱们干导演的就是喜欢打破砂锅问到底，这不，差点儿我让他们上一盘炒蒜叶，哈哈。”

李行导演也是重情重义之人，每次来都会带些高山茶什么的。前宽导演也不客气，当宝贝一样收下，可屁股一转，他又托人捎给“长影”的教过他帮过他的老师。我亲眼所见，他将一罐台湾肉松塞在著名美术家刘学尧的尼龙兜儿里：“老头儿，留着自个儿吃，这是李行送的，就那个《汪洋中一条船》的导演，人家可是大师啊。”

那天，刘老爷子特高兴，直接把肉松罐打开，倒在餐盘里让大家共享，说这是“前宽的大哥从海峡对岸给我们带来的美味”。片刻，盘底朝天，前宽导演拽过一张纸巾擦了一把，然后掏出笔来，不出两分钟，就在那白瓷盘上画了一幅刘学尧的头像，寥寥数笔，活灵活现。

前宽导演是美工出身。1959年，酷爱看电影的他考入北京电影学院美术系。

入学时，裹小脚的母亲把仅有的几块钱塞进儿子的衣兜，嘱咐他好好学习，好好画画，将来有出息了，画毛主席像，画朱总司令的像，还有刘主席、周总理，一张张画出来，咱家墙上都贴满……

共和国成立十周年大庆，刚刚入学一个月的李前宽有幸作为游行队伍中的一员，走过天安门广场，远远的，他看见伟人在城楼上向人民招手，那一刻，他热泪盈眶，热血沸腾。

三十年后，他登上了天安门，这回，不是像母亲说的去画毛主席，而是拉着一哨人马去拍摄毛泽东和战友们的故事。那天，城楼上下人头攒动，李前宽指挥四台机器同时开拍，跟他并肩作战的，是电影学院导演系毕业的萧桂云，他们是校友，也是爱侣。

当年分配到长春电影制片厂时，李前宽只是美工助理，后来给老导演当副手，拍了《熊迹》等一堆片子，因为能吃苦，有想法，鼓动性强，又有组织能力，被厂领导认定是干导演的好材料，这才有了后来的夫唱妇随，佳片迭出。不过，在现场声音高的是"他"，拿主意的多半是"她"。他笑道："我媳妇儿，那是专业干导演的，我就是个业余帮手。"而萧桂云导演却说："前宽这人，线条清晰，粗中有细，爱恨情仇全部写在脸上，拍戏，生活，都一样。"

这句话，我感同身受。

2001年，我导演的电影《真情三人行》在开罗电影节拿了个奖，他见《大众电影》上有篇介绍文章，特地要了VCD去看。次日碰面，他当众大声给我夸好。等人散去，他拉我到一边悄声叮嘱："片子我看了，还不错，但只能打80分，你宣传上悠着点，别嘚瑟。不过，儿童电影能拍得这样，不容易。"

他热诚，也仗义。一位青年演员被网络暴力欺负，当时他是中国电影家协会主席，闻讯拍案："不能让这些小道消息祸祸我们的好孩子！"随即挺身而出，为那位年轻人站台鼓劲，同时又谆谆教导她：一定要做德艺双馨的文艺工作者，不负人民，不负观众。

2011年，上级将我从儿童电影制片厂厂长的位置挪到中国广播艺术团，担任党委书记，虽说我特别真诚地服从组织上的决定，但一时半会儿还是适应不了，主要是觉得自己离电影远了，有失落感。前宽导演不知道从哪里听说了，专门选择了一个国庆长假的某日下午，请我喝茶，他说："天生我材必有用，你小子爱电影，现在就是让你下煤矿、烧砖窑，你也一定天天唱着电影里的歌儿。所以啊，我给你出个主意，眼下中国电影乐团不是和你们艺术团两块牌子一套班子嘛？你可以搞电影交响音乐会啊！而且不要搞拼盘儿，胡乱凑几首电影歌曲，去糊弄观众。明年党的十八大要召开了，你梳理十八首曲子，从《开天辟地》《建党伟业》到《开国大典》《建国大业》，再到《雷锋》《孔繁森》《铁人》《江北好人》，把咱九十年党史给捋一遍，音乐会就叫‘永远跟您走’，这演出，保管出彩！”

我豁然开朗，撸起袖子搞了一台像模像样的红色电影音乐会。排练之前，前宽导演又来电话：“别老守着你那一亩三分地，得‘走出去，请进来，’殷秀梅、王洁实、王馥荔、屠洪刚这些艺术家都是你们团的，得用，你在电影圈待了那么多年，还要发动更多的群众。昨天我开会碰到成龙了，我跟他说了，江平不容易，大伙儿得帮衬帮衬，人家答应了！”

一个月后，一场声势浩大的演出在保利剧院举行，除了广播艺术团的演员倾情出动，团长冯巩亲自上台伴奏，前宽导演还和我一起动员了于蓝、秦怡、陶玉玲、成龙、宁静、张嘉益、黄晓明、佟大为等一大波电影人友情客串，歌唱的歌唱，朗诵的朗诵。临了，最后压轴的节目是《五星红旗迎风飘扬》，前宽导演说：“你要是看得起我，我上去比画一下，指挥大家全场合唱，你就等着瞧好吧！”

是夜，音乐会隆重举行，红色的旋律荡漾在剧场内外，高潮迭起，掌声不断，而李前宽导演最后的闪亮登场，更是当晚最大的亮点。

事后我知道了，那天，前宽导演很不舒服，发低烧，可他不让别人告诉我。我买了点营养品，拿了一万块钱酬金去看他。他留下了水果，把蜂王浆和蛋白粉退给我，叫我给于蓝老师送去，至于那个红包，他瞪了我一眼：“见外了！再说，我不差钱儿。”

其实，前宽导演真有差钱的时候，他导过一部儿童电影《星海》，说真的，因为没钱，那是他拍的最累的一部戏。为了孩子，他拉下老脸，四处化缘，自己不拿一分酬金，还恨不得贴上老本。恰在此时，有一位老板找上门，希望他能够给企业画一幅宣传画，题款时替他产品美言几句。前宽导演一摸底，直摇头：“不成不成，他生产那玩意儿不像是正经货，给多少钱我也不去。”

结果，老板本来说的要给200万元，打了水漂。拍戏时，捉襟见肘，他宁可天天和大家一起坐在马路牙子上吃盒饭，也一点儿不后悔。

但是，我们还是可以经常看到前宽导演的美术作品频频亮相，那是在老艺术家的生日宴上。他画的寿桃，我觉得能掐出水来。前年给李行导演贺九十华诞，前宽导演请我去主持生日宴，我又看到了一幅喜气洋洋的寿桃国画。他对我说：过两年，你六十岁，到时候，我送你“一筐桃”！

如今，我逢花甲。他却远行去了……

日后，我们天上见。

本文刊发于《电影文学》2022年第5期

怀念您，我敬爱的忘年交大哥

——追思李前宽大师

江军[1]

您，一生是个不失原则的大好人；

不失幽默与创新的大能人；

不拘小节的大才子；

您，对国家，无私、无畏，敢直言，坦坦荡荡……

对朋友，真心、真诚、真可爱，两肋插刀……

对电影，求真、求质、精益求精，为了艺术，绝不妥协……

您，一生光辉磊落，将永远在我们心中荡漾……

我为失去这么一位好前辈、好导师、忘年之交的好大哥而痛心埋泣……

愿您在天堂电影界再做辉煌！

1　江军：创立并担任美国好莱坞国际电影交易中心、美国好莱坞国际电影基金执行长，美国好莱坞国际电影人杂志发行人，美国大银幕娱乐集团财务长。电影投资与发行：*Death Wish*（美国，2017，大中华发行）、《大轰炸》（中国，2018，后期投资、全球发行）、*Air Strike*（中美，2018，美国发行）等。近20部电影和电视节目。出版与发行：《好莱坞国际电影人杂志》（季刊）2014-2024。

多少年前，能够认识您，是由于我们共同的好朋友、我电影事业的引路人、导师及大哥杨步亭先生。在未见您前，已经从杨大哥处听到您很多的辉煌事迹和趣闻，媒体也报道您的故事，知道您是电影界前辈、大咖，作为新入电影界后生的我，是那么的仰望与敬畏，仿佛是那遥远的高山。

那一年，您携同夫人萧桂云导演一起来美国，我们首次相见，聆听您和夫人对中国电影未来的展望，和多年做导演的经验和趣闻，您谈笑风生，天南海北无所不及……您的坦荡、风趣，顿时让我对您的感觉从敬畏的高山仰望变成了如同邻家的长辈，无比亲切。那一天，我们一早去了洛杉矶古董跳蚤市场，在那里寻找着有趣的古玩意，谈论着它们的历史沧桑，您还不停地与地摊商以幽默与玩笑讨价还价，犹如一个年轻的老顽童。那时我又认为这是我的顽皮兄弟……

那天我们一起寻着宝，吃着廉价的美式快餐，更胜于山珍海味，我们一路淘宝一路笑，忘记了年龄与烦恼……

几年后，您和夫人在纽约联合国大楼举办了个人画展后，要前去拉斯维加斯参加美国国家电影电视设备与技术博览会，途经洛杉矶，我们再次相聚。相聚更让我们友谊加深，犹如老家的哥哥嫂嫂来看我，我们谈论着共同的话题，讲述着不同的趣闻。尤其在去拉斯维加斯美国国家博览会的路上，一路笑声不断。途中，我们去了一个100多年前的淘金小镇古迹——卡里科鬼镇。仿佛回到了100多年前的场景，贪婪的金矿主们的奢侈生活，底层的劳奴与挖矿人在黑暗、随时有坍塌危险的矿地挖着金子，换取一点可怜的面包，其中闪着无数来自清朝时期中国人的背影……

我们讨论着那段悲惨的历史，您不停地画着各种草图、场景图，并提出有朝一日在这里，想拍一部史诗级的美国西部中国淘金人的电影……

2019年，经您和杨大哥的邀请，我参加了第52届美国休斯敦国际电影节。在休斯敦，我们又讨论中国电影如何走出国门，让世界了解中国，中国文化的过去，现在与未来……我也直言讲述着中国电影在国际上推广的难度，中国电影的推广需要国家的支持与理解。您立即表示回国后，把我们在国际上推广中国电影的具体问题提议给主管部门，并给我这样的后进小辈为中国电影在国际推广中的努力作了巨大的肯定和赞赏，让我终生难忘！

我一直希望尽快回国看望你们，由于疫情和父母的年迈多病，让我不敢下决心回去，总想着疫情结束之后一定回北京拜访您和萧导。谁知，2021年8月12日晨，噩耗传来，李前宽导演、我尊敬的大哥与世长辞，我悲痛欲绝，我立刻与北京杨大哥通电话，希望这一切都不是真的，我不相信，不敢相信，更不想相信，当与杨大哥确认后，我们二人同时都在电话里失声痛哭……

这么好的人，老天为什么要领走？如此真诚的人，为什么去得那么快？您的笑容依然在我面前；您的幽默话语依然环绕在我耳边；您的天赋留在了人间……

也许您就是去天国旅行一程，走得仓促了一点，去为天堂之人创造人间的电影；您可能会回来晚一些，被老天留下颁奖；但我坚信您会回来的，我尊敬的尊师、可爱的大哥，等您归来时，我们再次一起欢笑未来！小弟江军拜叩！

2021年9月9日于美国好莱坞

名如其人

祁海[1]

祁海同志

并“青宫影城”诸同志：

在贵影城开业五周年的美好日子，我代表中国电影家协会并以我个人的名义，向你们表示衷心的祝贺！……

（贺信全文见文中）

中国影协主席是中国电影学术界成就最为卓著者之一，如果给电影制片厂或大艺术家发贺信并不足为奇，青宫影城是广州的小影院，德高望重的中国影协主席居然给一家基层影院发贺信，在中国影史上还是破天荒第一回！个中缘由，要从24年前讲起……

1997年的一天中午，我去珠影招待所访友，出来时路过服务台，忽然见到一个熟悉的高大身影，没错！是他——前宽老师！

我立即上前打招呼：“前宽老师！”

我和前宽老师见过面，但他一下还未想起我是谁。

“我是珠影编辑祁海，八年前，霆钧（编者注：长

1 祁海：国家一级电影文学编辑，广东省电影家协会副主席。

影编辑王霆钧）带我参观长影摄影棚，您正在拍摄《开国大典》，我见过您……”

八年前，前宽老师已是颇有名气的导演，但毫无架子，豪爽热情，在开机前的空隙时间和我聊了一会儿。

时隔八年，我又见到他。

“哦，我想起来了，你是霆钧的同学，我还记得霆钧说广东人特别有市场意识，说你这位珠影同学喜欢研究电影市场，我没记错吧？”

前宽老师居然还记得我这位外厂小编辑，他和萧桂云导演联合执导《开国大典》之后，名气更大了，但他还是那样宽厚随和，热情地和我握手，说他来广州拍一部新电影。

前宽老师问我：“你还研究电影市场吗？”

“还在研究，成效更大！我和朋友在广州推销您和萧导演拍摄的《七七事变》，很卖座！”

前宽老师感到奇怪，问我：“你是珠影的人，怎么会推销长影的电影？”

我告诉前宽老师，进口大片涌入中国影市之后，许多国产片溃不成军，我不甘坐以待毙，和广东电影发行机构的赵军、周俊杰共同创建全国第一家专门推销国产片的业余民间团体“广州三剑电影学社”，出钱出力与发行公司合作，自创新手法在广东推销各制片厂拍摄的一批优秀国产片，都很卖座，《七七事变》是其中之一。《七七事变》在广州的票房收入高达38万元，超过一些进口大片。

前宽老师高兴地说：“我听说过广州电影界有‘三剑客’，原来你就是其中一把剑呀！太感谢你们了！”他把萧桂云导演也叫了过来，介绍了我。

两位老师都是多次获奖的名导演，拍过《开国大典》《佩剑将军》等卖座片。但前宽老师很真诚地说：“时代不同了，今天拍国产片，要面对市场的新挑战，不能只追求获奖，也不能照搬过去的卖座套路，需要重新摸索。我们拍《七七事变》，就是想尝试一把，看弘扬爱国主义的史诗电影今天还能不能进市场？”

我说：“当然可以！《七七事变》有卖点！这部史诗电影不是平铺直叙的流水账，除了有火爆壮观的场面，还有扣人心弦的故事情节，人物性格也有新意。尤其是战前中日两军巡逻队狭路相逢互不相让，中日两军大部队在卢沟桥的血火大拼杀，爱国将领佟麟阁、赵登禹的壮烈殉国，都给人留下特别深刻的印象。影片对一些有历史污点的爱国人士的描写，也很真实，令人信服。”

两位老师很开心，这不是那种爱听好话的飘飘然，而是看到自己的追求探索被人理解，感到莫大欣慰。

我说："有许多优秀国产片其实有很好的卖点，可惜不会宣传包装。"

前宽老师说："确实有这个问题！你们'三剑客'推销《七七事变》有哪些新招，给我们讲讲，我们要好好学习。"

我向两位老师汇报了我们如何用多种新手法突出《七七事变》的卖点，最成功的是《七七事变》的八条报纸广告，不是一个广告版本刊登八次，而是设计八条角度不同的文字广告，并打破商业广告常规，融合了文史解读、时事评论、艺术评论、拍摄花絮、科普文章等，有的广告是历史知识猜谜问答，有的广告是揭露日本右翼近期为侵华战争翻案的丑行，有的广告是借鉴古典章回小说标题的文字技巧预告该片故事情节的八大悬念，有的广告是介绍该片最震撼的四场大血战，有的广告是介绍该片大场面的精彩特效，有的广告是介绍剧中历史人物在七七事变之后的结局……这组广告别具一格，吸引了众多观众买票。

"太精彩了！"前宽老师越听越兴奋，但是，他的脸上忽然又稍显担忧之色："有个问题：吴子牛导演拍的《南京大屠杀》，也是很好的影片，在1995年8月与《七七事变》同期上映，两部同类影片挤在同一个档期，会不会互抢市场？《七七事变》票房好，我当然高兴，但我也不想因此影响了其他好影片的票房啊！"

我说："老师请放心！我们'三剑'早就注意到这个问题，我们为这两部电影巧定不同的档期，并非同期上映。《七七事变》在'八一五'借助纪念抗战胜利50周年的声势推出，《南京大屠杀》则安排在同年10月18日推出。因为我们早已在报纸上获悉联合国在这一天召开悼念二战死难者大会，新闻传媒会大力报道，《南京大屠杀》在此时推出，可借助这一新闻热点使影片更引人注目。《南京大屠杀》发行方认为这样的档期安排很合理，同意该片在广州的首映延后。这两部纪念抗战的电影互不撞车，各得其所。《七七事变》先上映，后上的《南京大屠杀》并没有受影响，在广州也很卖座，票房收入高达48万元，和《七七事变》不相上下。

"太好了！两全其美啊！"前宽老师笑得更灿烂。

开展市场竞争，前宽老师居然还担心对手会吃亏，这胸怀令我感动。

前宽老师和我分手时，握着我的手说："你们的经验很宝贵，中国电影再也不能只重产不重销！我要向广电部、电影局提建议，希望在全国电影界大力推广你们的经验！”

因为有众多电影界前辈的大力推荐，广电部、电影局和全国31个省、市、自治区的电影制片厂、电影发行公司都请我代表三剑电影学社在全国、全省的电影工作会议介绍经验。改革之花，在全国大地结下累累硕果……

我和前宽老师一别十一年之后，欣闻他挑起更重的担子——荣任中国电影家协会主席。

2008年金秋，我来到北国海滨大连，出席金鸡百花电影节，又见到了前宽老师夫妇。我向两位老师汇报：我开发电影市场也迈出了新的一步——到刚开业的珠影青宫电影城兼任策划总监，要在电影市场的终端扎根，再闯新路！两位老师都表示支持！

年历又翻到2010年4月。

这是青宫电影城开业五周年的大喜日子。我给前宽主席写了一封信，向他汇报了青宫电影城五年来的奋斗历程：我和该影城的全体员工锐意改革，并非只会提供简单的放映服务，而是要打造一家富有创造性的新型文化企业，实现社会效益和经济效益双丰收。青宫电影城运用全新的经营管理手段，第五年的票房总收入比第一年猛升五倍。青宫电影城开创了全国独一无二的“国产小片高产出试验田”，五年来让七部在全国遭冷落的国产小片在青宫电影城起死回生，成为卖座片。我根据青宫电影城案例撰写的论文《国产小片进入大城市一级市场的营销智慧》，登上大雅之堂，获第十七届中国电影金鸡百花电影节论坛优秀论文奖。

影院改革创新，很需要得到电影界领导的支持鼓励。我对朋友说：“要是前宽主席看了我的信，能让中国电影家协会给青宫电影城发一封贺信，那就好了！”

朋友说：“想得美！中国影协不可能给你们发贺信。一是没有先例，在许多人眼中，电影院只是一家只有几十人的小单位，和快餐店小商铺差不多，没有多大分量。在中国，国家级的大影协从来就没有给小影院发过贺信，全国有上万家影院，都要求影协发贺信可咋办？你虽然认识前宽主席，但他不会因为一点交情就开这个头惹麻烦。二是前宽主席工作很忙，哪里顾得上这些鸡毛蒜皮的小事？”

朋友万万没想到，我给前宽主席的信发出几天之后，收到了他的回信——正是一封贺信！

他心细，怕邮寄太慢，贺信用传真机发过来。信中写道：

祁海同志

并“青宫影城”诸同志：

在贵影城开业五周年的美好日子，我代表中国电影家协会并以我个人的名义，向你们表示衷心的祝贺！祝贺“青宫影城”五年来所取得的巨大业绩。你们在营销工作中迎难而上，主动开辟国产小片“高产出试验田”取得的成功，为业界树立了“小片进入大城市一级市场”的营销经验，也反映了你们为促进中国电影事业发展的极大热情和智慧。

当下中国电影产业发展，在党中央和政府的大力关怀、支持下，出现了空前发展的大好态势，也是难得的机遇。相信“青宫影城”定会再创新的辉煌！为中国电影产业的繁荣、发展做出新的贡献！

中国电影家协会主席 李前宽

二〇一〇年四月

字里行间，暖流奔涌！在青宫电影城，放映员、宣传员、售票员、场务员、保安员，读了影协主席的贺信，个个心里热乎乎！

这不仅仅是表扬一家影院。前宽主席眼界高远，他认识到，影片生产的经济价值，最终是通过影院去实现的，影院能否办好，关系到整个中国电影产业的大局。因此，他要用好人民给他的权力，支持影院改革！

我的眼前闪过：美哉大连！一艘艘快船在辽阔大海破浪飞驰！

这个开放城市，是前宽老师的出生之地。

此情此景，令我想起两个字，就是前宽老师的父母给儿子起的好名字：

“前”与“宽”，人如其名啊！

前宽老师一生中不断奋勇前行。他早已功成名就，但没有故步自封。在中国电影事业的历史转折关头，他及时转变观念，再次出征从头越，开辟了一片更宽广的天地。

前宽老师胸襟宽广，虚怀若谷，一生与人为善。

前宽老师，我还有一封封喜报要送给你：您的贺信发出之后不久，青宫电影城三次夺取全国影院年度上座率冠军，共救活了23部在全国遭冷落的国产小片，被评为“全国青年文明号”先进单位，在全国影坛反响强烈。我本人当选为第七届广东省电影家协会副主席。

遥望北方，我仿佛又看见了你开心的笑容……

忆说前宽

许还山[1]

得知前宽在浙江病逝的噩耗，瞬间，他无数音容笑貌像千尺万仞的雪崩，铺天盖地朝我袭来，使我心痛至极。这是今年继在葆老友仙逝之后，又一次体味到生命无常所带来的巨大悲痛。不到一年的时间里，中国当代电影圈子里顿失两位德高望重的艺术巨人，实在是中国电影的大悲痛大损失……

我已经记不得与前宽相识于何时何地，最早的记忆是在一次电影人相聚的会议上，他一曲即兴高唱的陕北民歌，给我留下深刻的印象，我先以为他是音乐界的歌唱家，后来才得知他与我是师出同门的校友，原来学电影美术后来改成了导演，夫人也是学院导演系科班出身的高材生。两人殊途同归，成为当代中国电影界拥有重大成绩和良好口碑的伉俪导演。

前宽是一个性情中人，多年的电影人生涯，使他具备了一个优秀导演的诸多优秀特质，思维敏捷，应变力强，处理各种事情果断麻利、准确有效。

20世纪中叶，在层出不穷的政治运动时期，我考

1　许还山：演员，在李前宽、萧桂云执导的影片《世纪之梦》中担纲主演。其他主要表演作品有《樱》《红岩》《红楼梦》《封神第一部：朝歌风云》等。

入电影学院，刚过一年还没完成学业，因踩踏了一项政治运动底线，就被划为学院学生中有名的“反面教员”。由于这段刻骨铭心的往事，在电影圈子里不用彼此介绍就都知道我的来路底细，前宽和我也就这样在某时、某地、某场合下结缘相识了。虽然我和前宽桂云夫妇俩学的不是同一个专业，但都曾在同一锅里吃过饭，在同一宿舍楼里住过，多年后生攀硬靠地竟成了同门师兄弟。

从第一次见到前宽到他离世前的最后相聚，他都从不改口称我为“师哥”。这无疑是他的谦逊和对我的尊重。事实上，无论是事业成就，为人做事，前宽都绝对是我应该奋力学习的良师益友和楷模，我只不过比他虚长几岁，岂能安居师哥之位？每到此时，愧不敢当，吾心惴惴矣！

在一次电影人观摩他的新作《开国大典》的放映会后，好评如潮，前宽引吭一曲高亢豪放的“新货郎”，博得与会者们的热烈掌声，我心目中也默认他是一位多才多艺的电影艺术家。在以后的许多电影活动和多次书画笔会上，我们相互往来频繁，相互切磋砥砺，心无芥蒂，口无遮拦已是常态。在这些电影界内外的众多活动中，他都一以贯之地流露出他与生俱来的东北人性格：精明、豪爽、大度、宽容，还时有果断的霸气和令人折服的傲气。

和他在一起工作非常快乐，他既善于体味人心细微的情感变化，也会在关键时刻对复杂的事物准确判断，迅速决断杀伐。对原则性的大是大非，头脑清晰，牢牢把守正确的三观底线，明大局、识时务，绝不会以任何私利越雷池一步。

1998年夏，前宽、桂云伉俪导演应湖北电影厂之邀，拍摄一部反映三峡工程建设的影片，剧本还没有完全定稿，前宽听说三峡大坝工程马上要实行部分大江截流，对电影来说这是一个不可复制的大场景。前宽闻讯后，不分昼夜调兵遣将，立即组织摄影师带上器材，奔赴三峡截流施工现场，不失时机多机位拍下截流真实环节的壮观场面。这时，离影片正式开拍还有半年，由于他的预见和果断，理想地完成了剧本中的相关场面，也节约了很多成本。

影片正式开拍后，剧组租用了一艘长江水利委员会的工作小火轮，不停往返在三峡区间江面，拍摄以三峡为背景的戏剧桥段。当时正是长江汛期高峰，上游江水奔腾下泻，水位迅速上涨，按常理就会靠岸停航，前宽沉着应对，依靠船长丰富的行船经验，再三与船长协商观察，在确保安全第一的前提下，胆大心细地拍完所有应拍的戏份，当火轮靠岸后，立即接到上级封江停航的指令。全组庆幸不已，多亏了前宽导演临危不乱的胆略和指挥气魄，船长夸他：“你这个导演比我们这些在江上干了几十年的胆子大多了，你要是当船长肯定是劳动模范。”这一年的长江洪水是20世纪中继1939年、1954年的又一次全流域特大洪水。

我对表演事业的信条是“精耕细作，戏比天大”。但在几十年过程中也犯过不可原谅的错误，又恰恰是在与前宽合作的影片中。

《世纪之梦》是前宽、桂云1998年导演拍摄的影片，我担任男主角，一部分外景戏定在美国芝加哥和华盛顿拍摄。这是我第一次去美国，十分兴奋，满脑子充斥的是美国的异国人文景观、山川风貌，因为我酷爱图片摄影，为此行美国花了不少精力准备摄影器材和胶片，几乎忘了去美国的主要任务是拍戏。

剧组决定在华盛顿国会大厦前拍一场戏，是男主角和老师的对话戏。到现场我突然发现我饰演角色的戏服上衣没有带来美国，当时我一身大汗，脑子一片空白。前宽看我脸色不对，以为我病了，问我出了什么事，我不得不说缘由。他一听，脸色顿时没了以往的和蔼可亲，眯起眼睛严厉地盯着我，周边的人预感到一顿极为严厉的呵斥批评就会发生。制片方因为要节省经费，决定角色的服装全由自己携带，在北京出发前，都已通知了相关演员。我一心想的是准备摄影器材，把服装的事忘得死死的，直到现场要换服装时，才发现服装员没来美国，我的戏服落在家里根本忘了装箱。

前宽这次是真火了，脸色发白，对我这个他一向都很尊重的师哥，气得不知说什么好，嗓子眼里冒着火，用他最后的一点冷静理性强力地控制住自己不出声、不发作，喉结上下快速滑动，出着大气。幸好身边的女翻译说，那边有一家超市去买一件行不？我一想肯定会有卖的，我朝着导演喊了一声：“导演我错了，你别急，马上解决！”拉上翻译向超市疾跑，买一件合身的西服谈何容易呀！

第二天，我进入现场投入拍摄，在摄影机均匀的马达声中，前宽的脸上平和如昔，“停！”眼角皱纹闪出满意的跳动。

在后来的日子里，他再也不提这件事，我知道他已经把所有的严厉、反思和懊恼，不显山不见水地全转给我自己处理。我也心照不宣地明白这是对我最大的隐忍和尊重。直到回到北京机场行将各自东西时，剧组制片高主任交给我一个信封说：

“这是导演给你买西服的美元。”我推脱拒绝，他二话不说握了我的手：“再见，保重！”钻进启动前行的汽车，还把西装给了我。

前宽从汽车一侧的窗户里伸出胳臂向我挥动告别，我忍不住流泪了。

原原本本是我自己造成的失误事件，虽然没有造成多大的损失，但对于一个正在履行演出任务的专业演员来说，也是一个不可原谅的大失误，也是无视“戏比天大”的错误。

这件事一直都深深地嵌在我心里，在后来多次见到前宽时，他却以一种十分轻松调侃的语调向我周边的同行们复述这件陈年往事，其更深的含义是诚心告诫同行们：艺术犹如宗教，必须以极致的虔诚和敬畏之心对待。这也是前宽严于律己终身不悔的精神。正因为这种精神，才会在他身后留下那么多经得起时间考验的经典影片，永远定格在中国电影的天空上。

2020年11月，中央电视台四频道要给我做一期《向经典致敬》，并请了两位高层次的评讲嘉宾——杨在葆、李前宽，令我十分感动惊诧。这两位八十多岁的耄耋艺术家，是我从影四十多年来的诤友，我知道他们都在重病医疗中，竟然还亲到演播现场对我鼓励加油，这是两份情意太重太重的关怀。在现场明显看到二老是尽力支撑到结束。万万没想到二老友在节目还没播出之前就先后离世，给世人在屏幕上留下最后的肖像，他们发自内心的讲话也成了二老最后的绝唱。每想至此，真是痛彻肺腑，但没办法，生命的规律就是这样，好在两位至亲诤友给中国观众留下了许多倾心制作的电影，二老的生命力并没有终结，必然会在它们的经典作品中永世流传。

2021年9月6日于西安寓所

前宽精神

——追忆李前宽导演

孙立军[1]

李前宽导演的一生奉献于中国电影事业。作为中国第四代导演的代表人物，他用电影艺术奏响了中国历史文化的史诗绝唱，勾勒出中国社会发展的景观画卷。他导演的代表作《开国大典》《决战之后》《重庆谈判》是我国红色革命历史题材电影的圭臬之作。李前宽导演是我的前辈，是我的老师，也是我的师哥，并且他对我有知遇之恩。他正直如高山，待人公正坦率；他善良如流水，对晚辈关怀备至，尤其是他对中国电影事业的责任感与奉献精神，这些都令我铭记于心，念念不忘。

2021年8月12日上午，我猛然听闻李前宽导演离世的噩耗，一时不敢相信信息来源的真假。当时，我还远在西藏，在等待核实这则噩耗的焦灼中，我记得当时的我已不觉间陷入了一段段同李前宽导演历历在目的往事……

一、与前宽导演初次相识

2006年10月，我与李前宽导演初次“相识”。尽

1　孙立军：北京电影学院副校长，教授、博士生导师，导演。导演动画电影主要有《小兵张嘎》《欢笑满屋》《西西瓜瓜历险记》《三只小狐狸》等，著有《动画艺术辞典》《动画概论》《中国动画史》等。

管，他是我的大师哥，但是我在北京电影学院读书时还未与他相识，我们的初次相识也并未“相见”。与其说这是我们的第一次“相见”，不如说是“相听”，因为一通陌生的电话。如今，我对那通电话的谈话内容依旧记忆犹新、终生难忘。

那是在夜晚，大约十点半，我接到李前宽导演的电话。因为我平时在十点钟左右就已经入睡，很少有人会这么晚给我打电话。当时，李前宽导演拨打的还是我家座机，当我起床接到电话，对这个陌生的电话只觉得有些摸不着头脑。我依稀记得，当时我听到了一个特别洪亮的声音从话筒传来：“你是立军吧！”这个声音我当时是不认识的，听上去像是一个比我年长的人。

“我是立军。您是哪位？”

“我是李前宽，导演李前宽。你的师哥。”

这通电话之所以说是我们“相识”的电话，正是因为李前宽导演作为前辈，对我的坦诚与悉心之语。当时，我已被推选为中宣部“四个一批”人才，并且在2005年执导的动画电影《小兵张嘎》开始陆续摘获国内重要奖项。李前宽导演因此了解到我及我的作品。

李前宽导演在电话里表示，他非常喜欢我执导的动画电影《小兵张嘎》。我还记得，他当时鼓励我说：“年轻人，拍得不错，就是要拍这样的动画给我们的孩子们看！”我想，尽管当时的他很可能已经忙碌了一整天，但声音却没有显露出丝毫疲态。他的声音很洪亮，有穿透力与感染力，这一下子就拉近了我与他的距离。或许，当时对李前宽导演而言，只是发现并认可一个新人的作品，并充满热情地鼓励了这个新人。但是对我而言，在我内心深处，这是一次莫大的鼓励，受益匪浅。

时间一晃而过，直到近年，我与李前宽导演因为工作原因，联系多了起来。但是，我如今回忆起那通电话，心情仍然十分激动。我曾经被他肯定与鼓励的心境，一直是我在电影道路上砥砺前行的一束温暖的光。正是如此，我也可以充满热情地给予他人帮助，尤其是在电影领域需要鼓励的新人。正如我们的母校北京电影学院的校训：尊师重道，薪火相传。李前宽导演给予我的鼓励让我也拥有了给予他人鼓励的力量，这就是我们“薪火相传”的精神吧！我也对这份精神牢记于心，要多去关注年轻人的好作品，去给予他们更多的支持和帮助。

二、学习前宽导演的精神

李前宽导演首先是一位电影艺术家。同时，他也是一位非常优秀的教育家。李前宽导演一直关心着母校的发展。他曾经为学校给李克强总理写推荐信，也给教育部写过推荐信。为了让相关领导重视北京电影学院的发展，对北京电影学院有更客观、全面的评价。在北京电影学院70周年校庆期间，校方希望邀请一些电影艺术家前辈回母校座谈。李前宽导演被邀请回母校与我们分享老一辈电影艺术家的创作经验。我担心他的身体状况，长时间的讲座可能会透支他的体力，因此与他商量一个小时内结束交流。但是，他那天却讲了足足两个多小时，从他上学报到的求学之路，到他在北京电影学院读书期间的学习心得，再到他的家人、老师对他产生的影响，昔日往事，如数家珍、娓娓道来。他讲到动情之处，我们台下的听众有许多人都流下热泪。当他结束讲座时，台下响起雷鸣般的掌声。在讲座结束之后，大约有一两周的时间，我还可以听到师生们在议论“前宽精神”，这是一个德艺双馨的老前辈用一生的身体力行所展示的精神力量。

我记得还有一次，李前宽导演打电话给我，让我到他家去，他的家也是他的工作室。其实，我当时听说他的身体状况不太好，但那时的他从来不把自己身体不佳的状况表现出来，我也只能“配合”他，假装不知道他的身体近况。我依稀记得，那天的天气很冷，我已经提前与他在电话里说好时间，我挂了电话就前往他的工作室。但是，由于我到了他的工作室附近却一时找不到停车的地方，大概耽误了十几分钟。然而，当我停好车，走向工作室门口，我远远地看到，他穿得很单薄，一直站在院子里。

我赶紧跑过去：“前宽老师，您怎么不在屋里等我呢？”

“没事，我就是出来溜达溜达。”他说着，握住我的手。

我当时已经感受到他手心的冰凉，他已经在户外等了我很长时间。作为一位中国电影大师，他能够如此亲切地对待我这样一个晚辈，我被他的精神力量所震撼，他拉着我的手往屋里走。那时，我的眼睛已不自觉地饱含着感动的泪水。后来，我时常去请教他，他也常常主动给予我帮助。我们促膝长谈，聊起来就会忘记时间，他的话语总是充满热情。而且，我还知道有许多像我一样的晚辈也都曾经受到他的悉心指点。他时不时地邀请我一起参加一些研讨会，他深知制作一部动画电影的不易。因此，他会在研讨会上向投资人与相关领导推荐我，并在这些人面前毫不吝惜地夸赞我，我每次都觉得自己对他的评价受之有愧。但他就这样无私地一遍又一遍地鼓励着我。他也曾经为我写过推荐信，在他亲笔手写的洋洋洒洒的几千字里，无不关心我的成长。其实，我的心情是难过的。因为，我当时已经五十多岁了，但是在他的眼中，我仍然是一个令他牵挂的“年轻人”。我时常反思，这是因为我的工作在各方面都还做得不够好，才让关心我的长辈多了牵挂。转眼十几年过去，他耿直、坦率的性格依旧感染着我，我谨记他在信中对我的谆谆教诲：“我相信你能够把北京电影学院的工作做得更好，要敢于承担更重的担子。”李前宽导演是一座精神灯塔，他照亮着我们的人生道路，指引了我们的前进方向，温暖着我们的心灵深处。

三、前宽导演离我们而去

2021年的暑假期间，我计划了一个公益活动，驾车去西藏，去看一看以前捐助过的贫困家庭的孩子们，并且再为当地一所小学捐赠一些生活所需品。

在路途上，我还惦念着与李前宽导演的见面，因为疫情的原因，我去西藏前没能与他当面辞行，我原本打算在我完成公益活动回来之后去看望他。然而，这个想法却成为一份我永远无法实现的悲痛。

起初，得知他去世的消息，我是不敢相信的。那天，我远在西藏，那里高原辽阔。当我猛然意识到这位长辈的与世长辞，恍惚间，我觉得自己离天堂也更近了一分。由于当时的我还有高原反应，无论是心理还是身体，我都异常难受。我通过电话证实了他去世的消息，当天夜里，我彻底失眠了，我不断回想着自己在出发前是如何想要与他联系，又如何错过了我们最后相见的机会。

李前宽导演在我心中不仅是前辈、师长，更像是一个不会离开我们的超人。他无论是对母校的爱护，还是对晚辈的关心，都是充满使命感又一直在无私奉献着的。他是一个斗士，狮子一样的斗士，永不言败，激情昂扬。

虽然他离开了我们，但是他的精神一直影响着我及我身边的人。每当我回想起李前宽导演鼓励我的言语，我的心中仍会涌起一股热血。如今，这种炽热感又在我的眼中化成思念他的热泪。前宽精神，已在吾辈心中生根发芽。

悼念李前宽老师

苏小卫[1]

在李前宽老师去世后的这些天里，每次看到悼念和怀念的文字，李老师就带着笑容出现在我的面前，一直觉得他没有去世，只是好久不见。

李老师是个非常热情的人，和他认识应该有20多年，见面的次数也积少成多，印象中每一次他都是热情洋溢的、谈吐风趣的、和蔼可亲的。他的热情是一种人品。不管是对同龄人，还是对我们这样的晚辈，是对电影界的同行，还是对陌生人，他都用热情拉近年龄和职业的距离，化解彼此的陌生和拘谨，带来温暖和深入的交流。他无数次地为影迷签名、为朋友写字、为同行画像，都是在对别人好。虽然他的名气很大，成就斐然，还曾是中国电影家协会的主席，但他留给我的印象首先是一个充满激情的艺术家、一个善良亲切的前辈。

几年前，李老师和萧老师委托剧本中心论证电影剧本《东方欲晓》，他们想把日本投降后，老一辈电影人在党的领导下和国民党坚决斗争，最终接收伪“满映”，成立我党领导下的第一个电影制片厂的曲折过程

1　苏小卫：编剧，国家新闻出版广电总局电影剧本规划策划中心主任，中国电影家协会副主席。

搬上银幕。论证会上，专家们都认为这是一个非常好的电影选题，它再现了那个重要的历史时期中国电影的一件大事，很多老一辈知名电影人参与其中。他们在中国共产党的领导下，历尽艰辛，与国民党展开复杂激烈的斗争，于1946年10月1日成立了新中国第一个电影制片厂，也就是长春电影制片厂的前身——东北电影制片厂，拍摄了新中国第一部长故事片《桥》。谈起这段历史，李老师很激动，他作为一个电影人、一个长影人，很想把这部电影拍好，专家们也提出了很好的意见和建议，同时大家也都感觉到这个规模宏大、人物众多、故事曲折的选题运作过程一定不那么轻松。

会后萧老师对我说，其实在这个时候她不想做这个选题。我能理解萧老师的心情，因为当时李老师已在治疗中，虽然在萧老师的陪伴和照顾下李老师状态很好，没有一点病容，可推动项目的艰难、拍电影的辛苦萧老师是深有体会的。我一时也不知该怎么安慰她，这时候她接着说，李前宽要拍，我没有别的选择，只能陪着他，和他一起努力。

这几句话让我深深感动。两个志同道合的电影人，一起走过六十多年风风雨雨，携手一生，合作一生，挚爱一生，成就了电影界的一段佳话，李老师这辈子有萧老师作为事业的陪伴，情感的依托，生活的支撑，应该是无憾了。

李老师安息！

2021年9月4日

本文刊发于《电影文学》2022年第5期

我所崇敬和感谢的前宽叔叔

苏欢[1]

父母去世以后我突然感觉自己得了社交恐惧症，任何事不想做，任何人不想见，几乎像是与世隔绝，直到有一天突然得知李前宽叔叔在浙江慈溪离世。刹那间仿佛胸口碎了一般疼痛，悲痛之间脑海中突然迸发出一帧一帧的画面。从长影百平方米宿舍到北京安定门影协宿舍，不同年龄段的前宽叔叔坐在我家客厅和我父亲高谈阔论嬉笑调侃仿佛就在眼前。每次他的到访都是我们一家人快乐的源泉，他会用我父亲南腔北调的山西话惟妙惟肖地学说爸爸厂务会上的发言，还会讲他自己在外景地的各种趣事。记得有一次他讲去海边的摄制组，他到的时候看见别人晒得黝黑发亮的健康肤色，非常眼馋，于是，放下行李光着膀子就跑到了沙滩上直接在太阳底下晒了好长时间，第二天没有见到他晒出健康的小麦色，皮肤却严重晒伤。用他自己的话说，像一个红屁股猴一样，被人家取笑了好久。

我记忆中父亲和前宽叔叔的交情最早可追溯到在长影的时候，那一次是父亲说服了其他厂领导，决定给年轻人一个机会。父亲找萧桂云和李前宽谈话，宣

1 苏欢：曾在长春电影制片厂电视剧部和导演室任场记。1985年调入《大众电影》杂志社做编辑工作，2020年副编审退休。

布厂里决定由他俩联合导演《佩剑将军》，联合导演的排名是萧桂云在前，李前宽在后，由萧桂云来带李前宽。萧桂云却对这个排名顺序感觉不实际，她表态说："苏厂长，您给我们这么一个机会，我们特别感谢！但是我的名字搁在他的名字前面，有点不太合适。因为这部影片找演员、选外景、分镜头都是他干的，我就去加个塞儿，还把我搁在前面，实在是有点儿不公平，虽然我俩是一家。"父亲回答她说："每个导演上来都得有个联合的机会，才能够独立干。你毕竟比他早干了三年，早拍了三部戏，那你就是老的，老带新，你的名字必须放在前面。至于以后你们俩的名字谁在前谁在后，我就不管了。当然，这部戏拍完了之后，你们也可以分开，愿意怎么干就怎么干。"萧桂云觉得苏厂长考虑得细致入微，说得合情合理。

李前宽与萧桂云，果然没有辜负父亲的期望，也为长影厂争了气。《佩剑将军》完全实景拍摄，51个大环境，40多位演员，3万人的大场面，还有绘画合成，仅用53天就拍完了。在厂里审查的时候，赢得一片赞扬。父亲说："影片拍得非常讲究。作为年轻导演，第一次导演就驾驭这么大的题材，拍得非常精彩！而且不仅是片子拍得好，更重要的是我们发现了人才！"《佩剑将军》在全国上映，引起了很大的轰动，创造了票房佳绩。李前宽、萧桂云的"夫妻店"由此开张。不要说别人，连他们俩自己也没想到，这个为了取得独立拍片资格的一时权宜之计，竟成了他俩此后创作的基本方式。"夫妻店"就这么一直开下去了。他俩共联合导演了18部电影，6部电视连续剧。特别是1989年他俩联合导演的影片《开国大典》，囊括了5项金鸡奖、3项百花奖……此后又联合导演了影片《决战之后》《重庆谈判》《七七事变》成为导演重大革命历史题材影片的最佳人选。他俩现在还感念父亲当年的知人善任，说他们这个电影"夫妻店"是苏云厂长给发的执照。

前宽叔叔在北京电影学院学的是美术，自然画画是他的拿手好戏，他不仅能导演，还是个多才多艺的艺术家。记得是在1987年9月24日－10月9日，中国电影家协会组团到苏联访问，父亲苏云任团长。代表团成员有长影导演李前宽、珠影导演胡炳榴、中国影协书记处书记崔君衍、中国影协外国电影研究人员李溪桥。这是中苏两国关系正常化之后，中国电影的一次"破冰之旅"。代表团访问了塔吉克斯坦的杜尚别、乌克兰的基辅、俄罗斯的莫斯科和列宁格勒等城市。这次访问代表团带去了两部影片，一部是李前宽和萧桂云执导的《田野又是青纱帐》，另一部是凌子风执导的《骆驼祥子》。这个代表团在苏联受到热烈的欢迎和接待，在各种场合最活跃的是第一次出访的前宽导演，父亲苏云也有意让这位才情兼备的中国电影艺术家表达中国电影人的热情。他在莫斯科剧院开幕式上进行即兴演讲，用俄语表达了中苏两国人民的友谊，赢得全场的热烈掌声。

在塔吉克斯坦首都杜尚别，这个远离莫斯科的地方忽然有中国电影代表团来访，在当地引起很大反响，由当地的电影界与音乐、舞蹈界等民间文艺组织举行了一个大型的欢迎仪式。由于苏联方面安排的参观日程中没有这一内容，所以代表团去参观当地博物馆，导致四五百名热情的塔吉克文艺家足足等待了两个多小时。中国电影代表团得知这一情况后，在父亲的带领下坚持前往参加，场面十分热烈和感人。塔吉克斯坦最著名的歌唱家、舞蹈家、电影艺术家几乎都到场了。许多在国际大赛上获奖的优秀艺术家纷纷用他们精彩的节目向中国客人表达热情。父亲苏云代表中国电影艺术家发表了热情的讲话，歌颂了中苏两国人民的友谊，还特别说明了由于在参观后才知道这样的欢迎仪式所以来晚了，对让大家久等了深表歉意，全场报以热烈的掌声。这时一位当年曾在我国旅顺当过空军飞行员的老人激动地迎上来与中国朋友握手拥抱，他连说带比划地表示，中苏两国人民的友谊情深意切，不应受“气候”变化影响。两国人民如同手心手背一样永远地在一起，在场的人都很动情。这时，一位曾在国际舞蹈大赛获得金奖的塔吉克族著名女舞蹈家在掌声中跳了一个十分精彩的舞蹈，这位年轻美丽的女舞蹈家，不愧是金奖得主，舞姿之美，技巧之高，征服了在场所有人。谁也没想到，这位舞蹈家跳到忘情的桥段，热情地来到中国代表团面前，邀请李前宽到舞台上跳起来，李前宽虽然舞蹈的基本功不灵，但他的自我感觉却很好，仿佛自己就是一个白马王子，牵着公主登台，全场沸腾了，掌声、笑声和欢呼声不断。伴随着鼓点和音乐，李前宽照猫画虎伴和这位舞蹈家一起跳了几个回合。李前宽觉得自己的动作有点简单，他以导演的经验突然在台上变化舞姿，以静代动，立在台中，把西装脱下向后一甩，恰似西班牙的斗牛士，于是场上的舞蹈又一次出现高潮。坐在台下的父亲满意地笑道：“关键的时候，前宽是能冲上去的。”

中国电影代表团离开杜尚别，飞到乌克兰首都基辅，参观这个第二次世界大战期间的英雄城市，到著名的杜甫仁科电影制片厂参观是代表团的重要日程。这个厂是一个由20世纪二三十年代苏联制造飞艇的工厂改建的，摄影棚非常大，可以同时搭建几堂布景。厂内有一幢小楼是已故电影大师杜甫仁科纪念馆，大师当年在这里工作的印记依然保留至今，如杜甫仁科在黑板上画的设计图，他自己十分喜欢的油画《向日葵》和镜头设计图，闪耀着这位大师的才情。大家在大师的雕像前合影留念。

这天傍晚，杜甫仁科电影制片厂的厂长潘捷耶夫盛情邀请中国电影代表团到他家中做客，并设家宴款待，这令中国电影人倍感亲切。这为中苏两国关系在二十多年的冷淡期之后，带来了一种冰化迎春之感。这位九十多岁的老人刚刚成功地做完心脏手术端坐在餐桌旁，李前宽突发奇想，向潘捷耶夫厂长要来大张画纸，为老人家画肖像。李前宽迅速地把这位卫国战争的老英雄画下来，神韵十分的好，老人与厂长都非常高兴，连连称道："太精彩了！"李前宽对父亲说："这幅作品算咱俩合作。"父亲说："你画的肖像，我跟你怎么合作，就这样赠送给老人家。"李前宽说："这幅画的左边我留出您题字的位置，请您写个词，再签上您团长的大名，这幅画可就不是我个人之作，而是中国电影代表团的礼物了。"父亲笑而不语，觉得李前宽说的有道理，可是题什么一时想不出来。李前宽说："写上福如东海长流水，寿比南山不老松，祝福苏联老英雄健康长寿！最后写上中国电影代表团团长苏云，并向苏联的寿星老英雄说明中国的意思。"父亲按李前宽说的做了，果然赢得厂长一家老小的极大兴奋。他们表示这是中国艺术家最神圣的礼物。在这次出国访问中，大家对李前宽有了进一步的了解。代表团的同志都说，李导在外交场合的表现，放在外交部也是好样的。父亲听到这样的评价，报以得意的一笑。

另外一件事是发生在1991年夏天，中国南方出现历史上罕见的特大洪灾，社会各界纷纷发动募捐和救灾义演。8月29日，由中国电影家协会组织全国电影界率先在北京举行"中国电影界大型赈灾义演"，地点在北京工人体育馆。连演三天，所得款项全部捐给灾区人民。这次活动不仅得到内地各电影制片厂、广大电影工作者的热烈响应，香港、台湾以及其他海外电影人也献出爱心参加了这项大型公益活动，这也是中国电影界第一次把海峡两岸暨香港地区的艺术家聚在一起，举办的大型活动。

电影界老中青知名艺术家都愿意登台表达爱心。李前宽被邀担当这次义演的现场导演，还是由北影厂、八一厂和中国话剧团的著名演员们共同参与的压轴节目《摄影棚内》的主角，节目表现受灾地区军民共同抗灾重建家园的主题。表现形式是把整个体育馆变成摄影棚，在这里拍一场"重建家园"的戏。主要演员有陈强、李雪健、卢桂兰、侯冠群、黄小雷等。八一厂、北影厂和中国国家话剧团演员分别担任群众演员和军队战士。北影青年导演夏钢担任剧中副导演角色，主持人是孙道临和李媛媛。

可是第一天的演出就出了乱子。演出开始都很好，观众呼声也高，毕竟群星登台阵容强大。原本安排在中间环节的节目是香港著名影星与歌星的节目，由于飞机误点，演出已经开始飞机还未落地，只好把他们的节目往后顺延。当演出接近尾声时，他们一行六十几人才赶到现场，合唱了一支歌曲《忧愁河》之后即登车赶回宾馆。事先主持人已向观众介绍了香港演艺明星谭咏麟、梅艳芳等人，观众们还以为接下来是这几位香港大牌歌星演唱，所以当主持人孙道临宣布赈灾演出最后一个节目《摄影棚内》时，全场观众愤怒了，呼喊、起哄、口哨声像海啸般涌来，饮料包装盒、香蕉皮、汽水瓶像手榴弹似的朝台中掷去。孙道临被这突发事件惊呆了，嘴里还在继续着："观众同志们，这是为什么……不要这样嘛……"观众的愤怒非但不减，反而更强了。面对这突发事件，坐在主席台上的苏云与影协各位领导也毫无办法。如果处理不好，几年前在北京工体发生的"5.19"恶性踩踏事件就会重演，后果不堪设想。此刻，15000多人的体育馆出现了异常严峻的场面，由大喊大叫的一片哄闹到上万人咚咚咚跺起脚来，整个体育馆里一片轰鸣声。

可怕，危在旦夕！此时，本场戏的导演李前宽疾步冲到孙道临面前，他礼貌地接过话筒，请孙老师下场，然后他镇定自若地巡视全场观众，面带笑容地说："亲爱的朋友们，亲爱的观众同志们，今天大家不是一般地看演出，而是与中国电影人与在场的广大观众共同向灾区人民献上的一片爱心！血浓于水、热血相通、真情相连……大家的情绪很高涨是可以理解的……"场下依旧哄叫不断。

主席台上的苏云和领导们屏住呼吸，盯着台上的李前宽怎么引导大家转危为安，成败就在顷刻之间。按常规为确保大型演出的公共安全，每场演出有二三百名便衣公安人员分散在观众中，但在全场一万多人都站起哄闹、跺地、呐喊的"全民皆兵"氛围中，便衣公安也是无能为力。分布在舞台两侧等待出场的演员们焦急地不知所措，李前宽对大家说："保持镇静，一切行动听我指挥。"李前宽见全场依旧叫声不减，就自己报幕："下面我们把《摄影棚内》这个节目献给大家。现在开始！"他一声令下，等候在台口的演员扛摄影机的、抬移动轨道的、录音师、照明师把设备按现场要求一一摆好。

李前宽大声喊："演员准备好了没有？"

"好了！"演员们响亮的回应。

李前宽喊："预备—开始！"

表演艺术家陈强扮演的灾区老汉在张连文扮演的干部搀扶下，满脸沮丧地上场："老天呐！大水冲毁了我的家，什么都没有啦，我可怎么活啊？！"

站在舞台中心摄影机旁的李前宽突然大声喊道："停！"然后走到陈强面前："陈强，你今天表演的情绪不对！"

这是在事先排戏时所没有的，陈强不愧是老艺术家，那天他是发着高烧带病上场演出的，面对这种突发事件，他还能机敏地跟随李前宽现场应变。他问："导演，您说怎么不对呀？"

李前宽说："你是全村德高望重的长者，你表演情绪低沉，要振奋起来，才能鼓舞全村群众重建家园！"李前宽说着一指场外观众："您看，今天在场观众的情绪多么高涨啊！"观众席仍是一片哄、呐喊、跺脚，有的还扔瓶子……李前宽灵机一动，对摄制组人员说："同志们，今天的观众情绪这样昂扬，他们的心连着灾区人的心。我们应该把这感动人心的画面记录下来，把我们演员的表演与观众的情怀印记在一起。我指向哪里请照明师把灯光对准哪里，摄影师把镜头聚焦在那里，听明白了吗？"

在场的人员同声回答："听明白了！"

"好！预备——开始！"摄影机的马达声响了，李前宽喊："同志们，你们请看东区的观众朋友，他们的心与灾区人民的心相连，他们的情绪何等的高昂啊！"

这时，照明灯突然对准了东区的观众，摄影师及时把镜头对准了东区。这一招可真灵，东区观众的哄叫、跺脚、呐喊立即呈现在全场的众目睽睽之下，他们一下子傻了，先是停顿，而后响起热烈的掌声，替代了先前的哄闹。

陈强及时响应，他迎向东区观众，拱着双手笑道："我向东区的观众学习啦！"接着李前宽又说："陈强老师，您向这边看，请大家看南区的观众朋友们的情绪多么高涨啊！"照明灯转向南区，在摄影机嗒嗒的转动声中，南区的观众突然发出热烈的掌声，使一万多人"炸场子"的突发事件转危为安，全场情况发生了奇迹般的扭转，当李前宽引领团队指向西区时，北区的观众几乎没人再喊闹了，而且准备着照明灯打向自己，不愿把丑陋的形象被拍在胶片上，其实摄影机里根本没装胶片。《摄影棚内》正常演完，而且效果极佳。

在全场热烈的掌声中，李前宽对刚才观众与演员的合作做了满意的总结。之后，李前宽两只胳膊一转，仿佛指挥家一样，站在体育馆中心，指挥全场演员唱起了《生产大合唱》，在舞台四周布置的十八面大鼓也擂了起来。全场观众也站起来随着这欢乐的节拍一边拍手一边引吭高歌。最后，一万多人的哄闹变为一万人的大合唱《团结就是力量》，演出成功了，许多演员感动得流下热泪。父亲苏云更是激动不已，他对自己培养起来的青年导演有如此的魄力和胆识而欣慰。他不无得意地对在场的人说："我说过，关键的时候，前宽是能冲上去的，今天这种危急场面，只有前宽的机敏和果敢才能镇得住，换任何人都是很难办到的。"苏云走到李前宽跟前紧握他的双手动情地说："救场如救火。你今晚一是把孙道临从台上救下来，二是把全场突发哄闹的'大火'救了。不然后果真是不堪设想。前宽呀，好样的！"说完，用他那胖胖的手在李前宽的肩上重重地拍了两下。

前宽叔叔一直尊敬我父亲苏云为他的老领导，其实在我看来他们已经不是简单的上下级关系，在我眼中他们是互通心灵惺惺相惜的存在。因为前宽叔叔知道他说的影片完成的每个环节，我父亲全部都懂，明白他说的每句话，适时给予回应，无论提建议或者纯倾听。当年在长影时，父亲是厂领导，直到调至中国影协任书记处书记和副主席，见证了前宽叔叔从美术师到著名导演到全才艺术家的每一步脚印。

还有一件不可思议的事情也发生在他们之间，父亲病重的最后时刻，前宽叔叔作为中国电影基金会会长正出访英国，父亲在病榻上几次昏迷几次苏醒，反复断断续续地问："前宽什么时候回来……"直到2005年7月31日这天，我们念叨着前宽叔叔当天晚上回国，就在下飞机的那一刻父亲如释重负般地闭上了眼睛，仿佛有心灵感应一样。前宽叔叔亲手把父亲从华山医院送到友谊医院的太平间。葬礼上前宽叔叔满怀深情地含泪宣读悼词，令在场的所有人都产生了共鸣，我们家人从心里非常感谢他。墓穴盖板上前宽叔叔还亲手题写：这里长眠的是为中国电影事业做出毕生奉献和突出贡献的人。这句话说的何尝不是他们这些热爱并将一生献给电影的所有人呐！

一位挚爱电影的艺术家远去了

——缅怀著名电影导演李前宽

李米莉[1]

2021年8月12日，我从媒体上看到了这条消息："导演李前宽先生去世"，不由得一惊，赶快致电徐丰年先生，得到确认，心情万分沉重。

挚爱电影的电影艺术家不在少数，他们爱电影、看电影、拍电影、演电影，但是李前宽导演挚爱电影的与众不同之处还在于：不遗余力呼吁，为电影人、为电影观众建造一座电影宫殿——中国电影博物馆。

1998年8月，李前宽导演联合多位电影艺术家联名提出建设中国电影博物馆的提议，得到中央领导的重视。中国电影博物馆于2005年12月28日、中国电影诞生一百年之际落成。我于2006年8月正式到中国电影博物馆报到，成为一名工作人员，在这里近距离地看到了李前宽导演挚爱电影的初心。

他爱电影人。中国电影博物馆的常设展览《百年历程 世纪辉煌》展示了1905年至2005年中国电影百年中众多电影艺术家。李前宽导演说，这不够，中国电影艺术家那么多，还有更年轻的电影人在成长，要让更多的电影人出现在中国电影博物馆，让观众认识他

1 李米莉：中国电影博物馆原党委副书记。

们，了解他们，关注他们。在李前宽导演的启发、指导下，中国电影博物馆陆续采用举办专题展、举办个人影展等方式，不断推出临展，向观众展示历代中国电影人的追求、风采、成就和魅力。举办了青年电影论坛，邀请导演、编剧、作曲、道具师、化装师、配音演员等，交流创作体会，畅谈艺术追求。后来，这个论坛以“探寻电影之美”的名字纳入北京国际电影节。中国电影诞生一百年之时，也是李前宽导演担任中国电影家协会主席期间，他提出要把对电影艺术家的研究体现在中国电影博物馆的研究成果里，在他的鼓励下，影博陆续召开学术研究年会，出版研究专著，为电影人树碑立传。李前宽导演像一位家长，对电影人的爱如同对自己亲人的爱，为他们操心，为他们思考，为他们殚精竭虑，为他们奉献智慧。

他爱电影观众。在李前宽导演的心里，没有比观众更让他在意的了。他多次来到中国电影博物馆，在馆里转来转去，操心的是如何能吸引观众来到馆里，怀着满意离开，继而重新再来。他希望能够建设中国电影博物馆二期工程，引入更新鲜、更有科技含量、更加互动，更能够为观众提供欣赏电影、观摩展览的良好环境和舒适条件。在中国电影博物馆有一个孩子们喜欢的活动“少年儿童电影配音大赛”，从举办之初，就得到李导演的赞许，在每年活动结束的仪式上，他只要有时间一定会参加，在影博中央圆厅里就会响起他洪亮悠扬、充满激情的祝贺之声。影博一直对电影观众开展研究并形成专著，有一次新书出来了，他捧着书静静地看了好久。工作人员说：“李主席，您休息一下吧！”他没有接话，却说了一句“没有观众，电影就没有存在的必要了”，这句话给我留下了深刻的印象。

他爱中国电影博物馆。中国电影博物馆更像是他的孩子，对孩子的健康成长他倾力而为。他为中国电影博物馆奔走、站台。在这里，他携手中国电影人从中央圆厅的台阶上，款款走来，庆祝中国电影百年；在这里，他举杯向美国奥斯卡主席展示中国电影的发展力量；在这里，他邀请艺术家为中国电影博物馆的未来谋划。他是中国电影博物馆不在册的员工、没有职务的领导、躬身前行的服务员。

李前宽导演的艺术成就在业界有目共睹，李前宽导演对电影的挚爱惠及后人。

他带着对电影的挚爱飞向天堂……

前宽，我想你……

李法曾[1]

那天，我惊闻你走了，即刻潸然泪下，长久洗面，那天的午觉成了失眠，那天的整日只剩下枯坐，那天你我的电影反复在脑中播映。前宽，我想你！

你和萧导的好几部作品都约我和敏芬出演重要角色：《决战之后》我扮演杜聿明，敏芬演黄维夫人；《重庆谈判》我演张治中，敏芬演宋庆龄；《七七事变》我们夫妇扮演佟麟阁夫妇。你曾说我们在剧组拍摄的时候会给你很多刺激和灵感，可是你不知道，你曾经给了我们多少创作角色的激情、动力、指教和灵光乍现。与你和萧导的合作是那么默契、愉快，是艺术的享受。

几十年来，我们的友谊清如水、浓如酒、长如丝。

拍摄之余，我们聚会、我们畅谈，说着说着你会激动起来，为历史、为国家、为正义、为苦难、为不公。

你艺术的良知和立场永远感染着我，感召着身边的艺术家。曾是影协主席的您，总是说为中国电影事业做得太少，可是你和萧导的每部作品都立得住、叫

1　李法曾：国家一级演员，中央实验话剧院演艺中心原主任，主要表演作品《诸葛亮》《被控告的人》等。

得响、憾人心！

杜甫有言："无边落木萧萧下，不尽长江滚滚来。"

我等迟暮之年，均为落木，但你我几十年的电影梦会在我的脑海里经常放映，是我永远的回忆。我们那时的谨严创作作风，终会被新一辈电影人传承，我们这一代人的生命叙述方式依然有价值。

纸短意长……安息吧！

前宽，我想你！

2021年8月28日

您从未离开

——致我的父亲李前宽

李牧阳[1]

爸，总觉得您没有离开我们，家里随处都能感觉都您的存在，您常坐的椅子，我会不由自主地用手去触碰，看见家里到处都是您的手稿，似乎墨水还未干尽；可能就是这些您生活了几十年的地方，让我感觉您还存在，是在另一个维度陪伴我们。您知道吗？您离开后，每每看见妈妈的背影，孩子们的背影时，我会非常难过，那一刻我很清楚地知道，妈妈的丈夫走了，孩子们的姥爷走了，那个宠爱我的爸爸走了，从今往后真的再也不会见到彼此了。心想下辈子我们还做父女，可是下辈子真的会再做父女吗？我不知道……此时，我只知道当您真走的时候，我发现我们做父女的日子里，你给我和您一起生活的日子并不多，您都给了您钟爱的事业了……

我小时候，您和妈妈常年在外景地，那时的我并不觉得父母不在身边我会多么的不适。妈妈对我说，1976年她在南方湛江拍戏，您带我到大连拍戏，把我送到奶奶家交给二姑看我，以便脱手去拍《熊迹》。我哭着喊着拽着您不撒手，哭累了睡着了，但始终没有

1 李牧阳：李前宽、萧桂云女儿。

松开小手。我熟睡后您到底还是逃走了。醒来的我不见您的身影，疯狂地哭喊着："爸爸，爸爸……"哭的二姑拿我没办法，只好哄我出去逛公园。进了公园居然听到了您的声音，我寻着声音看见一群人，您拿着话筒在讲话。我冲过人墙扑上去就喊："爸爸，爸爸！"抓住您不松开，感动了在场的所有人。虽然这段我没有一点记忆，听妈妈说完，我自己都很感动。还有1978年，您和妈妈带我去南湖划船，说是您在家写交代材料，关于"文化大革命"时期的事。那时我真是啥啥不懂的小屁孩儿，只知道划船时的愉快，并不知道你们正经历着怎样的煎熬。1981年，你们从外景地回长春，到幼儿园看我，从三亚带芒果给我，然后又请了假一起到胜利公园陪我玩耍，买了我爱吃的面包，那天我吃了好多别的小朋友从没吃过的东西。你们自己舍不得吃，大老远带回来给我吃。那时的你们为了自己热爱的事业太拼了。还有1983年妈妈拍《黄河之滨》时特别想我，您居然把我的肖像画在盘子上并凿刻出来。妈妈每天搂着盘子睡觉，一定是您也很想我，才会把我画得跟真人一样，以至于现在您画我的两个闺女感觉都还是在画我。随着长大，自己经历了叛逆期，青春期，恋爱，结婚，生娃到您生病第八个年头离去。回想我们父女的过往，其实我们在生活中没有很多的交流，在一起的时间很少，您把在一起的时光都集中在如何加倍宠爱我了。小时候您都是以画画的方式给我寄信，像分镜头一样，遗憾的是那时我不懂得珍惜，没有保存下来。但是您的宠爱我心里是明白的，宠爱到一度感觉妈妈不是亲妈，而您才是亲爸。您从来不对我说不……不可以……不行……甚至每次给我钱都是拿出钱包，告诉我咱俩一人一半。后来我才知道，您除了钱包外，始终会有个放钱的信封。

正是你们那时的打拼，让我在您和妈妈的光环下，衣食无忧地过了四十八年。2021年8月12日您离开了，当我回看手机里的图片时，发现我们几乎没有很满意的全家福，我和您的最后合影竟然是在与您的告别厅里，我和您的遗像，那是我们父女最后的合影。病中，您不愿意把不好的一面让我们看到。在家里，您从来都是报喜不报忧。在我的记忆里，没有您过不去的火焰山，您永远都是阳光地面对生活中的一切。您对家人，兄弟姐妹乃至他们的子女，始终是全力相助，对师对朋对友，您始终都是倾囊相助。您和妈妈之间的情感是那么深厚，感觉你们之间有着不可替代的情意，记忆里你们似乎没有吵过架，您说过："好男人不跟女人斗，你妈说什么都是对的。"您看妈妈始终都是热恋中情侣的眼神。在我脑海里您的一生所作所为，生活中的点点滴滴太多太碎，很多都是用言语无法表达的，因为每种表达都不足以表达您有多好，因为您真的是无刺可挑，尚在人间的我们会一直在心里有个角落怀念您，想您……我还没有做够您的女儿，甚至感觉才刚刚开始……未来我会继承您阳光的一面，去面对未来的生活，尽我一切所能，我和一直陪伴您左右的女婿丰年，会呵护好妈妈还有您疼爱的两个外孙女（心羽和嘉羽）。爸爸我们想您……如果可以，我们下辈子还做一家人！

怀念恩师李前宽导演

李晓龙[1]

时光荏苒，悄然间，恩师李前宽导演已离开我们近三年了。2021年8月8日，是李导安葬的日子，近日和师娘萧导在做一些准备工作。每每此时，才恍然觉得他真的离开了我们。一直以来，我都感觉他还在我身边：工作室挂着他的画作；手机中存着他的照片；书桌上摆着他的手稿；音响里放着他爱听的音乐……身边的人们会时时谈起他，他会时常入梦……

人们谈起他，或是欢声笑语，或是泪湿眼眶。“欢声笑语”是因为人们想起的大多是他乐观、豁达、率真且幽默的样子；“泪湿眼眶”是因为不敢相信，原来像他这样顶天立地、气宇轩昂、纵横影坛指挥千军万马的“银幕大将军”也会去世。

我和李导相识于2015年，那时我在北京一所民办高校工作，负责推动校企合作在长春筹建“长春电影学院”项目，李导任艺术总监、总顾问。随着项目进展，我被“派”到李导身边做全职助理工作。李导还调侃我：“小子，给李前宽做助理不跌份儿吧！”能在

1　李晓龙：曾任李前宽导演助理。吉林省美术家协会会员，吉林省摄影家协会会员。油画《和谐》系列、综合材料《巴山夜雨》系列等作品多次在国内外展出、获奖并被收藏。

李导身边工作，耳濡目染地向他学习，这是何等幸事啊！

李导的艺术成就和崇高品德高山仰止，景行行止。但每当我想起他，脑海中都会浮现出很多生活中的小细节，他就像温暖的太阳，给人力量、使人快乐。

“没事儿！”是李导的口头禅之一，他还常说：“办法总比困难多！”仿佛在他面前就没有办不成的事儿，没有解决不了的困难。只要李导在京，工作室总是人来人往，笑声不断！从清早至深夜，时而是李导高门大嗓的谈天说地；时而是主宾交谈，风笑云欢。我负责斟茶递水，偶尔观察记录，久而久之，我发现一个现象，宾客中，很多人遇到这样那样的困难来向李导请教或是寻求帮助，他都来者不拒、笑脸相迎。李导大手一挥：“没事儿！”有时是厘清思路、抓住重点，三言两语就茅塞顿开，解决了问题；有时则干脆操起纸笔，圈点勾画，图文并茂，准确且直观地出谋划策。客人们往往初来时愁眉不展，交谈时云淡风轻，离开时笑容满面。

李导的热情不止于此，他主动帮助别人的事情比比皆是，不多赘述。单说一个小细节，李导生病这几年，萧导心疼他，不让他干一点儿重活儿，逢出差更是亲自动手也不让他搬行李。然而，等行李的工夫，一不留神，李导又帮别人搬上行李了……他不是刻意的，天性使然……

2020年12月5日晚，有一位朋友从新疆赶来找李导帮忙，我们三人一直谈到半夜12点多，因材料不全，李导次日航班要去台湾治病，所以决定尽快将材料提供给我，我通过邮件发至台湾，待李导到达台湾阅读材料后再定方案，由我办理后续事宜。6日一早，睡梦中接李导电话：“小子，起床，材料发你邮箱了，赶紧打印出来我要用！”我急忙打印交给李导，他仔细阅读，伏案疾书，很快完成亲笔报告和方案交给我。我说：“主席，今儿坐那么久飞机，应多休息，昨天都说好了，有必要这么急嘛！”李导：“人家大老远跑过来，遇到这么大困难，就好比救火，能等嘛！抓紧办！”

出发去机场前，李导叫我：“小子，过来。”说着从手提包里拿出一捆报纸砸我手里，我打开一看，报纸里包着四万块钱。我刚想推辞，李导眼睛一瞪：“拿着！兜里得有俩钱儿花！别着急，都没事儿！我不在家随时电联！”此前我因学校欠薪和项目垫付资金导致手头拮据，看来李导早已发现了。下午一点半出发，我送李导去机场，下车后，李导大手一挥：“回来见！”却不曾想，这一别即是永别……

我在李导身边的这几年，可以说和他“朝夕相处”，他起得早、睡得晚，有着非凡的激情和精力，李导到工作室习惯打开门窗、放上音乐；我就烧上水、泡上茶。倘若没有客人来，天气不好时他就阅读、写作，空下来我俩坐在沙发上喝喝茶；天气好时他就戴上帽子、卡上墨镜，我俩在院子里散散步。散步是萧导的指示，为的是让李导多晒太阳。李导对萧导的指示贯彻得不够彻底，几十年来萧导把他照顾得无微不至，导致他对萧导产生了强烈的依赖。生活中李导几乎衣来伸手、饭来张口，因为萧导已为他安排好了一切，例如每天穿什么衣服、戴哪个帽子、搭什么配饰等等，每当他因衣品出众而受到赞美，他都大手一挥："这衣裳都是萧桂云买的。"李导生病这几年，萧导更是化身"全职保姆"，包里永远填满了各种装药的瓶瓶罐罐和大大小小的保温杯，萧导按时按点儿地把药分开，把水晾好，递到李导嘴边儿，偶尔萧导有事不在身边，把药交给李导自己，他一准儿给忘了……被萧导发现他会"狡辩"两句，挨"批评"却从不吭声儿，俨然成了夫妻间的默契。

李导做事十分专注，在看材料或写作时，他几乎不受外界影响，有时一坐下来两三个小时，茶都忘了喝，再三提醒才端起凉茶一饮而尽。

闲时，李导谈到他的恩师田风先生，他是北京电影学院导演系主任兼"五九班"的主任教员，李导是美术系"五九班"的学生。李导自幼酷爱美术，当他得知田风先生早年曾在日本师从于著名画家滕岛武二，并专攻西洋绘画时，敬慕和求知欲使他经常把自己的写生、习作拿给田风先生看，征得先生的批评和指教。接触多了，关系自然更近了，田风先生很是喜欢这个美术系的小同乡，经常带着李导一起看画展、看演出、听音乐会，周末一起到公园和京郊写生，放寒暑假一起回大连。一年夏天，田风先生和李导在大连海边游泳，面对着浩瀚无边的大海和滔滔而来的巨浪，田风先生灵光一现，对李导说："艺术家的眼睛要跟常人不同，要善于观察生活，从客观现实中得到启示并恰到好处地用于作品中：比如常人来海边洗澡就是洗澡，图个锻炼身体和游玩，艺术家则要体察一种美的感受。"接着又说："你看这不断扑面而来的浪涛，太壮美了，给人以无穷的力量……"田风先生的话语让李导受益匪浅。电影《开国大典》中毛泽东与其战友们由西柏坡进北京时，李导认为这是历史的转折点，要表现势如破竹的滚滚洪流。他把上百辆汽车横向排列成一排，平行向前涌来，采用长焦镜头在镜前加热浪，视平线压得很低，天空留得很大……恰似巨大的海浪不断涌来之感。每每讲到此处，李导都十分激动，李导对田风先生的感情是深沉的。

我在阅李导《师友集》时得知，李导与萧导的结合也与田风先生密不可分。萧导是北京电影学院导演系“六零班”的学生，1960年夏，萧导在哈尔滨分别报考了北京电影学院导演系和长春电影学院导演系，田风先生是主考老师，他发现萧导在导演方面很有才能和潜力，却又担心她选错了志向，破例在张榜之前就对萧导说：“学导演一定要到北京！”果然，萧导如愿来到北京电影学院，并在田风老师的教导下学习成长。

李导还给我看过两支毛笔，是田风先生的挚友大画家王式廓先生送给田风先生的礼物，李导大学毕业向田风先生道别时，田风先生赠给李导并叮嘱他：“到了工作岗位要好好干！”没想到，不久后田风先生蒙冤离世，这一别即是永别……

多年来，李导和萧导遵照田风先生的嘱托，秉持“好好干”的精神成为了大导演，他们用作品报答了田风先生的培养和期望。李导感念师恩，曾组织出版了纪念田风先生的文集《忆田风》《人间自有真情在》，并举办座谈会，还在北京电影学院隆重举办了田风先生诞辰一百周年纪念活动，以实际行动诠释“人间真情”。

“好好干！”是李导的行动准则，也是李导对我的期望和要求。李导提出拍摄反映新中国电影摇篮建立过程之艰辛的史诗电影《东方欲晓》，受到时任吉林省省委宣传部王晓萍部长重视并得到时任吉林省省委书记巴音朝鲁大力支持，以此拉开“重振新中国电影摇篮”的帷幕。通过建立“长春电影学院”、打造“长春影城”文化综合体和依托长春电影制片厂（长影集团）的基础，产学研高度融合，形成可持续发展的文化产业新势能。李导遇到了诸多困难和坎坷，倾注了大量心血，制定了系统完善而长远的方案；中央文史研究馆曾组织十几位馆员先生组成专家组赴长春调研；他曾向时任中宣部有关领导汇报他的方案，并得到中宣部电影局的重视和支持；他曾向两任吉林省委书记、长春市委书记等领导当面或书面报告该项目并得到吉林省委、省政府的支持；他曾多次带队与长春市、区以及项目相关方团队会谈，探讨落地方案……萧导说：他去世前还在组班子欲拍《东方欲晓》。

李导之所以如此执着于创作并拍摄电影《东方欲晓》，是他秉持电影人的初心与使命，想以电影人的视角，再现我党从抗战胜利到新中国成立的辉煌历程，这段历史，对新时代中国电影事业发展有着重要的现实意义。他多次带病在凛冬时节亲赴东北又辗转多地采景……他带领筹备组做了大量工作，只可惜突发疫情，又因主要投资方资金未到位耽误了进程。

李导始终知行合一，对我言传身教。他虽诸事繁忙，但仍笔耕不辍。不论走到哪儿，他都随身带着纸笔，顷刻间就完成一幅速写，李导美术功底深厚，擅长人物速写，寥寥数笔，形神兼备，而且能就地取材，茶余饭后抓起来个餐盘当“画纸”就能画一幅。我也是学美术的，李导鞭策我要拿起画笔，勤加练习。给我讲“艺术要‘绝’”，这是国画大师李苦禅在李导年轻时告诉他的道理。我还跟随李导、萧导到河南黄河湿地以及嘉峪关胡杨林等地写生，我们一起画画、拍照。兴起时，李导会喊着萧导像孩子似的趴在金黄色的落叶上。看到两棵并排而立的高大胡杨，李导又会感慨那是“爱情树”，拉着萧导到树下合影。他偶尔会拿起手机对着我“咔咔”抓拍两张，然后叫我：“晓龙，过来！你看看，这构图得这样！”时而展开画纸，挥毫泼墨，记录下眼前的美景和当下的心情。

李导自幼酷爱美术，又是科班出身，后来转行当了导演，萧导退休后开始绘画。他们相互督促、共同努力，创作了数百幅精品力作，曾在纽约联合国总部、东北亚国际书画摄影展等国内外多次举办个展。2023年5月18日，“回到母校——李前宽萧桂云艺术展”在北京电影学院举办，展览的相关事宜萧导交代我全权操办“放手去干”。我想如果李导在的话，带着他们的画作、照片、文档资料等回母校做一次全面的汇报，该是何等开心的事啊……正如赵实部长在致辞中所说：“他们夫妇在电影学院时一个学导演、一个学美术，经过长期的相互学习、优势互补、携手同行，最后学美术专业的李前宽成了大导演，学导演专业的萧桂云成了大画家！”

李导常和我说：“选择比努力更重要。”他还常说：“人生在‘悟’。”怀念在李导身边的那段美好时光，我从未听到他说过别人的不好，也从未听他有过抱怨。他总能看到别人身上的光芒，总是以阳光的心态拥抱生活。

可谁又知道，李导在2014年初，就已患上了肺腺癌，他与病魔抗争了八年！听萧导说，确诊时，大夫明确告诉他是肺腺癌四期，并且已经转移到骨头，还有半年的生命。他却开口就问：“还有五期吗？”大夫错愕，被他问笑了：“李导，你太幽默了，很多人一听癌症就吓瘫了、吓晕了或是崩溃大哭，四期已经是晚期了。”李导说：“这是早一天晚一天的事儿，我配合你！”

李导并非心口不一，强装镇定，他一如既往，该吃吃该睡睡，乐观而坦然地面对生活。这八年来，他一边治病一边工作，画画、写作，为我国由电影大国迈向电影强国呕心沥血、建言献策。他依然精神矍铄、容光焕发、笑声朗朗、魅力四射。我在他身边的这几年，都不知道他患病，从未听他说过累。他乐观的心情和激情的状态导致别人都以为医生误诊了。他以自己顽强的意志与时间赛跑，他要把他有限的生命都献给他热爱的电影事业，他愿无限拓展生命的宽度，燃烧自己，发光发热！

回想起2021年8月12日晨，我接到阳阳姐（李导女儿）电话："龙，我爸可能不行了！"她边哭边说。五分钟后再来电："我爸走了……"她已泣不成声。8时29分，李导在浙江慈溪安然离世。老人家走得太突然了，阳阳姐因孩子开学刚从慈溪回到北京，我马上要去慈溪替班的，很后悔没有及时赶过去。做核酸、等结果、订机票……14日，赶到慈溪见到萧导她已瘦骨嶙峋，和萧导、阳阳姐、丰年姐夫同治丧委员会统计核对吊唁、慰问和送花圈的名单，确定告别仪式议程。15日，同阳阳姐、丰年姐夫等亲人，张光临书记、张夷非导演、王霆钧老师、柏成建导演等朋友到殡仪馆布置礼堂。那是慈溪市殡仪馆最大的告别厅，面积有几千平方米，宽敞明亮。花圈、鲜花、苍松翠柏不断地送来，大家分工协作：柏成建导演高门大嗓地指挥，张光临书记和现场的家人、亲人、朋友以及治丧委员会等工作人员排序、搬运、摆放花圈并张贴挽联。因礼堂高大宽敞，我提出要制作宽1.8米、高2.4米的遗像，告别仪式的主持人周岳银正好在现场彩排，他主动帮忙联系对接了慈溪红凯美术馆的姚泽明馆长进行制作，摄影师宋向阳老师12日刚得知李导逝世就主动将他曾为李导拍摄的照片电子文件发给了萧导，待喷绘、装裱全部完成后姚馆长又亲自帮我到现场悬挂安放。所有工作都有条不紊、井然有序地进行。

一切布置好后，天已亮了，花圈还在不断送来，偌大的礼堂早已摆满了……

16日，7时7分，慈溪市殡仪馆礼堂庄严肃穆，现场响起电影《开国大典》的音乐《人民万岁》，礼堂大厅上方悬挂着黑底白字的横幅"李前宽先生遗体告别仪式"，横幅下方是李导高大的遗像，两旁是王霆钧老师和张夷非导演撰写的挽联：

> 佩剑将军，开国大典，金戈铁马，弘扬革命先烈披肝沥胆；
> 七七事变，重庆谈判，世纪之梦，讴歌红色江山殚精竭虑。

李导的遗体，安卧在鲜花翠柏丛中……

虽正值疫情严重时期，中国文联、中国影协等单位的领导，李导的亲人、朋友、学生们纷纷从各地赶来送李导最后一程……二十多位党和国家领导人为李导敬献花圈，主持人宣读唁电、慰问和送花圈的名单就用了十五分钟。

那一天，慈溪所有的鲜花都送给了李导！花圈里三层外三层，一直摆放到告别厅外……

一生乐观强大的李导离开了……但冥冥之中仿佛他还在安排着一切，在坐镇，在指挥千军万马，在指引我们该怎样做……

从李导去世，我一直无泪，告别仪式结束，我在空荡荡的告别厅里望着李导微笑的照片，眼泪再也止不住了。李导，您真的离开了，生如夏花之绚烂，死如秋叶之静美……

17日晨，萧导、姐姐、姐夫我们捧着李导的骨灰回到北京，张春杨董事长到机场迎接并安排好李导的骨灰寄存在八宝山。

中国文联、中国电影家协会、中国电影基金会和中国电影博物馆分别为李导举行了追思会和纪念会，每场会都持续四五个小时，李导生前好友从全国各地赶来，他们深情怀念李导，但时间有限，很多人还来不及发言……

参演由李导策划并执导的大型实景演出《井冈山》的600多位农民演员自发举行送别会，在广场巨幅李导遗像前，沉痛悼念李前宽导演，令人震撼！李导虽然走了，但这部红色经典仍在井冈山演绎下去……

李雪健老师在李导追思会上手捧着李导为他画的肖像说："有的人活着，他已经死了。有的人死了，但他还活着。睹物思人，我很想念他！"是啊！李导离开我们近三年了，依然那么多人怀念他，我想，是怀念他高尚之品德、深邃之思想和纯粹之灵魂吧！

敬爱的恩师李前宽导演！

死亡不是生命的终点，遗忘才是！

我会永远怀念您！

2024年5月23日

李前宽：中国电影创作与发展的多重助力者

李明昱[1]　饶曙光[2]

李前宽导演的一生都致力于中国电影创作和推进中国电影事业发展，是我国革命历史题材电影创作的领军者，也是受人尊重的电影活动家。作为中国“第四代”导演后期的标志性人物，他怀着强烈的使命感和责任感将镜头对准中国社会的发展和人们生活的变迁，用艺术的手段真实地再现了中华人民共和国历史发展波澜壮阔的动人长卷，创作了《佩剑将军》《开国大典》《决战之后》《重庆谈判》《七七事变》《星海》等诸多能够留存于世的作品。他以一以贯之的艺术态度与中国电影、中国社会的发展同呼吸共命运，艺术创作既探究历史又思考现实，达到了历史真实性和艺术表现性的高度统一，为中国电影留下了丰富的视觉文化遗产。

作为电影活动家，他一直心系中国电影发展，始终在为中国电影发展建言献策，为中国电影事业的发展做出了属于他个人的突出贡献。鉴于此，我们需要从李前宽导演的作品中不断地感知他的艺术初心、艺术情怀，从他对中国电影发展的付出奉献中体悟他的人性修养、人格魅力，从而更好地学习和继承。

1　李明昱：上海大学上海电影学院2020级博士研究生。
2　饶曙光：上海大学上海电影学院特聘教授、中国电影评论学会会长。

一、从抒情到史诗：作为“第四代”的李前宽导演

“第四代”导演的创作主体多是60年代在北京电影学院等专业学校受过教育的一批人。这段特殊的历史时期，既给了第四代导演不同于其他时期导演创作的独特性，也给第四代导演的创作带来了许多问题和挑战。与传统中国电影创作的“另类”接续，与西方电影发展的脱轨，成为“第四代”导演乃至当时中国电影创作的现状。第四代甚至可以称为“半代人”，即第四代夹杂在第三代与第五代之间，一度缺乏“存在感”，被历史低估，在今天则需要更加细致的读解与阐释。

1978年，党的十一届三中全会确立了解放思想、实事求是的思想路线。思想解放带来了艺术创新，而崛起于20世纪70年代末期的“第四代”导演，恰逢中国社会和中国电影的重要变革时期。在解放思想的时代背景和艺术创新的社会语境下，“第四代”导演的创作观念也发生了重要的变化，他们迫切地想知道其他国家电影的发展情况。在当时，西方电影经历过意大利新现实主义为代表的纪实性和以表现人的主观感受和精神状态的法国新浪潮的双重冲击，其美学形态早已摆脱单一的美学特征，而变得更为多样化和复杂化，电影创作也变得更为丰富和成熟。“电影的纪实性风格、心理化风格、戏剧美学、影像美学、技术美学等这些以往单一鲜明的电影美学特征都越来越相互纠缠在一起，这对于西方电影美学来说，无疑是一个‘否定之否定’的辩证发展过程。”[1]但是对于“第四代”导演来说，经历过“十年动乱”的中国电影，其电影美学和创作方法等各方面的诸多积淀已经被打散，变得青黄不接、积重难返。对于中国电影人来说，创作出何种作品能够被社会和观众所接受和理解，能够有利于社会的进步和人们思想的解放，是他们的困惑所在，但却又是他们必须要做的事情。其实，不但是对电影创作者来说如何创作是种困惑，对于观众来说，如何接受运用新创作方法和具有新美学特征的电影，亦是要经过调整和适应的。而这时，解放思想的时代背景给了中国电影向西方电影学习和交流的机会，但也给中国电影带来了另一个重要问题，即如何和西方电影进行交流和“对话”。这种交流和“对话”对于中国电影来说是至关重要的一次交流对话，因为这是改革开放和思想解放后，中国电影向世界展示中国形象和中国电影发展的关键一

1 沈鲁、王子儒：《双重对话——对“第四代”电影导演历史价值与艺术价值的重估》，《艺术百家》2019年第4期。

步，对中国电影、中国文化对外交流和宣传以及中国国际地位和形象来说都至关重要。同时，这也是中国电影和中国文化经历重要变革后一次重新出发，其方向以及所能达到的程度对整个中国电影和中国文化自信心的建立十分重要。但对于当时的中国电影来说，这次交流和“对话”是十分困难的。所以，一方面为了更好地学习西方电影先进的理论和创作方法，另一方面也是为了更好地和西方电影进行对话和交流，中国电影不可避免地逐渐走向了朝西方电影靠拢的路。但这也使得“第四代”导演处于一种被“撕扯”的状态之中。

“第四代”导演是接受过电影学院教育且经历过重要社会变革的一批人。他们的教育使得他们对中国电影有更多的了解和自觉性，而且他们是当时中国社会变革的亲历者。对于许多“第四代”导演来说，他们希望通过影像这种特殊的手段将这段经历或者它造成的影响，或者对导演自身产生的改变通过不同方式去展现出来。他们所处的环境给予了“第四代”导演更多的责任感和使命感。所以，中国电影成为他们难以割舍的存在。这就与西方电影产生了碰撞：一方面是向西方进行学习交流，另一方面又要坚守中国电影的思想内核，发扬中国电影的精神。因而，“第四代”导演在学习西方先进的理论和创作方法的同时，积极在电影语言、电影艺术上进行探索和创新，进行不同电影风格样式的尝试，以期在修复与传统中国电影的断裂的同时，能够与西方电影的发展实现良性互动，推动中国电影的现代化，中国电影语言的现代化。

这种探索和尝试首先表现在向本体回归，或者是向中国三四十年代优秀的电影现实主义传统回归。这突出体现在，“第四代”早期作品对人性的表达，对人道主义回归的渴望，作品注重艺术个性和艺术风格的创造。在70年代末80年代初，早期“第四代”导演拍摄了一批弘扬人道主义，带有明显抒情纪实风格的影片。比如杨延晋、邓逸民的作品《苦恼人的笑》，杨延晋的《小街》，郑洞天的《邻居》，黄健中的《如意》等影片是以人物情绪作为贯穿影片的主线，在对社会生活进行现实主义观照的同时，融入了对人性、人情、人格的思考，开拓了中国电影语言的可能性。早期“第四代”导演创作的以抒情纪实风格为主的影片虽然抒发了人们在“十年动乱”之中的复杂情感，也为开拓新的电影语言以及中国电影的重新出发做出了承上启下的重要努力。

不过，在重要社会变革时期，尤其是经历过十年动荡之后，需要的是重新建立起人们对国家的信任。到80年代后期，以李前宽导演为代表的后期“第四代”导演将创作重心从抒情纪实风格转向了对历史、对民族精神进行思考的革命历史题材，创作了一批影响深远的史诗电影。比如《开国大典》《周恩来》《七七事变》等。与早期“第四代”更加注重人物情绪和突出影片的表意性不同，李前宽导演的作品更为重视历史的呈现和民族精神的表达，人物情绪或者人物情感是还原历史的有效支撑，但并不是贯穿始终的主线。从某种程度我们可以说，早期“第四代”导演很多都是通过对不同人物的描写展现社会的变迁以及其带来的影响，而李前宽导演大多数作品本身就是取材于社会变迁的重大历史事件和历史人物。这些描写民族历史和重要历史人物的影片，挖掘和表现了新中国建立的艰辛和不易，展现出了中国革命历史以及革命历史人物的沧桑巨变、波澜壮阔的历史长卷，将中国史诗电影的创作提到了新高度，也重新建构了中国电影史诗作品的创作。这既是维护和树立了国家形象，又激发了人们的爱国主义情感，在唤醒中华民族自尊心和自信心的同时，也能够让国外的观众真切了解中国历史发展，以及中国电影人对历史的认知与艺术呈现。

之所以出现从观照人们日常生活，表达人们情感的抒情纪实风格转向关心民族历史，发扬民族精神的史诗电影的转变。在笔者看来，这取决于导演自身的人生经历和情感体验，以及由此产生的创作冲动和方向。正如李前宽导演本人所言：“作为新中国阳光下成长起来的电影人，我们这一代人对共和国有一种特殊的感情。将镜头聚焦在国家和民族的命运，为创造历史的人民呐喊，为引领人民走向光明的缔造者留下诗篇，是我们的神圣使命和责任。一个从事电影艺术创作的人，对国家和人民有着本色情感，否则是拿不出体现国家意识和人民情怀的作品。”[1]李前宽导演的爱国主义信念和作为艺术家的担当使命是深入其内心深处的，甚至是一种无意识的存在。他在进行创作的时候更多是将自己的思考放在一个更为广阔和宏观的社会背景之下，个人的表达是融于民族的发展之中。李前宽导演的这个转变，使“第四代”导演的作品中呈现出社会背景影响下思想和艺术风格的变化，也给中国电影的发展带来了重要的变化。

“第四代”导演在20世纪80年代到新世纪初的这几十年里，做出了承上启下的努力，为中国电影发展作出了重要的贡献，给中国电影留下了珍贵的理论资源和优秀的艺术作品，至今仍是令许多观众印象深刻、记忆犹新的电影时光，在中国电影

1 赵凤兰：《“银幕大将军”的共和国情结——访电影艺术家李前宽导演》，《中国文艺评论》2019年第6期。

发展史上占有非常重要的地位，需要进行更深入更细致的读解和阐释。

二、纪实性与表现性：艺术地再现历史

作为“第四代”导演后期代表性人物的李前宽导演，之所以能够在拍摄革命历史题材的影片领域获得突出的成就，一方面是受到“第四代”导演艺术创新的社会语境的浸染，另一方面则是源于他本人的历史积累和高度的责任感和使命感，以及其自身独特的艺术智慧和艺术能力。在拍摄他与萧桂云女士第一部合作拍摄的影片《佩剑将军》时，“他们一家三口人居住在仅有9.6平方米的斗室里。分镜头是在缝纫机上完成的；六十四个景地的采景工作，只用了14天；从拍摄到完成只用了59个工作日，样片提前完成”[1]。《佩剑将军》的成功，并没让李前宽导演的创作停滞不前，相反他开始追求创作手法和艺术风格的突破。在李前宽导演的作品中，纪实性是其历史作品的基础，但其不仅仅是纪实的再现一些历史事件和历史人物，他对历史的呈现不是生硬的讲述和纪实的罗列，而是以真实性与表现性相结合的艺术手段，在充分把握历史的基础上创造性地表现出来。影片既能够在真实中还原历史，又能够以观众接受的方式让观众对影片内容进行理解和接受。比如在拍摄影片《开国大典》时，李前宽导演“把老一辈电影人在战场上拍摄的那些珍贵纪录片镜头，与他们拍摄的镜头融合在一起，巧妙地衔接起来形成崭新的电影语言。让纪录片真实性的镜头和他们拍摄的表现性镜头碰撞出新的火花，产生‘化学反应’，拿出令人耳目一新的电影语言”[2]。对于观众来说，要想使其感受到影片的历史真实，真实性的内容是必不可少的，但是只是单纯的记录历史有其影片欣赏的局限性，而如果仅仅是假定性场景的堆砌和表现手法的运用，又会增加影片的虚假性，使观众对影片呈现的历史持怀疑态度。李前宽导演将纪录片所记录的真实的历史场景和拍摄现场创造的场景进行了有效的结合，如此便产生了新的意义和理解，也成为美学风格上的新探索。这也体现了李前宽导演自身的艺术智慧。

李前宽导演的艺术智慧不仅仅体现在他巧妙地将真实的纪录片镜头和表现性拍摄镜头相融合以产生虚实相生的新意义和化学反应，还在于其善于将自身优势和所学积累的内容用于影片创作之中，从而创作出有其自身风格和特色的作品。李前宽

1 孙锡荣：《艰难成学业 终达妙高峰——走访电影艺术家李前宽、肖桂云》，《北京电影学院学报》1991年第2期。

2 李前宽：《一个导演的电影观》，《中国艺术报》，2011年1月17日。

导演受其父亲和哥哥姐姐的影响，从小就比较喜欢画画。高中毕业的时候同时报考了沈阳鲁迅美术学院和北京电影学院美术系，后选择了北京电影学院美术系，深入学习了几年美术专业知识。正是这几年专业美术知识的学习，给李前宽导演的拍摄提供了不同的思考方式和角度。在李前宽导演的很多作品中，我们都可以看到这几年的美术学习对其的影响。影片《开国大典》“原来剧本中毛泽东从西柏坡进北平这场戏……他们没有按照常规的方法去拍。而是采用人物画外音的效果处理。他们在长春机场，调动了一个团的战士，乘120辆卡车，让车队从两公里之外并排朝着镜头开来，用长焦镜头低角度拍摄，并在车队后面放了50个烟点。镜头里，120辆车由远而近开来，发出声响犹如千军万马，势不可挡，毛泽东和李讷对话突出了从画外飘来的空灵感，在天空中回响，产生了非常特别的声画效果”[1]。在影片上映之后，有人指责李前宽导演不懂交通规则，认为120辆车横着向前开不符合常规逻辑，有违现实情况。但实际上，这正是李前宽导演特意设计的场景。这种艺术的处理方式有很强的表现性，能够体现影片的浪漫主义色彩，是其创作的一种突破。而在处理毛主席登上天安门的场景的时候，李前宽导演也没有采取常规的欢呼雀跃营造浓烈的喜庆氛围的处理方式，而是选择了“静”处理，用音乐配合长跟摇镜头来处理毛主席迎着阳光上台阶的场景。与此同时，蒋介石在中山陵走下台阶，一上一下使得此时的台阶被赋予了更多的象征意蕴。在影片《七七事变》中，导演李前宽要求士兵倒着行走，其背后的含义就是现在的撤退只是暂时的，早晚有一天我们还会打回来。这些场景的处理方式，其实就是“把中国绘画中的‘画外有画’的感觉用在电影中，用表现性的造型意识给观众留出想象的空间，从而在银幕之外留下一种博大空间”[2]。而这种将真实性和表现性相结合的画外有画的处理方式，将史诗创作和艺术审美有效地进行熔铸，不但充分展现了李前宽导演的艺术智慧，也展现出了李前宽导演的艺术能力和艺术创新，形成了其独特的艺术风格和艺术气质。

艺术的创作不但需要艺术智慧来思考如何去做，还需要具备强有力的艺术能力来实现所思所想所设。李前宽导演创作作品最重要的艺术能力就在于其“大将军”般的胸怀和气度。简单来说，就是其整体性的思考能力和布局方式，能够从宏观的角度对其所面对的题材进行整体性的把握。在面对作品的时候，李前宽导演并没有

1 李前宽：《一个导演的电影观》，《中国艺术报》，2011年1月17日。
2 李前宽：《一个导演的电影观》，《中国艺术报》，2011年1月17日。

急于入手，或者在没有进行整体性思考的时候边做边想。而是将自己抽离其中，站在一个制高点上，就像“大将军指挥打仗，大将军在山岗上骑一匹高头大马，看眼前纵横几十里的地盘。大将军胸中有千军万马，看眼前地盘觉得不够摆的”[1]。这时再看眼前的作品，就觉得“气”从中来，镜头的处理、场面的调度等各方面融于一体，导演就像大将军指挥一般，进行整体的调度和布局。其实这种方法，也是得益于李前宽导演的美术背景。这种“大将军”式的处理方式，不但能够让李前宽导演在处理大量人物、场景调度等一系列复杂问题时更加有条不紊、得心应手，还让他的作品更具气势，既能够展现出宏大的历史场景，又能够将这些场景和微观细节相结合，让人物和事件有计划的共同服务于整体的布局。就像中国画一样，既有浓墨重彩的一面，也有轻笔勾勒的速写，肆意流淌其中，共同组成一幅史诗长卷。比如说影片《决战之后》里面涉及对“功德林”改造战犯的处理等问题。李前宽导演并没有具体展现对战犯是如何改造的，也没有将所涉及到的人物和事件一一进行简单的罗列式呈现。而是将重点放在杜聿明、黄维等人心态的变化上。这样从影片整体结构来说，既具备整体性又有个人视角，既有气势又具备情感的丰富性。在拍摄《佩剑将军》最后一个场景时，李前宽导演为创造出气势恢宏的场景和符合历史的大环境，他“用了20天置景，请来3个县的民工，一个师的部队”[2]做群众演员。这宏大的场面和史诗般的气度，深深地震撼了观众，也使得李前宽导演成为中国史诗导演的不二人选。

正是因为李前宽导演同时具备较高的艺术能力和艺术智慧，所以他能够将其艺术智慧很好地运用于创作之中，将观众熟知的历史提升到史诗级的高度，从而完成历史的挖掘、拓展与提升。他的作品是在创作中进行艺术创新，调动综合艺术元素，把历史进行审美的艺术熔铸。由此，李前宽导演才能创作出史诗般的历史作品，在主旋律电影创作的道路中越走越远，越走越宽，也为中国电影发展开拓了新的境界和新的空间。

三、尊重艺术规律：主旋律电影的创作与呈现

早在20世纪30年代，中国电影就拍摄出了大量展现民族危机，有强烈爱国意

1 赵凤兰：《“银幕大将军”的共和国情结——访电影艺术家李前宽导演》，《中国文艺评论》2019年第6期。

2 翁燕然：《影坛贤伉俪 云开天地宽——记李前宽、肖桂云导演》，《电影》2008年第4期。

识的影片。这些影片的拍摄主要是因为当时社会境况需要借助电影来展现时代的情绪，激发人们的民族意识和爱国意识。新中国成立之后，电影作为深具大众化和影响力的重要艺术载体，使得其除了本身的艺术价值之外，还在很大程度上被作为树立官方权威的有效工具。所以“十七年电影”是在政治和艺术高度结合的基础上，形成了一套带有明显政治意味的电影语言体系。而“十年动乱”的出现，让中国电影经历了暂时的“中断”，也给很多人心中造成了“创伤”。随后党的十一届三中全会的拨乱反正，实现了新中国成立以来党的历史上的伟大转折。在这个背景下，“第四代”导演群体应运而生，迅速崛起。与以往许多主旋律作品口号式、标语式的刻板说教不同，在李前宽导演看来，革命历史题材电影的创作最重要的就是在于塑造和突出人物，对历史人物刻画的关键则在于尊重艺术的规律，按艺术规律进行创作。要“事先研究他们，琢磨他们的思想、性情以及战略战术，拍出他们在历史兴亡成败中的喜怒哀乐和七情六欲，力求把史实还给历史的同时也把真实的人还给历史。”[1]这其实也是李前宽导演进行主旋律作品创作的原则和关键所在。

影片《开国大典》是围绕毛泽东和蒋介石两个主要人物展开的故事。李前宽导演在处理这两个人物形象的时候，并没有按照惯常的处理方法，将人物脸谱化。而是在深入生活，了解原型的基础上给予人物公正且不失其本真的真实刻画。比如电影中有一个片段是蒋介石到司令部视察，正好听到李襄南在嘲讽自己丢了半个江山。当李襄南发现蒋介石站在其身后时，瞬间呆若木鸡不知所措。此时，李前宽导演并没有将蒋介石的反应处理成冷暴无情，而是让他走上前去和大家一起打麻将，然后说：“打牌，你不行，打仗，我不行。长江天险能否守住，全靠诸位仁兄了，拜托。”这其实表明了李前宽导演想要将历史人性化，而这样的处理不但得到了观众的欣赏，也让台湾导演李行连用三个没有想到来形容：“没有想到内地电影这么表现蒋介石，没有想到在这部片子里知道这么多历史知识，没有想到内地导演水平这么高，气魄这么大！”[2]再如，李银桥给毛泽东梳头的片段，也是根据李银桥回忆录创作而成。李前宽导演还要求饰演毛泽东的演员古月尽量少用过去表演时常做的一手叉腰一手挥手的动作，而是从生活出发，真正体悟毛泽东的言行举止。为了塑造真实可信的人物形象，李前宽导演还设计了许多细节来强化人物的丰富性和立体

1　赵凤兰：《“银幕大将军”的共和国情结——访电影艺术家李前宽导演》，《中国文艺评论》2019年第6期。

2　吕灿：《李前宽：拍主旋律电影是一种荣誉》，《电影》2011年第6期。

性。比如蒋介石在打麻将时的眼神和动作、毛泽东瞒住他人外出吃羊肉泡馍、毛泽东上街看各种的小吃摊。这些小而具体的细节使得人物形象更加生动和真实。

在避免历史人物脸谱化的同时，李前宽导演也避免将历史人物的处理过于扁平化，平庸化。在人物处理上，他在确保真实性的基础上，还注意突出人物个性。非常明显的一个例子就是《决战之后》里的人物都穿着统一的服装，如果导演不注意不同人物的个性塑造，那所有人物就会流于一致，难以凸显出来。再如《七七事变》中宋哲元母亲当场拒绝日方送来的花瓶寿礼并将之摔碎。这些都是在塑造不同人物的个性。与此同时，为了更好地呈现人物，李前宽导演不但对人物进行深入研究，还注重演员表演的真实性和可信性。在拍摄“开国大典”那场戏的时候，李前宽导演“让所有的群众演员都上了一次天安门，他要让所有的演员都体验到规定情景中的规定人物当时的心情，只有这样才能真切地表现出这个历史瞬间的情绪。”[1]正是因为李前宽导演在创作时尊重历史、深入生活，从中挖掘真实，体悟情感，按照艺术创作的规律将现实主义和浪漫主义有效结合，才塑造出了让观众记得住且愿意相信的历史人物和事件。

除了这些为了突出主要人物使用的表现方法和表现技巧之外，李前宽导演对作品的结构处理方式亦有其风格和考量。一方面，影片的结构处理方式是能够为突出主要人物服务的。另一方面，他作品的结构处理是与其作品的整体风格和需求相配合的。不同于中国传统电影讲究闭合的叙事手法，追求故事讲述的完整性，李前宽导演的作品采取了开放结构和闭合结构相结合的处理方式。这主要是受到西方开放性结构的影响。从20世纪60年代开始，西方的各种理论和电影就逐渐涌入中国，李前宽导演在上学期间就看过意大利新现实主义、法国新浪潮、纪实美学等作品，受到像罗西里尼、库里肖夫、库里肖夫等电影大师的影响。他本人也说：“后来我的作品中，以及我在拍摄战争场面时，受这些世界电影大师的影响是不奇怪的。”[2]而中国电影传统美学教育，使得他并不是完全将西方的开放式结构进行拿来主义，而是在追求中国传统美学的基础上，借鉴学习西方开放式结构，既避免了过于传统的叙事方式，又能够使作品独具某种韵味。就比如在开国大典之前，毛泽东看到大街上“毛主席万岁”的标语时，其停了下来。这时候路过的人打断了他，要和他借

1　相韦：《艺术地再现历史——长影导演李前宽谈〈开国大典〉》，《电影评介》1989年第11期。

2　赵凤兰：《“银幕大将军”的共和国情结——访电影艺术家李前宽导演》，《中国文艺评论》2019年第6期。

火。这个场景虽然没有传统意义上戏剧结构的完整性，但却使人物更加形象和生动，让观众感受到亲切感和生活气息。像傅作义起义这场戏，本来是场完整的大戏。但是李前宽导演出于影片整体风格的考虑，并没有将整场戏完整的展现出来，而是采取了开放结构，使整部影片更加和谐自然。但在对有些戏的处理方面，李前宽导演亦没有一味地采取开放式结构，而是将事件完整地讲述出来，比如像前面提到的毛主席吃羊肉泡馍。虽然采用了传统的叙事方式，但是拉近了主席和人民群众的距离，而如果换成开放式结构，这种关系就很难呈现。

等到90年代初期，中国开始社会主义市场经济改革，电影也开始转向市场化发展。从这个角度来说，如何实现主旋律电影的市场化发展又成为大家讨论的重要问题。其实，李前宽导演一直都在探索如何让主旋律作品能够被更多的观众所理解和接受。一些作品如《开国大典》《决战之后》《重庆谈判》等都已经成为中国电影史上的经典，并且经过了时间、历史、人民的检验。像《开国大典》上映后票房超1.7亿元，在香港连续放映147天，许多观众是专门从其他地区飞往香港观影。从市场的角度来看，李前宽导演创作的许多主旋律电影都取得了很好的成绩，这也给主旋律电影市场化提供了很好的样例。这几十年来，李前宽导演对中国主旋律电影的不断探索和实践，在多方面推动了中国电影工业的进步和发展，也给当下主流大片、新主流电影的创作提供了重要启示。

近年来《战狼》系列、《我和我的祖国》、《我和我的家乡》、《革命者》、《1921》等新主流电影在票房上的成功，让我们看到其逐渐探索出主旋律电影当下发展的新模式，也让我们感受到了创作者们对于李前宽导演主旋律电影创作的历史传承。这首先表现在创作者对影片人物形象的塑造，尤其是对主要人物塑造的重视上。比如《湄公河行动》中方新武并没有被塑造成“高大全”的传统形象，而是充满个性，甚至争议性；《革命者》中李大钊被捕后，他用树枝假装抽烟，嘴里还哼唱着国际歌，在上绞刑台时还与剃头师傅开玩笑。正是因为这些处理，才使得人物更加真实和丰满。但影片《中国医生》在人物性格塑造上不是个性化、极致化的艺术追求、审美呈现，而是追求面面俱到，使得影片缺少更多的动情点、共情点，难以形成更大范围的共情共鸣共振。其次，这些作品重视历史或者真实事件的真实性与艺术表现性相结合，以大多数观众能接受的方式予以呈现，而非简单的刻板驯化。比如在《战狼2》影片结尾部分冷锋手举国旗穿越交战区以及护照上的文字，这些都非真实事件。但通过这种表现性的处理方式，将现实主义和浪漫主义相结合，更能激发观众的民族自豪感和爱国热情。再次，许多新主流电影继承了李前宽导演“留白”的处理方式。《我和我的祖国》《我和我的家乡》采用了“集锦式”“单元式”的处理方式，将多个故事整合在一部影片之中；《1921》在六个不同时空中展开多个人物和故事线索，通过对历史的呈现将之整合在一部影片之内。这些影片都给予观众大量的“留白”，拓展了观众的联想和想象空间。这样的处理方式是在李前宽导演创作的基础上结合当下电影和社会的发展的拓展表达。最后，新主流电影对李前宽导演创作的历史传承还表现在一些新主流电影创作者正逐渐以“大将军”式的整体性思维进行影片创作。正如前所述的《我和我的祖国》《我和我的家乡》《1921》等影片，它们拓展了观众联想空间的同时，也体现出了创作者的“大将军”式的整体性思维。因为这些影片的不同单元和时空最终是要被整合到同一部影片，要进行整体性的统一。所以不可避免的需要整体性思维来进行多方面的整合和调度，才能够更好地完成影片的创作。

不论是中国式大片还是新主流电影，都是在中国电影实践的基础上提出来并且加以理论命名与阐释的，而且也只有回到中国电影实践及其历史发展才能够得到更好的厘清。随着时代的发展和技术的进步，艺术手法和表现技巧可以结合当下进行创新，但是从本质上来说，一部主旋律电影或者说主流大片是否能够得到观众的喜爱，其核心内容一直是没有变的，只是在不断发展。在这一点上，李前宽导演早已经给予当下中国新主流电影创作以启示、以警示。内容生产，艺术王道；顺之则昌，逆之者亡。

四、传承与发展：李前宽导演的艺术思路与思想内核的“双创”原则

李前宽导演的一生不仅深耕于电影创作，还致力于推动电影事业的发展。正如其拍电影有着“大将军”的气度和掌控全片的能力一样，李前宽导演在推动电影事业发展方面依然有着高远的站位和开阔的视野。1993年，李前宽导演就出于多方考虑提出建议要在中央电视台建立专门的电影频道，并于第八届全国人民代表大会第二次会议提出议案。随后，创立CCTV-6为专门的电影频道，为当时处于“艰难时世”的电影提供了“输血”的平台。直到今天，CCTV-6仍然是国内观众观看国内外电影的重要渠道。随着CCTV-6逐渐发展起来，在国内变得日渐成熟之后，李前

宽导演又将目光放到了海外。他希望打造中国的HBO电视网，建立起中国电影的海外传播路径，从而让更多的海外观众可以了解中国电影，提高中国电影的国际影响力。虽然这一想法现在并没有实现，但是也充分体现了李前宽导演是用一个长远的眼光、战略的眼光对中国电影发展做整体性思考。1998年，李前宽导演正式当选为中国电影界协会副主席时，牵头联合二十几位电影艺术家提出要建立中国电影博物馆。“中国电影博物馆的建立，展示了中国电影从1905年开山之作《定军山》问世以来所走过的百年风雨历程，架起了中国电影与世界沟通对话的桥梁，成为电影界集会、研讨、庆典和观众参观、观影、体验电影制作乐趣的重要场所。”[1]2008年，李前宽导演当选中国电影界协会主席，第二年其作为政协委员在会议上提出建议希望中央能够支持中国电影产业的发展，并给予政策上的支持。而这一建言也促成了2010年《国务院办公厅关于促进电影产业繁荣发展的指导意见》（国办发〔2010〕9号）的出台。李前宽导演对中国电影的发展的关心，体现在方方面面。这其中还包括在他的推动下，北京国际电影节由“北京国际电影季”更名为“北京国际电影节”。除了这些之外，李前宽导演还担任了十多年的中国电影基金会会长，一直在从事电影公益事业。“在基金会工作期间，他几乎每年都参与组织海峡两岸暨港澳地区的电影文化交流和展映，倡导并实施内地主流电影走进港、澳、台大学校园，推动‘亚洲电影大奖’落户香港。”[2]以此在更大范围内唤起海峡两岸观众的文化认同感和民族文化价值观，从而带动中国电影整体性的发展。同时，整合港澳台优势资源，形成合力共同推进中国电影在海外的传播和影响力，它的成立搭建了粤港澳大湾区电影、文化文艺等交流融通、互鉴互促的品牌化平台。而今粤港澳大湾区电影正在新的历史条件下进行更高层面的整合，相信也可以实现更高水平的发展，尤其是在中国电影的国际传播方面，在激活整合相关的资源，形成有效的创意和创造力和实现更有效的文化上的包容和兼容方面作出重要贡献，为中国电影国际传播发展发挥了更大、更积极、更主动和更有建设性的作用。另外，李前宽导演还多次担任国内外电影节主席和评委，开展推进中国电影“走出去”工程和国际文化交流活动，为繁荣中国电影发展作出了诸多贡献。

其实对于我们当下的电影人来说，从大的方面，我们需要学习李前宽导演“大

1　赵凤兰：《“银幕大将军”的共和国情结——访电影艺术家李前宽导演》，《中国文艺评论》2019年第6期。
2　赵凤兰：《“银幕大将军”的共和国情结——访电影艺术家李前宽导演》，《中国文艺评论》2019年第6期。

将军”式的思考问题的方式，从具体创作的角度，我们也需要学习李前宽导演对于影片创作尤其是如何创作出让观众喜闻乐见的主旋律作品的艺术思路。但更为重要的是，我们需要学习李前宽导演对中国电影创作、中国电影整体发展所具有的使命感和责任感。李前宽导演的作品《开国大典》是1989年正式上映，当时电影界正经历“娱乐片”大讨论，面对商业化冲击和娱乐化大潮，李前宽导演坚持拍摄主旋律大片，是很具时代使命感和社会责任感的。正如李前宽导演所说：“电影人一定要有民族自豪感。而且只有你了解自己民族的历史，才能建立起这种自豪感。”[1]就如同创作者在进行电影创作首先要喜爱和了解自己要创作的题材，才能够有动力去进行下去一样。我们电影人只有对中国电影的创作和发展有一定的使命感和责任感的时候，才能够从宏观和整体性的角度去进行问题的思考和作品的创作，才更能够推进中国电影健康可持续发展。

不论是作为电影创作者还是电影活动家，李前宽导演始终坚持自己的初心和使命，将电影观众、电影创作和电影发展置于心中。当前，中国电影正在从大国走向强国的关键时刻，我们需要在新发展理念下形成一个更好的发展格局，从而推动中国电影可持续繁荣发展，特别是能够实现由数量型发展转向质量性发展，不断满足观众多样化、个性化、精致化的需求。面对这样的现状，李前宽导演的艺术思路仍然有效，他的艺术精神没有变，他对电影的使命感和责任感和他的思想精神内核依然值得我们学习，这是李前宽导演留给我们重要的精神财富。一个导演的生命是有限的，但是他的电影作品和他留给我们的精神财富可以是无限的。但从总体上看，由于各种各样的原因，我们对像李前宽导演乃至“第四代”导演们都处于某种低估的状态，因此，为了完整的、准确地呈现中国电影发展的历史，也为了推动中国电影可持续繁荣发展，不断满足观众多样化、个性化、精致化的需求，我们应该结合当下中国电影的发展对李前宽导演的艺术思路和思想精神内核进行创造性转化和创新性发展，尊重艺术规律，发挥艺术智慧，培养艺术能力，从而更好地进行艺术创新，努力推进中国电影从电影大国走向电影强国。

本文刊发于《当代电影》2021年第10期

1　刘稚亚：《不忘初心　半生追影梦——访中国电影家协会名誉主席、国家一级导演李前宽》，《经济》2014年第9期。

回忆我亲爱的导师、偶像李前宽爷爷

李冠一[1]

2011年夏，北京北太平庄桥的城建大厦，一位气质非凡的老人从房间内走出来，充满了活力，这是我第一次和您见面，至今仍历历在目。时光飞逝，转眼已是10年。现在，您已经离我们而去，但这段回忆却是我毕生最为珍贵的“财富”。

我2002年开始学习美术，2007年开始学习电影。从我考上电影学院那一天起，父亲就经常向我提道：“我认识一位国内最有名气的大导演，这位大导演的姐姐是我专科学校时候的班主任。”听父亲说，1983年9月他考入辽源煤炭工业学校，当时的班主任是李秀英老师，父亲那时候是班里的班长兼团支书，李老师对父亲非常关心和照顾，因为父亲身在异地，李老师平时对他像对自己的儿子一样。听父亲回忆，他第一次知道前宽爷爷是在电视上，那时候正在播放关于前宽导演拍摄电影的报道，李老师对父亲说：“这是我弟弟，可厉害了！”李老师作为前宽爷爷的姐姐对弟弟的成就非常自豪，经常和父亲提起，有机会父亲还可

1　李冠一：青年导演、制片人，重庆大学美视电影学院先锋电影制片厂负责人，中国舞台美术学会会员，重庆市沙坪坝区电影电视艺术家协会副会长，重庆先锋艺术电影展策展人。

以在李老师家看到前宽导演和萧导演早期的电影，父亲也因为有这样的一位大导演“叔叔”感到无比骄傲。毕业后父亲也没有辜负李老师对他的期望，进入了国企铁煤集团工作，后来得知李老师搬去了青岛定居。

2011年，父亲去青岛出差，很幸运父亲带着我一同看望李秀英老师，在她家里回忆起父亲上学时候的往事，后来聊起了我，听说我在学习电影，便给我们看了前宽爷爷的相册，听着李老师讲出一段段前宽爷爷的荣誉和成就，作为初学电影的我产生了无尽的敬畏之情。那天李老师给前宽爷爷通了电话，说过段时日让我去亲自拜访，同年我正好在北京读研，有幸第一次拜访前宽爷爷。

我和父亲来到了他的工作室，出来迎接我们的是他的助理：“李导和萧导在画画，您先坐一下，喝点水。”看着宽敞明亮的工作室以及四周展陈的他们获得的奖杯奖章，我当时想这位导演会是一位什么样的人呢？就在这个时候，一对气质非凡的老人互相挽着手从画室里面走出来，他们看起来那么恩爱，看到我和父亲马上和我们握手并带我们坐下来泡了一壶茶。这位气质非凡的爷爷面带笑容，奶奶也是和蔼可亲，在我的印象里大导演都应该很沉稳很严肃，但是看到他们慈祥的笑容，我也不那么紧张了。爷爷问我学电影多久了，我说：“大概四年了，也拍了一部长片。”爷爷说：“哪天把片子给奶奶看看，给你指导指导，我现在呢就喜欢画画，现在也教奶奶画画，画国画。”奶奶和我聊起了电影，问我现在在哪里上学？“就在旁边的电影资料馆，很近，我在这边读研究生。”我笑着说。奶奶说：“年轻要多拍东西，做导演要学学前宽，他可是拍了很多大片。”爷爷听到了拍片子就开始讲起当年和奶奶一起拍摄时候的事情，从《佩剑将军》到《抗美援朝》，我仿佛能感受到他们当年在拍摄现场时候的状态，那种可以指挥“千军万马”的大导演气场。时间很快，临走前爷爷送了我一本他的画册，并跟我父亲说：“以后孩子在北京放心吧，没事就过来找我们。”这次见面虽然时间不长但是给我留下了深刻的记忆，我感受到了爷爷和奶奶两位老师一路走来对艺术、对电影的热爱，那个时候爷爷还是中国电影家协会主席，可以说在我心目中他的形象是那么伟大，同时又那么和蔼。

在北京读研究生的三年期间，因为离爷爷奶奶家很近，奶奶时不常在周末会给我发短信让我来家里吃饺子。在研二下学期，我在北京也成立了自己的影视工作室，巧的是工作室正好和爷爷奶奶的家在同一个小区，那一年就经常去爷爷奶奶家里，基本上快到饭点，奶奶的短信就来了，“过来吃饺子”，这让我有了回家的感觉。每次来到家里，奶奶都让我和爷爷先吃，吃完了爷爷喜欢找我聊天，我们经常一边看新闻联播一边聊天，爷爷也喜欢评价现在和过去的变化，更多的是当年和奶奶拍戏时候的回忆。每一次我们聊起以前拍摄电影的时候，爷爷眼睛里闪着光，仿佛可以看到当年他执导电影时候的兴奋。在他的讲述里也能感受到奶奶在他心中的重要位置，每次聊天都离不开奶奶当年和他一起对每一场戏的剖析和对演员调度的挖掘。我喜欢听爷爷讲他当年的故事，因为我在重庆上过大学，爷爷说对重庆有非常深刻的理解，当年拍摄《重庆谈判》的时候在重庆待了很久，对重庆的城市和当年解放战争时期的事情了解颇深，我和爷爷说："重庆现在变化很大，下次去重庆我带您吃火锅。"

那个时候我在创作新电影，有一段时间没到爷爷奶奶家。再次去的时候，发现他的身体慢慢不如从前，吃完饭和我聊了一会儿就需要休息了，临离开前还说："小李，公司都开这么久了，离得那么近，哪天我们也去你那里看看。"说着就上楼了，看着他上楼的背影，我有一些伤感。

记得当年奶奶拿过我的新剧本说帮我看看，第二天下午就给我发短信说剧本看完了让我来家里，奶奶递给我一份上面写满修改字迹的剧本，这时候爷爷坐在沙发上笑着说："小李呀，你奶奶昨晚看了很久给你修改了一整晚。"当时我真的很感动，看着手写的修改字迹，奶奶每一场甚至每一句台词都给我进行了讲解和指导，从下午四点一直讲到晚上九点多，我感觉学了这么久的电影都没有那一天学到的东西多。临走时，爷爷还嘱咐我回去一定要认真复习一下剧本，好好看看人物和台词，期待你的新片子。

和爷爷奶奶相处的这几年，他们无时无刻不在关心我的创作，当时的我觉得电影虽然是团队完成的，但是他们让我明白每一部电影都会有灵魂人物，那就是电影的导演。爷爷经常教导我，虽然我们都是学习美术出身，但中国也有很多学美术出来的著名导演，他们都有着卓越的审美观和美学思维，我们要利用好这份"天赋"，要多创作，多去挖掘适合每个年龄阶段观众的故事。从他们身上，我深刻地感受到了成功导演所独具的创作风格，更了解到作为导演更要全面地分析电影中每个人物、背景以及每一条线索的重要性。前宽爷爷经常说："和奶奶拍摄大场面是属于他们擅长的影像表现。"我看过爷爷奶奶拍摄过的大部分影片，对人物的刻画可以说是一绝，在我的认知领域，也是唯一可以把伟人拍得如此真实、还原度极高的两位导演。这几年和二老的相识、相聚，可以感受到他们身上有着很强的感染力，这让我再一次燃起了拍摄长片的动力。

在专业学术领域，爷爷奶奶经常带我参加一些专业论坛，这对正在读研的我帮助很大。2012年的秋天北京很冷，一早爷爷奶奶带着我去北京大学参加论坛，这也是我第一次和爷爷奶奶参加对外学术活动。爷爷那天要上台发言，他穿得很帅气。到达北京大学，学校的领导和记者出来迎接，我跟在后面仿佛有了明星般的感觉。那天上午爷爷讲了中国电影产业的发展也探讨了电影创作的内容。会议结束，去吃饭的路上，爷爷问："今天有没有收获？这样的论坛还是可以多多参与。"在北京学习的这段时间，大大小小的论坛和讲座我也参加过不少，而这一次爷爷将今天论坛的内容深入地给我进行了剖析，还对其他嘉宾的发言进行总结，我领会到，电影不仅仅要创作，更需要去探讨，这对后来我做电影展和电影论坛起到了很重要的指导作用。

2014年初，我离开了北京回到了我的母校重庆大学工作。临走前和爷爷奶奶一起在家吃饭，向他们汇报回学校工作，他们都很支持我，临走前他们说空了来重庆看我，并叮嘱我不能只当老师平时还是要多多创作，写写剧本，有机会爷爷带你去拍电影。一转几年过去，回北京的机会越来越少，和爷爷奶奶交流的机会也越来越少，只不过逢年过节时候的一句问候，平时给他们邮寄一些喜欢吃的东北榛子和蜂蜜。

回到重庆这两年，我的创作步伐逐渐减慢，重庆的创作环境、机会和北京相差较大，平时可能只能做一些广告或带着学生拍摄一些短片，更多的时候忙于学校的各项实践教学工作，有时候奶奶会发来短信提醒我有机会就要抓住，多拍片子，多写剧本。我能感觉到他们二老对我的期望，是他们的叮嘱让我这些年一直坚持拍摄，但再次创作长片依然是我现在的目标。

2018年6月初的晚上，我突然接到了奶奶的电话："冠一！我和前宽到重庆啦，你过来找我们吧。"我当时无比高兴，立马就赶了过去，到了酒店看到了爷爷和奶奶，相隔几年，发现犹如当初见他们的时候，依然那么精神。他们这次来重庆是参加电影《重庆大轰炸》（当天晚上讨论后叫《大轰炸》）的前期落地宣传和前期展映工作，爷爷作为本片的艺术总监过来看片子，因为那天很晚怕打扰二老休息，我们简单地聊了几句约定明天一早在解放碑前见面，能在重庆看到爷爷奶奶我尤为高兴。第二天我很早就来到了解放碑，远处看到爷爷站在碑前，他看着解放碑仿佛在回忆当年来重庆拍摄《重庆谈判》，我走过去，他看到我说："来了呀，你看这个解放碑一点都没有变，但是周边的楼房是越来越高了，和当年我在重庆拍戏的时候不一样了。"那天早上解放碑的人并不多，我当时甚至可以"听"到他内心的感受，人在变化，世界也在变化。这会儿他反应过来和我说："小李，这块我可熟悉了。"随后开始介绍起这里的每一条街当年的样子。看着爷爷高兴的样子，我也笑了。

相聚虽然短暂，这两天我们还一起看电影，一起吃饭，一起回忆过去，更重要的是爷爷奶奶也在关心我这边的工作的情况。我和他们说我要在重庆搞一个电影节，他们很支持！那天奶奶和我私下说："前宽爷爷病了，有点严重。"我顿时一阵心酸，但没等聊几句，奶奶看爷爷过来，就没有再和我往下说。当天爷爷和奶奶他们就离开重庆了，临走前让我照顾好自己，并且答应到时候一定来参加我们举办的重庆先锋电影展。

同年12月，我代表影展组委会向爷爷奶奶发出了邀请函，请他们来重庆参加先锋电影展的高峰论坛和闭幕颁奖典礼，我也将《重庆谈判》这部电影作为第一届影展的大师展映单元再次放到了大银幕上。可以在重庆的电影院里再次看到这部影片，这也是爷爷和奶奶的心愿。由于影展事物繁忙没有抽出时间亲自迎接他们二老，当我忙完他们已经在酒店房间等我了，我赶紧跑进去，爷爷说："小李来啦！那些志愿者给我安排得挺好，明天需要我怎么发言？"我马上拿起论坛手册细心地给爷爷讲起第二天的流程，奶奶说："孩子刚忙完先进屋喝口水，一会儿再聊工作吧？"这时候爷爷还拿着笔戴着眼镜在纸上写着，样子很可爱。我看着他非常的高兴，心想爷爷的病应该好了吧。晚上一起吃饭，爷爷还高兴地喝了二两白酒，我能感觉到他在为我高兴。第二天的论坛上看到爷爷帅气地走上台，开始了名为《光影重庆面对新时代》的主旨发言，仿佛让我回到了2012年在北京大学的高峰论坛上。那天爷爷的发言很激昂、很精彩，他对重庆电影寄予了厚望，虽然当时我正在下面忙，但爷爷上台那一刻，我立刻停下手里所有的工作，全程认真地听了爷爷的讲话，每一句都那么的实在。如今重庆这个城市证明了他老人家当时讲的话："重庆应该是一个电影创作之都，就像当年拍摄《重庆谈判》这里的每一寸土地都那么适合拍电影。"没错！现在的重庆无论在电影取景还是在创作上面都得到了飞速的发展。

在闭幕典礼上，爷爷挽着奶奶的手，缓缓踏着红毯走来，那一刻，重庆的先锋影展仿佛被他们的身影点亮，这座城市因为他们的到来而蓬荜生辉，两位德艺双馨的艺术家们用他们的存在为重庆“站台”，赋予了这座城市更深的文化底蕴。当爷爷奶奶和张国立院长共同站在由我精心策划的舞台，为最佳导演颁奖的那一刻，我的心中涌动着无比的自豪与感动。我暗自许下心愿，梦想着有朝一日，我的作品也能在更高、更广阔的舞台上绽放光彩，让爷爷奶奶这些令我尊敬的电影前辈们为我颁奖，那将是我人生中最荣耀的瞬间！

爷爷奶奶经常说：“只有拍摄出一部可以代表你自己的电影，你就可以被大家所认可，所以要认真地面对创作，才能成为一名真正的导演。”多希望那一次晚会结束我可以和爷爷促膝长谈，像在北京家里一样，可惜那天结束后爷爷奶奶便要赶回北京。没想到短暂的相聚，却成了我和爷爷在重庆最美好的回忆。

2019年的秋天，接到奶奶的电话，说爷爷的电影《开国大典》4K版要上映了，在北京召开首映典礼，我立马订了飞机票直飞北京，下了飞机就直奔大望路万达影院。电影马上就要开始了，那天来了很多人，有青年演员，有老艺术家，有专家、领导，还有媒体记者，他们都是为了庆祝爷爷奶奶的电影再次以4K数字模式复映。爷爷和奶奶那天非常忙碌，接待了一波又一波的客人，开场的时候爷爷说了一句话让我至今记忆犹新：“这部影片中好多参与过的老艺术家都已经离我们而去了，现在就剩下我们几个了！”他说这句话时有一些忧伤，我前面坐的是蔡明老师，看到她的眼睛已有些湿润，但是爷爷还是面带笑容，用铿锵有力的语气介绍他的这部经典之作。这也是我最后一次见到前宽爷爷，这一次也是永远的分别。

2019年10月疫情来临前，那一年为了新片探景，爷爷独自去了我的家乡调兵山，那一年我没有在，是父亲接待的。听他说爷爷为了拍摄长春电影制片厂的片子特意过来，带了剧组的很多人，还说等到开机了叫上我一起和他拍戏。

在他临走的2021年春节，我给奶奶发了拜年短信，那个时候感觉爷爷还很好。可事情永远都是那么突然，就在2021年8月12日爷爷永远离开了我们，离开了心爱的奶奶，还有他最爱的电影和绘画。看到这个消息，我犹如晴天霹雳，坐在电脑前沉默了很久，心酸地回忆过去，仿佛又回到了十年前在他家的画室，他笑着和我讲述着电影和美术。

他在我心目中永远是那么伟大，那么帅气，现在偶尔看到他的新闻、看到第34届金鸡百花电影节获得终身成就奖、当奶奶上台领奖的瞬间我流泪了。以后的金鸡百花电影节舞台上再也看不到爷爷的身影，再也看不到您挽着奶奶走红毯的画面，这一切都将永远地留在我的记忆中。

作为晚辈，回忆和爷爷相识、学习的十年，一些愿望可能无法实现，一些话可能没法亲自转达。有时候想起您，多想可以看看您拍戏时候的风采，看您率领“千军万马”，多想可以再看看您画画，多想再和您坐在沙发上聊聊天，多想看着您和奶奶挽着手走在我的前面。亲爱的前宽爷爷，我的表达可能过于直白朴素，但每一句话都是我们美好的回忆！

2021年的冬天很冷，希望您在天堂一样可以拿着摄像机拍摄一部部电影，拿着画笔绘制一幅幅美丽的画卷，永远想念您。

2022年4月

电影博物馆是咱们的家

——怀念敬爱的李前宽导演

杨永安[1]

惊闻李前宽导演病逝的消息，不禁悲痛万分。虽近年未有联系，内心却一直非常惦记，只因前宽导演与我有过大约七年的密切交往，他给我的工作以巨大的支持和帮助，在我心中，他是相见恨晚的前辈和恩师。后因工作变动，我离开了原来的单位，与他的联系变少了。但有关他的消息，始终在我的重点关注范围。所以，从网上看到他病逝的消息，我一时难以接受。在我的印象里，他总是那么精神抖擞，意气风发，总有干不完的事情、忙不完的工作，怎么会说走就走了呢？

追忆往昔，前宽导演的音容笑貌一幕幕浮现在眼前……

那是2006年秋天，我到中国电影博物馆任职不久，博物馆当时还是试运行阶段。一天下午，我按例在馆内各个区域巡视检查，走到接待大厅时，不经意地发现一个熟悉的面庞，头戴鸭舌帽，腰身笔挺，端坐在休息区座椅上，我一怔，这不是著名导演李前宽吗？他的《开国大典》等电影名片和介绍他的图片，

1　杨永安：中国电影博物馆首任馆长，现为北京市国有文化资产监督管理办公室副巡视员。

在我们展厅的重要位置每天面向观众展示着。我连忙走上前:“您是李导吧? ”回答:“正是。”我说:“哎呀, 您也不提前打个招呼, 我们好迎接您啊! ”他笑了笑, 说:“我是顺路。”我请他到办公室坐坐, 他摆摆手, 说还有事要去办, 因为和电影博物馆有感情, 只要路过, 就要进来看看。我虽刚到任不久, 但已初步浏览过一些资料, 李前宽等一批电影老艺术家与电影博物馆的诞生有着密切的关系。我向他求证, 他回答, 是啊, 我算是电影博物馆的发起人呢! 他便简单给我介绍了一下怎么联系了三十多位电影老艺术家, 共同联名上书时任党和国家最高领导人, 提议建立中国电影博物馆, 获得中央领导的高度重视和批示, 由此启动和开展了中国电影博物馆的建设工程, 并于2005年年底落成, 为中国电影诞生一百周年献上了一份厚礼, 中国电影博物馆从此也就成了中国电影百年历史的标志性建筑。

这是首次结识前宽导演。临走, 他还不忘表扬我们一句: 你们来了好啊, 看得出来, 管理工作加强了。你们实行预约参观, 我没预约, 门卫不让我进, 自我介绍了一下也不行, 还是旁边一个老同志知道我, 帮着说话, 我才进来。我听了很不好意思, 忙向他道歉, 他却摆摆手: 管理工作就应该这样抓, 按章办事, 你们做得挺好。

由我担任中国电影博物馆的首任馆长, 是件出乎意料的事。我此前一直从事新闻宣传工作, 并没有做过和电影专业沾边的事情。所以, 来到这个新建单位, 不免心里没底, 只有先从基础管理抓起, 让它起步、运行起来。首先致力于吸引观众, 以发挥电影博物馆应有的展览展示和传播宣传作用。

可自打与前宽导演结识以后, 我的认识和信心大为增强。前宽导演对我这个电影门外汉没有丝毫轻视, 他和夫人、著名导演萧桂云, 在我任职期间, 是来到电影博物馆次数最多的电影艺术家。当然, 还有国家广电总局布展领导小组组长刘建中, 以及一大批参与设计、建设电影博物馆的老专家老艺术家们, 于蓝、于洋、田华、丁荫楠、翟俊杰……数不胜数, 他们都像爱护自己的孩子一样, 悉心呵护着电影博物馆, 也呵护着我和馆领导班子成员们。

在前宽导演和其他老艺术家的指导下, 我们先后开设了优秀国产电影公益展映和电影大讲堂科普活动, 后来又开展了一系列电影研讨交流活动等。前宽导演带头, 多位电影艺术家共同跟进, 不仅向电影博物馆捐赠了一大批电影剧本手稿、美术画稿、拍摄道具物品等, 丰富了博物馆的文物和藏品, 使观众和影迷一饱眼福,还陆续给我们介绍和引荐了一批又一批电影界名人和明星，纷纷来到馆里参加活动，使电影博物馆的人气一下子提升了。前宽导演和萧桂云导演伉俪，更是亲力亲为，率先为电影大讲堂授课，把自己的电影作品拿来作为科普教材。社会上的众多影迷们，过去只是在电影院能看他们的电影，现在，还能够在博物馆见到本人，并聆听他们讲述电影幕后鲜为人知的故事，无不兴奋异常，溢于言表。观众和影迷们在这里了解电影历史，学习电影知识，体验电影科技，接受电影文化的熏陶，陶冶情操……在影人和观众的互动交流中，电影的感染力、影响力不断散发着，人们的愉悦和满足感也不断传递着，营造出了浓郁的电影氛围，以致一个时期，欢声笑语经常在博物馆里荡漾。

前宽导演成了我的顾问和导师，他深情地对我说，咱们要一手牵影人，一手牵观众。“咱们”，这是他对电影博物馆的代称，这两个字，既包括我们工作人员在内，也包括了他自己。和他交往的数年间，他始终都把自己视为电影博物馆的重要一员，就像主人一样。在电影界众多前辈和我们的共同努力下，充分发挥了“两手牵”的力量，使地理位置相对偏僻的电影博物馆的知名度和影响力得到快速提升，真的很快就成了电影界导演、演员和幕后各个工种专业人才云集的场所，诸如电影美术、电影化装、电影配音、电影特技、电影音乐等等，我们开展的活动持续增加，竟让作为文博界后起之秀的电影博物馆，一时在电影界、文博界以及社会上声名鹊起，短短几年光景，即被授予爱国主义教育和科普教育基地。

前宽导演还对我说过一句话，让我铭记在心：“电影博物馆就是全国电影人的家。”这句话深深地打动了我，我也早已感受到了，这里首先成为前宽导演和萧桂云导演的家了，他们对电影博物馆的牵挂无时无刻不萦绕于怀。前宽导演当时不仅是中国电影基金会的会长，随后还当选为中国电影家协会主席，他所具有的能量和资源可想而知，加上他对电影博物馆的一片深情，他为电影博物馆调动资源，发挥能量，用他自己的话说，叫“不遗余力，一马当先”。不要说许多重要的电影界活动在电影博物馆举办，都和前宽导演有直接的关系，更有他对我们工作方针的指引，以及对未来方向的规划建议。其中，关于“二期”建设，就是我们经常讨论的话题，即在全国文化大发展和北京建设全国文化中心的背景下，利用电影博物馆周边的有利地形和位置，延展和扩大电影文化的辐射作用，完善电影博物馆的功能，更好地为全国的电影人和观众服务。在与前宽导演的密切接触中，耳濡目染，我和班子同事的脑海里，渐渐地把前宽导演关于“家”的概念深化了，经过领导班子研究，将“要把中国电影博物馆建设成为全国电影人和电影观众共同的精神家园”，写进了我们的工作报告。

前宽导演的视野总是开阔的。他对利用电影博物馆这个平台，开展对外文化交流同样非常重视。记得为讲好中国故事，推动中国电影走出去，他多次参与、和我们共同举办与外国电影同行的友好交流活动。例如，在“奥斯卡中国日”活动中，他和中国电影人与美国奥斯卡主席及代表团进行会谈，洽谈、研讨中国电影走向世界；当电影《阿凡达》导演卡梅隆来访，他率队与之进行了电影科技的探讨……前宽导演不仅是位导演艺术家，在电影博物馆这个舞台，他同时展现了一位电影事业家、电影活动家的动人风采。

有了前宽导演和众多电影前辈的影响、带动和帮助，我们依靠国家广电总局电影局和北京市委宣传部的有力支持，依靠北京市广电局、文物局的行业指导，依靠电影界其他同行，科研机构、艺术机构，以及学术机构，数不胜数的专家、学者的大力协助，依靠馆内干部员工的辛勤工作，逐步使电影博物馆走上了稳步运行的轨道，发展势头良好，越来越顺畅，无论接待观众的数量，还是开展各种电影公益展映推介活动，以及开展国内外电影艺术、学术交流等活动，都变得日益丰富多彩起来。前宽导演看到了倍感欣慰，每每见面都要肯定几句。得到前辈的赞许，我们自然干劲更足了。

受益于前宽导演的谆谆教诲，我和我的同事们，对他，对发起创建电影博物馆的众多电影界前辈艺术家的崇敬和敬仰愈加深厚。我们萌生了一个念头，要在电影博物馆为他们树碑立传！他们的作品早已展示在各个展厅了，还要把他们为创建电影博物馆这件事本身所做的功绩，在电影博物馆留下应有的印记。写史，纪实，昭告世人，弘扬光荣历史和文化，这正是一个专业博物馆与生俱来的职责。

经北京市委宣传部和国家广电总局电影局的批准，由中国电影博物馆和中国电影基金会共同承办，以隆重表彰对建设电影博物馆做出突出贡献的电影艺术家为主要内容的活动，终于在馆里举办了，那一天是2011年2月24日，是在“中国电影诞生105周年暨中国电影博物馆成立5周年纪念会”上进行的。受到表彰的有李前宽、于洋、刘建中、陆兆亨、钟嘉禄5位同志，向他们颁发了“2006—2010中国电影博物馆公益事业突出贡献”证章，同时，还向秦怡等86名同志颁发了“2006—

2010中国电影博物馆公益事业贡献纪念”证章。

会议回顾了中国电影博物馆的由来和发展，深情怀念已故的周恩来总理。是周总理早在1958年，首先提出了建立中国“电影宫”的设想，直到1998年，中国电影家协会第六次全国代表大会在北京召开之际，由著名导演李前宽发起，电影界部分人大代表、政协委员和电影艺术家共29位同志，联名向国家最高领导写信，建议在北京建立一座“国家电影馆”。后经国务院批准，由国家广电总局和北京市政府联合建设，由国家广电总局组成布展领导小组，北京市广电局承担建设工程，中国电影博物馆于2005年12月28日中国电影一百周年诞辰纪念日落成，并于12月29日举办了隆重的《百年历程，世纪辉煌》常设展览开幕式。2007年2月10日正式对社会开放。

近百位电影界名流大咖们，在电影博物馆欢聚一堂，抚今追昔，无不感慨万千。他们说，中国电影博物馆的建设，凝聚了几代党和国家领导人的关怀，凝集了几代电影工作者的努力，凝结了数百位发起、策划、决策、建设、布展到开放运行等各方面领导、电影艺术家、电影专家学者、文博专家学者、建筑设计专家、工程建设专家的心血，同时也饱含了电影藏品捐赠者和广大观众及影迷的期待和心愿。国家广电总局在电影业务、电影资源、专业人力等各方面给予了鼎力支持和指导，北京市委市政府在队伍建设、运行管理和资金保障等方面给予了有力领导和保障。

这个活动的成功举行，从某种意义上也可以说，既是我们作为晚辈，对老一辈电影艺术家的卓越贡献做了一次感情的报答、工作的报告，也是在电影界老前辈们的面前，为电影博物馆今后的发展许下了一个美好的愿景，那就是如前宽导演所津津乐道的话语：这是咱们电影人的家！是的，这里是全国电影人和电影观众共同的精神文化之家。

敬爱的前宽导演，您的夙愿还在不断实现的进程中，我们坚信，在不久的将来，伴随着中国电影的繁荣和发展，一定会迎来中国电影博物馆更红火、更辉煌的那一天。作为中国电影博物馆的发起人、创始者之一，李前宽导演当会含笑九泉的。

写于2021年12月20日

改于2022年5月19日

送别

杨劲松[1]

2019年1月，应电影剧本中心之邀，我出席了导演李前宽、萧桂云夫妇筹备的新片《东方欲晓》剧本讨论会。那天的会是早上九点开始，已七十八岁的李导与萧导提前半小时就到了会议室，他俩穿着一新，优雅的萧桂云导演热情主动地与已在会议室的年轻人握手致意，感谢大家来参与新剧本讨论。讨论中，两位电影长者认真听取大家意见，从善如流，他俩平易认真的态度，令人起敬与动容。李前宽先生展望这部新片，他希望是一幅彩瓷贴画，个体的光彩组成时代洪流中的斑斓壮美。会上，我对完善该剧作的建议引起两位长者的注意，一个月后我接到萧导的电话，他邀请我帮忙参与剧本修改。

李导夫妇住在北三环附近，每次登门开会，都能看到李导在小区花园里晒太阳。我说导演爱晒太阳啊。萧桂云老师对我说，他那是在迎接你。

李前宽导演曾任中国电影家协会主席，他与夫人联合执导的《决战之后》《开国大典》等影片，奠定了

1　杨劲松：一级编剧，中国作家协会会员、中国电影家协会会员、中国戏剧家协会会员。策划创作《我们天上见》《西泠印社》《地久天长》《离离原上草》《芳华》《江湖儿女》等影视作品，著有非虚构文集《你并不孤独》。

中国当代历史故事片的叙事美学，也启发了近年《建国大业》等历史巨片的创作。近年，他们还执导了多部戏曲电影。二老创作经验丰富，他们谈电影剧本，有独特角度，让我受益匪浅。谈新剧本的同时，导演夫妇俩还谈了不少长春电影制片厂的往事，聊到苏云前辈时，李导饱含深情，他签名赠我的几本书中有本《苏云传》，这些书，让我对新中国电影事业有了更深入的认识。

一起与李导夫妇开剧本会的还有剧作家王霆钧老师，王老师自1994年就开始研究李导夫妇的创作，与李导合写了这部新作。一天，王老师告诉我，李导已与肿瘤斗争了多年，这让我难以置信。因为眼前的李导精力太旺盛了，他从外地一回京，就去喜马拉雅录制国庆七十周年的诗朗诵；五一劳动节那天，我们剧本会从上午十点开到下午两点多，他的创作激情让我们不觉时光飞逝。那天，李导说这部新片是在磕一块硬骨头，即便磕掉一颗牙也值得。

李导的身体现状，后来我从萧导那里得以证实。国庆七十周年前夕，李导夫妇代表作《开国大典》数字修复版在北京首映。

《开国大典》曾在香港影院创下连映140天的纪录，至今无其他中国电影打破。1988年7月，《开国大典》剧本通过立项审查，当年11月正式开机。一开机，李前宽导演就坚持先拍天安门开国大典的重场戏，打破了原定按时间顺拍的计划，这遭到剧组一致反对，但李导坚持到底，最先拍完了开国大典的重场戏。次年6月，该片历经南京、浙江等外景拍摄后，在北京郊区顺利杀青，于9月21日起全国公映。这部国庆四十周年献礼片的拷贝票房收入达到1.75亿元，而该片拍摄成本只有500万元，剧组人均工资只有400元。三十年后，《开国大典》再现影院，编剧张笑天，主演古月、孙飞虎，以及摄影等主创均已离世，年近八旬的李前宽、萧桂云在首映现场感慨道："我们特别怀念他们，也特别感谢他们。"

疫情突发等因素，使李导夫妇那部新片筹备中断了，我也滞留南京照顾父母。我每次回京，都相约李导、萧导夫妇，他俩与我父亲同岁，都属蛇。一部影片的创作中断了，但这份父辈般的情义却留住了。与李导的最后一面还是在他的工作室，2020年厦门金鸡百花影展过后，北京已入冬，李导依然站在小区花园坚实的石阶上，沐浴在阳光下迎接我，他脸上的老年斑明显增多了，但落座后，声音依然洪亮，他聊起去郑州、厦门参加电影节的见闻，聊起很多新的创作想法，也问起我在南京的父母的近况。我带来在南京的家找到的一张老照片，是九年前的华表奖颁奖典礼上，我与萧桂云导演同台领奖的照片，萧导代表《星海》剧组，我代表《我们天上见》，同获优秀儿童影片奖。

2021年在中国影协庆祝金鸡奖四十周年的研讨会上，我没看到李导的身影，于是就发微信给萧导，担心他是否因身体原因缺席。萧导说他们正在厦门隔离，李导没事。两个多月后的上午，我在朋友圈看到了李导在浙江慈溪逝世的消息，当时我在疫情高风险的南京，无法前往送别。

9月，我回京过中秋，相约萧导。直到离京前的上午，我才赶到那个熟悉的小区。那天北京下着大雨，从子夜下到清晨，我走过小区无人的花园，草木在雨水冲刷中坚守秋季最后的绿色，工作室门口等我的是萧导一人，李导熟悉的笑容已在镜框中。面对李导的笑容，我跪拜三叩首，无语凝噎，萧导在身后说："前宽，劲松来看你了……"

萧导上了一炷香，我才发现她已消瘦很多。她说因为疫情，加上慈溪交通不算便捷，很多朋友都没能到场，但都订了鲜花，殡仪馆里堆满了亲朋的心意，那天，慈溪全城的鲜花都送到那里去了。萧导与李导有个独生女，李导病危时，女婿的父辈也病重，萧导说苦了孩子们了，两边照顾。我说萧导您瘦了，萧导笑着说上个月最瘦的时候你没见着，瘦了二十斤。她聊起李导的最后时光，聊起李导与肿瘤的八年战斗的艰辛，聊起李导与她忠诚一生的爱情，聊起带着李导骨灰回到北京这段日子里至爱亲朋的陪伴。她说回京第一次出门是应王人殷、苏小卫等老姐妹相邀，到了餐厅，大家都没怎么说话，都是编剧、导演，都有不平常的语言表达能力，但那天晚上，我们就吃饭，仿佛李导还在北京，姐妹们把对李导远去的哀思压在了心底。

萧导与女儿同住一个小区，李导工作室是租的楼下的物业办公室，一排书柜，一张画桌，一套沙发，一堆李导的画作，这里曾往来达官显贵的问候敬意，也留下工友与忘年交的坦荡笑声，那些创作灵思的火花，见证了李前宽导演的壮志未酬。李导走了，这间工作室就要退租了，我问萧导这满屋李导的巨幅画作以后安放在哪里，萧导笑着说，总有它们落脚的地方吧。

临别时，雨还在下，萧导叮嘱我：慢点走，今年北京雨水多，花园里的砖都被雨水泡活了……

本文刊载于《北京青年报》2023年7月25日

为电影而生

——悼李前宽导演

余泳[1]

2021年8月12日上午8时29分，中央文史馆馆员、中国电影家协会名誉主席，中国电影基金会总顾问李前宽导演在浙江宁波慈溪逝世，享年八十岁。李前宽导演1964年毕业于北京电影学院美术系，分配至长春电影制片厂工作，历任长影美术助理、场记、副导演、导演等职。1992年9月任长影总导演，和夫人萧桂云联合执导了《佩剑将军》《甜女》《黄河之滨》《田野又是青纱帐》《开国大典》《重庆谈判》《决战之后》《七七事变》等影片，荣获中国电影金鸡奖最佳故事片、最佳导演，大众电影百花奖最佳故事片，中国广播电影电视部优秀影片等众多奖项。2000年10月当选中国电影基金会会长，2005年11月中国电影百年华诞时，被人事部、国家广电总局表彰为“国家有突出贡献的电影艺术家”。2008年12月当选第八届中国电影家协会主席，2013年11月任中央文史馆馆员，还是第八届全国人大代表，第九、十、十一届全国政协委员。

这两天最令人震惊和悲伤的消息是李前宽导演突然病逝。知道他身体不好，但是一直在积极治疗。他

1　余泳：电影评论家。

性格开朗、快人快语、精神饱满、激情澎湃，所到之处总是留下一片爽朗的笑声。他自己也很顽强，在夫人萧桂云的精心照料下，患病期间仍一直在为中国的电影事业呼吁呐喊、奔走操劳，看不出生病的样子，怎么就突然“走了”呢？不相信，不敢相信。

近年来，我们南京艺术学院影视学院和口述历史研究中心与李前宽、萧桂云导演结下了深厚友谊，两位导演在2018、2019年在百忙之中先后三次参加南艺组织的“中国第四代电影导演口述历史访谈”“4K《开国大典》放映暨导演见面会”和“中国电影人口述历史数据库发布”活动，与师生们交流心得，多次嘱咐同学们在追逐梦想的道路上要懂得抓住机遇，怀抱家国情怀，这样才能成为一名合格的电影工作者。李前宽导演作为中国电影第四代的代表人物之一，一生执着于电影事业，致力于中国电影发展。今天，笔者分享李前宽导演艺术道路上的几段经历，共同缅怀这位成就卓越的电影艺术家的“魅力人生”。

热爱电影　矢志不渝

李前宽导演出生在大连的一个平民百姓家，从小喜爱美术和电影，捡着一块红石头沾着水就能在地上画画。小学和中学都是校美术组的一员，学校的黑板报、海报、美术字都少不了李前宽的功劳。他家周围有一家破烂不堪的电影院叫“东明电影院”，没钱买票的李前宽经常跟着观众混进去看电影，有时候被检票的工作人员揪出来。电影让李前宽无比神往，让他哭、让他笑，回到家里还想着银幕里的事儿，一段时间不看电影就急得抓耳挠腮。大门进不去了，李前宽就爬影院后面的“水溜子”（水管），进入二楼的平台，平台一进去是影院的公共厕所，通过厕所就可以看电影了。

即将高中毕业时，李前宽报考美术学院，刚好鲁迅美术学院在大连招生。与此同时，李前宽看到了《中国青年报》上北京电影学院的招生简章，他同时也报了名。6月24日，在鲁迅美术学院复试的最后一天，李前宽从考官的脸上察觉到自己考得不错。中午回家，又收到了北京电影学院寄来的准考证，在北京考区考试，25日上午八点半开考，还有大半天时间。李前宽拿着准考证向妈妈开了口，妈妈说：“你不是考得挺好的，还到北京干嘛？”李前宽答：“妈，北京比沈阳好，我今晚就得往北京赶。”这时候，李前宽的妈妈，这个开明智慧、豁达乐观的中国最后一批

“小脚女人”支持了李前宽人生目标的重大决定。6月24日恰逢月底，工薪阶层一般都没有什么余钱，李妈妈就向街坊四邻借点儿，家里再凑点儿，筹集了四十几块钱。家里还有一点儿面，只够烙一张饼，李妈妈不放心，又弄了两个苞米面饼子给李前宽揣上。这样李前宽买了张硬板儿票，从沈阳长途跋涉于25日夜里11点赶到了北京，但已经过了考试时间。

一波三折　梦想成真

第二天一大早李前宽就赶到北京电影学院，管考生的王澍老师一看：“哎哟，我们都考完两门了，你才来？”李前宽答：“我是赶最快的一班车来的，只要给我考试机会就行。”善良的王澍老师跟考官商量后，同意李前宽继续考试并在休息时间补考前面的内容。在考名画欣赏中，李前宽抽到《纳粹飞机飞过了》和《不相称的婚姻》两幅画，李前宽除了讲构图、色彩还阐述画面的情节、人物关系。多年后，主考官李勇新老师见到李前宽说：“你走了以后我们就议论，这个学生将来是个导演的料子。”

到了八月上旬，鲁迅美术学院已经录取了李前宽，但是迟迟没有北京电影学院的消息，刚抗旱回家的李前宽扔下行李就往学校奔，在半路上碰到学校的曲主任：“前宽，你是到北京还是去沈阳啊？你北京电影学院考取了，录取通知书发到学校来了，在赵主任那儿，你到他那儿去取吧。”李前宽兴奋地奔向学校，“哒哒哒”的脚步声数十年后仍在脑海中回响。

“啪”一开门，赵主任一脸冷漠。李前宽问：“赵主任，听说我考上电影学院啦？”“哎哟，你知道啦，谁告诉你的？”“录取通知单来了？”“来了，不过你不能去啊。”“嗯？不能去，怎么不能去？”“你不是考上鲁迅美术学院了吗？鲁迅美术学院是好学校啊，也是重点学校啊，先去第一志愿，那是我们省的重点学校。”李前宽说：“我考取了电影学院，你给我看看我的通知单好吧？”“那可以。”通知书上写着：“你校学生李前宽，0921，北京考区，经过初试，经过复试，经过普通课，已录取我院电影美术系学生，北京电影学院院长章泯。”

还没等李前宽缓过劲儿来，“啪”，赵主任把信收走了。“好了，走吧，回家吧。”李前宽马上就到校长室：“沈校长！”“哦，李前宽，你好。”“校长，我有个录取通知单。”“不知道。”“在赵主任那儿。”“好，你先回去吧。”“他不给我，他不让我去。”“是吗？”校长不知情，李前宽就回家了，回家也不敢告诉妈妈，怕妈妈上火。等第二天再去的时候，校长的话和赵主任一致：“哎呀，这个小李啊，我知道你的爱好，我知道你画画好啊，学校每次美术比赛你都得第一名，你将来是一个好画家，你将来肯定是一个大画家。鲁迅美术学院是咱们党领导的老学校啊，多少画家都是那儿出来的呀，另外又是咱们省的重点学校，你又是第一志愿考的，你不但考取了，而且我看你还是名列前茅呢，你能成为大画家，你去吧。”李前宽问校长：“那电影学院？”“那不能去了，电影学院那是第二志愿，那是第二考取学校，那不能去了，你总得有个前后吧，走吧，回去吧，这也挺好嘛，多少同学羡慕你啊！”

紧要关头，李前宽自己做出了人生的重大选择，他发出了两封信：第一封信是给鲁迅美术招生处，“由于家庭困难，退学”，不去了，断了自己的后路；第二封信是给北京电影学院招生办，“我是北京考区0921号大连的学生李前宽，考电影美术系，参加了初试、复试，至今不知道考取与否，请速告之，地址务必寄到大连市中山区长江路138号，李前宽收。”没过几天，鲁艺没回信，电影学院立马儿回信，回信就是一个便条式的，“你已考取我院美术系59班学生，录取通知单已发往你校，去查找，希望你八月以前到京报到，报到事宜请看新生须知。”李前宽就拿着这封回信去北京报到了，也就成了北京电影学院美术系的首批学员。

汲取营养　才华彰显

上学期间，李前宽跟随李居山、吕志昌、俞翼如、秦威、池宁等专业老师学习基础知识，又聆听傅抱石、李可染、蒋兆和、夏衍、侯宝林、韩尚义、赵丹、程季华、谢晋等大师的授课，汲取营养，如醉如痴。李前宽是美术系的文体委员，每年的五四青年节，学校都要组织各个系的文艺汇演，美术系就三个女生，无论男生、女生在形体、相貌上都不占优势。各个系和班级都有强烈的荣誉观，李前宽这时就展现出了超强的组织策划才能，组织了两次成功的演出，一次居然超过演员系（表演系），获得了全校第一名。

那是无伴奏表演唱《澧水船夫号子》，他先在服装设计上下功夫，把黑色练功裤卷起来，上身着红背心白小褂，露出红背心，脚蹬草鞋。没有头帕，他就拿棕色练功裤绑在头上，造型很讲究。上场后还没等拉幕，后面先喊上“哎……呜呼呼地哎呀，嘿哟，嘿哟”，做低声衬托，“哟哈地呼嚯嘿”，帷幕慢慢地拉开，美术系的“船夫们”就走上台了，还带着调度唱，高潮的时候一部领唱四部轮唱，狂风暴雨，交替起来。唱得虽然没有技巧，但是有激情，喊的时候哥几个头上要是不掉汗，这个任务算白干。整个一个高潮过险滩的时候，底下没有不鼓掌的，后来还代表电影学院到八大学院去演出，得了冠军。

因为李前宽的突出表现引起了家在大连、毕业于日本帝国大学西画系的北京电影学院导演系主任田风教授的关注。家在大连的电影学院老师就田风一个，学生就是李前宽，每次放假回家，李前宽陪他一起坐船回去，暑期期间陪他一起到海边玩儿，一起到大连文工团、话剧团看排练、看演出，一起在田老师那小小日式房子的小凉台上和大连那些搞文艺创作的人士探讨艺术、探讨创作。田风走哪儿几乎都带着李前宽，对他在导演方面的艺术熏陶起到了潜移默化的作用。

因为田老师家在大连，他一个人住在电影学院，有时候礼拜天李前宽就陪着他到中山公园茶座。在中山公园茶座他经常突然向李前宽发问，发问的题目都是他培养导演系学生的题目，比如说：“前宽，你看那一对儿，你看那个男女关系，你跟我说说他俩是什么人物关系？你观察观察，把人物关系跟我说说。”当时一个四十多岁的男子和一个二十多岁的女子在那儿说话，他俩还时不时地往后看。李前宽说：“知道了，老师，他们不是夫妻关系，也不像朋友关系，有点儿像婚外情。”“嗯，你小子眼睛还行，判断得很准确，这人物关系不敢大大方方，就是这样。”田风教授就这样锻炼学生的观察力、理解力和判断力。在1963年毕业作业的时候，田风老师点名李前宽和导演系合作，在《搭桥的人》和《新任队长》两部短片中担任美术设计。

硕果累累　终有遗憾

1964年电影学院毕业，李前宽分配到长春电影制片厂当“美工实习工”，第一部戏就是《英雄儿女》，李前宽的工作是“拆卸景片”，没想到第一次进摄影棚就“挂了彩”。他刚下一级台阶，不料一脚落在钉子上，正好在脚心，一走路带起一块木板来，当时都没感觉到疼。边上的孙师傅叫道：“小李子，站住！”他过来给李前宽把板子拔下来，然后把鞋子脱下来，哎？居然没有血。孙师傅抱着李前宽的脚用鞋抽打他的脚心。“啪啪”几下打出一些黑血，这时候李前宽知道疼了。“哎哟！

这么疼！”工人师傅告诉李前宽：“小李子，到了电影厂，到了摄影棚光顾着地面可不行，还要注意天文，天文地理都要关照，眼观六路，耳听八方，到处都是，不是碰着这个就是碰着那个，你得注意哦，保护好安全很重要哦。”这就是李前宽进摄影棚的第一课。

1965年，李前宽做了《战洪图》的美术助理，那时候电影厂上字幕都是厂领导决定，李前宽开始了“幕后英雄”的电影生涯。转眼间到了“文化大革命”，故事片全面停产，李前宽到了科教片室做编辑。1972年，因为在全国科教片工作会议上，李前宽代表长影发言，得到了长影老厂长吴印咸和副厂长刘儒的赏识，所以在1972年年底恢复故事片生产时，厂里派李前宽去了解承德话剧团《青松岭》的情况。在此前，因为根正苗红的李前宽参加过“刘国权导演专案组”，和刘国权导演结下了深厚的友谊，所以1973年重拍《青松岭》，李前宽成了《青松岭》的场记，成功地踏上导演之路。《青松岭》原班人马能顺利出演，《熊迹》主演石维坚的加盟，《金光大道》中“天下第一嫂”王馥荔的演出都遇到很大的困难，是李前宽导演凭着他那执着的精神和超强的沟通协调能力，使之成功。

直到1982年，李前宽才真正成为导演，因为厂里规定必须老带新，而且美术师转行导演在当时是非常罕见的，所以已经执导三部影片的萧桂云导演就成了李前宽的老师，他俩首次联合执导了反映淮海战役序幕的战争片《佩剑将军》。之后，夫唱妇随，俩人开启了中国影坛最著名的“银幕伉俪”，接连导演了《甜女》《逃犯》《黄河之滨》《田野又是青纱帐》《开国大典》《重庆谈判》《决战之后》《七七事变》《世纪之梦》《星海》《血洒故都》《抗美援朝》等20多部影片和上百集电视剧，或大气磅礴，或情义绵长，始终体现了一个电影工作者的朴素情感和家国情怀。作品多次荣获中国电影金鸡奖最佳故事片、最佳导演，大众电影百花奖最佳故事片，中国广播电影电视部优秀影片等奖项。

在担任全国人大代表、全国政协委员，中国电影家协会副主席、主席期间，李前宽导演积极向中央领导建言献策，促成了国家“设立电影频道”“建设中国电影博物馆”“用胶片记录重大事件载入国家档案”“繁荣发展中国电影产业的十项措施”等一系列有关电影的重要决策相继出台并得以落实。

影视艺术本身就是遗憾的艺术，对于李前宽导演来说，他想拍的《香港回归》《武汉会战》还没有立项；1999年就完成的电视剧《抗美援朝》还没有播出；他亲自执笔，筹备四年之久，反映新中国电影诞生之路，在银幕再现袁牧之、田方、吴印咸、金山、张瑞芳、赵丹、白杨、上官云珠等历史影人的《东方欲晓》因为疫情耽搁了下来，终成遗憾！

李前宽导演走了，他的画作印在了图册里，他的歌声刻在了菲林中，他的形象留在了胶片上，他的作品永远鲜活在亿万观众的心间。

2021年8月

李前宽导演和中国电影博物馆

余泳[1]

8月9日，由中国电影家协会指导、中国电影博物馆主办的“光影看中国”用镜头聚焦于“我的祖国和人民”——纪念李前宽导演座谈会在京隆重举行。活动围绕李导的电影艺术成果、对电影事业的追求与奋斗精神和他为中国电影事业发展做出的巨大贡献展开，会议现场还将导演生前的常用物品、文案手稿、珍贵照片、电影海报从“家国情怀、终身事业、多才多艺、人间真情”四个方面布置了小型展览。中国文联原党组书记赵实，国务院参事室、中央文史研究馆文史业务司司长耿识博，中国文联党组成员、书记处书记、中国影协分党组书记张宏，长影集团党委副书记张光临，中国电影家协会副主席尹力，中国电影海外推广公司董事长杨步亭，北京电影学院原院长张会军，中国电影博物馆馆长陈玲，中国电影剪辑学会原会长杨幸媛，著名导演陈国星、张仲伟、张夷非，著名化装师杨树栋，著名制片人裴凤林，著名音乐家舒楠，著名编剧王霆钧、王晓莲，《星光大道》策划人柏成建，表演艺术家张勇手、陶玉玲、赵汝平、王馥

1　余泳：电影评论家。

荔、林强、杜振清、洪学敏、臧金生、侯天来、孙佳禾、马跃，著名歌唱家程志、王静等近百人出席了会议，会上各位嘉宾纷纷发言缅怀李前宽导演。最后，长影集团、萧桂云导演和三维六度电影修复团队共同向中国电影博物馆捐赠了《开国大典》4k修复版拷贝，该片将于8月12日晚在中国电影博物馆做公益放映。

老余早在7月16日就收到了参会邀请，已经做好了充分的准备，还推掉了其他的活动。当时给萧桂云导演回复时就表示："只要疫情允许，一定到会。"谁知，捉摸不定的疫情偏偏在临近活动的8月6日突袭金陵，当日新增一例本土确诊病例，虽然只是一例，但按照进京规定属于"暂缓"范围，无奈，老余规划了近一个月的京城之行只好作罢。8月12日是李前宽导演去世一周年，"纪念李前宽导演座谈会"在中国电影博物馆举办有重要的现实意义，因为博物馆是在前宽导演的呼吁、奔走、操劳下批准建立的，没有前宽导演，博物馆能不能建立？什么时候才能建立？都是未知数。今天，老余就为大家揭开这一段尘封的往事，以此缅怀前宽导演。

1998年第五届中国电影家协会换届的时候，李前宽选上了副主席，当时全国各地来的电影界人士都集中住在北京中国科技会馆。周恩来总理早在1958年提出过在北京要建立一个电影宫的设想，就是展示中国电影成就的一个地方，后来因为种种原因被搁置了，改革开放以后，又重新被提上了议事日程，但之后又遇到限制建设"楼堂馆所"的政策。前宽导演一直觉得这件事情是中国电影界的一个大事儿，这么大的一个国家没有自己的电影馆好像于情于理都通不过，所以他就想借全国电影人都在北京集中开会的时候，牵头来促成这件事。那是1998年的9月在北京开会，李前宽觉得说这事儿是个好机会啊，就策划给最高领导写封信，反映电影界一个心声，信的大体内容就是说，"我们中国这么大的一个国家应该有一个电影博物馆"，因为我们这么大的一个国家电影正在向好发展的时候。中国电影从1905年起步，比世界就晚十年，三十年代电影的辉煌，新中国成立以后电影的辉煌，现在改革开放了，中国电影在发展，在北京，在中国电影的诞生地建立一个博物馆很必要。全世界上百个国家都有自己的电影馆，我们这么大个国家没有自己的电影博物馆于情于理也通不过。但是这个事情几上几下，虽然当时周总理提出叫"电影宫"，实际上是一个概念，都没有兑现这件事情，现在我们国家的形势向好发展，相对而言电影是最具文化力、表现力和影响力的载体，应该在北京有个自己的电影博物馆。

但是李导觉得个人写信势单力薄，这么多艺术家都在这儿，要让更多的艺术家支持此事。他第一个庄重地签上了自己的名字，夫人萧桂云随后，然后拿着信挨个房间去找人征求意见。先到张瑞芳前辈的屋子："瑞芳大姐，有这么个事儿，要在北京建电影博物馆"，瑞芳老师一听"好事儿，我签"，痛快极了；边上就是秦怡老师，到秦怡老师那儿，"秦怡大姐，有这么个事儿，我前宽张罗的，要给总书记写封信建个电影博物馆，电影界得有博物馆啊"，前宽导演就把信念给她听，每一个人李导都要把信的内容念给他们听一下，秦怡老师一听，"好啊，这事儿我签"，签了；边上不远就是孙道临老师，"道临老师，有这么个事儿"，前宽导演认真念，道临老师就站在窗前很绅士地认真听"好！我签"，签了；接着，田华老师、吕志昌老师、潘虹老师，前宽导演单位的前辈、同事于彦夫导演、苏里导演、尹爱群导演都一点儿没有异议地签上了自己的名字。签完字，前宽导演就通过总局有个内部通道把信递了上去。

1998年的9月24日，没过几天前宽导演接到部长田聪明的电话，田部长一见前宽，老远就乐了。因为在这以前有个插曲，在写信之前，大概是8月份前宽导演有一次见到田部长，就提起过这个事儿"这个事儿总局应该有个态度"。他说："哎呀，前宽啊，中央刚刚开完会，就是停建各种楼堂馆所啊，你这个时候迎着来，哪能这么办呢？"当时前宽导演就给田部长表了个态："我知道，不好和中央的精神逆着来，我们艺术家没事儿，我们建言献策，成了更好，不成也没关系。我准备以我电影家和人大代表、政协委员的身份反映一些情况，我们总可以建言献策吧！"当时田部长流露出了一个无言的表情，他不好支持也不好反对。好在当时主管电影的国务委员李铁映同志建议把这个事先挂起来，先别枪毙了，因为这件事情是总理当年提出来的，现在不办也别把它画句号，先挂在那儿，什么时候有机会了、有可能了再提出来。他这次打电话是在前宽导演写信以后，一进办公室田部长就乐，这里面一定有说法。

第一句话他说："前宽，你这个家伙，你这个事儿要办成，关于电影博物馆的事儿。""怎么了？""看！"前宽导演一看是那封信，信上写的是："尊敬的江主席"，江主席用铅笔画了一个圈，旁边写"请关根同志研处"，还没完，最后还有四个字"结果望告"，"江泽民9月21号"。信是18日递上去的，19、20、21，刚三天。然后，丁关根又画了一个圈，请办公厅报镕基同志等等一长串，边上盖的都是章：镕基办，岚青办，还有忠禹办。田聪明这儿又批了："这件事情很重要，希望赵实同志和前宽同志办理。"他说："你这家伙，没想到你还真行，有这样一封中央领导的批示，态度很明显支持这件事。""哎哟！太好了！太好了！"前宽导演当时特别高兴，田部长也很高兴。落实到赵实部长这儿，也落实到了电影局，赵实当时是副部长，刚来不久，分管电影，对这个事情非常关心。赵实部长是电影导演出身，是个女同志，懂电影又特别细致。前宽导演写了一个《关于中国电影博物馆的方案》，背景、愿景、内容、想法等等写了十几篇，赵实同志一段一段帮着修改。这事儿落实到电影局了，前后背景刘建中局长都知道："前宽，你这个家伙行，你挺能张罗，对不起了，那这个事儿你就当筹备组的组长了，你就当中国电影博物馆筹备组组长，局里给你派两个组员，陆兆恒、鲍林岳，是干实事儿的两位同志"。前宽导演又请来了当时刚调到北京的重庆市原副市长鲁善昭，重庆朝天门码头就是她组织修建的。还把国家建设部的总设计师也请来了，一番撸起袖子大干一场的架势。一张罗起来，北京市各个区的书记、区长带着规划局局长来找前宽导演约谈，有的规划局局长还把地图拿来，提供这个地方、那个地方，最后就落到现在这个地方，当时是铁路研究所、铁路实验基地。

其实最初定的是北影演员剧团。后来又选到北影为拍摄《红楼梦》搭建的"荣国府"那个地方，才三十亩地。三十亩地？前宽导演觉得不成，三十亩地等于做一个四合院，套院儿，三套院儿行，做电影博物馆不行，这个一定是"百年大计"。后来赵实同志亲自主持，在国家广电总局的会议厅召开了部里有关部门和电影局的领导谈电影博物馆怎么落地的会议，把广电总局的规划司、财政司、电影局好多有关部门都找来了。前宽导演就按着事先准备好的，赵实部长亲自修改的内容逐一介绍。缘起、想法、如何和国际接轨？如何融电影与社会、观众交流于一体的？既是展示的又是博览的，同时还是举行大型活动的电影界的一个标志性的形象要耸立在中国电影诞生地——北京。李前宽像做导演阐述一样把这个未来的愿景、形象、特点、内容、规划详详细细地说了个明白。第一个有反应的是规划部门和财务部门，"嚯！这可整大啦，这得多少钱呐？"前宽导演说："我想的时候可能是导演的想象，也没想多少钱，我先浪漫主义，然后再现实主义，这个阶段钱的事儿不是我要想的，那是落实、实施部门想的，我先把这个愿景和蓝图给你画好了，钱的事儿下面再说。"其实前宽导演那天核心的态度是：要把原先定下来的北影边上的三十亩地建电影博物馆给否了，不否了那个不成，理念就是“异地选址、百年大计”，长远考虑，这个愿景一定是百年大计的事儿，甚至于更远，因为它是中国电影标志性的博览、展示与核心活动的一个形象，一个基地，一个中心，一个品牌。读懂前宽导演意图的是局长刘建中，他说：“我明白前宽的意思了，前宽的意思就像一个大的影片的构想一样，最后要落地一个集中国电影博览、展示的一个标志性建筑，甚至于还要有中国的环球影城的这种感觉”。前宽导演应和道：“然也，你的理解我很高兴。”最后，赵实同志做总结：“今天，前宽老师，一个导演艺术家把这想法通过这么多德高望重、资深的艺术家的名义联名给国家领导人写信，反映了广大中国电影人的一个心声，中国电影需要有这么一个标志性的形象——中国电影博物馆。前宽老师作为一个知名的艺术家，一个导演，他不仅拍出了《开国大典》这样的片子，他对中国电影事业的发展也很热心，这件事情说明他有热心、有责任要把这事儿推起来、弄起来，这是我们应该感谢的，感谢艺术家，感谢李导演，而且要感谢那么多老艺术家，其实是代表了中国电影家的一个心声。今天他给大家谈的这个像导演阐述一样的中国电影的愿景和蓝图，我也感到兴奋和振奋，很好。但是以他刚才谈的这种理念和想法，显然现在预留的北影边上的那块地承载不了他的想法。他的想法很明确，他像拍一部大片一样，像拍《开国大典》似的，这个地方完成不了他的追求和想法。所以他提出了异地选址，而且异地选址是百年大计，我认为前宽老师的这种理念是好的，提供了我们另一种想法，异地选址才能承载这样一个体量。这件事情我们部党组要认真研究，拿出一个合情意见来。”

过了不久，赵实同志告诉前宽导演：“前宽老师，田部长和部党组领导听到你这个意见以后很高兴，同意李前宽的建议，异地选址，那个地方不能承载，而且前面就是北三环，西边就是一个大楼，北边就是北影家属宿舍和北影厂了，固定在那儿没有发展的空间了，那不行的。前宽老师说得对，那只能搭一个四合院儿，这个不能做电影博物馆。所以同意前宽老师异地选址的意见。因为前宽老师他是这件事情的发起者，他有话语权，而且他的话是对的，我们支持。”

但是没想到落实的时候也很困难，前宽导演当筹备组组长，带着大家像拍电影采外景一样认真地选址。为此，那两年李导放弃了创作，全身心地投入到电影博物馆的筹备工作中，好像一个施工大队长带着他们到处选景。开始还选到了颐和园西边的一个地方，四季青那边，选了几个地方最后选到现在的地址，这儿空间很大，一万亩足够了。当时选址的过程中一分钱没有，好多活动的花费还是个人自掏腰包，筹备组的六七个人都是靠着一股热情在那儿做奉献，车都是私家车，吃饭的时候大家轮流坐庄。在后来召开的两会上，人大代表谢铁骊导演，政协委员于洋导演、前宽导演几个人共同提出了议案，“电影博物馆在落实的过程中如何落地，光依靠广电总局不够，要国家支持，国家给政策”。在政协分组讨论会上，于洋老师也提这个意见，恰好分管文化工作的李岚清副总理来了，于洋老师高门大嗓：“这怎么办呐？这没钱也不行啊，谁给钱呐？”因为当时的联名信李岚清也圈阅了，李岚清说：“这事儿要在北京落地的话不能光靠广电总局了，北京来接吧。”当时就确定了原则：由北京市和广电总局共同承接中国电影博物馆。北京市出地、出钱，管理、设计、内容由广电总局负责。规划除了有个电影博物馆的主体形象之外，还有创作基地，国内外交流基地、拍摄基地、会展基地，而且拍摄基地要把拍摄和群众的休闲旅游结合起来，真的打造一个“中国的环球”。虽然最后落成的中国电影博物馆和当初的规划有距离，但是毕竟建设起来了，这是李前宽导演和众多联名为此事呼吁、奔走、操忙的艺术家感到欣慰的。

2022年8月11日于江苏

长夜思前宽

言恭达[1]

《将军》《大典》诉琴心，[2]
《旭日惊雷》恸故音。
犹有旷怀青史记，
华章墨彩唤甘霖。

8月12日午，惊闻前宽大兄西游，震惊万分，痛悼之余，口占七绝，以寄哀思！

与前宽兄相识相交相知十六载。2005年，我任职于江苏省文联书记处，党组书记杨承志邀请他来为江苏省文艺家读书班讲课。首次见面握手那一刻，他笑容里所透出的真挚、睿智与热情至今还印记在我的脑海里……他高昂精彩的演讲，赢得与会文艺家的阵阵掌声。前宽从电影艺术的审美本体的阐述到时代精神共振同频的呼唤；从文学艺术家自身修为到新中国文化经典的创造……深深打动了全场的江苏文艺家们。以至于时至中年十二点全场齐呼：恳请李导继续讲下去……

1 言恭达：书法家，清华大学教授，博士生导师，国家一级美术师，享受国务院特殊津贴专家。

2 《将军》《大典》《旭日惊雷》，指李前宽导演的《佩剑将军》《开国大典》《旭日惊雷》等多部优秀影片。

从那以后，我俩兄弟般的友谊与日俱增。已记不清有多少次与前宽大哥、桂云大姐的相聚畅谈。我们谈艺术、谈理想、谈各自的艺术事业……从电影艺术的创作特色到中国书画的写意精神；从老庄哲学与孔孟儒学的核心“恕”的仁爱精神到古希腊苏格拉底、柏拉图、亚里士多德的古典哲学对世界的影响……

曾记得，我们与好友苏叔阳先生探讨雅斯贝尔斯提出的“轴心时代”——“人类一直靠轴心期所产生、思考和创造的一切而生存，每一次新的飞跃都回到这一时期，并被他重燃火焰”。在某种意义上说，今天世界多种文化的发展正是对“轴心时代”的又一次新的飞跃。今天将有一个新的“轴心时代”出现，世界将会出现一个全球意识观照下的文化多元发展的新局面……前宽不愧是一位电影大导演，他往往旁征博引、高屋建瓴的阐述体现了他大文化视野的综合素养与深层的哲学思辨功力。

曾记得，2009年3月的全国两会上，当赵学敏委员赶到我们政协小组，出示他起草的关于开设中小学书法课程的提案要我组织委员附议时，前宽带头签名，并慷慨激昂地阐述中小学书法课作为国家教育战略的重要性与必要性。像在大会的演讲，他声情并茂的发言打动了小组每位委员，大家争着签名附议。热议的话题，国学的呼吁，一时成为难忘的场景。

曾记得，秋日的夜晚，当我接到前宽来电要我题写“电影人书画展”展标时，他高亢激昂又充满自信的声音中，表达了他作为中国电影家协会主席除了为当代电影事业的发展布局规划与创新外，还将电影工作者中的书画创作潜能充分发挥的开局规划。记得他特别强调电影与书画艺术都须要还原于文化，求真于经典，服务于大众，引领于时代。数日后，我们在京相聚时，前宽出示了他与桂云大姐的绘画作品，我真赞叹他们伉俪情深中的综合人文修养是如此宽博与深邃。

曾记得，在江苏省文联几代电影工作者相聚共会时，前宽导演与翟俊杰导演联袂主持，笑语连篇，其乐融融的欢乐场景……中国电影家协会送电影下基层，在徐州慰问全国先进集体的难忘的日子……

前宽，就是这样的人——一个具有强烈的家国情怀、坚守文化信仰、坚守时代审美理想的卓越的电影艺术大家和当代电影艺术事业的领导者；

前宽，就是这样的人——一个勇于开拓进取、善于文化创造，不断攀登艺术高峰，永不止步，永远充满创新活力的人皆敬重的“求道者”；

前宽，就是这样的人——一个坚定人文操守，严以律己，善于团结同道共创辉煌的中国当代电影事业第四代导演优秀的领跑者。因为他深深地懂得：一个人可以走得很快，只有一群人可以走得更远……

我们常议“君子忧道不忧贫”。环顾四周，当物欲得到广泛的倡扬与解放，人往往会开始蔑视崇高，精神的高原就会走向沉寂与陷落。面对互联网时代信息技术的广泛应用，社会心理危机已悄悄逼近现代人，一个有良知的新中国文学艺术家，他的社会责任便毋须赘言了。

数十年来，前宽、桂云伉俪以电影诠释真理，呼唤人文，播种快乐，传导阳光，激浊扬清，弘道养正。他们辛勤采撷中华文化里甘甜的花蜜，给人们带来如啖甘饴的精神享受与境界的提升。他们的成功与辉煌是出于对国家文化战略的思考，以自身对时代的感恩和对中华文化的敬畏而实现的生命体验。这一体验超越了一般意义上的图腾崇拜而追溯到对生命自由、尊严的关注，回归到人类大爱精神的本体。

“横空舒大翼，举笔采天声”，生命的底色，支撑着前宽、桂云伉俪共同的审美理想的高度！

深秋夜的寒意，伴着长长的追思，让我久久无法入睡……历史消失的是时间，永不消失的是留在这世界上淳厚的文化积淀。

前宽走了，他的艺术、他的品格、他的精神将长留天地之间。

前宽走了，其实，他没有走……他属于中华，属于这个时代！

本文节选刊发于《电影文学》2022年第5期

回忆远望楼的灯光

张东[1]

与李前宽、萧桂云夫妇相识是在20世纪90年代初，1992年1月18日至24日，中宣部和广电部委托重大革命历史题材影视创作领导小组等六个单位联合召开了全国重大革命历史题材影视创作会议。会议的起因是当时为纪念建党七十周年，出现了一批被冠以“重大革命历史题材”的优秀影视作品。其中就有长影厂李前宽、萧桂云夫妇创作的《开国大典》、上影厂李歇浦导演拍的《开天辟地》，还有我们八一厂的战争史诗巨制《大决战》第一、二部的《辽沈战役》《淮海战役》。为总结经验，繁荣创作，提高重大革命历史题材作品品质量，中宣部等部门才召开了那次创作会。印象中应该是全国第一次冠以“重大革命历史题材”的创作会，也是对重大革命历史题材影视创作的一次大盘点。那一次的会议规格很高，重大革命历史题材领导小组组长丁峤作报告，总结了这几年的影视创作。广电部长艾知生、中宣部副部长聂大江分别讲话。这些讲话对于重大革命历史题材的定位、主要内容和涉及的领域等多方面的问题进行了讨论，并且形成了决议性的文

1　张东：八一电影制片厂研究室原主任，高级编辑。著有《银幕战争风云》《荧屏绿色风景线》《军事影视大视野》《银海观涛》《田华传》等。

件。后来的重大革命历史题材创作基本上都是依据这个会定下的原则。会议闭幕前一天，当时的中央政治局常委李瑞环等领导同志还在人民大会堂接见了出席会议的全体代表。

我所在的八一厂也对《大决战》的创作进行了总结。我接受厂里任务，写了一篇关于重大革命历史题材创作的文章，经领导修改后，作为八一厂的发言提交给了会议。我也得以参加会议。

会议地点是远望楼。当时是一个非常“高级”的宾馆。两人一个房间，我的室友正是长影的萧桂云导演。萧导演很健谈，我对于《开国大典》，她对于《大决战》都有很多想进一步了解的愿望。很快我们便熟悉起来，聊得很开心。忽然，我意识到一个问题：李前宽导演应该也参会吧？他住在哪里？萧导演不经意地说，他和另外一位男同志住一个房间。我立刻不淡定了，说能不能和会务组说说把他们夫妇换到一个房间？萧导演说不用了，别给人家添麻烦。正说着李导演来了，一副风尘仆仆的样子，原来他刚从香港公干归来，直接到了会上。我更不自在了，觉得自己就是一个“电灯泡”，还打扰了人家的久别重逢。不过这种不适感，一会儿就消失了。李前宽导演比萧导演能说，而且特别坦诚，他讲香港见闻，讲他的从艺经历，讲他求学，画画，拍电影。说到夫妻二人合作，李导演竟露出一缕崇拜的目光。他特别真诚地说：“我是学美术的，干导演是半路出家。萧桂云可是科班，是她带我上战场的。没有萧桂云，就没有我的今天。”自此，我在心里定义好了二人合作的方式。李前宽大气、豪放，负责搭架子，布局谋篇；萧桂云细腻、严谨，又学的导演，她负责抠戏，把握感情。两人合作，优长互补，也难怪佳作迭出。

后来的几天，我天天晚上回家住，毕竟是北京，离家不远。当时孩子也小，心里也想着多给他们夫妇二人一些空间。萧导演后来说，他才不来呢！忙着看朋友，侃大山，喝大酒，聊都聊不过来。

在创作会上，李导演针对《开国大典》的创作发了言。我印象中他讲得慷慨激昂。看得出是个冲动型的，说接拍这部影片是任务，也是创作冲动使然。他说：“我一直以非常激动的心情拍摄影片中的每一场戏。”他认为：剧本站在历史的高度，概括了四十年的背景，在导演影片时，在宏观上追求大笔墨地铺排时代背景和战争场面，在微观上力求表现一些生活细节，多角度地把毛泽东塑造成一个真实的人。

这部影片，给我留下深刻印象的地方，恰恰是一些小的方面，比如毛主席逛小吃摊，没有钱付账，回来后还因为没有“请假”自己出去逛街挨批评。这些内容都非常有趣。影像上，《开国大典》的独特之处，在于用大量的资料片参与创作，在新旧片子衔接时，做了茶色的过滤处理，呈现出独特的艺术风格。这当然是李前宽导演美术底子起的作用。这些内容时隔三十年了，我仍记忆犹新。我与李前宽、萧桂云导演的友谊也从远望楼的灯光一直延续到今天。

李导演去了天堂，但他的电影梦一定会延续下去的。

怀念李前宽老弟

张良　王静珠[1]

惊悉李前宽同志走了，我久久呆立不敢相信。他这样一个乐观豪爽，又有不凡智慧之人，怎么会这样匆匆离去？！只觉得阵阵心痛！

我走到书架前抽出当年他和萧桂云同志送我的一本文集《云开天地宽》。翻开首页，赫然见他雄浑的亲笔题写："张良大哥、静珠大嫂雅正！"落款是他们的大名：前宽、桂云 2003年6月26日。

再看下去是他和萧桂云的合影，以及他二人执导众多大片时之英姿……我的眼睛模糊了……他那亲切的笑容，像一位大将军指挥战斗似的豪迈身姿，让人太难忘了，国人不会忘记你，国家更不会忘记你！

当年你和萧桂云驰骋在中国影坛，你们的影片《佩剑将军》《重庆谈判》《七七事变》《决战之后》《开国大典》，让亿万观众震撼，这些无与伦比的经典大片，为中国电影树立了不朽的丰碑！

之后你荣任中国电影家协会主席，又荣任中国电影基金会会长，你依然用你的大手笔去书写一番大

1　张良：演员、国家一级导演，主演《董存瑞》，获文化部1949－1955年优秀影片评奖；主演《哥俩好》，获第2届大众电影百花奖最佳男演员奖。执导影片《雅马哈鱼档》《少年犯》《特区打工妹》等。

王静珠：编剧，著有电影文学剧本《梅花巾》《少年犯》《龙出海》《白粉妹》等。

事业！

很难忘那些年你亲自主持召开了数次中国电影基金会理事会，全国著名的电影艺术家云集一堂，有丁峤、苏云等老领导，更有张瑞芳、于蓝、秦怡、于洋、田华、王晓棠、谢芳、祝希娟、王铁成、杨在葆等大家。你号召中国电影基金会一定要为中国电影的发展助力，一定努力筹集更多的电影基金，促进中国电影事业腾飞。会场上众多老电影艺术家侃侃发言，欢声笑语，一片祥和。爱党、爱国、爱中国电影之心，让与会者久久难忘。那些年我担任电影基金会的副会长之一，大家都全力以赴，助前宽一臂之力。

我比前宽年长几岁，他一直尊称我为老哥，对我敬重、爱护，让我甚是感动。

前几年，我在广州家里突然接他电话，他说他和萧桂云路过广州，想到家里看望兄嫂。我欣喜过望，将他二人迎至家中。叙谈中才知他近年得一大病，朋友推荐他去看一位台湾名医，说此医曾医好许多人，他专程前往。我最关心的是医后如何，萧桂云让我看看他的气色，说实话，他若不说他有病，我根本看不出。如今他面色红润、神气十足，毫无病态。萧桂云笑说："这就对了！几个月对症吃药，很有成效。"我和王静珠十分欣喜，连说几个"好"！嘱他认真治病、不可大意，直到胜利！前宽兴起，拿出笔要给我画张素描，我知道他的美术功底深厚，如今这张素描已被我珍藏。

去年（2020年）厦门金鸡百花电影节，我们又相聚一起。聚餐时，他和萧桂云笑容满面走到我和王静珠身边，从口袋里摸出一只精美的工艺品——小苹果送到王静珠面前，亲切地说："祝哥嫂平平安安！"静珠激动地说："平安，大家都平安，平安是福啊！"

转眼一年过去，"小苹果"仍然立在静珠的书桌前。可我们的老弟却驾鹤西去了。

心痛啊！才八十岁。太可惜了。

我们会很想你，国家和人民会更想你，你为国家做了那么多辉煌的大事，人民将为你树立丰碑。

安息吧，人民的电影艺术家李前宽同志！

2021年9月10日 广州

丹心尽瘁　人格光辉

——沉痛悼念李前宽导演

张会军[1]

一时间，天地悲怆，呜咽抽泣，念李主席前宽导演；刹那时，无限哀思，满含泪水，哭李师亲爱校友。

人世间，总是回味，思绪萦绕，想曾经的影协主席；尤其是，万分难受，压抑感情，叹人生世事无常。

我又一次得到非常不幸的消息，我们最敬爱的北京电影学院校友，中国著名的电影导演，也是永远开朗、积极、乐观、向上的李前宽导演，2021年8月12日上午8时29分，在浙江宁波慈溪逝世，享年80岁。

噩耗传来，非常突然，错愕无比，无法相信。

哀悼校友，念李主席，冥想老师，回忆往昔。

从上学到毕业，回到学校工作，遇见、听见的事情也是太多。过去的一幕幕，总是不时地在我们眼前和脑海萦绕、闪回。记得在教授电影课程、举办电影创作讲座、组织学术活动、召开各种各样的纪念会、成立学术及校友会种种活动中，总是能够看到前宽导

1　张会军：导演、摄影师，北京电影学院原院长，教授、博士生导师。

演那伟岸和亲切的身影。他的话语，总是那么亲切和激昂，带有对教师和同学的激励，让我感激。

电影追求

前宽导演作为校友，始终对北京电影学院的学校办学、学术发展、专业教学、人才培养、艺术创作十分关心；总是在文联和影协的会议上，在各个电影节和颁奖活动中，细致了解和问候学校的发展。更为重要的是，无论我们什么时间发出邀请，前宽导演无论事情多忙，作为校友和老大哥，他总是欣然接受，多次拨冗亲临学校参加活动。多次在学校学术报告、采访和座谈的过程中，我作为院长，都希望李前宽导演对学生谈一下自己的电影导演创作。他用自己鲜活的创作事例，结合学生专业学习，谈自己亲身的创作经历和经验教训，特别是结合自己的电影的创作，谈到自己从年轻到后来的发展和成长历程。他说，电影的主题可以是多种多样的，但是很重要的是促使自己在创作的过程中、表现叙事的过程中，突出和表现、感受影像的视觉象征意义。

他总是告诉北京电影学院年轻的学子，电影创作是一个艰苦的劳动。在这个过程中，就是坚定自己的创作信念，坚信乐观的人生道理，积极关注创作本身，解决创作中的困难。在自己的具体电影创作和拍摄中，要坚持自己的镜头语言风格，多做不同的叙事和风格样式的探索；导演在成长中，要始终保持自己的头脑清醒，要善于挖掘历史背后的东西。拍摄重大历史题材和主旋律的电影，特别要有一些革命史诗的意义和风格，把历史上老一辈电影人在战场上拍摄的那些珍贵新闻纪录片镜头，与当下的电影创作的镜头有机地融合在一起，形成崭新的电影叙事和语言。主旋律电影题材上很好，但是在具体描述和表现上比较难，要想方设法使其具有思想性。但同时，作为电影艺术的艺术性、观赏性、渲染性也是不能忽视的。如果电影没有观赏性、艺术性、渲染性，单纯地强调主题的思想性，就不是艺术，就会有片面性，就会在艺术上打折扣。

电影创作

前宽导演自从考上北京电影学院美术系，学习非常刻苦，创作思路非常开阔，创作积极性非常高，后来他在很多场合都谈到，北京电影学院的艺术氛围和教学氛围是全方位的，教学课程和内容是优质的，扎实、务实，理论、实践，内容、形式都有。课余时间，他可以到图书馆看书，到各大剧院看彩排、观画展、听音乐会，去京郊与老师一起画画，还可以和其他艺术院校的教师和学生之间进行交流，开展联谊和学习活动。记忆深刻的是，一到星期天，他们就可以与专业老师一起去画家、藏家那里欣赏古画收藏，和教师一起去中山公园茶座观察生活，在任课教师和班主任家听古今中外文艺名家讲座等。

经过大学毕业后数十年的艺术锻炼和创作实践，李前宽导演迅速成长为中国“第四代”电影的代表人物和导演。改革开放以后，其在电影专业领域的名誉和威望上，是我们所有校友和导演专业人士的榜样。同行形容他为“中国电影专业人士中的，一头不知疲倦的‘老黄牛’”。

李前宽导演擅长执导历史主旋律题材的电影作品。他以一个电影艺术家的敏锐思维，用自己独特的学识、观点、视点和智慧，深入挖掘国家历史、重大事件对当下社会和人物的塑造与影响。《开国大典》《抗美援朝》《重庆谈判》《决战之后》《佩剑将军》《七七事变》等，几乎都是从历史唯物主义和史学角度，展示出富含深刻哲理和积极正向的价值观，并在其中融入自己的历史观及世界观，在讲述历史故事的同时，更多地宣泄和演绎自己的历史认同和思想情怀，并将现实主义和革命的浪漫主义的方法相结合，采用气势磅礴、摧枯拉朽、全景宏观、润物无声的镜头语言，歌颂我们伟大的国家、伟大的时代、伟大的进程。

作为北京电影学院最早一批美术系的本科毕业生，李前宽导演的创作具有非常立体的影像、鲜明的思维结构，有电影美术独特的造型和影调、色彩表现形式。从宏观结构到细微局部叙事，都贯穿了美术创作的审美和形象展示。他用自己持久的电影创作和影片风格，使电影作品形成广阔与沉稳，粗犷与细腻的风格。这些电影，给我们带来了思想和美学上的、无比的震撼和记忆。这些作品，最终成为中国电影的里程碑和标杆。

目标坚定

李前宽导演总是告诉我们：中国的电影导演，在社会生活和艺术创作中，一定是具有使命感和具有责任的。电影导演的责任，是在电影作品中追求自己的理想和目标；艺术家的境界，就是用艺术的叙事和情怀与大家分享思想和情感。在影协开主席团会、召开电影创作研讨会时，李前宽主席多次提道：一个艺术家，在从事自己的艺术创作过程中，光有对专业的热爱和娴熟的技巧是不行的，更需要电影作品本身，既感动观众，也感动自己。这是一个电影导演应该具有的电影胸怀和电影感悟。

因为喜欢，所以选择；因为选择，所以热爱；因为热爱，所以投入。李前宽导演，始终是这样严格要求自己的。

他曾经深情回忆道："我庆幸我自己这一生选择了学习电影，从事电影创作工作。我从小就喜欢看电影，那块白色的银幕上的影像变化，给了我们无限的遐想，影像变化出了那么多伟大的、奇妙的、曲折的故事。让我魂牵梦绕，流连忘返，心神向往。我从小喜欢画画，曾梦想自己想将来能成为一名画家。

"命运有时就是非常奇怪。1959年，当我走出沈阳鲁迅美术学院的复试的专业考场的时候，竟然收到了北京电影学院北京考区的准考证，这对我意义非凡。但是，我也纳闷，这个准考证，不知何因在我去北京考试的前一天，才寄到我的手中？我敏锐地意识到，这是今年的一个最大的机遇。对于我来说，机不可失，时不再来。那年的我18岁。当我登上了去北京赶考的火车，我彻夜难眠。

"在错过了美术系专业主项考试的素描和美术设计的科目情况下，赶到电影学院，苦口婆心地给各位老师解释迟到的原因，还不忘边把自己平时的画稿和画作拿给主考老师看。老师十分理解，经研究决定同意我参加考试，安排我补考了前面漏掉的专业科目。初试，复试，我信心十足，发挥良好，竟然在沈阳大连赴北京的考生中，专业成绩名列前茅。

"不久鲁迅美术学院发榜，我的专业名列前茅。北京电影学院也榜上有名。当时所在的大连学校，不同意我去北京读电影学院，还扣押了北京电影学院发过来的录取通知书。我那时年轻，突如其来变故，也没有挡住我到北京电影学院学习的决心和信心。我自己清楚，自己的命运和选择，旁人是决定不了的，自己的命运，一定要自己争取。我不甘心，又写信给鲁美，断了我去鲁美学习的后路。同时发信给北京电影学院招生办，说因故没有收到入学录取通知书。北京电影学院非常迅速，另复函明确通知我已被美术系录取，速来报到。"

前宽导演很多次非常感慨地对我谈到两个问题：

"一是，一个人的发展，对于专业的、社会的机会和抉择，是非常重要的，就像我没有选择其他，毅然决然上了北京电影学院。后来学习，就业，拍戏，遇见夫人，结婚，联合拍电影，都是比较顺的。

二是，各个不同时期，格局、规划、细节和努力更重要，目标有了后，就要考虑如何去实现。例如，在一段时期，作为电影导演，我始终选择拍摄难度最大的重大革命历史题材和人物传记电影。”

他说：“机会总是存在的，但是抉择时需要自己把握。抉择错了，再努力，也是错的；抉择对了，经过努力，就一定会达到理想目标。我们自己选择的电影题材往往本身是没有问题的，这不是什么决定性因素，关键在于导演创作中的经验和风格。近代革命历史题材是大题材，关键是要思考怎样做，怎样去表现才能创作出精品佳作，献给广大观众。多出好作品，这才是硬道理。”

电影使命

在一些电影创作学术研讨会上，前宽导演多次谈道：作为一个电影工作者，作为导演，将镜头聚焦在民族历史与国家命运，以情真意切的笔触描绘推动历史前进的主人，是一个导演的神圣职责。

作品的成功，编剧、导演是要付出体力和精力上的代价的。思想上要敬畏历史、学习历史、努力实践。特别是需要导演在二度创作中，要充分调动诸多艺术元素，转化为气韵生动、感人至深的银幕影像。在创作中，不断加深对历史和人物、事件、情节的感悟与积累，不断充实自己，提高自己，这是个增强自己文化自信与文化自觉的过程。

拍摄任何电影，作为导演都要深入题材和事件的发生地，深入体察广大人民的生活、生产、工作，体会人们的喜怒哀乐；深入了解历史事件对他们的影响，知道现代社会和今天的改革开放成果；特别是拍摄历史题材的导演，要实地采访，考察史料，熟读历史，寻访当年历史的见证人，掌握一手的文字资料和感受，努力把握历史的真实性；努力思考如何用镜头人的思维，思考历史发生的事件。特别是需要研究如何把反映重大革命历史题材的主旋律影片，拍得更加具有教育意义和更加具有艺术性和观赏性，更具历史与审美价值。

任何一个伟大的国家和民族，都会有史诗般的历史和事件，这些形成了国家和民族的文化，这也是一个民族文化史诗和历史传承的根源。电影对历史、事件、人物、精神的把握，是需要付出严肃的东西，绝对不是需要时髦、浮躁、商业的喧嚣。创作电影的每时每刻，无论是什么样的题材，都需要导演的深刻思考，要以沉淀下来的心态和对历史、事件、人物的崇敬，去面对作品。

理论实践

我们经常说的是：理论的总结和它本身，都来源于实践。反过来说，实践进一步挖掘和丰富理论。

李前宽导演在大学学习的过程中，主修的是电影美术设计。除此之外，对于一些专业基础课和专业选修课方面的学习也更加提高了他在电影导演、电影理论方面的兴趣。那些岁月，他一方面全心全意地投入电影艺术的制作和创作，另一方面积极参加电影宣传和电影创作研讨等学术活动，慢慢积累电影创作实践经验的同时，理论方面也有所提高。他在任电影导演、影协副主席、影协主席和文联荣誉委员时，仍然积极参与学术和理论研究工作。无论是参加什么样的电影创作研讨会和电影发布会，电影科研课题结项、电影工艺宣传或者是参加学院的教学和学术研究活动，李前宽导演都会非常中肯地指出，电影需要创作实践，不能仅仅是纸上谈兵。对于个人成长，不仅需要电影理论知识，更需要电影的创作和实践。两者的关系，不仅不能轻视，更需要重视。这也是我们亟待解决的问题。

前宽导演时常提道：目前，我们国家的大学设立电影专业的数量增加了。但是，在专业设置和课程内容上还是缺乏的，特别是与中国电影产业结合的实施细则。就目前开设电影专业（方向）的高校，教学方向有些偏离。制作和创作的务实课程比较少，讲历史、理论偏多，这在办学过程中特别需要注意。同时也能看到，现在的电影教育机构多了，电影学者和教师也就更多了。但是，教师具有相当制作水平且称职的并不多。很多的人，仅仅是在讲自己学来的知识，仅仅是讲概念。大部分只会说，不能做。综合类大学有学历和学位的教师多了，但更多的是专业学历不对口，没有基本知识，只会耍一些嘴皮子，完全是理论的巨人，实践的矮子。综合类大学教师更需要刻苦学习电影专业创作相关和电影本体理论的东西。无论是教师还是创作者，不能只用论文、名词和文章吓唬人，也不能试图以只谈电影作品，只进行影片分析来代替一切。大学电影教育，需要说实话，办实事，讲道理、研究创作的问题才是根本。未来我们电影专业的发展，是要靠自己研究电影、掌握专业、熟悉创作、丰富知识、普及知识。言之有物，不空谈。

李前宽导演，非常反感一些人在讨论会和文章中冒充“砖家”，口无遮拦，有的说好，有的说很不好。他认为，很多自称学者的人，根本无心看电影。就在网上看评论，抄评价，然后再拼凑文章。我们不能轻易相信网上的东西，要自己研究，自己品味，有自己的见解。我们需要亲自看电影，有自己的主观意见，不能在没有观影之前就随意评判导演、批评作品。

热爱师长

上学期间，导演系田风老师（1912—1965）对李前宽导演成长和成长、做人，影响比较大。他也非常尊敬田风教授，两人之间的感情完全超出了师生的情谊。

李前宽导演曾回忆道：先生是用来尊敬的，他的人格和水平是永远被我们铭记的。作为一名大学的普通教师，后来能够被我们怀念，是因为他的人格魅力和教学水平。他感动了我们所有的同学，给我们留下了伟大的记忆。田风老师的人生十分坎坷，经受过许多磨难，但是，他仍然是那样的开朗、乐观、豁达，仍然是那么热爱自己的本职专业和教学工作。他是我们学生心中一位平凡而伟大的艺术教育家。他将自己的全部精力和知识才华无私奉献给了年轻一代，为中国电影事业教育培养出了一大批杰出的电影导演。

前宽导演说，当年就是在公园、在书斋、在课堂、在饭厅、在家中，跟着老师拍戏、讨论剧本、听音乐会、看画展的温暖，那时的大学生活和对艺术的追求，非常执着和纯粹。这些情形，具体回味起来，仍然能够感觉到，学生在学校时是最温暖的时刻。

电影评论

2012年，作为全国政协委员的中国电影家协会主席李前宽导演，在参加全国政协会议发言、接受记者的采访过程中表示，中国电影的发展态势越来越好，创作越来越丰富，但是，关于电影的专业评论的问题越来越多。他总是跟我说，文化大发展、大繁荣，离不开文艺的批评。我们国家文化艺术界曾产生过一批很有水准的理论评论。

他认为，文艺的批评、电影的评论，不是影片分析、人云亦云，关键是专业水平和文字质量，这些从根本上决定了社会的认同。文艺界、电影节很有水准的专业评论家，受到了电影界和社会观众的极大尊敬，其文字一经发表，就会让专业电影人士和普通学习者服气，亦能够指引和帮助观众理解作品的意义和主题。但当今文艺界、评论界，有专业见地、有水准的电影批评和评论越来越少，满嘴胡说和阿谀奉承，廉价吹捧和不知所云的评论却在泛滥。

前宽导演认为，要解决这个问题，“艺术创作是根本，文艺批评是促进，市场监督是评判，提高水平是关键”。一方面创作者要提高工作的专业水平，一方面批评者需要极大提高自己的专业水平。不能只有那些应付学生和课堂的空洞的所谓电影专业“理论”，还需要输出有水准、有意义、有质量、有影响的电影评论和批评，不是显摆自己的文字，不是言说的虚头巴脑，更不是南郭先生的滥竽充数。文字写作不是说生词、新词，也不是言不由衷，更不是抬高自己，贬低别人。批评的根本，是能够通过电影批评和评论，推动电影创作和电影文艺知识的普及。

市场认识

李前宽导演一直关心中国电影创作的发展，也一直关注中国电影市场的趋势和细节魅力。

在中国和美国签署了关于电影市场协议后，他深刻地意识到，国内电影市场将面临更大的竞争，特别是每年海外分账电影的数量会大幅增加，海外片的分成比例也将大幅度提高到25%。随着市场开放和国际接轨，外国电影制作公司、发行公司还将在内地设立合资公司和工作室，抢滩内地电影市场，涉足影片制作会出现变化。对此，他深刻提出，我们自己的电影产业调整和壮大发展、专业水平的提高、人才培养和扶持，就成为重点。但我们也不必惊慌，要在实践和应对中提高自己，勇于接受市场、机制、质量、品质的挑战。

他在多个报告、会议、学习和电影节中强调，这是我们改革开放以来，中国电影面临的新的严峻挑战，也将迫使所有中国电影人培养危机意识、质量意识、市场意识。他多次说：别怕，回避没有什么出路，也不是我们的性格。只有把我们自己的电影拍好，精益求精，才能做大做强中国的电影市场。

同时，他呼吁政府主管部门，研究问题，加大对本土电影的支持力度，通过对电影产业的合理引导和发展，提高质量，降低成本，降低票价，增加场次，让更多百姓走进电影院。

比肩创作

回望李前宽导演的艺术人生，他无论作为什么样的角色，总是有一种电影人特有的激情；无论什么时候，总是带有爽朗的笑声。作为一个大艺术家，他步伐矫健、充满活力、声音高亢富有磁性，言谈举止诙谐幽默，透露出果断、坚定、洒脱、干脆的性格……他总是用他那种无形的感染力，影响别人，感染别人。

在中国电影界，李前宽、萧桂云导演的名字，永远一起出现在报端、电视、媒体、电影、宣传中。他们是北京电影学院的同学、伉俪导演，同时也都是中国最杰出的导演，共同创作了非常具有历史意义的影片，并一同策划、制作大型演出活动；同时，作为中国著名艺术家，他们积极承担社会责任，参加各种各样的公益、学术、研讨、首映、庆典、活动、电影节。

在创作上，他们不但是以拍摄重大题材和历史题材见长的电影导演，合作拍摄的几部反映当代社会和现实主义及普通人生活的影片，也表现出非同一般的处理方式，勇于触及社会矛盾，揭示社会的问题，敢于鞭挞丑恶的社会现象。

回顾2000年与萧桂云联合导演、拍摄战争剧《抗美援朝》时，前宽导演讲述了在我们国家刚刚进入和平年代，中国人民志愿军开赴朝鲜，抗美援朝的故事。

“《抗美援朝》作为我们国家成立以后的重大事件，是中国人民尤其值得纪念的。在这场震惊中外的抗美援朝战争过去半个世纪后，我在央视重中之重的《抗美援朝》拍摄中，将镜头聚焦在‘最可爱的人’身上，为了保家卫国，人民子弟兵高唱：‘……保和平为祖国就是保家乡’的战歌，跨过鸭绿江，踏冰卧雪，艰苦奋战。杨根思冲入敌阵拉响怀里的炸药包。黄继光舍身堵枪眼，确保部队前进。邱少云在烈火中的坚定，让我们见证一个战士怎样践行自己的神圣职责。我们的战士在凛冽寒风中急行军，鞋子破了赤脚前行，在行军中抓一把炒面送到嘴里咽不下，又抓一把路边的积雪送到嘴里。”

他让不同的观众在和平年代，感受了志愿军战士在朝鲜战场上浴血奋战的每一天，诉说那些令人尊敬、难忘、被人们所感动的时刻，集中诉说着自己放纵奔流着的思绪，告诉我们的祖国人民和青少年朋友们，谁是我们最可爱的人！

导演李前宽、萧桂云是中国著名“银幕伉俪”，共同执导《佩剑将军》《开国大典》《决战之后》《重庆谈判》《七七事变》等影片20余部，共同执导的影片6次荣获“中国电影华表奖”优秀影片奖、5次荣获中宣部“五个一工程”奖，荣获中国电影金鸡奖最佳故事片奖、最佳导演奖，3次荣获大众电影百花奖等。

热心公益

李前宽导演致力于推进中国电影“走出去”工程和国际文化的交流活动，多次担任国内外电影节评委和主席。2016年荣获第十届亚洲国际电影节“亚洲电影杰出贡献奖”。

李前宽导演在有生之年帮助了很多人，尤其是帮助了很多年轻导演和电影人。除了电影创作，他也为中国的电影事业和发展做出过很多实实在在的贡献：曾担任全国人大代表、全国政协委员、中国电影家协会主席、中央文史研究馆馆员等职；也曾向国家电影主管部门建议成立电影频道，为中国电影在荧屏上宣传放映提供了一个非常好的平台……2005年建成的中国电影博物馆，也是他老人家联合众多电影艺术家和电影工作者，向中央和北京市政府建议成立的结果。

由“季”改“节”

在学院多次对北京市举办国际电影节的讨论和论证的基础上，我代表学院起草修改，并正式提交了给中央领导和市领导的信，并通过系统呈报了上去。

我在写给中央领导、市领导的信中，专门提交了我2007年在第十届全国政协委员、教科文卫体委员会委员任职中，我和学校商议完成的调研报告、相关文件——《关于北京市电影产业发展的几点思考》。

几经周转，北京市人民政府终于向中央提交了正式的北京国际电影节申请举办和设立的报告。随后，获准并批准设立北京国际电影节。

其实，这里有些曲折的故事，“电影节”获批，特别是名称上的核准，北京国际电影节从当年由“季”改“节”，完全是李前宽等一众导演和中国电影人的不懈努力和奔走的结果，这是他老人家对北京文化艺术界的一份“特大功劳和礼物”。首届北京国际电影节，创立于2011年，并为了规避“节庆”太多的局面，只能暂时叫“北京国际电影季”。但是，执着的李前宽导演认为，首先，电影节的名称和叫法，在语言上不能够和国际接轨，因此必须更名为“北京国际电影节”，设立评奖及常设机构，组成评委会，组织各种各样的活动。只有这样，才能吸引更多好作品的报名和优秀电影人来北京参加电影盛会。

李前宽导演就是这样对我们国内的电影事业充满了信心，他不遗余力，给相关部门多次建言献策。在中国电影界各个方面的专业人士的奔走和呼吁下，电影节举办的申请很快就得到批复，并最终被采纳。在他的不断推动下，第二届北京国际电影节由“季”改“节”，第三届北京国际电影节，正式启动了“天坛奖”评奖单元和内容的工作。

李前宽导演说，世界各地的电影节都有共性，也有个性。北京国际电影节应该摸清电影节的共性，不能与世界脱轨，但也需要展示个性，也就是展示中国人的价值观，要对电影本身的价值有清醒的判断。中国电影人不能坐井观天，应该向国际优秀电影人学习。他认为当下的中国电影还有许多不足之处，如短平快、“花拳绣腿”多，在国际电影节设论坛：中外电影合作论坛、国际著名电影企业高峰论坛、电影音乐论坛。

他还对电影节的细节提出了具体建议：电影节要有相对固定的颁奖场所和明星大道；成立专家咨询委员会，为组委会分析国际电影情报等；让电影节主席具有宣布入围片的神圣权力。

自北京国际电影节创办以来，其本身的规模、影响、内容、声誉、档次不断提高，电影节累计吸引了万余名的国际和国内嘉宾，超过百万人次影迷和观众参与其中，使电影节的展映、活动、论坛、首映、放映场次越来越多，影响越来越大。邀请到世界著名电影节主席，著名导演、电影人、制片人、演员、家、学者、文化人等众多知名电影人作为评委、主讲、嘉宾，宣传了中国改革开放和电影产业的发展，宣传了北京城市建设和发展的丰富经验。

沉痛悼念

很多电影界的同仁在得知李前宽导演去世的消息后，纷纷表达了悼念之情，用文字表达沉痛的哀悼。李前宽导演的作品，给中国电影人作出了杰出的榜样。他以自己独特的叙事风格和叙事语言，表达了对中国电影的致敬。

我们对李前宽主席、导演的逝世表示沉痛哀悼。大家谈到李前宽主席的离去，纷纷表示这是我国电影界的重大损失。他的为人做事，都有着深厚的家国情怀和高尚的精神品格，将被永远铭记于中国电影人和中国电影的史册中。对于他所拍摄的重大革命历史题材电影以及他对近代中国历史颇有见地的深入研究，我们业内，应该开展更加深入的学术研究。学习他作为导演，创作影片时的深邃思想内涵和宏大史诗气质。

在回顾过去时光中，常常感受李前宽主席的个人魅力和才华，他的每一句高见和教诲都值得反复回味。大家都提到，自己在每一次和李前宽导演的相处中，无论是从做人、做事还是创作上，都受益匪浅。李前宽是中国电影界同仁们的良师益友，更是电影艺术的一代宗师。

他从电影学院毕业以后，就将自己的毕生精力献给了自己所热爱的电影事业。他的作品影像精湛，给大家留下了不可磨灭的影响。他所导演电影作品的频频获奖，也展现出他受到专家和年轻一代观众的认可。

李前宽，作为北京电影学院的毕业生，和他的夫人萧桂云，相濡以沫、并肩战斗，共同打拼，为国家、学校贡献了自己的智慧和才华，他们是校友、影坛伉俪。夫妇俩精诚合作创作40余年，硕果累累，成绩斐然。

此外，李前宽导演在创作生涯中，时常用电影记录、回顾、再现我国的革命发展历史和历程，将历史上特殊时期的重大事件和重要人物重现于今日。他的很多作品，已经成为我们今天教育后辈的参考题材，对后来的青年人了解、学习、掌握历史具有借鉴作用。

他的很多电影作品，成为表现近现代历史、人物、战争、国家题材影片的典范，他在整个影片的创作中，用革命现实主义和革命浪漫主义的手法，时刻传达着一种人文主义的情怀。

对自己的电影导演和美术专业，他用情至深。他一生尽自己最大的努力，把每一件事做好并做到极致，创造辉煌。李前宽主席用自己毕生的精力，在事业上取得了杰出的成绩。他真正做到了将自己的一生都奉献给了影视事业。他不但给我们带来了很多经典的电影作品，还给我们年轻人做出了最好的榜样。我们真心感激他对中国电影的无私奉献和付出。

李前宽导演，作为全国人大代表和全国政协委员，在参加全国两会中，多次在小组会，代表发言并提出建设性意见，致力于为国家文化艺术事业和全国电影事业发声。

李前宽导演在2010年政协会议小组讨论时，谈及中国电影界现状，痛批媒体“炒作”明星绯闻的行为，建议有关部门进行管理和控制。“现在（媒体）没有原则，对电影方面的新闻，缺乏正面报道，攻其一点，不及其余，扰乱国家舆论形势。我作为艺术界代表、委员，提醒电影艺术家应该时刻承担电影的教化作用，不应废弃这个作用。当然，电影的娱乐作用、审美作用、教化作用，是不可单独剥离的，每一项都是不可替代的。”

李前宽导演作为全国政协委员，参政议政意识特别强。他始终认为，在电影银幕上，无论是表现什么时期的事件，塑造任何一个年代的老一辈无产阶级革命者的形象，都需要我们从根本上形成人物塑造的“概念”。按照这个原则，他的电影作品，都具有史诗性的风格。他注重电影人的历史责任的同时，又十分注重作品的艺术感召力。李前宽导演在这样的观念下，对近代中国历史，特别是解放前后的历史，有着很深入的研究。这些，都激发着他的电影创作激情。他的影片有着深邃的思想内涵，每个人物都被塑造得有血有肉，避免了这一题材影片常出现的空洞感。

他的学生满怀悲伤地说道：李前宽的患病和离世，是中国电影界一个很大的损失。特别是，前宽导演是我在北京电影学院的大师哥，很是受我们78班的同学尊敬，他历经磨难，考上并毕业于北京电影学院美术系，最终由美术师转做导演。他是引领我们的先锋人物，是导演创作的一面旗帜。

2020年11月27日上午，第33届中国电影金鸡奖颁奖盛典系列活动在厦门举办。

中国影协召开电影界学习贯彻党的十九届五中精神座谈会，组织出席金鸡奖活动的电影界代表对党的十九届五中全会精神进行专题学习，并交流学习体会。中国影协名誉主席李前宽导演出席了本次会议，并与出席会议的电影界代表一同交流心得：中国电影在社会发展的过程中，如何站到时代的高度？这需要加强主旋律影片的创作，从生活和人民中汲取养分，推出更多思想精深、艺术精湛、制作精良的精品力作。他还谈道，要坚持以人民为中心的创作导向，弘扬家国情怀，为人民群众做好服务，不忘电影人初心与使命，加强社会主义文化强国建设。

作为“第四代”导演的标杆和领头人之一，他为重大革命历史题材做出了开创性贡献。他在艺术上非常执着、创作的责任感和奉献精神都很强。

所有电影界的政协委员都谈到，李前宽导演为人实在令人印象深刻，直言他在为人处世方面均无可挑剔。他是一个非常诙谐，有趣味的人，他天性乐观，创作和工作很活跃。说话绘声绘色，善于模仿、表演。

记得李前宽主席，生前多次在谈话中，聊到自己的电影导演生涯，表示他很庆幸自己选择了北京电影学院，庆幸自己和夫人选择了电影，使得他能够用自己毕生的精力和才华，导演很多的电影。他也很感激自己的夫人萧桂云给予自己无私的支持和帮助。他们二位以极大的热情、毅力，在电影中，把一份创造国家历史的责任感和对待电影艺术的庄严感融合在一起，让每一部电影的创作都有高标准高要求的自觉性。他们以极大的热情和对国家、事业的热爱，在中国电影银幕上点燃激情燃烧岁月的火把。

愿李前宽导演、老师在天堂仍然有笑声，一切安好。

2021年9月于北京电影学院

永远的坐标

张夷非[1]

恩师走了十几天了，忙时不觉得怎样，只要静下来，时常有他的影子在眼前晃动，我知道这是我想他了。一直想写点追忆的文字，可思绪万千，千言万语从哪里落笔为好呢？今天凌晨更是在睡梦中倏然惊醒，一时间竟不知身在何处，摸黑打开台灯，看看表，凌晨四点。周遭静寂，正是万籁俱寂之时，呆愣间，耳畔依稀传来陕北民歌信天游，歌声凄婉、高亢，仔细辨识，竟是恩师在唱……

此时，我已再无睡意，脑海里交替闪现的都是与恩师过往相处的画面，剧本讨论、采景路途、部门准备会、拍摄现场、影片首映礼……我一直认为，恩师李前宽是著名导演更是语言大师，他讲话极具激情与感染力，有极强的代入感。听他给演员讲戏，那绝对是一种视听盛宴，故事脉络、人物关系、心理依据、表演尺度、逻辑重音……他声情并茂，阐释得丝丝入扣且不乏升华之处，这一点连与之合作的作家们都服。

两年前有幸陪恩师观摩《开国大典》的4K修复版，虽然不是第一次观看，可冲击力依然直透心灵。

1　张夷非：国家一级导演，现任职中国电影家协会。导演作品《重庆谈判》（与李前宽、萧桂云联合）、《白山黑水》、《赣南之恋》、《对峙》、《三个人的冬天》等。

挟时代风雷，启万世基业！《开国大典》的最大成就在于突破，突破了过去由于某种原因所造成的重大革命历史题材的失重，这失重就是真实性的沦丧和模式化。电影叙事是通过感人的形象来明理的，教化也好，审美也罢，都需要艺术形象的魅力来承载，可过去充斥银幕的领袖形象很多都是概念化、简单化，是一种可敬有余、可爱不足的政治符号而已。反面人物的塑造更是脸谱化、妖魔化。《开国大典》做了让领袖走下神坛、回归人性的可贵尝试。由神坛请下来也好，去掉鬼面也罢，《开国大典》塑造领袖人物种种大胆尝试，开启并赢得普通人更多的感情认同。《开国大典》题材不可谓不重，可李前宽、萧桂云二位导演，极具开创性地将革命现实主义和革命的浪漫主义做了最好的影像注释。《开国大典》画面浓墨重彩饱含激情，又不乏高度概括的写意处理。举重若轻来自深厚的艺术积淀和自信！从容叙事，理性抒情。影片结构布局大气磅礴，领袖人物语言睿智且人性化，一百多个出场人物的塑造细致入微，不论是领袖人物还是一介布衣，无论着墨多少，无一怠慢。做到这一点需要诚意更需要才华，《开国大典》在色彩表现上大胆用了暗喻的表现手法，国共双方画面表现色调对比强烈，阳光与阴郁对应的是新生人民政权强大生命力和国民党政府没落老矣。影片中毛泽东、毛岸英，蒋介石、蒋经国几场父子谈话的戏，是胜利者的清醒、失败者的反思，表现深刻。物是人非，你方唱罢我登场，毛泽东、蒋介石的几次背影处理，与心境高度契合，是导演的神来之笔。

特定环境下国共双方领导人的复杂心态，旁白、独白给了最好诠释……

1988年报考北京电影学院，考试前一个月我到了北京，蹭吃蹭住在《开国大典》剧组，恩师忙碌之余，还不忘过问我专业及考前准备。这期间，我有幸旁观了开国大典这部分戏份的拍摄，城楼上，领袖云集，城楼下万头攒动，这等于是再现一次恢宏的开国盛典，难度可想而知，只见恩师指挥若定，一切尽在掌握！他激情澎湃的工作风格，令我膜拜、痴迷！剧组的这段经历，更加坚定了我报考导演系的决心。

从电影学院毕业回到长影，恩师建议厂长对我破格使用，于是，连副导演都没做过的我，竟以联合导演身份参加《重庆谈判》的全程拍摄，厂内对此是有议论的，我内心很忐忑，恩师以个人名义为我担保！压力就是动力，剧组成立后，我跟随恩师天南海北地挑选演员，他指导我写导演阐述、做导演台本、讲场面调度，直至如何运用静态及运动镜头来展现叙事节奏……

这一刻，我走进了神圣的电影世界！

恩师对创作的执着那是有名的，剧作家张笑天曾在一篇文章里回忆：《重庆谈判》这个题材李前宽单相思了整整5年，为了圆这个梦，他食不甘味、寝不安席，乃至于相当一段时间，放下取景框，扔了导筒，捉刀代笔与一位作家合写起剧本《重庆谈判》来，但那时艺术创作的雄心并不是一切。这个令恩师所钟情的题材被主管部门“平衡”给峨眉电影制片厂。这也是可以理解的，故事发生在峨眉山下，峨眉厂有热情，理所当然占了先机。为此恩师还大病了一场，人也消瘦了许多，这种艺术的相思，够得上肝肠寸断了。

面对执着之人，历史常常会出现惊人的转机。

1992年春天的电影创作会上，前文化部副部长、后任中央重大革命历史题材领导小组组长的丁峤在会上表扬了李前宽、萧桂云执导的电影《决战之后》，称这是战场之外的决战，翻阅史册，对于不肯就范的敌首，除了杀戮就是收买。历史到了《决战之后》才第一次以“刀下留人”“心悦诚服”“脱胎换骨”的“收心”方式结束。这是只有中国共产党人才能完成的伟大征服，两位导演用影像诠释了无产阶级改造旧世界、旧军人的伟大气魄！发言中，丁峤部长表扬了二位导演在重大革命历史题材影片中取得的突出成就，他还向与会者披露了李、萧对《重庆谈判》这一题材的苦苦相思！

就这样，部长拍板，《重庆谈判》拍摄权重新回到李前宽、萧桂云的手中，恩师当众表态，做就要做出精品，艺术上比肩甚至是超越自己拍摄的《开国大典》。超越经典，说易做难，一剧之本，在这时更显出它的重要。恩师重新审视五年前开始的这个项目，觉得原来那稿剧本难以达到自己的宏伟预期，他断然决定，放弃自己曾经参与创作的那个剧本，另起炉灶！他找到了张笑天这个创作上的绝佳搭档，甚至绝口不提他当年曾付出心血的那个剧本，这是何等的胸怀？！诚意感人，张笑天再次入伙。据作家回忆，剧本写出一场戏导演就迫不及待地拿走一场，李前宽负责“激、捧”，萧桂云负责挑刺，二位导演总是有办法榨出编剧最大的潜能！几经锤炼，《重庆谈判》剧本（上下集）终于交稿，重大题材领导小组认真讨论后予以通过并获赞誉。《重庆谈判》正式投入拍摄。二位恩师在拍摄实施阶段突然觉得现剧本（下集）核心情节缺少贯穿矛盾冲突，仅靠谈判桌上的针锋相对及针对主席安危来设置悬念，可视性稍显不足。二位导演要求编剧丰富修改！

“重大题材领导小组通过的剧本原则上不能擅自改动。”编剧“拒绝修改”，二位导演软磨硬泡，据理力争，最终诚意感人，张笑天放下了手头的长篇小说写作，根据导演的建议，强化了中央社记者童欣这条线的设置，至于《沁园春·雪》所引发两个阵营的较量则是另一个放大的情节点。童欣原来对共产党有极深的误解和成见，在《中央日报》发表过很多诋毁共产党破坏统一战线文章，影响很坏。主席未见其面也知其人其作，毛主席落地重庆，她在机场采访主席提出一连串刁钻刻薄的问题，主席这才知道老刀笔竟是知性美女。以后的几次采访，主席用诚意回答了童欣的种种刁钻诘问，这一点令她深感意外。谈判间歇，毛主席第一时间拜会抗日英雄张自忠的母亲，共产党为民族统一大业不计前嫌，广交民主派人士，主席磊落的作风、睿智的言谈，其坦荡的人格魅力征服了很多原来的敌手，也包括童欣。

《重庆谈判》中，有许多我们熟知的重要历史瞬间，1945年8月8日，重庆九龙坡机场，毛主席挥动考克帽向接机者致意的难忘一刻、毛主席与蒋介石时隔十九年后在林园官邸见面握手的一瞬间、国共双方谈判代表十月十日签署“双十协定”后，毛主席、蒋介石合影……

用即时升格表现手法来呈现重大历史瞬间，是恩师匠心独具的处理，用意就是将历史瞬间最大化凝固、延长，造成一种延展视觉冲击力。

空镜头成为承载寓意的剧作元素，这是恩师二度创作的神来之念。

影片《重庆谈判》中，几次出现白鸽群飞翔在黑色屋顶之上，画面优美抒情，可用心观察，你就会发现，俯拍的鸽群每每飞到蓝色天际，却又折回。不能尽飞也暗指了和平能否顺利到来的不确定性……

作为学生，从谋篇布局阶段的导演阐述、分镜头剧本到拍摄现场的升华再现，我有幸见证了一部伟大作品的诞生！恩师的格局、胸怀已深深印入宏大的作品之中，《佩剑将军》《七七事变》《重庆谈判》《金戈铁马》《开国大典》《抗美援朝》《世纪之梦》，近现代史的风云激荡、血雨腥风、英雄群像、领袖风骚，或浓墨重彩，或写意，或白描，其精彩呈现无出其右！

电影《重庆谈判》公映后获得各界的高度赞誉，先后获得1994年华表奖、中宣部“五个一工程”奖、长春电影节最佳故事片（金鹿奖）、大众电影百花奖、上海影评人学会奖等诸多奖项。《重庆谈判》荣获观众一票票投出的大众电影百花奖，令恩师非常开心，他说，这既是观众对导演创作成就的肯定，更是对重大历史题材电影的肯定。

优秀的创作者成就经典，经典永驻观众心间！

恩师与家父（张笑天）有着近半世纪的创作友谊，他们是挚友。我称恩师为“前宽叔叔”。我的成长过程一直都有恩师深刻存在，报考北京电影学院，毕业后带我联合执导电影《重庆谈判》和电视剧《传奇皇帝朱元璋》，以艺术顾问的身份全程见证我执导电视剧《亚细亚人》，我事业的起步，您倾注了心血，用扶上马送一程都不足以形容，这是多大的恩情？对此我一直心存感激，原以为总有报答之日，没想到……

事业上，您是导师；生活上，您是教父，我生命中最重要的时刻您都是见证者，我第一次带女朋友回家见父母，您在场，依稀记得您说的话比我父母还多，您幽默的话语，令拘谨的见面轻松了许多。您是我婚礼的主婚人，刻板的致辞被您讲得“笑果”连连，别开生面，我周遭的朋友都是您忠实拥趸。除了期许、祝福之外，您讲了和我父亲四十几年的合作，阐释了何为友谊，您说到了家教对一个人成长的重要性，讲到学养、才华、自律，我清楚记得您结结实实地赞扬了我，并送了大红包和一座凤凰造型的奖杯（奖杯基座赫然标注：《重庆谈判》李前宽 萧桂云 张夷非获上海影评人学会最佳导演奖），自己名字与二位恩师比肩而立，这礼物情深义重，为师者对弟子最好的祝福莫过于此。师者，授业解惑，感念恩师往昔的恩泽与教诲，你是我创作道路上永远的坐标。

恩师走了，到我们称之为天堂的地方，天堂有欢乐，有亲情、友情，愿恩师与家父天堂相聚，再续合作前缘、挚友情深……

无尽的哀思，亲爱的前宽叔叔，我们永远怀念您！

追思前宽先生　感念人间真情

张树新[1]

8月12日晚，泪水盈眶的我给萧桂云导演发了微信——尊敬的萧导：惊闻噩耗，心情沉痛；电影事业，顿失翘楚；李导贡献，我辈铭记；操劳已久，请您保重。祝李导一路走好！影博张树新（需要尽力，尽管吩咐，不用回复）。

感谢萧桂云导演明白我的心。电影界老艺术家的追悼会我参加过很多，总觉得送他们最后一程才得以略表心意，但李前宽先生的追悼会没能参加很是遗憾。萧桂云导演邀请我参加追思会时我非常激动，只是当天要发言的人太多了，追思会开了四个多小时，还有很多重量级嘉宾未及发言，当然，陈玲馆长代表我馆感情真挚的发言让我情绪平复了许多。这次结集出版追思李前宽先生的文章，萧导还想着我，这也从一个侧面证明了前辈们的为人。

我于2005年10月被正式调入中国电影博物馆，十几年来参与和见证了电影博物馆的发展，目睹了老一辈电影人对电影博物馆建设和发展作出的贡献。李前宽先生对中国电影创作、中国电影产业和电影事业发

1　张树新：中国电影博物馆展陈部主任。

展的贡献是多方面的，而中国电影博物馆人不能忘记的是他对中国电影博物馆的建立发挥的重要作用。中国电影博物馆从最早提出到建设落成，历经近50年的时间，是几代中国电影人的夙愿，也始终得到党中央、国务院和各级领导的关心、重视和支持。建馆一事曾于1958年和改革开放后两次被提起，但都因客观原因被列入缓建项目。

直到1998年8月21日，由李前宽先生发起，26位电影界全国人大代表、全国政协委员和电影艺术家联名致函国家领导人建议建立“国家电影馆”，随即得到各级领导的重视，之后才得以正式立项。2005年12月29日中国电影博物馆开馆典礼暨纪念中国电影诞生一百周年展览开幕式成功举办，至今已近16年了。李前宽先生始终心系中国电影博物馆，从博物馆的建馆发起到建设再到发展，他都不遗余力地奔走、协调，贡献智慧、贡献力量，毫无保留。他的身影早已刻在我的脑海中：严肃中微微带笑的面容、审慎包容友善的眼神、站立时独具风采的身姿、讲话时充满激情的语言。这激情源于他对电影、对亲友、对师长、对同仁的爱，是他的本性和真情。

2012年9月22日，我参加了由六家单位联合举办的“人间自有真情在”新中国电影教育开拓者——田风同志诞辰一百周年纪念活动，这次活动李前宽先生发挥了重要作用并主导现场由田风的夫人于华向我馆捐赠了田风同志相关物品11件。鉴于田风老师的贡献，他建议在博物馆基本陈列“电影教育”单元中加入一些田风的内容和藏品以补充不足。经上级同意，2014年1月，我们迅速完成了布展并向他报告，没想到他很快到现场查看，又给我们提出了改进的建议。2014年8月，他又到于华老师的家中进行看望，还为于老送去了由他主编的《人间自有真情在——新中国电影教育开拓者田风传略》，书中加入了部分展览的图片。前宽先生对师母十分尊敬，关怀备至，在她面前我多次看到了前宽先生孩子般的笑容。在整理田风老师遗物的过程中，他一一给我们讲述这些物件背后的故事，我惊诧于他的强闻博记和用心。这些都让我体会到他做事的认真和待人的真情。

2019年在出席我馆《光影抒华章 奋斗新时代——庆祝中华人民共和国成立70周年主题展》开幕仪式上，李前宽先生深情地说：“今天又在中国电影博物馆这个美丽的漂亮的平台和大家相聚，因为电影让我们走到一起，这个地方不知道来了多少次，我每一次来的感觉都是那么神圣，我要仰视他，不是因为它个头多高，我看到了百余年来几代中国电影人他们的智慧、热情和对国家民族的情怀通过光影艺术记录在胶片上，所以我要仰视他们。每次来我还有一种心情很特别，我感到这里很亲切，好像是我们电影人的家，是我们的电影博物馆，这种自豪感带有一种亲情，因为这座电影博物馆的诞生，凝聚着无数电影人的心血。”我注意到讲话时他的眼眶有些红润，我也同时看到，虽然他风采依旧，但气色却大不如前，心中一沉。

展览受到普遍好评，准备出一本纪念图册。我想，请李前宽先生写个序是最合适的，但怕打扰他休息有些犹豫，可还是于2020年7月8日试着找萧导说明意图，同时我还提了一个有些过分的要求，希望能用手写形式，没想到他们欣然接受，并于7月27日上午完成了“序”，题目是“光影记忆国家形象”，他写道：在祖国七十周年华诞之际……后来又为更正补写了一句话，萧导还为一个字如何处理叮嘱我，“字有不妥之处一定要处理好”。于是我们特意把手写体和印刷体的“序”都印在了纪念册上面。

今年3月，为筹办建党百年专题展，我又联系了萧导，准备对他们二位进行采访，萧导回复：“我们在台湾，五月份才回去！……”

8月12日，我馆第一时间在微信公众号上发布了悼念李前宽先生逝世的视频。

9月28日，我陪同陈玲馆长出席了追思会，陈玲馆长代表我馆的发言感情真挚。

10月1日—24日，我馆举办“李前宽导演电影献映”，17部影片每天两场公益循环放映，观众踊跃。

李前宽先生，我们永远怀念您！

2021年10月14日

悼故友

陈昊苏[1]

影坛名导李前宽，
盛典重排拍片难。
艺术眼光称独到，
文明步履有真传。
千秋伟业天人看，
万岁中华世界观。
今我无眠怀旧雨，
声光电化感非凡。

2021年9月13日

1　陈昊苏：陈毅之子。曾先后担任北京市人民政府副市长、广播电影电视部副部长、中国人民对外友好协会会长等职。

影博人永远怀念您

——在李前宽导演追思会上的发言

陈玲[1]

尊敬的萧桂云导演，各位领导、艺术家、各位来宾：

大家下午好！

今天，我们怀着沉痛、崇敬的心情，追思尊敬的李前宽导演，追思他杰出的电影生涯、卓越的艺术成就，学习和弘扬他高尚的精神品格和家国情怀。李前宽导演是中国电影博物馆建馆的主要发起人和筹建组负责人，在此，我代表中国电影博物馆全体干部员工，对李前宽导演离开我们表示深深的怀念，我们将继续努力实现前宽导演对电影博物馆事业发展的殷切期望，同时也祝萧桂云导演身体健康！

李前宽导演是著名的电影艺术家，国家一级导演，是中国第四代电影导演代表人物，一生执着于电影事业，致力于中国电影发展。他曾说过："只要能推动中国电影发展，我都愿意摇旗呐喊、站脚助威。"

他一生中，与夫人萧桂云导演联合执导了《佩剑将军》《黄河之滨》《开国大典》《决战之后》《重庆谈判》《七七事变》《金戈铁马》《红盖头》《星海》等一大批电影经典佳作，教育和激励了几代人。前宽导演本

1 陈玲：中国电影博物馆原党组书记、馆长。

人执导的影片多次荣获百花奖、华表奖、“五个一工程”奖等国家级重要奖项，其中多数电影在中国电影博物馆展览展映。2005年，在中国电影诞生一百周年之际，被人事部和广电总局授予“国家有突出贡献电影艺术家”称号。作为中国当代电影人的楷模，他当之无愧。他深厚的家国情怀、杰出的艺术成就和高尚的精神品格，将永远铭记于中国电影的史册！

1998年8月，由李前宽导演发起，联合张瑞芳、秦怡、田华、于洋等26位电影艺术家提出建立“国家电影馆”的建议，得到了中央的高度重视，这成为建立中国电影博物馆的关键一步。随后，他不断推动中国电影博物馆筹备工作，考察调研，选址规划，历经艰难，尽心竭力。在座的赵实书记、刘建中局长等各位老领导、专家都对建成中国电影博物馆给予了许多关怀、指导和帮助。

为支持中国电影博物馆的筹建，前宽导演与夫人将他们倾尽心血的多部影片的创作手稿、剧本、案头工具等无偿捐赠给了中国电影博物馆，丰富了馆藏也为中国电影事业留下了宝贵的精神财富。当我们看到展厅中陈列着的那一件件珍贵藏品时，依然能感受到其中凝结着的前宽导演的创作力量和精神品格。对于每一位热爱电影的人来讲，它们似火如光，照亮前方！在李前宽导演身上，我们看到的是一位电影事业家的责任与担当，他以无私的奉献精神，为中国电影博物馆顺利筹建开馆做出了重要的、突出的贡献，使之完成几代中国电影人的夙愿，成为中国电影人的精神家园。

2015年，在中国电影诞生110周年之际，中国电影博物馆举办了“电影的历史与未来——纪念中国电影诞生110周年”学术研讨活动，前宽导演专门为长达3米的签名纪念卷轴题写标题：“纪念中国电影诞生一百一十周年”并署名，以供电影艺术家们签名留念，这幅卷轴饱含着前宽导演对中国电影和中国电影博物馆的深切情感，将永远珍藏于馆内。2019年9月底，在中国电影博物馆重新开放之际，李前宽导演在《光影抒华章奋斗新时代——庆祝中华人民共和国成立70周年专题展》的开幕仪式上的深情致辞，让在场的所有人都无法忘怀，他对中国电影的热爱，对中国电影博物馆的牵挂关怀，让人动容又敬仰。之后不久，我馆准备印制这个专题展图册，想邀请前宽导演写序，但知道那时他的身体状况不好，再三犹豫，但最终还是向他发出邀请。在萧桂云导演支持下，前宽导演不仅没有推辞，反而尽心尽力亲笔手写了数百字，今天我们把图册带到了追思会现场，在每本图册上都印上了前宽导演对中国电影和中国电影博物馆的深情嘱托。前宽导演曾说:“中国电影博物馆不知道来了多少次，但每次来都感觉很亲切”，“这里是电影人的家，是我们的电影博物馆”。这些话，言犹在耳，永远难忘。

前宽导演就像一团热爱电影的炽火，点燃身边所有人爱电影的心。每一次与前宽导演的相聚，影博人都感到肩上的使命和重任。今天的影博已成为国家一级博物馆、全国爱国主义教育示范基地、廉政教育基地、科普基地、党员教育培训现场教学点，展览、展映、学术研究、交流交往活动丰富多彩，功能发挥和影响力不断提升。中国电影博物馆的发展离不开前宽导演为代表的广大电影艺术家的积极努力和奉献。此时此刻，我再次代表全体影博人深切缅怀李前宽导演，请前宽导演放心，影博人一定不负老一辈电影人的殷殷重托和殷切希望，不忘初心，牢记使命，砥砺前行，为更好地服务党和国家工作大局，更好地满足人民对美好生活的向往继续努力奋斗!

谢谢大家!

2021年9月28日

遇见了您我很幸运

肖映梅[1]

遇见了您我很幸运。

在这个特殊的时刻，作为晚辈的我无法掩饰对您的思念和无尽的哀痛，已故三年的您依旧触动着我们每个亲人心底最柔软的角落。

您虽已远去，但您的大爱与付出永远铭记在心，您的从艺精神与智慧是我人生最宝贵的财富。您的一生充满了太多的磨难与艰辛，但浸染着中华传统美德，使您的身躯里蕴藏着惊人的毅力和超强的忍耐力。您博爱、勇敢、勤劳、不计得失、无私奉献的高尚情操将永远活在我们的心里。回首过往，心中充满对您的无限思念和感激。

遇见了您我很幸运。

时光飞逝，但回忆却历历在目。想起第一次与遇见您还是2008年在国贸大厦的国际艺术博览会上，当您和萧桂云导演走到我的作品前时立刻停留并坐了下来，还风趣幽默地给萧导演说："得好好看看，这是你们肖家的人啊！"我幸运，我的人生中从此有了您

1　肖映梅：画家。中国美术家协会会员、中国艺术研究院访问学者、北京市美术家协会会员、北京市书法家协会会员、中国诗书画协会副会长、人民日报社神州书画院特约画家。

（长辈、导师、榜样）等等。对我而言，您是所有头衔的总和又是无人替代的唯一。您在《开国大典》4K首映式上发言讲过这样一段话："任何时代，如果没有反映、歌颂这个时代的优秀文艺作品，那么这个时代的文艺工作者是不称职的。"这段话深深地触动了我的内心和良知。从此以后，我便以此作为我的人生座右铭。

遇见了您我很幸运。

感激您用仁爱之心在我的艺术成长过程中给予的支持和鼓励，您的执着追求的品质会一直带着我走向美好与希望。2017年当您知道我在中国民族艺术馆举办个人画展时，您带病陪着萧桂云导演前往现场为我助阵鼓掌，献歌。看到您如此的开心，我的心里激动与感动并存，悲喜交集。您的到来，让画展蓬荜生辉，您是我们的榜样、动力、荣耀。

遇见了您我很幸运。

即便十分孝，难报一世恩。最伤心难过的是在您生病期间没能尽到一份孝心，现在唯一能做的就是把这份"孝"用来陪伴在您的最爱萧桂云导演身边。愿您在天之灵能够感受到我们对您的思念。如果有来生，我祈愿您还要做我们肖氏家族最亲、最敬、最爱的人！我们会永远怀念您。

怀念我的大姑父李前宽

肖一立[1]

小时候，最让我骄傲和尊敬的人是我的大姑萧桂云。因为大姑毕业于北京电影学院导演系，而大姑父毕业于美术系。从记事起就知道大姑是个了不起的人，是个导演。上学的时候便和同学们炫耀我的大姑是导演，以至于我的同学说她报考演员时遇到一位肖姓导演主考，说她的表演不好没有录取而迁怒于我。记得那时大姑和大姑父每年都会回到哈尔滨来看望爷爷奶奶，这时候我们也会一起去爷爷奶奶家看望大姑和大姑父，不过这时候也是大姑、大姑父教训教育我们的时候，想来应该是她每年见我们的时候少，她又急于告诫我们一些成长时期的注意事项避免摔不必要的跟头，所以才把喜欢、关心及恨铁不成钢的情绪一起表达出来了吧。只是当时我在想，本来一年只能见一两次面，见了面还要说教我们一通（小的时候就是这样认为的），不过这并不影响大姑在我心里的位置，她仍然是我最尊敬的大姑，是我认为最了不起的人。直到我自己也做了姑姑有了侄儿，也有了想和侄儿说的话，才明白当初大姑和大姑父对我们的苦心。

1　肖一立：萧桂云侄女。

在家宴上，大姑父总是那个最活跃气氛的人，我最开心的事就是听大姑父讲他经历的趣事。记忆犹新的是，他讲有一次“文化大革命”时期一群“造反派”很严肃地在桌子后面坐成一排，在屋子中央放一把椅子让他坐在那里，让他揭发谁还是让他交代什么问题记不清了，只记得他说他大大方方坐在那里，侃侃而谈题外话，到最后那些人都走过来围在他身边，向他请教问题并一起开怀大笑，完全把要做的事情忘得一干二净。那一次让我真正折服于他的人格魅力，他既不随波逐流又不剑拔弩张，而是化干戈为玉帛，把别人认为棘手的事情处理得云淡风轻。

最喜欢的还是大姑父功底颇深的绘画，因为我自小也喜欢画画，只是没有条件去系统地学习，所以看见别人画得好，很是羡慕的。最羡慕的是他给楠楠画的盘子画，去大姑家时看到过，寥寥几笔就勾勒出人物的特征，形似神似。一直想要他也给我画一幅，但见他总是忙忙碌碌，终究没有提出来，后来听大姑说他给好多人画过盘子画，我很后悔没有说出这个愿望，这将是我终生的遗憾。

大姑父是2021年8月12日在浙江慈溪仙去的，在那之前，我们只知道大姑父得了病，需要每年去台湾治疗。大姑和大姑父他们都是最坚强的人，对我们从来都是报喜不报忧，我们都不知道在大姑父生病的那些年里病痛在怎样的折磨他，而他在同病魔抗争的同时还一直在工作，在做他最喜欢的事情，都说把喜欢的事情当做事业来做是最幸福的事，也是最幸福的人，无疑大姑和大姑父都是这样的人。后来陆陆续续地知道了大姑父为电影事业做出的贡献，比如电影频道是大姑父首先在全国人大八届二次会议上的提案上提出的，中国电影博物馆是在大姑父积极推动下才建立起来的等等好多有目共睹的事情，对大姑父越发地敬重了。

得知大姑父仙去的消息，我们第一时间赶到大姑身边。在慈溪的告别仪式前，我们去布置会场，看到大姑父的遗照有些小，我就自作主张改了尺寸，和徐丰年商量，徐丰年稍加思考就同意了，但当巨制照片送来时，我有些后悔自己的冒失，这个照片太大了，怕和会场不协调。可当那幅巨照冉冉升起挂在会场时，我感受到了强大的气场。是的，大姑父的确有强大的气场压得住这个会场。照片上，他慈眉善目的面容让我觉得他还在我们身边，还在做他喜欢的电影事业。

三七的那天早上，大姑父来到了我的梦里，一如以往那么绅士年轻（应该是四五十岁的样子），风度翩翩，身着黑色西装，笑容满面地看着我，好像是要和我说些什么，又像是在等我和他说些什么，我有些惊讶，有些欣喜，更多的是手足无措，不知道该说些什么然后就醒了，就这样错过了和他交流的机会，又让我遗憾万分。

转眼到了大姑父三周年的日子，在这里我想说：大姑父，您是最了不起的人，是最值得我骄傲的人也是我最尊敬的人，您是我们家人的骄傲。

北平比延安大

——纪念我的大姑父李前宽

肖凯军[1]

作为晚辈，每次见到李前宽先生必尊称大姑父，但我心里更希望同大家一样叫“李导”，觉得这才是对艺术家的最大敬意，而且听起来很帅。但是出于辈分上的考虑，以前一直不敢，现在借这篇小文，回忆关于李导的二三事，也满足一下自己的小心愿。

该如何说这二三事呢？其实有点难。虽然常在电视新闻和访谈中看见李导面对镜头气定神闲，侃侃而谈，但那属于高端局。我一个普通人应该踏实一点，从小细节去看大导演，也许提到的内容对别人来说太平常，并不值一提，但对于我却有很大影响，因为它们真实，不会随时间流逝变得平淡。

比如，李导时时散发出的强大气场，他经常会在看似不经意间用渊博的知识“秒杀”众人。某次饭局，我坐在李导旁边，那时候我正迷肖斯塔科维奇和普罗柯菲耶夫，想着是否能来一场与知名导演的深度对话，也许还会有针锋相对的小讨论，没成想李导如数家珍，从电影学院的音乐课，说到如何借助配乐铺垫故事线，进而扩展至爱森斯坦的蒙太奇，《战舰波将

1 肖凯军：萧桂云侄子。

金号》和《伊凡雷帝》的艺术价值，思路清晰，有理有节，深层次剖析了两位苏联作曲家在苏联电影中的意义。坦率地说，我被惊着了，完全插不上嘴！这就是知识的魅力，也是一位知名大导的深度所在，平时深藏不露，一旦爆发便如滔滔江水。

还有一件事对我意义重大。那年我结婚，婚礼席间由李导代表男方家长发言。我和老婆从认识到结婚用了八年，李导巧妙地将这八年与全面抗战相联系，从宏观大事件延伸到普通人的小幸福，既有期许，又带祝愿。李导总说：站得越高，就看得更长远，这是对年轻人深刻的教导和祝福。多年后仍然有老婆娘家的亲戚提及，仍对当年李导的发言赞不绝口。作为晚辈，我是骄傲的，更多的是崇敬，他的那种高度、那个视角、那份父辈般的爱。

近几年，我重温了两位大导演的几部影片，《重庆谈判》里庆祝日本投降的欢庆场面好似一场盛宴，更像是一部纪实片，漫山遍野的人流，篝火前的秧歌锣鼓，洋溢在众人脸上真切的笑容，这种发自内心的欢乐，在一部严肃的历史影片中如此鲜活，捕捉得那么自然，这是导演的功力和调度的超高体现。还有《七七事变》，在视频平台上被多重弹幕护体，讨论经久不衰！历史不可能被遗忘，它也不只是一部电影，您表现的是中华民族的磨难、反思和呐喊！过了这么多年，依然有那么多观众在等着看那部传说中的《抗美援朝》。记得您在中国香港接受采访时说：“我们拍电影，打完了日本鬼子就打美国鬼子。”这句话在今天仍然有它非常强的现实意义，它关乎一位伟大导演的英雄气概，向世界展示中国人面对未来的坦荡胸怀。

从高中时第一次看《开国大典》，每次再看我都会被其中的一句台词震撼。影片中，李讷问主席：“我们为什么不回延安，为什么要到北平去？”主席说：“因为北平比延安大。”

现在您去了一个更大的世界，李导，我相信这一切不是结束，是新的开始。您到哪里都神采奕奕，会做更多的事，成更大的业，晚辈肖凯军祝您依然年轻，在天国继续完成您的所有心愿。

为您祈福，意至高远，前路正宽。

大姑父，我们想您

肖一鸣[1]

我的大姑夫李前宽，离开了他一生追求和热爱的电影事业三周年了。他勇于创新，为了电影事业贡献了一切；他创造了银幕上的无数经典作品，展示了他的人格魅力。他为了中国电影事业耗尽心力奋斗终身，同时他也是一位对爱情忠贞不渝的践行者。

大姑父的美术功底成就了他的导演生涯，也成就了他辉煌的业绩。

在《重庆谈判》影片中，他亲自演唱的歌曲《信天游》，唱出了淳朴、原生态的陕北黄土高坡的韵味，充满了激情。

我们盼着大姑夫和大姑一起回哈尔滨，聆听他的谆谆教诲。大姑父的言谈举止令我们神往。全家人围坐在一起听着大姑父讲国内外的一些逸闻趣事，他还会用各地的方言，绘声绘色地讲着，仿佛身临其境，真切感受他的诙谐幽默。太喜欢大姑父了。每次在饭桌上大姑父叫大家点自己喜欢吃的菜，他说："我不经常回来，小字辈儿的年轻人敞开吃敞开喝。但要记住，好日子来之不易，要珍惜当下生活。"

1　肖一鸣：萧桂云侄女。

有一年，爷爷奶奶到长春大姑家住了一段时间，期间得到了大姑父无微不至的关心和照顾。回哈尔滨之后，爷爷总是对他的老伙伴们显摆女婿给他买了很贵的衣服和时髦的鞋，还请云南著名医生黄传贵到家里给他看病、开药，全家都跟着受益。

大姑父不仅对家里老人尽显孝心，对我们也平易近人。有时看着大姑父轻声细语地和爷爷奶奶交谈，这画面给我留下深刻的记忆。

记得爷爷去世时，因是周日没法办出院手续，不让爷爷遗体出医院火化，可是火葬厂已约定好时间，急得家里人火上加火，找领导都没上班，后补手续也不行，真的是一筹莫展，有好心人说交身份证可以吧，奇了怪了，那天谁都没带身份证。因天热，上衣没兜，裤子兜浅，要给爷爷跪别，怕丢了或折坏了，全没带。大姑父一边安抚着大姑和家人，一边问询管事人，家属的名片可以吗？看太平间大爷说，可以！大姑父从身上找到一张名片递过去，他们一看名片，立马客客气气、痛快地给办了手续，大家悬着的心总算放了下来，都松了一口气，可身上已全是凉汗，谁知这么令人悲痛的事还会出这么大一幺蛾子，如果大姑父不在现场后果难以想象。大姑父那么忙，都赶回哈尔滨送爷爷最后一程，当然他也是怕奶奶、大姑出意外。在火葬厂又是一个悲痛欲绝的场面……等待骨灰排序号时很让人难耐，大家劝大姑与姑父先回家，小辈的等就可以了，可他俩异口同声地说：“我们回来干嘛的，不行！要一起等，给爸爸安排妥当了才行。”一立姐很有心，其实已事先找了朋友，以防家人等太久身体受不了。还好很快结果出来了，但一立姐说：“号码不太理想，明年想办法再给爷爷换个号。”瑞生姑说：“不易老换，会让三舅不安生……”一立姐说：“今年无论如何换不成了，我已努力过了。”大家又陷入不安的情绪，大姑说：“我看看号码吧！”接过来一看，大姑立即眼泪又出来了：“不要换了，就这个号！这个号很好，尾号正是前宽的车牌号。”大家立马傻了，你看看我，我看看你，互相对视着，怎么这么巧合，人算不如天算哪，这是冥冥之中注定的缘分。

奶奶93岁那年有病了，在北京住院，我们都从哈尔滨赶去北京照看奶奶，每班二人，三班倒。大姑父每天去看望奶奶，他一去奶奶就撵他走，说：“你忙，你走吧。”但大姑父仍然天天去。有一天大姑父拎着黑包，从兜里掏出一个报纸裹着的东西，打开一看，是一摞钱：“妈！咱有钱，安心好好养病，不要怕花钱。”奶奶心里特别感动，奶奶过去就老跟我说，你大姑父叫“妈”叫得可亲了，就像叫“亲妈”一样。在北京住院治疗期间，一大家子人轮流到医院护理奶奶，我们都住在大姑家。卧室满了，住客厅，客厅满了住招待所，一日三餐大家吃得很好，安排得井然有序。奶奶弥留之际居然很清醒地说：“谢谢前宽！”别看奶奶岁数大，心里特明白不是大姑父同意家里哪能容得下这么多人呀，乱哄哄的。医院大夫都夸我家，说多少年没看到老少三代这么伺候老人的场面了，主动提出减免了一些医疗设备的费用，大姑说，把省下的费用给医务人员当奖金吧，他们坚决不收。我们都感谢大姑父给我们创造了这么好的条件，给了我们尽孝的机会，他总说：“就是应该的，再说就外道了，你们做得比我好。”

怀念打开了思念之门，让我更加想念我的大姑父李前宽。

望着窗外飘落的丝丝细雨，轻盈地洒落在大地上，这是祭奠大姑父的泪水，我的脸颊也流淌着。

丝丝细雨是我的泪水，雨中的风是我的思念，让天堂里的歌声伴随着大姑父，让他的灵魂得到安息，保佑家人平安、健康。

回忆前宽姑爷爷

肖金鹏[1]

李前宽先生是我的姑爷爷，更讲究一点的说法应当称作叔祖姑父，即我祖父的妹夫。说起来关系也不算太远，但因北京、哈尔滨两地相隔，加之前宽先生事务繁多，见面次数委实不多。谨在此记述我们之间发生的二三事，聊表一位孙辈对其的敬重与怀念。

我与姑爷爷的第一次相遇应该在我三岁之前，那时我曾祖父、曾祖母还健在，他和萧桂云奶奶（即我叔祖姑）常回哈尔滨探望。幼时的记忆早已模糊，但之后时常会见到祖父珍藏的他们和曾祖父母的合照，其中有一人笑得灿烂洒脱，使人印象深刻，他们告诉我，这是我大姑爷爷。

还有印象的相遇是在2006年，我们一家去北京游玩，借宿在大姑爷爷家，晚上便能看到他工作的身影。有一天晚上，姑爷爷在书房作画，我们一群人就站在一旁观看。或许是兴之所至，他把画放到一边，递给我一张A4纸和一支铅笔邀我与他对画。不过七八岁的我哪里懂得什么是画画，甚至一度想要用橡皮擦除，但最后姑爷爷还是夸奖了我，说我注意到他衬衫

1　肖金鹏：萧桂云侄孙。

左胸口处的兜并画了出来，很好。姑爷爷为我画了一幅埋案学习的画，并写了一些寄语，直到现在，这幅画都一直挂在我床头，时时激励我奋进。最后离开书房的时候，我看到我的画被姑爷爷挂在了门口的白板上。

转眼到了2017年，那年开始我到北京上大学，离得近了自然见面机会也多了不少，于是姑爷爷和桂云姑奶奶经常会在不那么正式的场合叫我一起去吃饭，了解一下我的近况，并托我向家里的亲人们问好、带一些小礼品。有一次姑爷爷在餐巾纸上作画，为我画了一幅像，至今仍摆在我的书桌前。还有一次让我印象颇深的是中国电影博物馆之行，那应该是2019年，当时感觉离学校特别远，倒了好几次车，现在想想那次应该是我第一次也是最后一次和姑爷爷一起看他的电影——《开国大典》4k修复版。那次同样是屈指可数的带我一起参加工作的一次，姑爷爷对他的电影应该是很骄傲的，同时也希望亲人们都喜欢他执导的电影，可惜我实在不懂电影，只觉得好却又说不出哪里好。但也因此他又教了我一些电影的知识，这使我在之后的观影过程中有所领悟。

最后一次见面似乎也是同年，那次只有我们三人，在姑爷爷家楼下吃的饭，姑奶奶说他们又要去台湾治病，姑爷爷向来洒脱豪迈，以乐观的心态积极面对病魔，当时虽说病情严重，但治疗很有效。未料到突然暴发疫情，我开始归家线上上课，再听到姑爷爷的消息已经是他仙逝了，甚至因为疫情原因我也难以前往吊唁。

姑爷爷、姑奶奶他们一直格外低调，早些时候家里人甚至都不知道他们是那么著名的大导演，之后他们出席的各种活动我们也是通过关注的电影相关资讯才了解到的，甚至很多很多让我们为之惊叹的资料都是在姑爷爷仙逝后才见到，也是那时才明白他所处的地位之高，对他的谦虚低调也有了更真切的感受。

电影方面我不懂，就不对姑爷爷工作方面进行评论了，但他的人格魅力我还是感受颇深，他对亲人的慈祥温暖，对后辈的爱戴与提携，他为人的乐观洒脱，他的见识不凡，他的学识渊博，他的高瞻远瞩都对我影响颇深。

最后，以前宽先生对我的忠告作为本文的结尾，他曾说要让我站在更高处看问题，视野越开阔做出的决定才会更准确。希望先生在天之灵能拥有更高的高度、更广博的见识，在另一个世界一展所长。

2024年7月3日

参加“纪念李前宽导演座谈活动”的感想

吴小彦　王攸宁[1]

2022年8月9日，倪震教授在得知中国电影博物馆举办“光影看中国——纪念李前宽导演座谈活动”后，为了更好、更全面地收集写书所需的材料，怀着对老同学的尊重与怀念，不顾舟车劳顿与行动不便等问题，毅然决然地前往活动现场，而我们两人则作为倪教授的学术助理陪同参加。此次活动不仅是对中国卓越电影导演李前宽的缅怀与纪念，更是对李前宽、肖桂云导演艺术作品的一次回顾。

踏入会场，一股庄重而肃穆的氛围如潮水般涌来，四周的布置简约而不失高雅，为这场纪念活动增添了无尽的庄重感。展柜与墙壁静静地陈列着李前宽、萧桂云导演留下的文案手稿、珍贵照片、电影海报等资料，每一份文献、每一张照片都承载着他们辛勤耕耘的足迹，无声地诉说着他们在艺术道路上的执着与坚守。大屏幕上，李前宽导演生前的精彩瞬间在不断循环播放，那些精彩的定格画面，将我们带回了那些激情燃烧的岁月，我们得以通过这些画面来感悟李前宽导演的艺术人生。

1　吴小彦、王攸宁：倪震老师的学术助理。

活动伊始，整个会场都沉浸在一片肃穆而又悲痛的氛围中，在场来自各界的前辈们纷纷踊跃发言，他们渴望用字句表达对李前宽导演无尽的缅怀与追念。长达三个多小时的时间里，举手发言的声音此起彼伏，从未间断。众位前辈们深情地讲述着与李前宽导演共度的那些难忘时光，回忆他永不停歇的创作激情，赞扬他的为人处事。我们和倪教授全神贯注地聆听着每一位发言者的讲述，内心百感交集。期间，演员马跃在讲述完他与李前宽导演的故事后，深吸了一口气，开始唱起了电影《天堂电影院》的主题曲，歌声悠扬而深情，如同天籁之音，穿透了每个人的心灵，现场的气氛变得更加凝重而悲伤，大家仿佛都回忆起了与李前宽导演的美好记忆，每个人的眼眶都泛起了泪光。当马悦的歌声渐渐落下，现场陷入了深深的沉寂。是的，大家都很想念前宽导演，那份感动与怀念如同潮水般涌上心头，让每个人的心灵都得到了深深的触动。大家纷纷起身，用热烈的掌声和泪水表达着对李前宽导演的缅怀与敬意。尽管会议时间已经延长了许久，但仍有许多人未能有机会一抒胸臆，他们静静地坐在会场中，眼中流露出深深的遗憾与不舍。这份对李前宽导演的缅怀之情，如同浓烈的酒，让人心醉神迷，难以忘怀。作为晚辈，我们被现场的氛围深深触动，被李前宽、萧桂云导演的艺术成就和执着精神所打动，他们作为“与共和国一起成长”的导演，始终坚守着作为电影艺术家的使命，不仅将镜头对准具有深厚历史内涵与民族精神的革命历史题材，成功创作出了一批又一批影响深远、震撼人心的史诗电影，还一直为中国电影的发展建言献策，一生致力于中国电影事业的发展，为中国电影留下了极为重要的文化遗产。

倪震教授与李前宽、萧桂云导演是北京电影学院的老同学。具体而言，倪教授与李前宽导演同为59美术班的同学，萧桂云导演则是60导演班的同学。在此之前的一年时间里，倪教授曾计划为李前宽、萧桂云导演写一本书，希望通过这本书让更多的人了解两位导演的艺术追求和贡献。他认为：“李前宽、萧桂云导演不仅完成了《开国大典》这部划时代的巨片，还拍摄了《重庆谈判》《七七事变》《决战之后》等一系列历史题材巨片，这是第四代导演承担政治、艺术探索任务取得卓越成就的范例。”倪教授特别希望能够完成这本关于李前宽、肖桂云导演的书籍写作，倪教授和萧桂云导演说过：“我去世前一定要完成这件事。”在倪教授的带领下，我们做了大量的案头工作，并对萧桂云导演进行了多次采访。对我们来说，这一年多的时光无疑是一段极为珍贵的学习历程。两位前辈不厌其烦地对我们进行教诲和讲述，使得我们有幸能够重返中国“第四代”电影人的“历史现场”，再次体验那些熠熠生辉的岁月。通过详尽的回顾，一桩桩、一件件的日常往事最终汇聚成珍贵的电影史时刻。那些曾经在中国电影史上留下浓墨重彩的重大事件和重要影片，仿佛化作一幅幅生动的画卷，在我们的眼前徐徐展开，让我们重新置身于那些充满激情与梦想的时代，感受着电影人们的热血与执着。虽然这本书最终未能完成，但在这一年多的采访过程中，我们有幸与倪教授、萧桂云导演这两位电影界的前辈近距离接触。在与他们的交流中，我们真切地感受到了他们身上所散发出的昂扬精神和高贵品质，面对世界环境变化以及对中国传统美学的追求，倪教授还计划与萧桂云导演一起合作一部关于生态环境的电影，这不仅是两位前辈对人生价值的深刻体悟，更体现了他们卓越的艺术精神。同时，我们也深切地体会到了倪教授对已故老同学李前宽导演的深深思念，这种情感真挚而深沉，让人为之动容。时光荏苒，如今倪教授也已离开了我们，但他的教诲和风范依旧在我们心中永存。“桃李不言，下自成蹊”，正是因为有了李前宽、萧桂云导演、倪震教授这样的前辈影人筚路蓝缕、披荆斩棘，中国电影事业才得以蓬勃发展，焕发出勃勃生机。“落其实者思其树，饮其流者怀其源”，感谢他们为中国电影事业作出的贡献，而他们的故事和精神也将永远被后人铭记。

通过这次活动，我们深刻地认识到了中国电影事业发展的艰辛与辉煌，众位前辈的发言让我们更直观、更立体地了解了李前宽导演的生平、思想和艺术成就，也让我们对中国电影事业有了更深刻的认识和思考。中国电影发展到今日离不开前辈们的付出和努力，电影不仅是一种娱乐形式，更是一种文化传承和精神寄托。我们应该珍惜和发扬中国电影人的优良传统，为未来的发展贡献自己的力量。

2024年6月1日

一位先生的远行

——悼念李前宽先生

忽培元[1]

惊悉李前宽先生因病辞世，感到十分突然。多么热情健硕而生命力超常旺盛的一位大导演，怎么说走就走了呢。我还一直等着先生的电话相约，并且特意准备了好茶。“培元，回去有空请你到我家里喝茶吧，顺便看看拍成二十年还未能播出的电视连续剧《抗美援朝》样片。”我听了心中不觉一阵悲伤，同时也感受到了他老人家的百折不挠和坚韧不拔。

一起喝茶看戏，这是前宽先生留给我的最后一句话，他的富于磁力的东北口音悦耳动人，至今想起还在耳旁萦绕。说这话时，是2020年8月在平谷山中一家宾馆院中。当时参事室组织我们参事馆员共同休假，午饭后我们顶着大太阳散步，在院子里遮阳伞下交谈。那是一次彼此都很投入的畅叙，茶桌上喝着清茶一席长谈。我很喜欢大导演谈他的经历和工作。李先生像年轻人一样单纯而热情，言语之中时有火花绽放。显然老人家也是好久没有如此的随心所欲，畅所欲言了。总好像言犹未尽，两点钟还在持续。谈起自己的电影创作和担任中国电影家协会主席期间的往

1　忽培元：作家。国务院研究室信息研究司一级巡视员。长期从事政策研究和调查研究工作。2016年5月被聘任为国务院参事，2022年1月离任。

事，先生眉飞色舞，得意之情溢于言表。“那年我把大家集合到上海……”谈起组织电影家们开展的几次大型采风活动，李导突然就变成了一个活力四射的热血青年。他那饱经沧桑的脸上，老年人特有的倦怠之气全无。发自内心深处的笑容化作了年轮绽放，整个人都兴奋得手舞足蹈。我的情绪也被他带动起来，彼此都忘记了自己的年龄，仿佛一下子年轻了好多。

这就是李前宽导演，一个具有强烈诗人气质的性情中人。这是大艺术家的气质，通达而超脱，既有强烈个性又丝毫不流俗。开朗而极富表现力的言谈，就像一团炽火，能点燃近前的一切，那极具表现力的面部表情更是富于感染力。言语、眼神、手势和表情，一下子就把你带入了某种特定意境，使你情不自禁随着他的喜怒哀乐，变得像个儿童一样天真痴情。李前宽导演，就是这样的一个有趣的人，哪怕是初次见面，你也能在他的言谈举止中，感受到一个胸怀坦荡、才华横溢的艺术家的个性优势与人格魅力。

你能想象得出，他给演员说戏时的生动情形。那天，那个山风轻拂的秋日，我们在京郊山中一见如故。整整一个上午的散步交谈还不尽兴，午餐后漫长的午间继续交流，主要是倾听先生讲述他的艺术观点和创作故事。那么天真有趣令人难忘。他完全打开了话匣子。谈电影，谈文学，谈绘画，谈音乐，谈党史人物……谈到电影《重庆谈判》的主题歌创作，先生竟情不自禁地轻声哼了起来。我这才知道影片中那首穿透人心的插曲，竟然就是李导本人创作和演唱。他说当时在延安拍戏，原先写好的主题歌大家都不满意。一天，他突然产生灵感，大胆选用了陕北民歌信天游调子，并亲自填词亲自试唱。设定情节是山峁峁上拢羊肚肚手巾的拦羊老汉对着茫茫群山引吭高歌。当毛主席乘坐的飞机从头顶飞过，拦羊老汉仰天长歌，深情凄婉，震惊群山。歌声一下把陕甘宁边区人民对伟大领袖的深情体现得淋漓尽致。李导说着，又打着节拍完整地喝了一遍。我听得心中热流涌起，禁不住热泪盈眶。就在那一刻，李导完全变成了一个痴情的儿童，脸上的丰富表情要多可爱有多可爱……如此多才多艺，具有强烈人格魅力且生命力异常旺盛的老人，怎么说走就走了呢！噩耗传来，令人难以置信。

一连两晚，观看《星海》和《田野又是青纱帐》，先生亲自现场介绍创作经过，令人耳目一新。瞧那精神状态，谁会相信他已是重病缠身。如今再回想起他一生的全部创作，不禁更为敬仰，感慨良多。

我同李导结识时间不长，但神交已久。看懂了他执导的电影，就读懂了先生的艺胆文心。

中国电影，开天辟地的现实主义革命历史题材大片、具有史诗风采的佳品力作，李老堪称是开拓者功勋。

他的创作成就人所共知。和许多观众一样，我也是先看了他的大量作品而后结识先生的。在接连的几次深谈中得知，李先生原本并非学习导演专业，而是电影美术专业出身。他1964年北京电影学院美术系毕业即分配到长春电影制片厂从事电影美术创作。但他天赋极高，又特别喜欢导演艺术，格外留心学习导演创作，很快即开始了自己的导演生涯。1981年起，他在导演领域大展宏图。先后与夫人萧桂云合作完成《佩剑将军》《开国大典》《决战之后》《重庆谈判》《七七事变》等一系列在中国新时期电影发展中具有里程碑意义的主旋律佳作。1989年他执导的《开国大典》，就获得中国电影金鸡奖最佳故事片奖和大众电影百花奖最佳故事片奖。《重庆谈判》获1993年中国广播电影电视部优秀影片奖和百花奖最佳故事片奖。他在重大革命历史题材领域逐步走出一条属于自己的路子。他的作品继承《史记》写人为主的文学传统，同时注重体现出永恒的强烈的时代感和使命意识，塑造出大量发人深省的不朽的老一辈革命家和普通革命者，更有当代新人群体。他的作品的与众不同在于辩证唯物主义和历史唯物主义的充分体现。在他的大量作品中，领袖与群众，个体与群体，高峰与高原，情节与细节的关系，总是处理得恰如其分，使之相得益彰。他的大量银幕形象之所以感天动地，就是因为真实真切地还原了历史、复活了历史，既气势恢宏又气韵生动。那种弥漫着的史诗风采和贯穿始终的真实力量，更为难能可贵。他针对电影界不时出现的某些歪风邪气，多次旗帜鲜明指出。“电影不是用来卖钱更不是用来牟利的，电影艺术家应以作品体现社会价值和功能。‘不忘初心、牢记使命’，把镜头聚焦在民族的发展与国家的命运上，聚焦在推动社会进步的人民这一永恒主题上。”他是这样讲，更注重身体力行。这也是他的每一部影片，都具有深邃的思想内涵和史诗效果的内在动力所在。每一次创作，无论是大制作还是小制作，他都竭尽全力，力图将人物塑造得有血有肉，将故事讲得精彩生动。哪怕是凡人小事，也要争得亮光，力求使之成为人类发展历史长河上一波一浪。从这个意义上讲，前宽先生不仅仅是优秀导演，而且是具有全局观念和国家意识的影坛领导者和带头人。

他一直关注中国电影事业的发展。据业内人士回忆，中央电视台电影频道的建立和中国电影博物馆诞生均是他建言献策的结果。2010年国务院九号文件“关于繁荣发展中国电影产业的十项措施”，也有他的努力心血。

寿终歌未竟，圈点有家珍。李前宽导演的不幸辞世，无疑是文艺界，更是电影界的一大损失。

晚生敬挽：

前宽先生远去矣，高木精品恒在；培元后辈痛悼之，大家风范永存。

2021年8月18日

大导演　好朋友

——和李前宽在一起的记忆

郑冰[1]

2021年夏天的一个晚上，我和大连的著名编剧郝岩参加了一个聚会后一起往家走。不知道什么话题说起了李前宽。郝岩对李前宽不太熟悉，我几乎说了一路。从他的为人处世，他的模仿秀，他最后的导演计划等等，直到郝岩到家了，我还意犹未尽。没想到，第二天竟然传来了李前宽去世的消息。太震惊了。我没敢向萧桂云导演询问或致哀，我怕我会哭得一塌糊涂。虽然已经有了心理准备，但还是不能接受。

我知道李前宽导了《开国大典》。在大连友好电影院，我连续看了两遍。后来通过媒体得知导演李前宽是大连人，令我很是激动。虽然不曾谋面，通过作品已经大概知道他这个人了。《开国大典》的摄影画面大气磅礴，人物塑造真实可信，音乐音响震撼感动，可见导演的艺术追求和深厚功力。

终于和李前宽见面了。大连国际服装节的开幕式邀请到李前宽作总导演，作为音乐总监和作曲，我得以与李前宽近距离接触。

李前宽与我想象的不同的是，他不像个大导演。

1　郑冰：国家一级作曲家，曾任辽宁省音乐家协会副主席，大连歌舞团副团长。在李前宽导演的大型实景演出《井冈山》和《太行山》中担任组曲。

他没有导演的架子，没有导演派头，更没有导演的一言九鼎。他很亲和、很谦逊、很幽默、很真诚、很善良。我们一下子就和李前宽融合在一起了。他善于倾听大家的建议，他善于调动大家的创作积极性，他的想象力很丰富，可见他的电影作品能够成功不是偶然。休息和吃饭的时候，就是李前宽的脱口秀时间。他用大连话模仿一个有轨电车女售票员，他同时用山东话、四川话、天津话模仿几个人的对话，惹得大家捧腹大笑。

几年后的一天，还是因为大连国际服装节开幕式的事，我来到李前宽导演的家，他像迎接一个老朋友一样给我倒茶，寒暄后埋怨我说，“听说你来北京了？为什么不向我报到。”我说：“不敢麻烦你。”“有什么麻烦的。我们还要合作。”说实在的，我实在不敢想与李前宽合作。可是合作的事情就来了。那是他执导的大型实景演出《井冈山》。他邀请我作曲。我受宠若惊。经过大半年的创作，《井冈山》在井冈山正式演出。演出大获成功，领导、专家、观众都给予高度评价。《井冈山》直到现在还在演出。李前宽导演对我的音乐也很满意。至少有十几个大连的朋友陆续看了演出，给我打电话、发微信，他们说大连人导演，大连人作曲，井冈山的《井冈山》，大连制造。太牛了。

一年后，李前宽导演找我参加一个创作研讨会，要拍摄一部电影《武汉大会战》，让我担任作曲配乐，我激动得都睡不着觉。李导是拍大片的导演，是拍重大历史题材起家的导演。我这条小鱼被串到他的大鱼串上了。我只看剧本就激动得不得了。开了几次会，我也做了音乐的设计。最后不知什么原因下马了。

不久，李前宽导演做了中国电影家协会的主席。有一次大连来了一位我们俩的朋友，我张罗着请他俩吃饭，一是为李前宽导演庆贺，二是为大连来的朋友接风。我拉着他俩去一个我认为很有档次的饭店，结果到门口发现这个饭店已经关闭了，令我非常尴尬。李前宽导演马上说笑话给我下台阶。他说：“是不是你给人家吃黄了。”

2008年北京奥运会期间，我邀请李前宽导演和萧桂云导演观看我创作的交响京剧《白蛇传》。那天我开车去他们家接上他们去往国家大剧院。奥运会期间，北京多条道路限行，而且有一条只许有通行证的车辆行驶的道路。还好，由于我在奥运会开闭幕式创作团队，享受这个通行证，得以带着两位大导演，急速行驶在奥运专线上。两位大导演非常开心。李前宽导演说，牛作曲开牛×车走牛×路。我说牛作曲开×牛车带两个牛导演走牛×路。我们大家笑了一路。

2010年。李前宽导演又邀我为他导演的大型实景演出《太行山》作曲。这一次的合作我得以从头至尾地与李前宽导演摸爬滚打，直到演出成功。有了《井冈山》的成功合作，李前宽导演已经把我看做他主创团队的核心成员。团队第一次去山西武乡（八路军总部所在地），李前宽导演就带上了我。为了选择演出地，我跟随他走遍了武乡山山水水。每到一地李前宽导演总是身先士卒走在队伍的前面。有时翻越沟沟坎坎，他也不用人搀扶。终于他慧眼识珠般选定了演出场地。包括当地领导在内的所有人都欣喜若狂。他要求音乐里要有一首《红心杨》的歌曲，我邀请了一位大咖级的词作家，采风多日后写出了一稿。李前宽导演不知道是谁写的，看过后很不满意，说写得太文，太优美，太现代，缺少淳朴和真诚。我又找几位写了歌词，只看歌词，作词者隐匿，最后大家选定一首。名字一揭晓，原来是李前宽导演自己写的。

天下的树儿万千棵
我最爱太行红心杨
朱总司令亲手栽
军民心血来浇灌
红红的五星树心里长
绿绿的树叶迎太阳

天下的树儿万千棵
我最爱太行红心杨
披霜挂雪顶风雨
烽火硝烟立太行
铺满大地情似火
光耀人间红漫天

好的歌词给作曲家带来创作灵感和激情。我用山西民歌作素材，歌曲很快就写好了。由大连的歌唱家雷恒大、李娜演唱（我给全国各地创作的歌曲一般都用大连的歌唱家、歌手演唱)。演出很成功。歌曲也得到武乡领导和观众的高度评价。他们把这首歌当做武乡的县歌，在电视台、电台广泛推送。

2013年夏天，我邀请李前宽导演和萧桂云导演来大连参加我女儿的婚礼，他们来了，还带来了他的家人和一帮影视圈的朋友。我执意要为他们的路费和住宿买单，可是李前宽导演坚决不肯，让我欠了他一个大大的人情。

我和李导有两个共同爱好，一个是体育，一个是吃甜食。李导家的电视机只要打开就是央视五套。李导家的茶几上摆着各种好吃的糖果。北京奥运会前有个火炬接力直播，李导天天盯着看。萧导烦了：天天看这个累不累啊？也不是在你家乡，也不是你亲人在跑。我听过李导模仿解说乒乓球比赛，那语速，那腔调，简直是惟妙惟肖。可惜李导喜欢看体育频道，而不太喜欢运动。他爱吃，能吃，吃完了就滔滔不绝地讲，天南海北，天上地下，他说讲话就是一种运动。我听他说的最多的是一个叫田风的人。那是他的恩师。是“文化大革命”前北京电影学院导演系的主任。在这之前，田风是创建旅大文工团的人（1946年）。李导告诉我，田风流过洋，对戏剧、美术、音乐等都有很深的研究。他为了在大连建立一个管弦乐团，变卖了家产，置办了管弦乐器编制，组建了共产党领导的第一个交响乐团。田风在“文化大革命”前文艺假整风中受到严酷迫害致死。后来，在田风诞辰100周年时，李导力推为他搞了很大的纪念活动，开了纪念追思会，出版了书籍。

听说他得了癌症。我去看望他，他很乐观地说：“我不能死，还有电影等着我去拍呢。”

2019年的一天，李前宽导演发给我一个电影剧本，说好好看看，多提意见。《东方欲晓》是李导编剧的一部表现新中国电影诞生的史诗性影片。我跃跃欲试地阅读剧本，被剧情感动着震撼着，写过长篇小说的我，真的很难提出什么问题。不久李导和萧导来大连了，住在香格里拉酒店对面的一个公寓里。他们召集来了电影拍摄的班底，在做拍摄前的准备。有一天，他们风尘仆仆地去旅顺和金州看场地，我因为有事没有同去。后来，因为疫情和资金问题，影片拍摄搁浅了。

2020年的5月，李前宽导演和萧桂云导演一家来大连休假。我去探望过几次。在一个咖啡馆靠窗的位置，我们聊了很多很多。聊得最多的还是电影。他想拍一部《旅顺口》的电影。他滔滔不绝地讲述着事件、人物、地点、数字，仿佛一部电影在他心里播放。我随着他那富有感染力的讲述激动着。他还想拍一部《九一八》的电影。明年是“九一八”事变九十周年，如果明年上映，那是对“九一八”最好的纪念……

李前宽导演走了，带着电影给他的光环，带着他的电影梦想。

他是为电影而生的大连小子，大海之子，当年怀揣两个饼子去北京考试的热血青年，当年从美术设计到导演的华丽转身才子，当年率领千军万马在大连拍摄《抗美援朝》的大将军。

真的好想他。昨晚又梦见了他。今天正好是清明。写这篇小文深表思念。

2022年4月5日 于大连老虎滩

深切怀念李前宽导演

郑国强[1]

今天，李前宽导演已经永远离我们而去了。但只要我们一想起中国电影，就想起了李导演的音容笑貌，想起李导演对澳门影视事业发展的殷殷期盼！李前宽导演永远在我们身边！

十多年来，李前宽导演每年领导中国电影基金会团队来澳门举办中国优秀电影展，带领电影艺术家来澳采风，走进澳门校园，出席论坛，言传身教，春风化雨，激发澳门青年学子的青者电影梦！鼓励举办征文比赛，培育新苗。

李前宽导演是个诗人！也是个画家！他浑身充满艺术细胞，来澳门工作不忘采风，濠江镜海的大街小巷留下他的艺术想象、素描足迹。餐厅碟盘是他的画布，也会为偶遇的服务员画像带来惊喜。他为澳门发展多元文化操心，最大心愿是希望在海峡两岸暨港澳之间，澳门电影从此不缺席！他偕夫人亲自动手为澳门拍摄《星海》电影，制作大型舞台节目《西游记》，为澳门增添亮色，推动中华文化走向世界，也把澳门带向世界！

1　郑国强：澳门影视传播协进会常务副会长。

李前宽导演许许多多的澳门梦尚未完成，他带领团队在澳门播下的艺术种子一定会生根发芽，带来澳门多元文化电影艺术的春天！尤其是，在中共中央、国务院发布了《横琴粤澳深度合作区建设总体方案》，同意让澳门特区政府主导在比澳门特区大三倍、108平方公里的横琴深度合作区土地上大展拳脚，发展多元文化事业的今天。闻战鼓而思良将，我们更加怀念李导演！曾记否：我们曾共商横琴发展梦，曾经想象中国海洋历史文化电影的拍摄基地可落户在此间构建“海上横店”？李前宽导演在横琴拍摄的《星海》电影，已做出有益的探索。

犹记得，2010年3月17日，在第四届“澳门影视发展论坛”上，李前宽导演专门发表了中英文的演讲稿:《促进澳门适度多元化发展推进中国电影产业繁荣》，详细阐述对促进澳门发展电影产业，拉动其他产业发展的期望。李导演说：“电影是体现一个国家的历史、文化和民族精神最具影响力的载体，好莱坞电影就是美国的名片，美国电影是既要金钱又要精神的双刃剑。”

李前宽导演关心的是，面对外来的挑战，泱泱文化大国将如何发展自己的民族电影，中国电影如何“走出去”？

“当下世界电影的竞争，是文化软实力竞争的重要一环。向世界展示中国形象，是中国电影的使命。面对历史的机遇与挑战，中国电影人的觉醒与行动，中国电影产业将呈现大繁荣、大发展的新局面。”李导演念兹在兹关心的是，积极回应中央“适度发展”战略决策的澳门，可以为中国电影的发展和繁荣贡献力量。

正是以这股热情，李前宽、萧桂云夫妇两位导演亲自动手，拍摄向国庆六十周年献礼的影片《星海》。反映澳门骄子、人民音乐家冼星海童年成长的音乐片，在传承中华民族文化，体现东西方文明交融方面做了有益的探索。

李前宽导演以他世界级导演的眼光发现澳门、欣赏澳门、高度期许澳门，认为以其历史文化的独特性，可以成为中国与葡语、拉丁语系国家和地区开展交流的国际都市，创办国际电影节，积极开展电影文化交流，扩大中国电影在世界的影响力，让澳门成为中国电影“走出去”工程的“桥头堡”。

李前宽导演于2007年、2009年、2010年接连三届的澳门影视论坛上发表的三篇重要讲话，指出促进澳门适度多元发展，电影产业的重要作用正引起越来越多的关注。李导演坚信，有中央的关怀，有内地为后盾，经过澳门同胞的刻苦奋斗，一个闪闪发光的崭新澳门将耀眼于世。这是对澳门最大的祝福！希望通过粤港澳大湾区影视界的不懈努力，这盛世，一如李前宽导演已做好脚本的生前所望！

本文发表于《电影文学》2022年第5期

永远的亏欠与遗憾

——深切缅怀李前宽导演

苗禾[1]

前不久我在云南与萧桂云导演通话，得知中国电影出版社正在筹备出版新书《永远的前宽》。时间过得真快，转眼间李前宽导演已经离开我们三年了（2021年8月12日病逝于浙江宁波慈溪），一直想写写我心目中的大导演李前宽，写写爱“批评”我的导演萧桂云，写写多次给予我帮助与支持的萧、李二导……请允许我借用《永远的前宽》的书页表达我对李前宽导演的崇敬之情与亏欠之意，同时对这位在中国电影发展中产生深远影响的大导演表达深切缅怀！

2015年，我协助北京师范大学艺术与传媒学院影视音乐研究中心举办“乐音汇影 梦萦华章——影视音乐研讨会”，为此我邀请李前宽、萧桂云两位大导演助阵出席。记得那天下午二老提前到达会场，我还邀请了著名作曲家舒楠老师、丁荫楠导演、黄建中导演等等。研讨会上大家各抒己见，共同探讨音乐在电影中所承担的重要作用及不可替代性。当时我对前宽导演发言的感受是：一是童心未泯生动活泼；二是逻辑性极强内容丰富严谨；三是讲话极富感染力声情并茂。

1　苗禾：中国电影艺术研究中心研究员。

众所周知，银幕伉俪李前宽、萧桂云夫妇的作品以重大历史题材著称，他们联合执导的影片《开国大典》《决战之后》《七七事变》《重庆谈判》等影片先后荣获“金鸡奖”“百花奖”“五个一工程”“华表奖”及世界反法西斯“长城杯”优秀影片奖等多项国际大奖。与此同时他们也与一些高水平的音乐人有所合作，合作最多的音乐人当属原中国音乐学院作曲系老主任、博士生导师施万春先生。因为这次是影视音乐研讨会，所以在会上前宽导演向大家重点介绍了与施先生几十年来的合作与友情，还特别详细介绍了在创作影片《开国大典》配乐时两位导演与作曲家的深度探讨切磋。

《开国大典》是为迎接新中国成立40周年而创作的献礼影片，片中展示了从“东北战场”到“平津战役”“淮海决战”“百万雄师过大江”“国共和谈”以及在天安门举行盛大的“开国大典”等一系列重大历史时刻，全片1200多个镜头。前宽导演说：“面对这部鸿篇巨制，电影音乐创作难度很大，是个大工程，我必须准确地告知作曲家我需要什么样的音乐，我需要音乐在特定的场景中表达怎样的情愫……”

前宽导演向大家介绍：“在《开国大典》的配乐中，作曲家施万春创作了《人民万岁》的主题音乐，那段时间我和桂云一直在想应该如何展现毛泽东这样一位伟人在经历了长时间的千辛万苦战斗之后的成功，经过了白雪皑皑、硝烟弥漫、战马嘶鸣、尸体遍野……最终取得胜利建立新中国。1949年，毛主席率领着开国元勋们登上天安门城楼，举行开国大典，宣布：‘中华人民共和国成立了，中国人民从此站立起来了！’在天安门广场上，获得新生的劳苦大众欢呼雀跃，城楼上的主席百感交集振臂高呼‘人民万岁！’主席既是伟人也是普通人，他既有伟人的胸怀与壮举也有普通人饱满的情感。我作为导演应该如何恰如其分地反映主席丰富细腻复杂的内心世界？我又应该如何与作曲家沟通？如何让作曲家充分理解我想要的是什么样的音乐？记得那天施万春坐在钢琴前许久没有说话，但我们彼此都懂对方，青年时期结下的友谊加之多年的合作，我们之间已经十分默契了。万春缓缓地将手放在琴键上，开始弹奏，从舒缓到急促到激情澎湃，壮丽凄美细腻恢弘的音乐随着他舞动着的指尖呈现，感动了他也感动了我，他泪洒键盘，我泪如雨下。萧桂云更是鼻塞哽咽，泪眼盈盈。施万春一气呵成地创作完成了《人民万岁》的主题音乐——酣畅淋漓！”

接下来前宽导演还介绍分析了《开国大典》影片中在金色黄昏的西柏坡山岗上归家牛羊的场景使用管弦乐表现河北地域的温馨；用甜美的双簧管取代北方唢呐恰到好处地展现解放区和谐安详；篝火晚会上孩子们欢快的“霸王鞭”叠加着农民汉子擂起大鼓震天响；百姓们尽情自由地欢呼雀跃，从而表达了“解放区的天是明朗的天，解放区的人民好喜欢”的欢快心情。前宽导演激情地介绍着他的影片，和我们大家分享着他影片中的音乐设计与构思，他边说边唱边表演，我们被他感染，被他带入影片中。他看上去是那么的精神矍铄，他声音洪亮，铿锵有力，可让我万万没有想到的是此时的前宽导演已身患癌症，并且是晚期！而北师大的这个影视音乐研讨会几乎没有经费，甚至都没有车接车送，两位大导演是自行前往……

前宽导演去世后我才通过萧导得知当时前宽导演的身体状况，并且还得知李前宽导演拖着病重的身躯为研讨会的论文集撰文《电影音乐是升华影片灵魂的重要元素——兼谈与作曲家施万春的合作》……得知这一切，我的眼泪呀，止不住地流，无限的亏欠呀！我跟萧导说：“我真的不知道前宽导演生病了，更不知道他病得那么重！万分感谢在这样的情形还来助阵支持我们的活动……”萧导说：“他就是这样的一个人，把一切都奉献给了电影，无怨无悔！”原本在我们“中国电影人口述历史”的项目中也有李前宽导演的访谈计划，也因诸多原因最终没能实现，这也成为我永远的亏欠与遗憾！

谨以此文追忆缅怀为中国电影作出杰出贡献的李前宽导演！感谢您对晚辈的扶持与提携！

不能忘却的镜头

——记著名电影导演李前宽

赵凤兰[1]

生命里人来人往，匆匆相遇，又匆匆离别，但在某个你愿意留驻的时刻，有没有遇到一个人，曾把你的模样描画于纸上？而你，又如此珍视和保留着它，并将一份温情与感念留存于心底呢？幸运的是，我曾遇到过这样的人，并有幸在他的笔底留下记忆的影像，他就是著名电影导演、中央文史馆馆员李前宽，我曾撰文称他为“银幕大将军”。遗憾的是，如今，“大将军”已带着他的未竟事业远行。

“兰儿，你给前宽写篇追思文章吧！”李导辞世后不久，其爱人萧桂云对我说。然而，我在感念她对我信任和看重之余，却迟迟未动笔。一方面是因为追思会那天，我看到张宏、胡孝汉、赵实、李雪健、陈道明、刘建中、杨步亭、尹力、徐帆等影视界的领导和名家大腕儿，以及中央文史馆、中国电影博物馆、长春电影制片厂等诸多与李导有深厚交情的老友都在现场深情缅怀，表示对他离去的惋惜，其中不少人都拿着洋洋洒洒

1　赵凤兰：《中国文化报》高级记者、中国文化传媒集团研究院研究员、中国文艺评论家协会视听艺术委员会委员、人像摄影师。

几页纸的长文发表感言，似乎用不着我这个交情尚浅的人来撰文。另一方面，我虽写过不少名家文章，但都建立在多次近距离的观察和交往基础之上，且只能写那些“从心底里流淌出来的东西”，而这样的文字写起来自然不会轻松，需要有足够的情绪酝酿和心理准备，保持一份葱茏与温润的情怀。然而这份心境却总被世俗的纷扰和压力所搅乱，故文章一拖再拖。如今，在李前宽导演逝世一周年之际，那一幕幕不能忘却的镜头再次像放电影般浮现于眼前，于是，我以素描的方式写下这篇怀念文字，以示心香一瓣！以此纪念为中国电影事业作出杰出贡献的“银幕大将军”李前宽先生。

——题记

我跟李前宽、萧桂云导演伉俪相识于2018年9月在河北北戴河举办的“人民与英雄——中国主旋律创作的初心和使命”文艺峰会上，作为主办方特邀嘉宾之一，我恰巧与他们夫妻二人同分到第一会场的电影组，共同对谈“中国的主旋律电影发展之路及当代电影的原创问题”。在会谈间隙，我看见李前宽导演一直低头在纸上勾画着什么，时不时冲着不远处饰演电影《张思德》的吴军看上两眼，又匆匆埋头继续勾画。凑近一看，原来李导正偷摸给吴军画速写呢！短短几分钟后，一幅“神形毕肖”的吴军速写图便呼之欲出，人物的神韵和特征瞬间被勾勒得栩栩如生。末了，吴军欣喜地拿着自己的肖像与李导合影留念。我想，李导正是用这样的眼力和心力在大银幕上勾勒毛泽东和蒋介石的吧！

出于记者职业本能的洞察力，在随后几天的行程里，我一直密切注视着这对导演伉俪在各种场合的言谈举止，只觉得这对影坛佳偶可谓珠联璧合的“绝配”。无论是在工作上还是生活上，他们始终是相伴偕行、同坐同游、形影不离，不仅有着共同的志趣和追求，在体态、气度乃至精神面貌上，也高度契合。由于双方对彼此的思想和生活熟悉到无以复加，每次座谈会发言或面对记者采访，当李前宽说出上半句话时，萧桂云总能准确猜到并接出下半句。然而，萧桂云并不是一个爱抢丈夫风头的女人，她有一种大女人的气度，具备辅佐并成就丈夫的能力。那时的李导虽然七十多岁了，但仍神采飞扬、腰杆挺拔、气宇轩昂，他常常头戴礼帽、挺着引路的肚子阔步在前，神情中偶尔透出一股掩饰不住的率性和桀骜，笑起来时又如沐春风极具亲和力。萧桂云则亦步亦趋紧随身旁，细心周到、鞍前马后地打理丈夫的一切。夫妻二人俨然一对命运共同体，谁也离不开谁。作为影视界的公众人物，最引人注意的还有他们的精致穿搭。每次现身公众场合，两人皆脚下带风，衣品出众，虽然穿着的并非情侣装，但在服装色彩的款式造型和时尚品位上显得和谐又登对，看得出，这种默契穿搭是作为贤内助的萧导一手置办的，而大大咧咧、心中只有电影的李导只是充当“模特”罢了。不过，李导对帽子却情有独钟。身为时尚帽子控，李导的那些帽子造型足以引领“帽界”风尚，他总以不同的服装搭配各式不同的帽子，能将正式的衬衫和西装穿出几分休闲度假风和西部牛仔感，这一装扮与他作为导演兼画家的艺术气质十分吻合；身旁的萧桂云在穿搭上更显华贵和大气，她常以不同的丝巾及配饰点缀各式服饰单品，能将得体的服装穿出韵味和高级感，两人的气质和衣品穿搭完全可以完胜某中老年服装品牌的专业模特。从他们身上，我看到了一种久经岁月磨砺的浪漫与时尚，一种活在自己事业中的达观与积极。那是一种由内而外散发的自信和从容，一种经由电影艺术滋养而出的独特气质。

一

一个人外在的风采、气质和面貌往往是内在风度禀赋的折射，为了进一步探寻这对主旋律导演的精神世界和电影世界，我提出在那次会后对李导进行一次访谈。然而，由于彼此忙碌等各种原因，正式的访谈却在半年之后。当我拿着“长枪短炮”赶到位于北京海淀冠城园李导的家时，远远看见萧桂云站在一楼寓所外热情迎候。走进一间满是书籍、照片和绘画作品的房间，我感到一种迎面扑来的艺术气息。这是一间六十来平方米的独立工作间兼画室，临窗靠墙处是一排古朴简约的黑胡桃木整体书橱，里面密密麻麻挤满了数千本影视、红色历史书籍和杂志画报。数尊金鸡奖、百花奖、华表奖的奖杯和各类影视工艺摆件、字画卷轴错落有致点缀其间，增加了书橱的人文气息和艺术重量。书橱外层及两侧墙面则陈列着一幅幅定格着时光轨迹的照片，其中一个相框是李导受聘中央文史研究馆馆员时与李克强总理的合影，其他照片多为夫妻二人在不同历史时期的片场工作照、生活照。可贵的是，这些照片均是他们拍摄《开国大典》《重庆谈判》《七七事变》等重大历史题材电影时的真实现场，人物的瞬间感和动势很强，没有矫揉造作和摆拍的痕迹，它们用时间见证了什么叫举案齐眉、永结同心。书橱前方是一张铺着白色毛毡的硕大长案，上面摆放着部分书籍画刊和日常绘画用的笔墨纸砚，看得出，这是夫妻二人于银幕之外执笔挥毫、构筑艺术天地的另一处“战场”。案台前的沙发和茶几处则是平日会客交流之地，茶桌上散放着茶壶盖碗和各式刚拆包的零食干果，似乎还弥留着客人刚走时的余温。屋内四壁的墙面上悬挂着多幅装裱好的水墨字画，皆为大气磅礴的水墨山水和绚烂多姿的梅兰花卉，其中一部分字画因无处悬挂而“蔓延”到地板上。房间拐角处叠放着各式礼帽、绅士帽、渔夫帽，堆得像小山一样高，它们曾作为“服装搭配利器”陪伴李导出席各大光影盛宴，此时却静候在那里，等待再次被主人挑选；旁边则悬挂着一杆装饰用的超大毛笔和一把古铜色的将军剑，令人想起他们电影中“佩剑将军”。

置身这间夫妻二人相濡以沫共同筑起的文化往事和爱的记忆的房间，我有一种时光倒流的感觉，瞬间进入一种厚重幽远的艺术世界。正在这时，李导推门而入，满面春风地冲我走来，他身着一件红格纹衬衫，外搭灰白色马甲，随性中透着帅气潇洒，稍显发福的体态不仅不显臃肿，反而更显威严挺拔，一款深灰色时尚尖顶帽随意扣在头顶，瞬间将他作为导演艺术家的型男气质拉满。“我拍的题材很严肃，但我本人特不严肃，老长不大，像老顽童，感性、喜形于色、不会装蒜。别人说您都快80了还那样，我说即便90我还这样呢！我本色就这样。哈哈！”一见到我，李导谈笑风生地恣意袒露着他的性情，全然不用我费力去观察和揣测。他是个浑身充满活力、直言快语、带感十足的人，立马便将这种积极热情、有感染力的情绪传导给了我，我自然不能木讷，赶紧接过话茬“迎”了上去，试图以一种轻松闲聊的口吻为谈话寻找合适的开场白。“您和萧导同为北京电影学院的校友，后同被分配到长春电影制片厂做同事，又因电影结缘成为导演生涯的终生合作伙伴，可以说既是生活伴侣，又是事业搭档，那平时拍戏时，你俩谁听谁的呢？”李导显然对我“抛”来的这个问题颇感兴趣，他乐呵呵地回答：“我俩讲求艺术民主，谁有理就听谁的，大的原则性创作问题基本能达成共识，小的分歧也常有，通常谁坚持到底谁就是胜利，不过往往我失败得比较多。哈哈！”我继续激将道：“你们称得上是中国电影界合作度最高、合作时间最长的夫妻了，一生共同导演了二十多部影视剧，听说过去您夫人的名字排在您前面，后来怎么排到您后面去了呢？”果然，这么一问，健谈的李导立马打开了话匣子：“你说得没错，我俩从影60年，结婚51年，在影坛伉俪中，我们已走到金婚了。自20世纪60年代以来，我俩就在一起。70年代初我们正巧赶上国家开始上映第一批故事片的好时候，那时全国就只有四部电影，分别是长影《战洪图》《青松岭》《艳阳天》和上影《火红的年代》，其中长影就占了三部，当时她在《战洪图》里当场记，我在《青松岭》里当场记，场记就相当于导演助理，我们很荣幸跟在老导演身边学习，但我俩正式合作是在80年代改革开放后。当时长影有个不成文的规矩，新导演在出道前必须与老导演合作至少一部作品，那时萧导已执导了三部电影，两部均独立完成，一部是与老导演合作，已拥有独立导演身份，而我还只是个副导演，没有单飞的可能。于是在拍《佩剑将军》时，她以老导演身份拉着我一块玩儿，自然名字也排在我前边，等我有了'驾驶证'后，她的名字就排在了我后边，成了我的副导演。"李导那藏满发芽种子的话匣子，被我不经意一拨拉，话儿像泉水般汩汩地往外流，几乎没有冷场的可能，我则索性丢开事先准备好的一份提纲，顺着他的话茬兴之所至地畅谈起来。

我们边喝茶边聊天。谈到中国电影的前世今生，他兴奋地手舞足蹈、慷慨激昂；聊到电影的艰难、人生的蹉跎，他又颔首低眉、瞬间泪目。当李导回忆当年考北京电影学院时，自己的小脚母亲赶到车站目送他远去那终生难忘的一幕时，一个充满大将军气度的人，竟伤感得流下了热泪。"我永远忘不了1959年6月24日那个下午，当我背着行囊登上电车的那一刹那，我妈深情地看着我，那双期待的眼神永远停留在我的脑海里，成为我日后奋斗的动力。一个人在孩童时期最强大的成长力量是爹妈给的，谁要是不孝顺自己的爹妈，就甭想我跟他交朋友。"李导掷地有声地说着这些话，含泪的双眸透着温情和倔强。我于是迅速将目光移向一旁的萧桂云，发现她也在流泪，不禁暗自感叹这真是珠联璧合、并蒂而生的一对儿，他拍电影，她也拍电影；他画画，她也画画；他流泪时，她也流泪。

看着满屋子的绘画作品，我问李导："年少曾痴迷于绘画，为何走上了电影之路？画画对您拍电影带来了哪些影响？"李导抿了一口茶，说道："我从小既爱画画也爱看电影，当年我被沈阳鲁迅美术学院和北京电影学院同时录取，但电影学院既能学美术又能学电影，所以我毫不犹豫地选择了后者。"说罢他起身从书架上取出一本素描本，向我展示当年拍电影时绘制的各类分镜头脚本图，只见里面有他1971年画的马克思肖像、毛泽东走上城楼宣布中华人民共和国成立的分镜头，以及其他主旋律影片的概念草图。看来，他从这些随手创作的手绘图里汲取了不少拍摄思路和灵感。"电影和绘画都是视觉造型艺术，那些世界级的大导演，比如黑泽明、爱森斯坦、希区柯克、弗里兹·朗、蒂姆·波顿、詹姆斯·卡梅隆都精通绘画，我国的电影导演凌子风、吴印咸以及徐克、张艺谋、尹力、霍建起、冯小刚以及表演艺术家张瑞芳、赵丹也都是学美术的，我则是北京电影学院美术系首创第一班黄埔一期的。电影是一门综合艺术，包含文学、造型、光影、节奏、音乐、建筑等，恰恰我所学的都涉猎到了。所有造型艺术都讲究节奏布局、前后高低、远近虚实，电影美术是构成电影造型的重要因素，我自己在现场拿起笔画画分镜头，有利于对镜头语言的理解和掌控。”他坦言，既然电影的艺术综合性很强，导演就要对电影进行综合表达，尤其对剧本不能只做物理反应，而要做化学反应。所谓化学反应就是充分调动镜头语言的张力、想象力和诗情，将剧作中的人物及思想内容变成可供视听和审美的视觉影像，而非严丝合缝、不越雷池地图解剧本。他强调，“导演拍戏要拿出招法，不能按照剧本画豆腐块，如果人家怎么写就怎么拍，那要导演干嘛？”李导用物理反应和化学反应这两个名词一针见血地阐明了导演与剧本的关系。的确，导演作为决定电影灵魂及表现风格的最高统帅，不只是将抽象的文学剧本转化为具象的视听语言的总负责人，还是具备视听叙事和造型表达能力的艺术家。

随后，结合李导创作的《开国大典》等主旋律影片，我们又进一步谈到了如何打通“纪实”和“表现”任督二脉，在“史诗”中发掘“诗”的因素等话题。当李导激情满怀地向我讲述如何塑造毛泽东、蒋介石和佩剑将军，并大谈电影艺术要将现实主义与浪漫主义融为一体时，我仿佛看见眼前的他已穿越时空，正身着戎装骑着一匹棕红色的高头大马，高举着长剑，英姿勃发地指挥着千军万马，嘴里还高喊着“冲啊”！是啊！他不同样也是个大将军么？是个能够指挥千军万马的银幕大将军，而且还是个会画画的大将军。会画画使他的电影充满了艺术和史诗气质，写意、留白、气韵、象征这些绘画元素在他的电影里得以淋漓尽现。他和萧桂云是电影界的画家，画坛的导演，两人琴瑟和鸣、比翼齐飞、如影随形。

二

自登门拜谒并访谈后，我显然赢得了这对导演夫妇的信任，彼此通过微信的沟通交流逐渐多了起来。考虑到上次忙于采访，无暇举起相机为其拍照，一个月后，我再次来到李导的工作室。兴许是阅读了我在访谈中对他喜形于色的率性“老顽童”形象的诙谐描述，这次的李导似乎有意按捺住性情，变得不露声色起来。不过

“装模作样”没多久，他又情不自禁地回归到性情本真的模样，不怒自威的表情迅速被明媚爽朗的笑容所取代。那时的李导刚从台湾回来，他兴致勃勃地拿起手边的各种画册和资料，与我分享他与台湾某收藏家的交往和参加各国电影节的轶事，以及夫妻二人被休斯敦国际电影节聘为终身名誉主席的经过。当得知我专程为拍摄他作画而来后，李导指着满屋的绘画作品说：“这屋里的风景和人物全是我画的，植物花卉全是我‘哥们’画的。”李导亲热地称夫人萧桂云为“哥们”，萧导则在一旁静静地为“哥们”牵衣角、倒茶。

随后，李导又热心地向我展示了他绘制的《美国西部影城》的巨幅国画长卷，以及《太行秋色》《新疆胡杨林》《印度海德拉巴老街》《叙利亚大马士革郊外》《纽约曼哈顿》《罗马斗兽场》等淡彩水墨，这些作品的尺幅大多类似于宽银幕电影屏的比例，或浓墨重彩、笔墨苍劲，或枯笔淡墨、虚实相间，给人以大气磅礴、逸气天成的美感。李导告诉我，他平时喜欢画大画，每次出门都要带上大速写本和便携式毛笔，基本上是走到哪儿画到哪儿。拍电影和画画、雕塑一样，要站在一个制高点上，用博大的胸怀和将军的气度处理我们所面对的题材。他举例说，米开朗基罗在创作前，总是凝视着一块大理石，直到他从中看到形体后，就把一切多余的东西都毁掉，让隐藏在那块石头里的东西展露出来，这体现的正是一种审时度势的气度。

谈到艺术创作的胸怀和气度，李导与我分享了他与国画大师李苦禅的一段交往。他说：“1974年，我去北京金鱼胡同李苦禅老师家拜访，李老不仅为我画了一幅画相赠，还把他珍藏多年的《松鹰图》拿出来与我分享，我顿时被眼前这幅气势恢宏的艺术佳作所折服，虚心地向李老请教，问这画是从哪儿起笔，又在哪里收笔？”坐在破藤椅上的李苦禅喝了一口茶说：“画家画大画，就好比大将军指挥打仗，大将军在山岗上骑一匹高头大马，看着眼前纵横几十里的地盘，顿觉胸中有千军万马，可眼前的地盘却不够摆。画画就应该有大将军的博大气度，那样，你再回头看眼前这纸，就觉得纸太小了，这时‘气’也就来了，气赶笔跑，画里有画，画外还有画，气势博大。”“拍电影和李老画《松鹰图》一样，都应用大将军的胸怀去驾驭，以开放性的思维去整体考量宏观布局与微观细节的关系，决不能小家子气地照猫画虎。想当年拍《佩剑将军》时，我和萧桂云住在9.6平方米的房间里，就像住在火车卧铺，感觉连空气都不够用，但我们胸中却波涛汹涌、万马奔腾。我们在缝纫机上画分镜头，分出了《佩剑将军》中的千军万马。拍摄时我们调动了15000

人，一个师的人做配合，三个县的上万名民工做群众演员；拍《开国大典》则动用了15万人次的群众演员，请来了130多个演员参加剧组工作。我们那个年代拍电影可都是玩真格的啊！没有电脑制作这一说。当艺术家简直太可爱太好玩了，心里想的往往与现实生活存在很大落差，但我们用大将军的气度拍摄我们需要的场景，不惧有多少人。”李导说这话时内心充满自信与豪情，相信在他每一部波澜壮阔的影片背后，都透射着这份面对千军万马依然指挥若定的淡定与从容，这份底气，正是岁月的磨砺和艺术的气度所赋予的。

除了水墨山水外，李导还向我隆重介绍了他的一幅大型油画作品，那是一张鲁迅的夜间人物肖像，其风格有点类似于我拍摄的环境人像。画面上的鲁迅处于右侧三分线的位置，他身穿中式长袍，正若有所思地伫立桌前凝视窗外，胸前的右手里夹着一只点燃的香烟，整个画面色调深邃凝重、构图和谐严谨、明暗透视得当，恰到好处地抓住了思想家鲁迅精神世界的某个瞬间。上次我来李导家时，其实就注意到了这幅油画，它由于体积过大而无法上墙，一直立在靠近门口墙面最显眼的位置，想必这幅油画是李导的“镇宅之宝”。果不然，李导说这幅油画是他的“心中所爱”，它创作于1972年春，那年他才31岁，是在9.6平方米的“鸟巢”中苦心构思绘制的，至今已过去47年。谈到这幅画的由来，李导回忆说，当时“文化大革命”正进入后期，电影厂尚未恢复生产，吉林省将举办全省美展，号召业界同仁积极参与，我那时正酝酿着创作一部反映上世纪30年代中国“新木刻运动”的作品。鲁迅作为这一运动的首倡者，曾鼓励青年以木刻版画为民族与时代的进步而战，并积极引荐他看重的德国现代著名女版画家珂勒惠支的木刻作品，《反抗》《母亲》等版画名作正是这一时期进入中国。同时期，鲁迅还阅读了马克思、恩格斯的《共产党宣言》等著作，夜不能寐，深感中国之命运在于年轻的中国共产党……突然，我眼前呈现一幅画面：一个夜深人静的夜晚，鲁迅刚刚读完马克思、恩格斯的著作，内心激动不已。他推开窗，望着深邃夜空中的北斗七星，居然忘记了手指间燃烧的香烟。背景的墙上正是先生推崇的版画《反抗》，此时画面是静态的，但先生的内心却是激情澎湃的。这幅画作当年在长春市工人文化宫展出时有点儿轰动，有人惊讶：“前宽画得好呀！”可有人说：“他不会画画才改行学导演的！”《长春》杂志封二曾发表过这幅作品。我忙打趣地说：“若人人都夸您画得好，那中国就少了一个优秀的导演啰！”李导乐呵呵地笑着，看着他明朗赤诚的笑容，我理解他为何对这幅油画情有独钟，因为它的分量不仅在于他画得是鲁迅，而是因为它的跨度是整整47年，所反映的是艺术家在当时当刻的艺术表现，这是最重要的。在今天看来，它就好比是李导用艺术心灵窖藏的“陈年老酒”，不仅记录和见证了某个时代所发生的事件，沉淀了一个人的生命以及他的命运，更承载了一位年轻艺术家的心史，镌刻下一份青春的记忆。这跟我拍摄人物纪实摄影是一个道理。无论绘画，还是文字、音乐、摄影，都是人们保存记忆和情感的方式。它所传达的瞬间是如此珍贵，除非人类发明时光机，否则历史将不会重现。想到这儿，我连忙用相机定格下李导和他这幅画作的珍贵影像。后来在我的热心引荐下，这幅油画发表于《中国文艺评论》杂志2019年第8期的封二，取名为《遥远的星光》。

欣赏完画作，自然少不了要现场领略一下李导笔下的国风艺术。这时，李导走到书橱旁的长案前，像往常一样熟练地摊开一张硕大的宣纸，拿起一支保蘸墨汁的毛笔凝神静气地描画起来。随着纸上的墨迹像一点一滴、层叠错落地晕染而下，我眼前那个戴着墨镜拿着喇叭叱咤片场的李导不见了，取而代之的是带有几分个性和侠气的画家形象。只见他下笔果断流畅，毫不含糊，或提或按，或粗或细，或浓或淡，或干或湿，酣畅淋漓，一气呵成，不一会儿，一张初见雏形的水墨山水图便跃然纸上。我连忙举起相机和手机“推拉摇移”地拍摄起来。那一刻，整间屋子静悄悄的，李导全神贯注地作着画，我举着手机扎着马步像练气功一样在那儿拍摄运镜，萧导则坐在一旁的沙发上边刷手机边煮茶，屋内就只能听见噗嗤噗嗤茶水沸腾的声音。我一会儿将镜头从李导的脸上摇到他作画的手上，一会儿又将镜头从画作拉出摇至画室全景，一会儿站到李导身后利用过肩镜头拍摄对面的萧导，一会儿变换角度对人物面部予以特写，一会儿调整景别来一组画作局部推拉；为了交代环境，最后我对整间屋子进行了一个360度的全景扫描，整个拍摄过程持续了十几分钟。我心想，这二位可是调动大电影机在片场掌镜，指挥千军万马的大导演啊！我今天拿个小手机在这煞有介事地拍摄他们，这算怎么一回事呢？果不然，李导搁下画笔，一屁股坐回沙发上问道：“你刚才举着手机忙乎半天，拍的视频准备拿到哪儿去播啊？”我说：“留个资料或者编辑个短视频放在微信公众号里播。”李导微笑着点了点头，说：“你写的文章很有灵气和想象力啊！”我忙说：“谢谢李导的首肯，除了写文章外我还摄影，以后要多向你们学习，进一步保持高敏感，提升洞察力和感受力。”李导哈哈一笑，随后冲我举起手机，指着一张小女孩的照片说：“这是我的小外孙女，刚四岁，可好玩了！”……在喝茶聊天之际，我又举起相机为他抓拍了几张肖像照，但由于此时的李导是一副应酬的表情，加之屋内光线太暗，我离被摄者太近，拍摄效果不算太理想，只有一张他边说话边轻咬眼镜腿的照片略有“言外之意”，似乎捕捉到几分他身上的导演气质和神韵。可见，摄影看似简单，其实很难，想在百分之一秒的刹那捕捉一个人的真实本质和内涵谈何容易。按下快门，谁都可以，但通过人物和肖像观察我们的时代，捕捉无法言说的情感，却是一辈子的功课。

然而，在快速抓取人物精神特质这方面，李导却让我见识了他的功力，那就是即兴为人肖像的本领，既然上次已在北戴河的会议上见识过，这次自然不容错过。我掏出随身携带的签名本，请李导为我画一幅速写，他欣然允诺，全然不像有些艺术家那样拿捏着范儿，这种赠人玫瑰手留余香的大气豪爽令我受宠若惊。李导示意我坐在沙发对面，眼睛看向一边，脸颊稍微右侧，而后拿起中性笔细心勾勒起来，此时的房间再度陷入沉寂，只能隐约听见笔摩挲纸面的沙沙声，我连忙招呼一旁的萧导用她的手机拍张照片，记录下这一珍贵瞬间。短短五六分钟的时间，我的人物肖像便速写完成。定睛一看，第一反应是把我画得比本人好看，整个人物呈45度侧颜，笔触干净利落，线条灵动流畅，五官充满神韵，于清丽中透着几分自信与知性。李导对这幅速写也相当满意，他将画举过眉梢，冲我天真地笑着，神情中透出满满的自足和喜悦，那是一种与年纪极不相符的纯粹，一种不被时间和世事所侵蚀的向善向真。“搞艺术简直太可爱太好玩了”，正如李导所言。艺术家就像魔法师一样，总能瞬间抓住特征提纯人物精神，定格须臾之间微妙的灵性之光，将皮相之下被遮蔽的现实和情感予以敞明，不断给凡俗的生活创造无穷的情怀、乐趣和惊喜。那一刻，我沉浸在享受艺术的小确幸中，把生活中一些鸡零狗碎的烦心事全忘掉了。我欣喜地捧起画作与李导合影留念，李导也以洒脱遒劲的笔触在画末写道：“文静、自信、智慧的年青文艺家 为赵凤兰同志速写 二零一九年五月三日 李前宽”。至今，那个镜头一直留存在我的记忆深处。

三

从那以后，我和萧导成了忘年交，经常通过手机微信交流互动。有一次我还跟他们夫妻俩一起到双安商场附近吃饭，并到对面的华星国际影城去看电影。在我眼中，生活中的李导显然有点北方男人的大男子主义，他除了操心他热爱的电影、绘画和那些从世界各国淘回来的帽子，其他家务活儿基本上很少插手，全由夫人兼搭档兼助理兼秘书兼跑堂兼哥们的萧导全权处理。萧导买单、烧水、泡茶，里里外外忙前忙后料理李导，甘之若饴。有时，我甚至觉得萧导有些太惯着李导了，她用一种传统女性的体贴入微，把丈夫伺候得衣来伸手饭来张口，作为晚辈的我是无论如何做不到像她那样无微不至的。长此以往，李导便如那英歌中所唱的“就这样被你征服”，虽然在银幕上指挥千军万马，但在生活中对萧导言听计从、尊重有加。我想，作为一个能导男人戏的女人，一个把丈夫培养成大导演的女人，萧导必定有她的过人之处。

有几次我给萧导发微信说再想去看看他们，顺便再拍些照片，萧导回复说他们在台湾。我纳闷为什么老去台湾呢？还以为他们在那边有什么亲戚或电影业务往来，哪知那时的李导生命已进入倒计时，频繁前往台湾只是为了治病。时不时地，萧导也与我分享他们在各类电影活动颁奖仪式上的合影，只见照片上的李导笑容慈爱，眼皮虽有些耷拉，但眼珠却炯炯有神，头顶的小尖帽愈发俏皮和个性了，犹如一片荷叶盖在头顶，身边与他们同框的全是谢飞、陶玉玲等电影界的名角大腕。有时，萧导也给我发一些他们在嘉峪关胡杨林合影的照片，由于渐渐熟悉了，我也时常以摄影的眼光观赏并评论几句，“这张胡杨林的秋色很美，主体在背景中的布局选择得当，就是人物面部处于阴暗处，要是树缝隙那束光把脸部照亮就更好。”“那张光影很好，如果拍摄者能换个角度往右侧站，避免画面里人的脑袋顶着树就好啦！”萧导回复说：“这都是业余人士拍的，拍完就走，没那么讲究。”“哈！又去那里写生去了吧！多好的风景和模特啊！”

那年国庆节前夕，正值新中国成立70周年，李导萧导的修复片《开国大典》在万达CBD影城映出，萧导说给我留了坐，让我带朋友前去观摩，还问我是否能穿39码的鞋？想带双高跟鞋给我，我说太大了穿不了，像我这样的南方小个儿只能穿35、36码的鞋，并感谢她的好意。看片会当天，我带了几个朋友来到现场，只见影厅里已坐满了观众，巨幕超清数字大屏上是一张当年毛泽东在天安门城楼上举行开国大典的黑白照片，一面鲜艳的红旗呈对角线构图点缀着画面，上面写着：“经典插上科技翅膀 4K新版开国大典看片会。”影片放映前，李导在现场动情地说：“早在1989年，《开国大典》在新中国成立40周年上映，曾引起观影热潮。这一晃过去了30年。如今，看着她借助全新4K修复技术以崭新的面貌重生，我的心情非常激动！一个时代要留下一个时代的作品，这部作品就是我们那个年代人思想、情感的结晶。作为导演，我觉得影片的表演在整体上是松弛的，每个演员都处在历史的规定情境之中，都保持着那个年代人所特有的精神风貌和气质，而不是提着气演的。特别是毛泽东的扮演者古月的表演，当年是一个镜头一个镜头‘把’着过来的。音乐作为修复的一部分，现在听起来依然百感交集。作曲家施万春当年在写这些曲子时，泪水打湿在琴键上，我听着也是泪流满面。一个艺术家只有跟人民联系在一起时，他的情感才会迸发出如此强大的力量。”他表示，30年前《开国大典》中黑白资料片与拍摄部分的衔接有点生硬，如今“4K修复技术”呈现出更协调，更真实，更震撼的视听效果，让老电影焕发出崭新的艺术魅力。回忆30年前拍摄《开国大典》的创作过程，萧导也感慨地说：“当年很多人不看好我们拍摄这部影片，认为拍完了就砸了，从此将一蹶不振，但我们觉得这是历史赋予的一项艰巨的挑战，机会不容错过。为此宁可不要奖金、卖不出多少拷贝，也要全力以赴、不计后果地把影片拍好。拍摄期间，我们一天当两三天用，白天黑夜连轴转，节假日无休，所有人都是拼命三郎。由于高度紧张，前宽在拍片期间一直在拉肚子，影片拍完后，他拉肚子的毛病也不治自愈。正是剧组上下齐心协力、发愤图强，把所有集体智慧都贡献在这部影片里，才有了影片所呈现出的历史格局和风貌。”谈到剧组老艺术家如今的现状，萧导哽咽地说：“这部影片中的许多艺术家都谢世了，编剧张笑天、张天民，摄影师、美术师、制片主任‘走’了，毛泽东的扮演者古月、蒋介石的扮演者孙飞虎等许多老艺术家也都离开了我们，今天看到这么多观众还在欣赏他们的创作和表演，我特别怀念和感激他们。”听着李导萧导发自肺腑的感言，看着他们忙前忙后，喜极而泣又略带潮红的面庞，我感慨万千，感觉他们也像这部老电影一样焕发着青春和光彩。可以想象，在过去科技特效不甚发达的年代，老艺术家们用土办法、笨办法和淳朴扎实的表演同样拍出了波澜壮阔的战争史诗，收到好的艺术效果，其中的艰辛可想而知。如今，科技赋能使电影工业快速腾飞，但许多电影却少了些许情义，艺术的智性和灵性也逐渐消失在自己创造的文明里，这种现象不能不引人深思。可见，对于艺术创作而言，艺术家的热情和态度至关重要。任何时代的艺术品其实都是自己时代的孩子，每一部作品也都是艺术家的孩子，《开国大典》就是李导萧导用艺术初心和青春孕育出的最珍贵的孩子。

后来通过网络，我经常看到他们夫妻伉俪出席各大电影活动的身影，还多次在各个场合相遇。有一次我到中国美术馆去看展览，突然听到一个熟悉的声音传入耳畔，循声望去，原来夫妻二人正应邀在中国美术馆举办的“大师讲大美”系列艺术沙龙上讲座，那一期的主题是“大美情怀与电影品格”。作为主讲嘉宾，李导和萧导当天都身着正装，穿得颇为“主旋律”，正正襟危坐地在台上与主持人对话，台下则坐满了聚精会神的听众。我迅速从人缝里挤到前排聆听他们讲话，李导萧导很快发现了我，在台上冲我微笑点头，我连忙向他们挥了挥手。2020年春节前夕，在中国文联举办的“百花迎春”晚会上，我再次遇到李导和萧导，他们正与电影界的老艺术家们谈笑风生地围坐一起，我连忙迎上前去打了个招呼，便自顾自地忙开了。“兰儿，过来，给我和陶玉玲拍张照吧！”我听到萧导在叫我，回头一看，只见她和陶玉玲挽在一起，正笑盈盈冲我招手，我连忙走上前去冲她俩举起相机。只见镜头里这两位老艺术家都身着明艳的服装，红妆粉面、时尚鲜亮，再加上身上所特有的艺术范的加持，那气质与生活中一些平凡的女性完全不可同日而语。虽然她们年轻时都是大美人，但在今天，岁月依然无损于她们的美。当晚回家后，我将照片发给萧导，萧导表示感谢，闲聊时，她感慨地说：“年轻是一个人最大的资本，这是多少钱都买不回的，你好好珍惜青春吧！”现在回想起来，那一晚，是我最后一次见到李导。

“今年是我和你萧导从影一个甲子60年，也是金婚51年，我们还想搞个作品研讨会，回顾和纪念一下我们的电影生涯……”在这篇追忆文章即将搁笔之际，我耳边不时响起李导说的这些话。如今事业未竟，斯人远去。作为晚辈，我只能默默怀念与祈福，并将与他交往所感应到的吉光片羽用文字和摄影的方式留下，忠实记录下与之共情的生命体验与艺术感悟。倘若我的切身感受和真诚书写能让人们看到他们艺术人生的另一面，从而反观自身，唤醒深藏在心底里的生活方式和生存理念，同时为这个时代社会的人文风貌和历史文脉留下点精神印记，就算是我最大的欣慰了。

2022年8月15日

本文刊载于《名作欣赏》2022年第31期

深切怀念李前宽导演

赵丙成[1]

有些缅怀不是靠文字记录，也不是因人提醒，而是情感波流瞬间的颤动，生命的节点自然的伤痛，回忆的心门打开，忆起李前宽导演。凭借着我粗糙的笔触，很难写出他的宽广、他的艺术成就的厚度，只有用只言片语修缮李导在我心目中形象与品质的窗棂……

我见李前宽导演第一面，是长影旧址博物馆开馆仪式上，我是陪同长影演员、导演白德彰来参加开馆仪式，那时我们根本不相识，我只是在银幕上非常熟悉他的名字——李前宽。

他在仪式上致辞给我留下深刻的印象！他不用文稿却发表长篇讲话，生动、细致、全面地将长影的历史说得清清楚楚、明明白白！

2014年8月22日，我的一位电视台做编导的朋友，邀请我一起去采访李前宽、萧桂云导演。我们来到华天酒店见到了李导和萧导，这是我近距离同李前宽导演见面，采访期间我将我收藏的电影《开国大典》中

1　赵丙成：中国电影家协会会员，中国电影电视联合会演员委员会会员，中国夏衍电影学会会员，中国电影收藏委员会委员，吉林省电影家协会理事，长春市文化产业联合会常务理事，东北老电影影迷协会会长，吉林省百年电影传媒公司创始人，编写并出版发行中国电影人口述史：《沧海遗珠》《银幕马王》《神笔水墨绘春秋》。

毛主席在天安门城楼上向全国各民族人民宣告“中华人民共和国成立了”的那段胶片，放给李导和萧导他们看，李前宽导演非常高兴，并讲述了拍摄这场戏震撼人心幕后的故事。采访以后，李导回到北京将他在《抗美援朝》拍摄现场的视频传给我，我认认真真地看完，被他在拍摄现场忘我的创作状态所感动。在拍摄前，他会把所有细节讲得一清二楚，镜头的推、拉、摇移，演员的表演都会亲自指导，无论拍摄多大场面，情节再复杂，经过他布置后都会从容不迫、游刃有余，来龙去脉纹丝不乱，将剧情交代得清清楚楚。他导演的电影华丽而不雕琢。他最大的特点就是思维敏捷、才华卓越，一部部绝美的电影作品便星光闪闪地飘洒在浩瀚无边的银河上，是那样的神秘、那样的绝妙，在他的银幕作品中捧出多少个电影明星！作为电影人，他是成功的，他的荣耀传遍了大江南北；作为男人，他是幸福的，无论是生活和事业萧桂云导演一直在他身边。李导经常说萧导是他的老师，因为，李导毕业于北京电影学院美术系，而萧导是真正北京电影学院导演系，是专业的导演行家，但是，萧桂云导演夸李导有灵性，思想也很活跃，是个做导演的料！所以说，李前宽导演之所以有这么大的成绩，与萧桂云导演默默的支持帮助是分不开的。这也是我了解影视界唯一配合默契的夫妻导演！

我记忆的碎片在落日余晖中闪亮，这瞬间的光不但进入我的眼里，更驻入我的心中。世界无限大，谁也搂抱不到它的边缘。人生犹若沙粒在混沌中一闪，正为了这一闪，有多少英雄好汉想惊天动地，有多少仁人志士想轰轰烈烈。其实，轰轰烈烈也好，惊天动地也罢，为的只是在这浩瀚的世界留下一丝痕迹。然而，生活给人这种机会并不多。但是，李前宽导演做到了，在星光闪烁、大师云集的影视圈不但有着一席之位，而且，他是中国影坛杰出的第四代导演。

我第三次见到李前宽导演，是他同王霆钧老师写的剧本《东方欲晓》准备拍摄。李导带着前期准备工作创作组到长春选拍摄景地，抽出时间到长春逸康苑养护中心看望长影的一些老同事。逸康苑里当时住着电影《冰山上的来客》中扮演一班长的张冲霄和三班长扮演者白德彰，电影《创业》中陈淑芬的扮演者李瑛，化装师高为，还有一直同他合作的老艺术家刘廷尧等。李前宽导演给他们带去不少礼物，并告诉他们自己要拍摄的电影《东方欲晓》，是讲述长春电影制片厂这个有着中国电影摇篮之称的成长过程，也希望这些老艺术家们能在影片中客串点角色。李前宽导演在现场对每个人都问长问短，关心他们在养护中心里面生活问题，嘱咐随同人员要定期来看望这些老同事，有什么困难他来解决。他每次回长春，都要看望长影老同志，他说，这些同志都是长影的功臣，现在老了，但我们不能忘记他们。这些，虽然看上去是一件不起眼的小事，却真正体现出他的内心深处包含着一种情感，一个对同事的那种无微不至关怀，更大地彰显他的一种博爱的精神！在这荒诞充满一切向钱看的环境笼罩下，这种精神真是难能可贵，这种行为也令我感动，真不愧有着大将风度的导演。

就在这一天，在我的邀请和王霆钧老师极力推荐下，李前宽导演、萧桂云导演以及随他一同摄制组团队人员，来到我的百年电影收藏厅，参观了我所收藏的一部分电影藏品，李导特别兴奋，称我是中国电影的铁杆粉丝，邀请我参与他将要拍摄的影片，并告诉摄制组制片主任，看看我的收藏品中有剧情需要的东西，都要明码实价地支付费用。他对我说：你这些藏品不但记录中国电影机械的历史，也是对中国电影发展史做出卓越贡献的。这些收藏品都是你的血汗钱购买的，实属不易。他还说：这是一种对电影的情怀，只有这种情怀才会不惜重金收藏它，让冰冷沉睡许久的机械重新转动起来，让人们感到胶片电影时代的魅力，让现在的孩子们知道这才是真正的电影。随后他又听完编剧王霆钧老师介绍我这些年花费时间和财力寻访中国影人，已经走访了秦怡、于蓝、田华、于洋等一百多位老电影人，留下大量的珍贵影像资料后，他对王霆钧老师说：你应该给他写一篇文章，他才是我们电影人真正的朋友，这么多年他一直苦苦挖掘和传承中国电影文化，值得我们电影人为他宣传这种精神。

听完李前宽导演同王霆钧老师讲的话，我的眼睛开始湿润了，不是因为写文章宣传我，才使我激动。虽然这么多年我在电影方面投入许多精力和财力，第一我不是追星族，第二更不是指望它出人头地、混名声。出于对电影的喜欢，是因为从电影中学到许多东西，电影是我们那代人的集体记忆。电影是我的精神支柱，它已经成为生活中不可缺少的一部分。我之所以感动，是因作为中国著名导演，又是中国电影领军人物的李前宽，有许多的事要做，有那么多的喜欢他的电影观众，等待观看他的新作品。我只是一个小小的影迷，他却不遗余力关心我，支持我。我知道，他关心的不是我一个人，他是对影迷这个庞大团体的关心。他每次到长春来，都会引起影迷的关注，不管认识不认识，只要找他签字他从不拒绝。从这一点可以看出李前宽导演，不但是一位有着思想境界高和深广精神修养的人，而且更是一位能改变他人的修为与素养的人。事后，王霆钧老师真的将我的故事写了题目为《电影人的朋友》的长篇文章发表在报刊上。

在凌乱的记忆中，我尽情地放纵自己的思想，什么成功的信心对我来说已失去了意义，我无法将自己的思绪重新调整，脑海里呈现出他在我让他签名的本上龙飞凤舞画起来的画面，他那潇洒自如的姿态清晰可见，且不忍离去。当他画完后我才发现，竟然画的是我的肖像，不愧是毕业于电影学院美术系，几分钟的功夫，他便将我的神态、特点精准地勾画在纸上，那么逼真！我真是有幸得到李导作的画，我想也是他在世间的绝笔之作吧！后来我听说，他的左眼已经失明，右眼视力也不佳，但他的线条没有重合，人物特点鲜明。他不仅是大导演还是大画家呀。

我最后一次见到李前宽导演，是在长春电影制片厂十二放（小礼堂）观看修复高清电影《开国大典》。观后，李导现场发表了热情洋溢的讲话，这是我第二次聆听他的演讲，在场的人无不被他博大精深的艺术观点所折服，场里一阵阵响起热烈的掌声！

如果有什么办法可以缓解心疼的话，那就是“李导，天堂无病痛，一路走好！”不愿相信的事，在事实面前传过来，李导他走了！我的心如在不打伞的雨天彷徨，记忆的深处写着透明的泪滴……

此时，我不知道怎么来表达，含泪无语。于是，在得知李导逝世消息后，拿起手机写下一首诗，发在朋友圈来追忆李前宽导演，来表达我的心情；

缅怀李前宽导演

童年胸装祖国的您来自大连。
喜欢电影成为电影人是您夙愿。
您不畏辛劳、努力刻苦，
凭美术功底考入北京电影学院。
拍好电影是您的梦想。
萧桂云导演走进你心间。
你不负众望。
同萧导把《佩剑将军》送给观众，

改行成为一名导演。
您胸怀感恩，不忘初心，
拍出一部部红色历史经典的影片。
《金戈铁马》送您前行，
《七七事变》更有《重庆谈判》的美篇，
弘扬前辈为解放中国建国大业，
您顶着压力将《开国大典》与全国观众见面，
怎能忘《重庆谈判》千里选景。
不负乡爱组织活动却病倒在大连，
怎能忘电影界赈灾义演，
是您巧妙用摄影棚内的节目，
改变和震慑了观众情绪波动的场面。
怎能忘为《开国大典》顺利通过审查
您和萧导彻夜难眠，
您用精炼的语言征服高层领导，
让更多的人知道您的名字（李前宽）。
怎能忘您弘扬正气勇于直言，
《田野又是青纱帐》揭露社会丑陋，
将党的正气还给人间，
怎能忘为破除封建迷信思想。
《鬼仙沟》成为转变不放弃文化教育的代言，
这是您未卜先知的智慧，
更是不忘初心的显现。
您一生继承红色血脉，
不留余力要拍电影摇篮的起源，
《东方欲晓》是您要留给人间的佳作，
未能如愿，也是您留下的遗憾。
怎能忘，功成名就的您不忘情恩，
来养老院看望长影老友的场面。

怎能忘，您来百年电影工作室为我作画，
在画上写下我是“中国电影的铁杆粉丝”夸言。
您走了，
走得是那样匆忙，令世人震惊伤叹。
您走了，
那样安详，是因为萧导一直陪伴您身边。
您走了，
您将一生献给了电影，可人间少了一位好导演。
您走了，
却好像还在人间，每天的朋友圈刷屏手机传来消息，
您的身影渐近渐远在我眼前。
您走了，
您的灵魂没走，您的红色基因电影，
永远流传在人间！

无论我用和山等量的回忆和海等量的追忆，也无法写出他在人间的功绩。只晓得，他的离世是中国电影界的重大损失，也是没将他钟爱叙写长影史《东方欲晓》电影拍摄完的遗憾！有人赞叹他的才华，有人沉醉于他的电影艺术作品，他的一生，是诗人谱写新中国历史的一生，是把自己交给中国电影事业的一生！他是一朵耀眼璀璨的智慧花，是上天送给我们的一件礼物，如此这般，李前宽导演这一生注定用一部部电影佳作来诠释他恒久的光辉。

2021年10月30日

时教旅思宽

——怀念李前宽主席

郝蕴[1]

秋雨淅淅沥沥，平添几分愁苦。愁苦必是叠加的，内心的感伤浮现上来。李前宽主席走了，朋友圈里凭吊“刷屏”，而我多了挥之不去的歉意。

初识李主席，是在2009年10月，江西南昌。第27届中国电影金鸡奖颁奖晚会之后，他手持红酒杯，来到我们中间，兴奋地说，这丫头的获奖感言，精彩。

那一年，我的纪录电影处女作获得金鸡奖“最佳纪录片奖”。因为获奖感言，一个初出茅庐的纪录电影导演，得到时任中国电影家协会主席李前宽先生的肯定，继而结识了他和萧桂云这对影坛伉俪。

李前宽、萧桂云夫妇，联合执导《开国大典》《重庆谈判》《七七事变》等影片，囊括华表奖、金鸡奖、百花奖等诸多大奖。

2010年，作为中国电影家代表团成员的我随团访美，听到了李导夫妇讲自己的故事。“结婚给的屋子挺大，是个地窨子，墙上到处是水渍，而且还有鼻涕虫，盐放在上面都能化了。后来换了一间屋子，9.6平方米。”

1　郝蕴：高级编辑，国家一级导演。

“我们从电影学院毕业分到长影，最好的青春年华是在斗争中，阅历可以去掉十年，但年龄去不了。”

“当一个场记幸福得不得了。那时电影界四部片子，长影三部，我俩一人担任一部电影的场记，太幸福了，接触到专业了。”辗转的大巴车里，一片欢声笑语。

谈笑风生，想起李主席，一定有他的音容和笑貌。

2011年，我陷入泥淖。长期白天中国事务夜晚欧洲外联的时差碰撞、导演角色与投资公司的管理碰撞、东西方文化的交流碰撞，佐之哲学与人物本身的高难度，我拜访李导夫妇求解。

“对青年导演的爱护，对青年导演的扶持……”

解，来自题外，带着温暖。老导演、协会主席，双重身份的他，在大开大合的言谈中，传递着理解、关爱及至呼唤。

唯一往无前，解万难。

2013年，电影节期间我去看台湾纪录片，巧遇李前宽主席，映后座谈还见到了台湾的李行导演。李行导演说，你们都是纪录片导演，要多交流啊。他开创了台湾电影的“健康写实主义”，更被誉为“两岸影人交流第一人”。两位李导都致力于两岸电影文化交流，创办“两岸电影展”。

2021年8月12日，李前宽导演西去。一周后，8月19日，李行导演辞世。那是怎样的友谊与追思！

时光流逝。2018年我筹备澳门回归祖国20周年影片时，自然而然想到李主席，他在任中国电影家协会主席期间，积极推动与台港澳的电影交流，作出了突出贡献。他的助理介绍李主席要外出治疗，身体有恙。

而见到李主席时，他一如往日的潇洒，没有言谈疾病，也没有病态。澳门，妈祖庙、玫瑰教堂，要体现出文化的包容、和谐……院子里，李主席一边走着一边与我说着，间或同抱着外孙女的萧老师打个招呼。回到工作室，他翻找名片，打了多个电话，希望支持这部澳门题材的影片。

2019年，李主席安排助理找我，他想做一部关于新中国电影诞生的纪录片，让我担任导演。次年，李主席工作室内，他略带兴奋地跟我说这是一部纪实性史诗大片，1945年接管伪“满映”，1946年金山成立东北电影制片厂（长春电影制片厂前身），1947年张瑞芳协助金山创作《松花江上》……

他说他再改改本子立项。只是一个导演的我，或只有等待启动，没有更多能耐去推动这么有意义的片子，去实践一位老人一而再希望我实现的事情。

如今，斯人已逝，理想升腾，空留那剧本静静地躺在我的书报架里：

《东方欲晓》

谨以此片献给新中国电影的开拓者们

编剧：李前宽……

追忆落稿，与萧桂云导演通话核实一些具体细节，萧老师深情地谈起了李导：

“他家人天生能喝酒、会抽烟，但他不抽烟也不怎么喝酒。别人以为我管得严。其实是他心思不在这儿，他觉得太耽误时间了。

“2014年得病，或许只有半年的时间了。到后来，八个年头七年整，他一直在积极地干事情，他说我不能等死啊。

“没有说过一次身后的事。我为什么不问呢？可我怎么能问呢？”

……

2021年10月10日

李前宽导演对我的影响

——追思恩师李前宽

胡明钢[1]

2021年8月12日，朋友圈里传来一个不好的消息："李前宽导演走了"。我不相信这是真的！我不敢相信这是真的。

我知道"李大爷"（私底下我们晚辈对他的昵称，第一个喊出来的还是我）身体有恙，但每次在电影节相见，他都精神饱满地给我们讲这讲那，谈天说地，其乐观豁达的人生态度都在鼓舞着我，激励着我，影响着我。所以我不相信他会突然走了，也不愿相信这是真的！

此时，不敢去和他的亲人核实，赶紧打开"头条"搜索李前宽的大名，一条黑色的消息跳出来："长影著名导演、国家一级导演、中国电影家协会名誉主席李前宽于2021年8月12日上午8时29分在浙江宁波慈溪逝世，享年80岁。"

我这才相信我们的李大爷是真的离开了我们，真的走了！

眼前一片模糊，泪水伴着思绪飞到50多年前，长影大院迎来了一批电影学院毕业分来的毕业生，其中

1　胡明钢：国家一级导演，代表作品《旭日惊雷》（与李前宽、萧桂云联合执导）、《嫁给大山的女人》等。

就有阳光的前宽叔叔和漂亮的阿姨萧桂云，那时他们风华正茂、意气风发，走到哪里都带着风。

后来，前宽叔叔几经努力，终于达成夙愿——改行做了导演。

他的导演处女作《佩剑将军》一经面世，就在长影引起了不小的轰动，在全国也激起波澜。

继而为庆祝新中国成立四十周年而拍摄的《开国大典》可谓经典之作，打破了电影艺术固有的表现手法，大胆地将资料和现实拍摄有机地融为一体，将辩证法融入电影，充分体现了对重大主题创作与观众对话性的理解，引领了重大题材开掘更新的表现风格。这部电影的创作成功，更进一步彰显了前宽导演的才华。

也可以说李前宽导演是长春电影学派的代表人物。

我们这里所讲的长春电影学派，主要是指由解放区来的一批电影剧作家和导演艺术家。他们包括：《桥》《赵一曼》和《炉火正红》的编剧于敏，《上甘岭》（同曹欣、沙蒙、肖矛联合）、《党的女儿》和《冬梅》的编剧林杉，《中华女儿》的编剧颜一烟，《白衣战士》和《内蒙人民的胜利》的编剧王震之，《智取华山》（同郭维、东方联合）、《母女教师》和《金玉姬》（同王家乙联合）的编剧纪叶，《红旗谱》（同凌子风联合）、《万木春》（同潘青联合）和《北斗》的编剧胡苏，《葡萄熟了的时候》、《丰收》和《夏天的故事》的编剧孙谦，《桥》、《白毛女》（同水华联合）和《画中人》的导演王滨，《土地》和《白毛女》（同王滨联合）的导演水华，《回到自己队伍中来》和《钢铁战士》的导演成荫，《中华女儿》（同翟强联合）和《春风吹到诺敏河》的导演凌子风，《赵一曼》和《上甘岭》（同林杉联合）的导演沙蒙，《六号门》和《英雄司机》的导演吕班，《内蒙人民的胜利》、《沙家店粮站》和《风从东方来》（同吉甘联合）的导演干学伟，《五朵金花》、《金玉姬》和《达吉和她的父亲》的导演王家乙，《党的女儿》、《甲午风云》和《兵临城下》的导演林农，《我们村里的年轻人》、《刘三姐》和《平原游击队》（同武兆堤联合）的导演苏里，《冰上姐妹》和《英雄儿女》的导演武兆堤，《智取华山》、《董存瑞》和《花好月圆》的导演郭维，《战火中的青春》、《独立大队》和《冬梅》的导演王炎。这批艺术家在抗战前大部分受过良好的教育，抗日战争爆发后，他们奔赴延安或其他解放区。在解放区他们以毛泽东文艺思想为指针，在部队从事宣传和戏剧艺术活动。解放区的文艺摇篮使他们成长起来。抗日战争胜利后，由于历史的需要，他们先后从各自岗位转到电影战线，历史把开拓新中国电影事业的重担压在他们的肩上。这使他们走到一起来——从不同解放区汇集到我党最早建立的电影制片基地——东北电影制片厂。

他们多数在这里开始接触电影，用当时尚感生疏的电影艺术形式表现他们对生活的感受和认识，从不熟悉到熟悉中创作拍摄了一大批影片。其中有一些影片堪称我国电影历史上优秀之作。在这些影片里他们表现出相近的风格，这种风格的形成，绝不是偶然的。任何艺术流派的形成，总是有其历史的原因，严格说来，艺术流派的形成，都是历史的产物。长春电影学派的形成，就是在特定历史条件下的产物。

电影这种借助科学技术而由集体创作产生的艺术品，其风格的形成固然主要决定于影片主要创作者的个性，但参与创作和组织创作的所有人员的艺术素养、兴趣爱好，对影片风格的形成也起一定的作用。从这方面进行考察，“东影”在客观上为这批艺术家形成自己的风格创造了极为有利的条件。这就是：在这批艺术家汇集“东影”的同时，还有一大批长期在解放区从事文艺活动的领导骨干、剧作家、音乐家和演员在内的艺术家也汇集到“东影”来，如由袁牧之、吴印咸先后担任领导的延安电影团数十人；以钟敬之、成荫率领的西北电影工学队20余人；以沙蒙、张平、何文今为首的东北文工一团140余人；以徐徐为首的东北青年文工团60多人；以及各野战部队的一批艺术骨干，先后调入“东影”，成为“东影”从领导到各艺术部门的核心力量。“东影”初期领导人袁牧之、陈波儿、吴印咸、田方、钱筱璋、袁小平、何文今等，同上述一批电影剧作家、导演艺术家经历相近，因此，他们在艺术上有许多共同语言。

艺术家在创作上的追求，不但会得到领导的理解和支持，而且可以得到演员、作曲、美术等部门有力配合和较好的体现。因此，长春电影学派的形成，是特定历史条件下的产物，是许多经历、思想和艺术素养相近的艺术家风格上的自然体现。

随着时间的推移，长春学派的艺术家在形成了自己的风格后依然保持了风格的稳定性，这使得长春电影学派得以继续发展。

长春电影制片厂不仅是新中国电影的摇篮，也可以说是红色电影的基地。

李前宽导演就是在这种艺术氛围中得到滋养、成长、成熟的红色艺术家，在他以后执导的电影作品中都延续了这种艺术风格，所以说他是典型的长春电影学派的代表人物。

我进一步走近前宽导演，是在23年前，1994年，那是一个春天。

我应李前宽导演和萧桂云导演之约，去拍一部大型专题片《中国公路》，该片是为完成“八五”计划而拍摄的，重点表现公路的“三纵两横”工程，出发前李导和萧导嘱托更多的是安全并对拍摄方案作了具体的指导，每当我们在各地拍摄间隙汇报工作时，李导第一关心的还是安全，我深深地感受到了来自一位老师、一位长辈的关心和关怀。

完成拍摄任务返回北京大概是7月，我们在新疆饭店向李导汇报工作，听完汇报李导做出了新的决定：工作交给后期完成，马上进入新片《七七事变》剧组筹备，计划8月在长春电影节期间开机。

我有幸参与了此片的拍摄工作，接着又参加了《金戈铁马》(执行导演)、《明月出天山》(执行导演)、《黄家医圈》(执行导演)、《旭日惊雷》(联合导演)、《三峡人》的拍摄。

时间到了1998年，我正式独立，拍摄电视剧《大哥你好》。从此，李导将我放飞。也是遗憾，没有了继续向李导学习的机会了……

在与前宽导演合作、学习的过程中，他严谨的工作态度、高深的艺术修养、豁达的性格对我的成长影响很大，特别是电影美学的修养和思考对我的艺术之路影响尤为深远重大。

前宽导演对重大题材电影的主题把握，是具有前瞻性的，他熟读历史，深入研究历史事件，深度解析人物性格，去除表象，挖掘人物内心、思考人生，熟练地运用电影手法在影视作品中自由驰骋。所以他拍摄出的重大题材，才具有宏大的史诗般的气魄，其作品影响才会如此深远！

每每在拍摄前，前宽导演都会在技术会上画小图，对场面的把控、画面的调度、演员的表演都一一做出阐述，他的美学思考和语言表现及影响力是独一无二的，经他之口的描述，文字跃然成画，栩栩如生。

我至今还沿袭前宽导演的创作习惯，画导演图、读剧本、拍前画调度图……

“一个导演，没有大作品，就成不了大导演。”这是前宽导演对我的启蒙教育，所以我一直努力拍摄“大作品”，如今也拍摄了12部重大题材电影和电视剧，也获得了很多奖项。虽然没有成为“大导演”，但今天也可以告慰我的恩师前宽导演，徒弟按您的意思努力做了。您生前没能仔细听徒弟向您一一汇报，每次电影节相见，您都是应接不暇，忙得不可开交，不忍心去打扰您……

现在您有时间了，也没有病痛的折磨了，在天国仔细地听一听我的汇报吧……

想您，李前宽导演！

想您，李大爷！

2021年10月3日于长春

咬定青山不放松

——忆我敢为人先的良师益友，享誉中外的著名电影导演李前宽

钟泉[1]

时间如白驹过隙转瞬即逝。20世纪60年代，我与李前宽导演这批与共和国一起成长的年轻人幸运地垂青于艺术女神，刚从艺术院校毕业就被分配进新中国电影的摇篮——长春电影制片厂。我们厂里的这群年轻人，青涩却不乏激情，惺惺相惜又互相激励，经过多年披荆斩棘的奋斗，在各自的领域各领风骚，成为中国电影军中的马前卒，为中国电影事业鞠躬尽瘁，留下了属于我们那个时代的华彩鎏金。回忆弱冠之年的青春倩影仿佛还是昨天，心中依然如翩翩少年的我们却都已经年过古稀而近耄耋。近日惊闻我事业上的良师益友，生活中情同手足的兄长，中国电影金鸡奖获奖导演、长春电影制片厂总导演、中国电影家协会名誉主席、享誉国内外的李前宽导演因病医治无效驾鹤仙逝的噩耗，痛心疾首。多年来我的微信一直使用前宽兄近四十年前为我绘制的头像，而今画像依然栩栩如生，而作画之人已离我而去。微信通话的另一边，是前宽兄人生旅途相濡以沫的伴侣与事业上双剑

1　钟泉：长春电影制片厂美术片导演。辽宁师范大学影视艺术学院副院长、动画系主任、国家一级美术师。执导美术片《鹰》《牛冤》《金镜》《雁阵》《慈禧坐火车》等。曾在李前宽、萧桂云执导的《七七事变》中担任特技设计。

合璧的知己、金鸡奖获奖导演萧桂云女士。默默无语两眼泪，我已无从宽慰桂云导演了。

物以类聚，人以群分。我与前宽兄有很多相似之处。我们都是工农子弟出身，凭借对艺术的热爱和被上苍恩赐的艺术天分得以投身当时最辉煌的新中国电影事业。我们都是身上流淌着山东人原始血液的东北人，他的祖上是山东蓬莱，而我的先人来自登州宁海，都是胶东半岛孔孟之乡的沿海一带。他出生成长于大连，我则在长春生活工作。我们都是性情中人，都是美术专业出身，又都喜欢放歌交友。而从小没有兄弟姐妹的我，更是把年长我两三岁、心智更加成熟的前宽当作我十分依赖的兄长看待。虽然我们有相似之处，但性格也略有不同。他更洒脱飞扬，我则比较温和内敛，所以作为一种互补，朋友之间也相得益彰。无论在我的艺术道路上还是在为人处世的生活中，前宽兄一直是我的榜样，更一直是同龄人的楷模，他有咬定青山不放松的坚韧，更有敢为人先的冲劲儿，同时又懂得拿捏得体的妥协。他的为人处世几近完美，他的人格特质也成就了他决战决胜的命运，是对我一生最具影响力的友人。

李前宽导演自幼学习绘画，他多才多艺，阳光而激情四射。他从小学、初中到高中都是学校文艺活动、社会活动的骨干和积极的组织者。能唱、能演，爱运动、艺术天分极高。他精力充沛，表情丰富，思维敏捷而洒脱不羁的特质极具感染力。多年后他以自己的艺术天赋为自己导演的影片配音、配唱，多次主持国家重大的电影庆典，并在电影颁奖会上大展歌喉，无伴奏的清唱加之轻松的形体展现，震惊四座连专业人士都自叹不如，每次作为见证者，我在现场都深受感染。最初让前宽兄的艺术天赋得到专业认可的是1959年，他同时考取了鲁迅美术学院和北京电影学院美术系，绝对是学霸一枚。当年的他人小鬼大，义无反顾地选择去电影学院，因为他认准了那里是他放飞综合艺术梦想的跑道。在电影学院的五年间，对编、导、摄、音、美等专业能力的培养让这个毛头小伙儿脱胎换骨，从空有热情艺术素人转身底蕴深厚的职业电影人才。

前宽兄早我一年进入长影，我最初在科教片部门，他则分配在故事片部门，当时的长影依然是新中国电影天之骄子的时代，厂子大工作人员多，我们彼此都不知道对方的存在。直到1967年冬，我们一群长影的激情活跃分子跑到北京住在电影学院剧场的后台，简陋的条件让我大病一场，身体极其虚弱。当时一位很帅气的年轻人强行背起我，把我送到电影学院医务所，他长袖善舞仿佛十分熟悉电影学院医务室的情况，跟医生们说我对长影如何重要，一定要好好救治我。他还鼓励我要配合治疗好好打针吃药。扶我回到招待所后，他又对与我同住的老同志千叮咛万嘱咐要好好护理我。我对这位仁兄暗生好感，问同住的老同志他是不是电影学院的老师。老同志告诉我，他不是电影学院的老师，也是我们长影厂的——他叫李前宽，是电影学院毕业的年轻美术师。后来连续几天，他坚持每天都来看我，让我对这位热情善良、充满活力的小哥印象深刻，感激依赖。

在这以前，我虽然没有听说过李前宽，但是却对后来成为他妻子的桂云导演略知一二。1965年，跟我一起分配到长影的年轻人里有一位极其美貌的女生，她端庄秀丽文静，是我们这帮小字辈们议论的焦点，大家都说“她比剧团的演员还漂亮”。一有机会，我们老中青员工都要多瞟她几眼。“人家是导演，是北电毕业的，在电影学院就追求者甚众……”用现在的话讲，应该就是“校花”和“厂花”吧，还听说厂里有两个小年轻暗中较劲，都在向她大献殷勤。后来才知道，那传奇中的其中之一就是我前宽兄。同是北电校友，前宽兄在大学时代就一直默默关注这位比他低一届的导演系哈尔滨“美眉”了，但那个时代特有的严肃氛围，让他不得不把爱藏在心底。而自从两人先后被分配长影以后，前宽兄仿佛感受到了命运的安排，他终于可以大胆地接触自己心仪已久的梦中情人了。前宽兄对桂云导演生活上体贴入微，事业上互相交流取长补短，共同探讨画面造型、影片的叙事结构、演员体现。前宽兄在事业上有大智慧，在爱情上更懂得先声夺人，在两人还是普通朋友的时候，就已经四处放出消息说萧桂云已经是他的女朋友了，这让很多暗恋者知难而退。这种霸道总裁的做法舍我其谁，非前宽兄莫属。

敢为人先，变不可能为可能，是前宽兄人生道路上的常态。他职业生涯上的开拓之路，给了我很多启示。在那个僵化保守的年代，美术师改行做导演几乎是不可能的，企图画而优则导的这个不安分的年轻人招来厂内的非议。前辈导演们有论资排辈的观念，有人说“美术还没上几部戏就想当导演？”“不能开这个头！”同辈的竞争者们等着要看他的笑话，当然也有人盼着他能凭一己之力开创改行的先河。前宽兄既有扫天下的鸿鹄之志，也不缺乏扫一屋的脚踏实地，他从电影制作中起步最低的场记做起，顶住了学非所用、好高骛远、不务正业的议论和压力，选择了一生最理想的事业——电影导演。他义无反顾，工作中他的才能获得体现，深受刘国权、赵心水等老导演的欣赏、赞誉和器重。从副导演到联合导演，一步一个脚印，终于与桂云导演会师，夫妻俩开始共同创造出骄人的业绩。1989年，他们凭借史诗级巨片《开国大典》成功冲击金鸡奖最佳导演奖，并所向披靡、势如破竹摘得多项大奖，一时成为当年最火热的文化现象，捍卫了长影新中国电影工业长子的艺术地位。

当时的我一方面为前宽兄和桂云导演高兴，另一方面也为自己没能参与《开国大典》的工作而略有失落。我曾经一度与前宽夫妇长期合作，也算是他们的御用美术师了，可是由于厂里的安排，那时我已离开他们的剧组，负责组建和领导长影美术片分厂。在这个过程中，前宽夫妇一直对我的工作十分关注，经常推心置腹地帮我分析未来的事业规划，建议我利用中层业务领导的职务优势继续攀登艺术高峰。于是我一边担任美术片分厂的管理工作，一边从事艺术创作，并通过自己的美术片三部曲《鹰》《牛冤》和《雁阵》多次冲击中国电影金鸡奖最佳美术片奖。不得不说，前宽兄在艺术上的成就激励了我，我觉得前宽兄可以，我也行。终于在1991年中国电影金鸡奖的评选中，凭借中国风水墨动画片《雁阵》荣获了最佳美术片奖，再次为长影捍卫了艺术尊严。

一个好的朋友，一段好的友情是惺惺相惜互相成就的，而与前宽夫妇的友谊正是如此。在1991年的金鸡奖颁奖典礼前，得知我终于摘得最佳美术片的桂冠，已经功成名就的前宽兄比我还高兴，他百忙中特意提前跑到我住的地方“诡异”地说：“明天颁奖的时候，李师傅给你发奖。”“李师傅？”我百思不得其解，他故意卖关子不告诉我。第二天是金鸡奖的颁奖礼，我事业的高光时刻，让我意想不到的是，给我颁奖的竟然正是我亦师亦友的前宽导演“李师傅”。两人四目对视感慨万千，我们这群与共和国同时代以梦为马的逐梦青年，互相扶持互相帮助，竟然双双攀登到了中国电影艺术的巅峰。一段美好的友谊成就人的一生。现在回想起来依然心潮澎湃。

人生不只有高光时刻，患难中的雪中送炭更能彰显英雄本色。前宽兄有性情中人的洒脱不羁，骨子里却更具儒家深厚的仁义礼智信的忠诚厚道。在十年浩劫的岁月里，多少兄弟反目成仇互相厮杀，而前宽兄从来没有陷害过任何一位朋友，不管遭受多少威逼利诱。相比事业上的成功，更让我对前宽兄从喜欢提升为钦佩的，是他的人格魅力。记得“文化大革命”中的一次批斗会，几乎都是针对他的，因为他交友广泛，三教九流中当然有很多正处于风暴中心的人物，工作组期待从他口中搞出一些整人的材料，我们都为他捏一把汗。而前宽兄面无惧色侃侃而谈，思维清晰逻辑缜密有条不紊，把大家听得出神入化，有时还被他的幽默风趣逗得开怀大笑，与其说这是批斗会，不如说就是现如今最流行的脱口秀，与会人员竟然都忘了开会的主要目的，整个偏离了运动方向。

而向来不怯场的前宽兄，简直是灵光闪现，变被动为主动，完全掌控了整个会场的节奏。现在想来，也许这次批斗会为他功成名就后多次主持大型文艺活动奠定了一定的基础。主持人终于意识到砸了，急得上蹿下跳："李前宽，你太狡猾了，不交代自己的问题，又不揭发'516分子'的活动，我们是来听你讲故事、听你演讲的吗？"他若无其事地挺着腰板仰着脸聆听着几个运动积极分子的吼叫，毫无惧色平静如水，在那种让人胆寒的政治气氛中大义凛然，让一场闹剧无疾而终，他保护了好多人。此后，所有人都对他有了新的认识，"够哥们儿""讲义气""不出卖朋友""太有才了""没白上电影学院，好演员啊"。他的正直人品吸引着我越来越走近他，我从心底里对他无比感佩，更在生活中处处以他为榜样，做最好的自己。

前宽兄交友广泛，比如著名画家袁运生、范梦、广廷渤，导演彭宁，剧作家张笑天等等，他们都是充满正能量，都有独立人格又才智超群的精英。前宽能在友人为难之际不离不弃鼎力相助，对自己的后辈也尽心提携帮助不遗余力。每当我遇到人生抉择的时刻，都有前宽兄帮我指点。特别是我人到中年受命创立长影美术片分厂，带领着一群年轻人艰苦创业的过程中，每一部美术片都有前宽兄与桂云导演的建设性意见。

前宽兄曾经对我的事业有知遇之恩。我开始进入长影的时候，是做科教片动画设计的，后来变成故事片特技设计，最后终于转型故事片的美术师，都源于前宽兄与桂云导演的提携。当年由于特技部门的领导不愿意放我去做故事片美术师，前宽兄就赌气地说"不放钟泉我们摄制组就不发车了"。要知道故事片的摄制组一天的预算成本是多少，拖一天就意味着巨大的经济损失。有这种胆量的人，在那个年代可以说是凤毛麟角，我事业上的华丽转身前宽兄功不可没。我们共同合作了《甜女》《黄河之滨》《七七事变》等多部故事片，这也是我一度被称为"李前宽、萧桂云的御用美术"的由来。在故事片的制作过程中，我熟悉了完整的电影运作，这为我以后成为一名美术片导演奠定了坚实的基础。

前宽兄知人善任的事例不胜枚举，很多人的工作变动都仰赖他的一手促成，他认准了年轻人的工作能力，就想办法排除压力破格提拔，长影的很多年轻艺术家都得到过前宽夫妻的协助，后来在个人的艺术道路上都达到了相当的高度，可以说他为长影培养储备了大量的后备力量。每每出国访问或参加会议归来，他都会带一些珍贵的艺术品赠予我们，并把出访的心得体会和奇闻趣事与我们共享。他那时还不大的家更像是一个艺术沙龙，更加持他的妻子桂云导演的精湛厨艺，让人流连忘返，至今回味无穷。

有的人觉得前宽兄是一个长袖善舞八面玲珑的人，其实了解他的人才知道，他对艺术的捍卫有着愚公移山的精神，对自己的艺术作品充满信念，更有开创行业先河的独创精神。影片《开国大典》《重庆谈判》都可谓开行业先河之作，政治敏感度极高，在影片审查过程中他经受了常人难以想象的精神压力。影片创作中，他在新中国电影史上首次对毛泽东、蒋介石进行了人性化的艺术处理与加工，在当时的政治背景下都难能可贵。记得那时我去北京特意看望正在煎熬中的前宽兄，本想安慰他，却发现他毫不气馁，对自己的艺术创作与政治理念有着坚定的信念，他不但敢于坚持，更善于沟通，最后通过国家最高层的终极决策，这两部影片都顺利上映，漂亮地赢得了艺术、市场和政治上全面成功，不但让前宽兄和桂云导演双双登上了中国电影的最高峰，还使他们享誉海外，更为长影赢得了巨大的国际声誉。

前宽兄走上影协领导岗位后又兼任长影总导演，他力主长影展览馆的修建，亲自奔波筹款，终于在厂庆50年前夕顺利竣工。他倡导中国电影博物馆和电影频道的建立，主持影协工作后力主为新中国电影做出过突出贡献的老电影艺术家设立终身成就奖。前宽兄可谓是新中国电影史上的盖世英雄，不管什么荣誉，他都当之无愧。此后他获得了各种荣誉，更频繁出现在屏幕上热情洋溢地主持各类电影活动，精力旺盛，光彩照人。每次通话，他都兴奋地向我讲述着规划中的蓝图。近几年仍积极深入生活、搜集资料、讨论设计和筹集资金准备拍摄新的影片——又一颂扬新中国电影摇篮的历史题材巨片《东方欲晓》……

这位出身寒门、才华横溢、激情四射、敢为人先，咬定青山不放松的中国电影艺术的泰山北斗，我事业生活中的良师益友，他的一生仿佛长风倚剑的潇洒侠士，上苍更赐予他双剑合璧的神雕侠侣，让他们一生相依相伴纵横艺海，留给新中国电影事业最浓墨重彩的一笔。他以独特的人文视角完美地阐释了文艺为人民服务、电影为时代讴歌的艺术态度。作为中国电影金鸡奖终身成就奖的倡导者，李前宽导演，这位来自人民服务于人民的人民艺术家，却没有在他有生之年等到那座实至名归的中国电影金鸡奖“终身成就奖”，这是全体电影同仁们最痛心疾首的遗憾！

2021年深秋于长春

永远怀念，永远感恩

——追忆李前宽先生

侯光明[1]

惊悉李前宽先生溘然离世，心情无比沉痛。作为中国电影第四代导演的标志性人物，李前宽先生致力于中国电影的创作实践，为中国电影发展和电影教育事业作出了重要贡献。在我心目中，李前宽先生不仅是一位顶天立地的艺术家，还是一位渊博正直的思想家，更是一位甘为人梯的电影教育家。他拥有广阔的创作视野，厚重的文化底蕴，深沉的家国情怀，更有一颗大爱之心，他是“尊师重道，薪火相传”的楷模。永远怀念前宽导演，永远感恩前宽师长。

前宽老师是北京电影学院的杰出校友，多年来，他不单坚持电影创作探索，还不忘母校，有求必应，积极提携电影后辈。初识前宽老师，是我刚到学校上任时，他时任中国电影家协会主席，我们在工作与活动中慢慢熟识。在交往中，前宽老师给我的第一印象，是一个十分重视家庭，有责任感的人。几乎所有的重要活动场合，他都是和夫人萧桂云女士一同出席。他和夫人萧桂云女士都是北京电影学院的校友，萧桂云老师毕业于导演系，前宽老师毕业于美术系。

1 侯光明：北京电影学院原党委书记，教授、博士生导师。

他们夫妻二人夫唱妇随，是一个模范家庭。前宽老师导演的电影作品大多都是和夫人萧桂云女士共同创作、联合执导的。两人一起生活，一同工作，他们的家庭堪称一般家庭的表率。

前宽老师是一个精益求精、追求进取的人。对待电影创作，他从来都一丝不苟，钻研业务，孜孜以求。每每从他对当代中国电影，以及他自己创作执导影片的追溯怀念中，都可以看到他对电影的热爱。他对自己拍电影的事情记忆犹新，比如拍摄《开国大典》时，影片里具体的镜头、场面调度、情节以及精彩对白等，他都能如数家珍地给你描述当时是如何创作的。他从北京电影学院毕业后，最初被分配到长春电影制片厂工作，那时候拍电影是非常艰苦的。别人都不干的事情，他主动请缨去做，从最初做场记到助理导演，直到担任导演，他赢得了当时长影厂所有领导职工的赞赏。他的一生都致力于中国电影创作，拍了很多在中国电影发展中具有里程碑意义的经典佳作。

前宽老师是一个有着人间大爱、心怀感恩的人。举一个印象特别深刻的例子，他有一位恩师名叫田风，早期曾到日本东京美专学习油画，后来加入中国共产党，参加革命工作，解放初期调入北京电影学院任教。可能因为同是大连人，田风老师对待前宽老师就像对自己的孩子一样，经常把他接到家中补课，他们一起生活、一起学习，田风老师对前宽老师帮助很大，指导也很多。田风老师后来在社教运动中遭受迫害自杀，直到1979年才彻底平反，恢复名誉。在北京电影学院，田风老师实际上不是一位特别出名的老师。2012年，前宽老师到学校里来跟我商量，想要在田风老师诞辰一百周年时举办一次纪念活动，他还取了名字，叫“人间自有真情在——纪念新中国电影教育开拓者田风同志诞辰一百周年座谈会”。活动举办的时候我们邀请了国家广播电影电视总局、中国电影家协会、北京市委、大连市文广局等有关部门的领导同志参加，并且从大连把田风老师的夫人和孩子都请来了，还有田风老师身前培养的学生，当时场面特别感人。前宽老师真情不忘师长的教诲，这次活动的成功举办，不仅是对田风老师不为人知的电影艺术历程的一次重温，更是前宽老师作为学生，对田风老师为电影教育事业无私奉献生命精神的一种告慰。

前宽老师还是一个坚持工作，不知疲倦的人。这些年来，他一直在坚持工作，包括卸任中国电影家协会主席之后。实际上，前宽老师已经身患癌症很多年了，我也是后来才知道，幸运的是治疗很有效，也因为这样他一直坚持工作了很多年。我印象中每次见到他，都豪情满怀地跟我讲他的创作计划。记得有一年我带队去井冈山革命老区学习，他专门跟我讲当地有一个他担任总导演的大型实景演出《井冈山》，希望我带学校师生干部去观看，我们当时真的去看了。这个作品再现了红色革命老区的历史记忆，原生态的景观和真情实感的演出，看完之后很受感染。了解之后我才知道，《井冈山》实景演出在当地正式公演十几年了，已经成为井冈山红色文化的一张名片，而且演出团队全部都是当地的农民，解决了700余人的就业问题，实现了以文兴旅、以文就业、以文富民。这么多年以来，实景演出《井冈山》的观众已经超过300余万人次，门票收入达上亿元，后来还荣获了“五个一工程”奖。前宽老师还在甘肃举办国际电影展，为丝路文化提供平台，我们也支持他一起做电影《开国大典》的4K修复工作。他有很多美好的设想，每次都让我们感动，他还在美国纽约联合国总部举办绘画与电影作品展，并且荣获了联合国颁发的“美中文化交流特殊贡献奖”。

更重要的，前宽老师是一个情系教育，尽心尽力的人。他怀有一颗奉献电影教育事业的赤诚之心，他一直积极关心回报母校，提携电影后辈，对母校有求必应。我调到北京电影学院后，关于工作的事情经常向他请教，他家离学校也不远，我算是他们家的常客。当时，学校的两项重要工作，一是新校区的建设，在他的关心支持下得以顺利推动，当时面临资金紧缺等问题，他主动写信给中央反映困难，他写信是用毛笔手写，写得洋洋洒洒，气宇轩昂，现在学校新校区已经全面启用，也可以告慰前宽老师的英灵；还有一项是当年教育部评选“双一流”高校，在一流学科建设高校中没有北京电影学院，很多优秀电影人都觉得不公，他斗胆给中央写信，得到了教育部的重要批示和回复。在北京电影学院的建设发展和人才培养上，他都提出了很多好的建议。还有他当年拍摄纪录片、办画展，他都积极主动地带领北京电影学院的青年教师参与，全程跟随学习和记录，给学校青年教师的培养和实践提供了很好的平台。在学校师生的电影创作当中，他也积极给予指导和帮助，这样的事情不胜枚举。

在前宽老师身上，我们感受到了一种动力，不停前行，拼搏向上，生命不止，奋斗不息，这是他人生脚步的真实写照，也激励着我们把有限的时间，全身心地投入电影创作和教育事业发展上来。前宽老师是我非常崇敬尊重的师长，仰仗信赖的兄长，痛失良师益友，悲痛不已。他的不幸辞世，是中国电影界的重大损失。我们唯有承继前宽老师的光荣传统，全面推进电影强国建设，为中国电影发展不断创造新的辉煌，才能无愧于他老先生对中国电影的深切期望。

斯人仙逝，大爱永存，愿前宽老师在另一个世界，一切安好！

热情似火，情深义重

——深切怀念李前宽导演

侯克明[1]

人们一般都是通过《开国大典》认识李前宽导演的，这部电影大气磅礴的史诗般历史叙事，给人留下深刻印象，在中国电影史上写下了浓墨重彩的一笔。这部电影产生在一个重要的时刻，李前宽导演、萧桂云导演用他们作品留下了一座电影历史丰碑，他们对党和国家的热爱在作品中表达得淋漓尽致。作为晚辈，我对李导演的认识除了学习他的作品之外，更多的是在电影界的工作接触中。

李导是电影界有名的热心人，心里总像有着团火，走到哪里燃烧到哪里，带动到哪里。什么事只要李导出面，一定能办成。几十年来，中国电影界许多大事都有他的参与。我在各种场合与李导一起开会办事，时常为他的热心所感染、带动。李导演办事不仅热情，同时又很智慧，各方面想得十分周全，充分照顾各方利益，赢得了大家的信任。记得2007年金鸡奖评审活动首次在苏州举办，这是金鸡奖改为两年一次后首次举办，参评影片数量很多，看片数量翻倍，评委的评选工作压力很大，大家对作品的看法有分歧。

1　侯克明：中国儿童少年电影学会名誉会长，北京电影学院学术委员会副主任、导演系教授。

作为评委会主席，李导沉着冷静，认真倾听所有评委意见，努力弥合分歧，说服大家相互尊重，同时严格按照评审程序办事，最后大家投票选出公平公正的评审结果。李导全面贯彻金鸡奖“学术、争鸣、民主”六字方针和“六亲不认，只认作品；八面来风，自己掌舵；不抱成见，从善如流；充分协商，顾全大局”三十二字原则，充分体现了艺术民主、学术至上的金鸡奖精神。正是李导的热情正直和沉着，确保了金鸡奖评选工作的顺利完成。

李前宽导演是儿童电影工作最坚定的支持者。他与于蓝老师关系密切，经常参加于蓝老师、陈锦俶老师组织的儿童电影活动。2009年我接任儿童电影学会会长后，李导一如既往继续支持儿童电影学会的工作，凡请必到，使我倍感温暖。我们儿童电影学会搞活动不容易，没钱没利没新闻报道，明星们往往都不愿意参加。李导是电影家协会主席，他前来站台，我们请人参加就容易多了。从2009年开始，我们举办的每届中国国际儿童电影节，李导都热心出席并登台给获奖者颁奖，我由衷感激他不辞辛苦支持我们的工作。同时，李前宽导演也是儿童电影创作的积极参与者，是我国重要的儿童电影导演。2009年，李前宽、萧桂云两位联合导演的《星海》是一部集思想性、艺术性和青少年观赏性于一体的优秀儿童电影。影片最重要的艺术贡献在于将一位音乐家的成长过程呈现在银幕上，让观众看到了音乐在人生道路上的重要作用。作品用形象化的电影语言，展现声音世界的灿烂美好。这部电影艺术上充满想象力和创造力，是新世纪以来中国儿童片创作的一个重要收获，特别适合对广大青少年进行美育教育。2010年，这部电影被教育部、国家新闻出版广电总局发文推荐给全国中小学生观看。

作为20世纪60年代北京电影学院毕业的校友，李前宽导演对于母校始终怀有深刻的敬意和热爱，学院所有重要活动他都积极参加，为学院发展出谋划策。他与导演系老主任田风教授之间的师生情谊堪称美谈，展现了他的真诚和情怀。他上学时虽然在美术系学习，但由于是大连老乡的缘故，与导演系主任田风教授有了很多交往，在学业上受到田风教授的指点帮助。1964年，由于受到当时“左”的政治运动迫害，田风教授含冤逝世。在其后的数十年里，李前宽导演始终与田风教授的家人保持联系，经常看望他夫人于华老师。2011年秋天，李前宽导演突然打电话找我去他办公室，商议纪念田风教授诞辰一百周年纪念会筹备工作。李导提前一年就开始策划，让我很诧异。他后来又多次召集有关人员开会，并代表家属和老校友们，向学院领导正式提出纪念活动的安排设想，得到了电影学院党委的大力支持。一年后，在李前宽导演和诸多田风教授学生们的共同努力下，田风教授诞辰一百周年纪念活动圆满举办。要知道，这是在田风教授逝世近半个世纪之后举办的活动，他的生前好友大部分都已经不在了，只是像李前宽导演他们这些已经年逾古稀的“老学生们”还不忘记老师的恩情，才能成功举办这项活动。这是多么重的师生情义！其后，田风教授的夫人于华老师也因高龄生病住院，李前宽导演多次前去探望。李前宽是于华老师生前不断呼唤的名字之一。

李前宽导演千古！

喝粥与坚持到底

——怀念李前宽叔叔生前趣事

俞健游[1]

李叔、萧姨和我父母是同龄人，都是文艺工作者，并同在长春生活、工作，早年也应该认识。

我是2017年在帮袁运生先生做展览时，得缘近距离接触。虽然每次见面时间不长，但都能印象深刻，后来时常提起总是深有感触，久之李叔已成为我校准人生方向的灯塔。

喝粥

2017年袁先生在中国美术馆举办个展的展期末，李叔和萧姨从台湾返京，不顾劳顿特意去看。中午我们筹备组在华侨饭店请二老吃饭，席间闲聊时涉及一番关于感情问题的表述令人印象深刻，李叔感慨了一声："你袁叔厉害！大碴子粥、小米粥、高粱米粥、皮蛋瘦肉粥，那是花样翻新大饱口福……我是大碴粥一喝到底！"诙谐自嘲式的幽默，把一件颇有点尴尬的话题拉到了味觉的境界。一阵欢笑后忽觉回味无穷！虽说喝粥会导致血糖高，但"食色性也"在此刻巧

1　俞健游：画家，1968年生于吉林省长春市。1993年肄业于沈阳鲁迅美术学院雕塑系，2000年前于深圳从事酒店装饰设计与施工，2000—2015年创办上海互动黏土艺术工作室，2016年至今在北京建立大游工作室从事风景写生。

用，既比喻情感之事又述说了自己的态度，堪称大智慧，果然是执导宏大复杂题材的大导演！

坚持到底

再次接触是受袁家人委托做袁先生早年时期纪录片及口述史采访工作。2017年夏秋之交，我随同纪录片拍摄团队去大连，在一处酒店式公寓见到李叔和萧姨，他亲自出面向大厦的老板借了一间精装修的活动室，稍作清理后作为临时采访用房。在采访萧姨时，我和李导在门外闲聊，问题涉及他早年恋爱的经历，坦言当年在众多的追求者中，他条件并无优势。被追问是用何妙法才到手时？他回复我时，他瞳孔微缩，仿佛唤起了深邃的记忆，估计大导演脑海里该是他们青年时代的幅幅画面，短暂停顿后坚定地说："我的法宝是'我会坚持到底'……"

当袁野2021年8月12日告知李叔于浙江慈溪辞世的消息后，回想"我会坚持到底"这句话才觉出分量，那不只是在追求者中能坚持到底，而是相守一生一世的坚持到底。脑海里闪过那微缩的瞳孔、那短暂的停顿，原来那妙法承诺是要李叔用一生来践行！！！

"喝粥"和"坚持到底"洞见出他对人性的理解与人生坚守，堪为晚辈的楷模。遗憾已不会再有倾听的机会，十分感怀有缘相聚的短暂时光，让晚辈感知您做人的要求和坚持一生的意义。

2021年9月20日 于北京

想念李导

洪学敏[1]

李前宽导演，李导走了。

他悄没声儿地走了，走得这么突然，走得让我不能接受。脑子里一直都在想着……40年了，我们40年合作的友情，40年影视之路上对我的教导和引领。一共五部电影，还有长篇电视连续剧。从一开始认识他，走近他，到成为好师长、好朋友，最后到敬重他、崇拜他。他在我的心里永远是大写的人，很立体，很全面，甚至可以说很挺拔，很伟岸，很流光溢彩。这没有任何刻意，完全是在生活日常中建立起来的尊崇。现在，有好多人都在说谁谁是男神，一脸崇拜。男神应该是什么样子的？我的心目当中，男神就应该像李导这样，李导才是真正的男神——德艺双全，幽默豁达，浑身都是艺术细胞，不经意抖落一下，都会换来满堂喝彩。他能导、会画、能说、会唱，就连他偶尔为自己执导的影片吼上两嗓子，都是地道的陕北民歌腔。

李导为国家、为民族、为行业、为周边的亲朋好友，从来都是付出、包容，不求回报的。

1 洪学敏：演员，在李前宽、萧桂云导演的《甜女》《黄河之滨》《田野又是青纱帐》担任重要角色或主要角色。其他作品主要有《海霞》《天云山传奇》《喜盈门》等。

我想写一篇回忆李导的文章。我一直在想，要怎么写才好。因为要写的太多，每每回忆起来，就像影片的蒙太奇一样，连续不断，音容笑貌，都在里边。每逢这个时候，我都会控制不住自己对他的思念，静不下心来，不知该从哪里开始，才能把他这么一个完美立体的大艺术家生动地再现出来。

我想说，敬佩他，可以用“伟岸”这个词儿来形容他。我没有用“伟大”这两个字，不是我不想用，而是顾虑到李导的人生态度。他一定不会同意我用“伟大”来给他定义和贴标签，他一定会眨巴着笑眯眯的眼睛，自嘲地说：离“伟大”太远，我看“伟岸”可以。我个子长得不算挺拔，没办法，爹妈给的。但有美女夸我“伟岸”，起码会让萧桂云心生一点压力。

记得当年提出“电影频道”这个想法，作为人大代表的李导太有超前意识了。那时正逢电影不景气的低谷时期，李导高瞻远瞩，真是太了不起了。电影频道的诞生，集中体现了李导的智慧、远见和魄力。

中国电影博物馆的建立也是他的创意，找艺术家、名人签名发起。有了批文又放弃了拍摄电影机会，积极疏通和地方政府等方方面面的关系，真是下了大功夫……

电影频道也好，电影博物馆也好，一圈圈忙下来，忙到脚打后脑勺。至于在这两个项目上自己会占个什么位置。他不去想，也不在乎，只是付出。只要事情办成了，他就很高兴，也很自豪，像个孩子似的，抑制不住那份得意。这就是他的格局和不同凡响处。

北京国际电影节由北京国际“电影季”到“电影节”，也是他努力的结果。这几件事，件件都很大，都是中国电影界前所未有的创新之举。这条路，他是开拓者，铺路者。这个贡献，是泽被后人，甚至是千秋万代的伟业。为国家，为行业，他做出的这个贡献，无论怎样评价都不过分。李导可以不计较，但我们不能忘记和忽略。他付出了自己所有的专业智慧和无私大爱。我从心底里敬重他，李导，真的了不起！

李导对电影事业和演职人员的大爱，不仅体现在重大历史题材的把握和演绎上，也不局限于大陆演员。他和萧桂云导演一起，最早将目标投射到具有重要社会影响的艺人，启用了台湾演员胡慧中，拍摄了《重庆谈判》；执导电影《星海》，片中主要演员选择了台湾的徐若瑄和苏有朋。

这部人物传记式的影片，时代已经隔了几十年，主人公的生活场景又多在海外，能拍到什么程度，在看片之前，我实际上有着诸多担心。我应李导和萧导邀请，带着从不看电影的爱人进了电影院。看到影片即将结尾那一段，我偷偷看了爱人一眼，竟然发现他在悄悄地抹着眼泪。他是一个文化人，他看懂了，也看进去了。他用眼泪告诉李导和萧导，影片大功告成！我对影片中新人徐若瑄的表演印象深刻，李导点头称赞说：我们从大陆选到台湾，最终选择了她。这演员很懂事，会演戏！

李导的影响力，超出了国界，不光大陆，不光海峡两岸，不光香港和澳门。我还记得。几年前，他的身体尚未出现问题，记得在建国门附近的一家小饭馆里。饭间大家海阔天空，畅聊电影。不经意间聊出一个“绿色电影”的概念。李导兴奋不已，滔滔不绝生发开去。李导说要在联合国提出“绿色电影”理念，以此为中国电影在世界文化领域传播我们的声音。事后李导说他的倡议获得肯定和赞扬。李导说，他要争取推动召开这个新的电影主题国际研讨会议，并争取北京成为首届会议主办方。我能想象得到他声情并茂的演讲，一定是绘声绘色、激情四溢的。他有大导演的才情，也具有外交家的潜质。其实这时他已病了，没能按照他的设想成行。

李导对事业的倾注是如此忘我，而对演员的关心和爱护则像是一位贴心细致的长者。

我记起了从认识李导、萧导以及此后一起拍戏时的点点滴滴。

1982年我在北影参加《白鸽》影片拍摄，正值影片后期，我住在北影招待所。一日有人喊：“洪学敏电话。”那个时候电话都是喇叭播音。我从楼上下来，接完电话。后面就有人说：“你是洪学敏吗？我是长影《甜女》摄制组的制片主任，有一个报告文学，是李前宽导演要我给你送过来。”

我看完了报告文学，觉得像是一篇散文，故事挺好，但是太散了，就想拒绝。拒绝理由有两个：一是当时北影的水华导演正要准备拍一部片子，邀约我参加。另外，《甜女》是报告文学，我感觉离剧本还有点远。我给制片主任打电话拒绝了。制片主任说李前宽导演要与我见面交流一下，他们住在北京前门的北京市政府招待所，在煤炭胡同。我答应了。

李前宽导演花了四个多小时讲述他对《甜女》人物及故事的设想。那真是激情澎湃，手舞足蹈。我被深深感动了，也被他说服了。李前宽导演真诚地说：“你有什么建议？我们可以商量，一定要把这部影片打造成有韵味的感人作品。”他要我跟着一起去选外景，边采景边下生活边修改剧本。

那个时候我还是一个新人，演过几部作品，在观众中混了个眼熟。但是，一直都是演小姑娘，二三号人物，第一次有导演请我演女主人公，绝对一号人物，而且是很有命运色彩的人物。从十几岁小姑娘开始一直演到孩子的妈妈，人物命运跌宕起伏，我很喜欢，也很想挑战一下自己。再说水华导演的戏不会马上推上来。

开弓没有回头箭。从选外景开始，我就和导演及摄制组的主创人员一起，边下生活，边采集，边改编文学剧本直到分镜头，我第一次进入一个完整的电影创作过程。就像学了一个专业学科一样，从头到尾。像人物的掌握啊，人物的塑造啊等等，从头到尾一遍一遍地过。

我们是在吉林省延吉地区深入生活，当地文化局的领导非常热情陪着我们一起去老乡家。快吃饭的时候我还一直在厨房灶台上和女主人公一起忙活。朝鲜族有个习俗，吃饭时女人不能上桌，端个碗，就躲在灶间自己解决。同时，还要关照好饭桌上的男人们。这一套自然也是我必须要了解和体验的，包括怎么做朝鲜饭菜。吃饭时，李导就让我上桌，他们当地的人就说不行，强调他们是男人，不能和女人在一个桌上。我也说：不用，我来这儿体验生活，我就应该和女主人一起，真实体验一下做饭、为他们服务啊这些。李导当时很是称赞我的态度，化解了当时的尴尬。演员就是要这样，深入生活，就不能蜻蜓点水，而是要放下身段去做，去体验，就像真的一样。

我没有感到李导的严格、严肃，甚至严厉，反而觉得他是在用肯定我达到鼓励我、鞭策我的目的。我很感激他这种巧妙聪慧的做法。

《甜女》影片中，有一场结婚的重头戏，导演知道我从小学过舞蹈，为了拍好这场戏，导演特别请专业老师教我跳朝鲜族舞蹈。朝鲜族这种大活动，都是要准备米酒、土特产等东西。当时条件很困难，没有地方去买，摄制组自己准备，但当地老乡非常热情，要帮我们酿酒。跳舞这场戏导演尽可能地用完整的长镜头拍我跳舞，以示我的角色没有替身，展示一个演员的全面才华。拍的时候，当地老百姓里三圈外三圈地围得水泄不通，朝鲜族人非常高兴，都把我当成朝鲜族姑娘，夸我跳得好。李导和萧导特别高兴，表扬我聪明有悟性。萧导说，朝鲜族舞看似简单，要跳对了跳美了难度是很难拿捏的。李导说我跳的是专业水准，是真正的朝鲜族舞，教我的老师说我学一个星期的水平比学两年朝鲜舞的人都好。影片中插曲也由我自己唱，给了我很大的创作空间。

李导和萧导欣赏我、夸奖我，真的就像自己考了一个好成绩，受到长辈的奖励一样，高兴得屁颠儿屁颠儿的。跳舞本来就是我的专业，我在考进南艺就是舞蹈系的，唱歌却是一个新发现。这以后，我真的下过一点功夫，学蔡琴、唱蔡琴。曾经有一个唱片公司找到我，希望和我签约。这把我吓到了，这辈子我还没有当歌手的生涯规划呀。因此，我谢绝了，也就错过了成为蔡琴第二的机会。这个机会，某种程度是李导和萧导为我创造的。

业务上，李导和萧导是细心地雕琢着年轻演员。生活上对我们也是操碎了心。

我们下去体验生活，遇到围观是常事，甚至有时会遇到恶意侵犯。因此，不管是走到哪里，李导都会安排一个女生，假扮主要演员，故意指鹿为马，混淆视听，以期达到保护我的目的。我们剧组有个化装师叫小明，人长得漂亮。李导就经常让她在我身边。每到一地，让人真假莫辨，把人们的注意力引开，现场拍摄就会减少很多喧闹的麻烦。有几次，拍摄现场出现意外情况，李导二话不说，冲到前面做应急处理，每逢这个时候，他不像是一个导演，而完全是那种特别仗义的东北汉子、二郎神。每一次，他都能惊险而安全地把事情摆平。我就是在李导和萧导这种呵护下成长起来的，我相信，一定有不少年轻演员也受益于李导和萧导。

《甜女》之后，我和李、萧二位导演又有多次合作。在《黄河之滨》电影中，他们大胆用我在影片中扮演两个角色，先演妈妈后演女儿。一个人扮演两个角色，这也让我在艺术道路上得到很好的锻炼和极大的提升。

在多年的业务合作中，我们交往无数，情同手足。李导的胸怀、包容、善良、智慧、担当以及他身上那种男子汉的气质和素养，潜移默化影响着我。

一个艺术家之外，他也是一个做人的楷模。

我们那个年代，每上一部戏要请很多的演员和艺术家，当时有很多老艺术家、老演员都在五七干校，或者在隔离。李导全然不顾这些。他有一种对人的爱，他只要觉得这个演员适合角色，就千方百计想办法帮忙，给他们机会，一起出来合作。他会为此不辞辛苦，上下找关系奔波疏通，不少演员及老艺术家都是通过和他合作电影而借机脱离困境的。遗憾，这许多前辈已经不在了，无法让我们听到更多感人的故事。

李导真的是电影界少有的核心，无论多么严峻的形势、严酷的场合，他都会举重若轻，用逗大家开心的手法化解困境；他永远是一团火，会把大家燃烧得旺旺的。这是他的魅力，这个魅力别人是学不来的。

我还要特别提起一件事，这件事让我久久难忘，感恩至深。

2017年，李导应苏州市政府邀请作专题讲座。此时的他，身份是中央文史馆馆员。当时，我已在苏州创业三年，正在做一个少儿艺术项目策划。讲座后，李导和萧导约我见面并了解我的近况。当他听完我的项目方案和存在困难时，首先反复问我："项目是你策划的吗？"我做了肯定回答。李导兴奋地说："项目太好了。我愿意做你这个项目的顾问，切实帮你推动。"他要我把项目详情写成报告交他，前后仔细指导我改了三次。最后，由他签名转给了当时的苏州工业园区一把手，今天的苏州市市长吴庆文。并且他提出：项目落实后，他会对项目做出实际指导和支持。吴庆文市长为此亲自到我公司来做了项目调研和推动。项目最终由于种种原因暂时搁置，但李导对一位早已退出影视界的晚辈仍然十分关注、关爱，在我事业发展的关键节点施以援手，这让我深受感动。

李导走了，对于他这个年龄，还并不算大。他那颗聪慧的头脑，还有着说不尽道不完的重大影视项目策划，他把这些都带往了天国。

我相信，他会换一种活法儿，重新开始。这是他的性格使然。

而这个开始，也一定是精彩的。

2021年10月于苏州

追忆前宽数事

姚荣铨[1]

我与李前宽相识，是因为他在香港的师弟彭宁和在澳门的师弟徐新是我的挚友。李前宽与徐新、李宗津都是专攻电影美术。他们的大师兄是由美术成功蜕变为名导的李翰祥。电影界中不乏这样的转型，如张骏祥、汤晓丹。

徐新曾任职澳门文化局。澳门城区申请世遗与其努力不无关系，他亦勤于剧作，成名作是《澳门新娘》，还有力作《少年星海》（又名《星海》）。当年澳门回归祖国十周年之际，筹办庆典活动的机构希望能够借此留下一部有意义的作品。我便推荐了徐新创作的关于冼星海的电影剧本，前宽及妻子萧桂云表示愿全力以赴。他们夫妇不只拍成献礼大片《星海》，不遗余力地宣传这部讲述澳门名人的电影，该片还参加许多国际电影节并获得不少奖项和声誉。

当年李前宽是中国影协主席和中国电影基金会的领衔人物。每年由他担当组团访港参与香港电影盛事；又组织内地优秀电影赴澳巡映，促进多元发展和国际休闲中心的创立。他尤其喜欢到大学、中学放映

1 姚荣铨：沪港文化交流协会创会会长。

电影及座谈，潜移默化地熏陶青年学生的爱国情怀。

前宽在港澳广交朋友，以中国电影基金会为平台，做了很多团结联合的工作，邀请汪长禹担任基金会名誉副会长，还邀我为港澳顾问。在促进两岸文创合作上，前宽乐意牵线搭桥，组团考察交流。还有一件事让我印象深刻，他有一次出席全国政协会议，当时被国家领导人问起我国有多少银幕，前宽显然熟稔于心，并立刻作了详细汇报。我也对银幕数量敏感起来，为此写过好几篇新闻报道。正因李前宽“胸中有数”，随着我国电影业者的不懈努力，以及日新月异增长的银幕，中国电影发展才会突飞猛进。

从《开国大典》到《星海》

——缅怀前辈李前宽导演

贺文进[1]

你万不可局限于一篇文章、一篇论文，这篇论文只能是你做更大事业的一个导火线，没有这么一个思路和制高点，写不写这个文章、当不当这个博士都没有用！

——李前宽

这段话是李导曾给我的告诫和鼓励，令我至今难忘。2019年的11月，我在李导演的家中就我的论文题目和一些关于儿童电影发展的问题采访了他。李导语如惊雷，字字给我醍醐灌顶的感觉，他充满激情的一番话，让我听得又愧疚、又感激、又激动。他真的就像一团火，给人温暖和力量，可以点燃周围人的热情。然而持续了一年多的疫情让我的论文也搁置了一年，那些计划也似乎越来越远。而今年8月李导的离世让我又难过又惭愧，难过失去了一位有大情怀、大智慧的电影前辈，难过我的朋友失去了慈爱的父亲；令我惭愧的是两年前就该开始的论文迟迟没有进展……重新整理两年前的采访录音，百感交集。收拾心情，

1　贺文进：中影发行副总经理。

整装待发，用行动和努力来实现曾经的承诺吧。

我选取了李导最后一部影片《星海》的两个片段作为我的论文实验素材，算是我对李前宽导演的致敬！

向老一辈艺术家李前宽导演致以最深刻的怀念和敬意！

哭前宽

徐锋[1]

辛丑之秋　落叶初黄　呜呼前宽　仙逝他乡　惊闻噩耗　肝胆俱裂　日月无光　前宽于我　亦师亦友　举世无双　置遗像于陋室　设灵位于佛堂　含悲举酒　滴泪燃香

一哭前宽　影坛巨臂　国之栋梁　八旬一瞬　阅尽沧桑

生于乱世之冬日　长于大连之海滨　潮风孕育聪颖　海浪铸就刚强　少年金榜题名　北京电影学堂　一时名扬北国　光宗耀祖儿郎　北影时尚重镇　国之电影希望　藏龙如军校黄埔　卧虎若东北山岗　学子多门庭显赫　前宽则家出平常　他人锦衣玉食　前宽衣食寒凉　唯一奢装棉袄　家母手制衣裳　袖长领高襟阔　西北老农模样

然青春热血　趾高气扬　告白学友　要找校花对象　校花萧姓　名曰桂云　月中仙子　国色天香　校内有才子簇拥　校外多纨绔围张　危机四伏　前宽下狠手不再彷徨

是日周末　舞会开张　一曲终了　前宽箭步中

1　徐锋：武汉刘道玉路石教育基金会理事，上海仲弘基金会理事，武汉大学兼职教授。

央 挽长袖于手臂 扎衣襟在腰上 昂首挺胸 狮吼一样 桂云过来 做我舞娘 石破天惊 江河断淌 舞厅之内 全体懵圈 淑女桂云 不知所措 款移莲步 曼舞轻扬 初战告捷 前宽自信满腔 饭余课后 立桂云之窗下 唱西城之情歌 在那遥远的地方 有一位好姑娘 可怜桂云 兰心始乱 情窦芬芳 经年之后 月下静思 桂云始悟 彼时前宽 绝非年少荒唐 实乃老谋深算 情网细张 此则公案 令人感佩 情场高手 撩妹达人 非前宽莫让

学成之际 鸳鸯双飞 长影有幸 得此伉俪 犹唐僧西行 如善财拜佛 其时长影 巨星云集 前宽桂云 安于斗室 参经究典 技穷银幕内外 博学名师 悟尽人情世故 浩劫之后 始获单飞 《佩剑将军》《开国大典》《七七事变》《重庆谈判》 再现《金戈铁马》 说尽人世沧桑

《开国大典》 惊天巨制 初始审片 杂音汤汤 幸得贵人指路 黑夜再见曙光 难忘斯日 朝堂之内 常委全上 开国大将 森然列装 正中有椅 名曰太师 为审一片 阵容皇皇

江山岁月 铁血悲伤 开国大典 礼花怒放 尘埃落地 天宇重光 开国大典 昆仑出世 海峡两岸 香港澳门 两角票价 亿万票房 百花献瑞 金鸡高唱 前宽桂云 琴瑟和谐 影坛树泰岳之尊 艺苑有北斗之望 功高德厚 天下颂扬

二哭前宽 影坛称帅 自觉担纲 海峡两岸 香港澳门 统一花香 以一己之力 聚众人之长 艺苑佳作迭出 影坛百花开放 最忆井冈 一台实景演出 两年苦战时光 天地舞台 农民主演 峥嵘岁月 舞台灯光 血旗灯 六章再现烽火岁月 情火路 一曲唱尽红色井冈 言传身教 农民成出色演员 千锤百炼 灵感化精神之光 幕开曲响 惊动中央 八次新闻联播 地方农民致富 观众洒泪剧场 上慰先烈 下惠民生 此善此爱 日月宣张

原班人马 挥师太行 八路军 在武乡 朱老总 红星扬 国破山河在 血肉洒疆场 八年抗战 一场大戏 旅游胜地 始有武乡 电影大咖 跨界榜样 两台实景演出 一批艺术栋梁 统归麾下 再谱华章 从井冈山到花果山 一部大秀西游记 两亿美金建剧场 六年精雕细刻 惊艳岁月时光 红色演艺 时尚大秀 中西合璧 时代交响

三哭前宽 红军长征 血染湘江 大秀妈祖 少林月亮 多台大剧 成功在

望　前宽撒手　却去仙乡　苍天垂泪　薤露歌伤　山高水远　魂归何方
生命如流　雁阵惊凉
逝者如斯　同此国殇
呜呼哀哉　伏惟尚飨

遇见与重逢

——致前宽

徐锋[1]

“众生皆有终，生命本无尽”，佛家对时空生命的解读实在令人惊叹，两千多年前的认知竟然与当下最前沿的科学“量子纠缠”如出一辙。

由此我想到前宽。

转瞬之间，作为有形之身的前宽离开我们已经三年了。起始我完全不能接受这一现实，因为我们还有很多未了之事。虽然都是尘世俗事，但绝对可以激荡我和他的生命激情。三年过去，再想到这些虽然我依然会泪流如雨，但内心深处却不再悲伤了。三年的回顾与思索，我真切地感知到前宽生命的圆满。我为自己有这样一位师友感到自豪。

如果把时间比作江河，人生比作流水。李前宽绝对不是滥觞细流，观其一生，他始终是奔腾咆哮的黄河长江，直到他肉体生命功德圆满的前一个月，还有一个多小时的关于艺术的“咆哮”存留在我的手机里。而且我相信他随时随地都可以与我“量子纠缠”，就在我提笔写这篇纪念文章的前夜，他还走入了我的梦境……

1　徐锋：武汉刘道玉路石教育基金会理事，上海仲弘基金会理事，武汉大学兼职教授。

作为一个电影导演，李前宽无疑是成功的。研究他成功的原因，既 攸关国家与社会的沧桑巨变，也与他的性格或者说生命基因息息相关。

他与生俱来只宏观宇宙银河而不执着星辰北斗。当国家与人民走出十年浩劫，“伤痕文学”“伤痕电影”风行的时候，李前宽，还有他美丽的夫人萧桂云，却双双把目光投向了1949。

1949，是中国自汤武革命以降最为惊心动魄的一个历史年份。共产党与国民党，毛泽东与蒋介石，犹如公元前206年的楚汉之争，无论如何该分出胜负了。烽烟起处，几百万大军中原逐鹿。最终毛泽东在北京缔造了一个新的政权，而蒋介石则逃往孤岛台湾，吞下无尽的悲凉。这一年的烽火硝烟，天翻地覆，是中国5000多年历史上华彩而壮烈的篇章。李前宽寻源探幽，抽丝剥茧，把这一年激扬的历史变成了中国电影的鸿篇巨制《开国大典》。

如果我们认为李前宽夫妇对1949年的回顾与解读只是成就了一部电影，那就大错特错了。通过1949年中国大地发生的惊天巨变，通过胜利者的万丈豪情和失败者的无边落寞，李前宽和萧桂云，完成了自己人生和灵魂的重塑。虽然他们不是1949的亲历者，但艺术即心灵，当他们用电影再现斯年斯人斯事，可能比参与者更为冷静和刻骨铭心。

从《开国大典》到《重庆谈判》《七七事变》，李前宽不仅奠定了自己在中国电影界的扛鼎地位，更是以超群的胸怀、眼界、包容和智慧，成了电影这个名利场中的一股清流。自前宽任中国电影家协会主席到他离世，不仅内地电影界，香港、澳门、台湾，甚至包括好莱坞的电影人，都对他赞誉有加，这殊为不易。究其原因，我认为唯一的答案是，他“亲历”了开国大典。

我是在前宽人生的高光时刻与他相遇的，还促使他跨界到演艺行业进行新的艺术探索。从《井冈山》《太行山》到《西游记》，皆成经典。这些剧目无一例外都秉承了《开国大典》的史诗气质。

“《十送红军》的旋律一直在井冈山回荡，随风而起，和雨而唱。秋风秋雨，梧桐叶落，火把十里，红军阿哥你慢慢走，此路血雨腥风，山高路远；草鞋双双，带着井冈山的红泥，一路血火斑斑。那就是路标，直指延安，直指天安门广场的开国大典。”（《井冈山》旁白）

“八路军进太行时仅有36000人，出太行时发展成百万大军。八年抗战，太行山成了中国人民解放军的摇篮。115师从太行山挺进东北，发展成‘四野’，解放了东北、平津、华中，一直打到海南岛；120师走出山西，发展成‘一野’，解放了陕西、甘肃、宁夏、新疆和整个大西北；129师以太行山出发，向中部，东部发展成‘二野’，解放了包括云贵川在内的大西南。”（《太行山》旁白）

这是典型的“李氏语言”，大气磅礴，撼人心魄。

今生的相遇定是前世的重逢。

从2008年与前宽相遇，他与我亦师亦友，留下的所有回忆，都是宝石般珍贵与美好。连他喜得孙女，也一定要我为之起名。于是，人世间有了一个叫“心羽”的女孩，现如今已是亭亭玉立了。

所有这些，都坚定了我与前宽是“重逢”的信念。

在我的同仁中，大家都尊称前宽为李导。既然生命无尽，李导，那就让我们在不同的时空为之起舞吧。因为“任何一个不曾起舞的日子，都是对生命的辜负”。

2024年5月23日

姥爷，您好吗？

徐心羽[1]

2021年，我要上中学了，特殊时期得提前到学校报到。刚到北京，就收到“您走了”的信息，我一时没明白是什么意思，但看着爸爸、妈妈的神情，我突然明白了！就是大人们说的去天上做快乐的人了。我知道从此再看不见您真实的身影了，听不到您朗朗笑声了……我太想您了，您怎么就走了呢？

妹妹嘉羽常在饭桌上说：“我想姥爷了。姥姥，您让姥爷快回来吧！他还在外面看病吗？”姥姥和妈妈都没有吱声，感觉此时空气都凝固了，妹妹还在嚷嚷着要姥爷回来，我让妹妹别喊啦，能不能少说点话……

我从学校返家的车里，妈妈给我看了金鸡百花电影节颁奖活动，众影人缅怀您，看到您笑容灿烂的影像，配着《送你一朵小红花》的音乐，我哭了！我哭了很久很久！

在台湾高雄爱河的岸边，我们一起背着画夹子，走到哪里画到哪里，姥爷画的大树特别好看，引来不少人围观。姥爷画得好快呀，一位围观的外国女孩很

1 徐心羽：李前宽、萧桂云外孙女。

羡慕，于是姥爷给她画了一张头像，女孩高兴死了，一个劲的感谢！

姥爷经常在我的脚趾头上画人头像，十个脚趾各有不同，连在一起就是一场戏，太有意思了！姥爷那么大年龄了，还能跟我玩到一块，太高兴了，每次我都被姥爷乐得喘不上气儿。

姥爷还和我一起玩沙子，沙子沾满了我一身，冲洗后衣服也整湿了，姥姥就用她的大头巾包上我，姥爷又把我裹成少数民族服饰的样子，好好看呀。

姥爷的想法可多啦，像变戏法似的。记得在我刚上小学时，别人曾经问我姥爷做什么的，我回答说，你长什么样我姥爷就能画什么样…… 那时还不知道姥爷和姥姥是著名的电影导演，现在想想自己好搞笑……

在台湾遇到一次地震，我还没转过神儿，您就冲到我房间，跟我说别害怕，有姥爷、姥姥、爸爸、妈妈在。然后就跟我聊天，我想您是在转移我的注意力，让我放轻松。

一有机会姥爷就会带上我一起玩。记得在澳门，我在马路上疯狂地跑着，一下子摔倒了，人直接摔出去老远，腿上肿了好大的包。挺疼，也不敢哭，谁让我是自己作的。夜里很晚啦，姥爷把药拿来给我涂上，不停地跟我说不能再这么跑啦。我一直觉得姥爷是个很粗线条的人，可我每次出门他都会千叮咛万嘱咐，要拉紧妈妈、爸爸的手，别丢啦！有姥爷在时，他会一直紧紧地牵着我的手……

2018年，我参加了匈牙利中欧青少年画展，颁奖活动在人民大会堂举行。主办方通知爸爸让我出个节目，爸爸跟我商量后，我决定跳藏族舞蹈。听爸爸说他们还邀请了姥爷，但是姥爷有别的工作安排，时间冲突了。姥爷听说我有独舞表演，就把原计划给调整了，带着我一起出席了活动。人民大会堂好宏伟呀，一进到里面，太辉煌了，真是目不暇接。我听妈妈说，姥爷每年都在这开会，连续开了二十年，姥爷真了不起呀！我第一次在这么大的舞台上跳舞，刚才还怦怦跳的心脏，突然不紧张了，跳得很投入，感受到藏族舞蹈的魅力。听到大家的掌声和赞美声，瞬间有种莫名的骄傲。活动结束后，我跟姥爷说：“以后我要经常到这里来跳舞！就我一个人跳独舞。太爽了！”姥爷向我伸出大拇指，妈妈在一旁说：“美的你！你以为人民大会堂是可以随便进出的吗？”我伸了下舌头，心想也没啥了不起的，下次我要到姥爷开会的那个最大厅跳舞。后来我才知道最大厅的意义，我真是太高估自己啦，不过也不是没可能，哈哈！真到那天，我第一时间跟您报喜啊！

2019年，我在大连看了4K《开国大典》。电影放映前，姥爷、姥姥与观众对话，认识他们的人好多好多呀，还和他们合影、签名留念。原来姥爷、姥姥真的很有名啊。后来学校老师还让我请姥爷到学校里来，现在我明白为什么啦……

姥爷有时比妈妈还要了解我们。记得刚上小学时，每天都要背很多诗，有时背到很晚也背不下来。姥爷听到后，到我房间，跟妈妈说，太晚啦，背得直哭，怎么睡觉，哪能这么硬背呀，你要先给她讲这首诗的故事。再说了这么晚，怎么会有质量。那次姥爷可是把我救啦，不然妈妈非把我吃了不可。

妹妹刚会说话时，总是招惹我，或者动手打我，或者破坏我的东西，大部分时间我不跟她一般见识，气得不行我才会还手，结果她告我状。很多时候大家觉得她小，都向着她。但是只要姥爷每次在旁边都会站在我这边，跟妹妹说，你要好好跟姐姐玩，不可以跟姐姐总动手。姥爷一下子就看透了我的想法，反正姥爷总是跟我站一队。难过的是，现在您走啦。不过妹妹长大啦，不会欺负我了，我也会保护自己啦！

在我心里姥爷是个不会发脾气的大顽童，在家里说的最多的话就是："好的……行……没问题……"

天堂一定很美，您才一去不归。我想您现在是天上那个最快乐的人，晚上您便是其中最耀眼的那颗星！

姥爷，我2022年出国上高中啦，我和妹妹一切都很好，请您放心……我想您！很想很想您……

爱您的徐心羽

悼恩师

——纪念我的老师李前宽

高升中[1]

这一天，我莫名其妙地感到六神无主。朋友找我去打麻将、找我钓鱼，我都没有去。不知道为什么，就是闹心，什么都不想干，坐在那里发呆，后来拿出纸笔写字画画，怎么都不行，就是心里乱乱的，这种情况是极为罕见的。突然，接到了师妹的电话，惊闻恩师病逝的噩耗，我顿觉万丈高楼失脚，扬子江心断缆绷舟，乱箭穿心，泪飞倾盆，呜呼哉。我才明白，冥冥中，远在千里之外的恩师，病危，病逝，噩耗在传递过程中，让我心神不宁。也许这就是我和恩师之间的心灵感应吧。这种心灵感应只有至亲的人才可能发生。我感觉到了，因为您是我的恩师，恩师与学生如同父子呀！我的恩师，我的老师啊！您怎么就这么走了，您还欠下好多戏没有拍呢！记得您跟我说要拍到九十多岁，这还差好些年呢，您怎么食言了呢？！

恩师，从1995年拍《金戈铁马》开始，如今26年过去了，跟您拍了《黄家医圈》《旭日惊雷》《世纪之梦》《抗美援朝》《苍天圣土》《星海》七部大戏。您硬是把我这样一个小生荒子培养成一个导演。想起当年您

1　高升中：导演。主要导演作品《罗瑞卿》《东方》《修仙记之何仙姑传》等。

给我打电话，至今还历历在目。

1989年，我跟着长影刘儒副厂长拍广东省委和广东电视台交办的18集电视连续剧《康梁变法》。他找的是王启民和何可人两个导演。我在剧组里担任总场记，我下面还有两个场记。时间长了，刘儒对我印象很好。有一次聊天，他对我说："高升中，你真是名不虚传，能说，有文化，画得不错，工作也干得好。今后你跟着李前宽去学吧，好好干，你小子一定要好好儿发展，当一个李前宽那样的导演。"我说："我想向他学，可是他能要我吗？"刘儒说，"我给你介绍。"李前宽导演那可是大名鼎鼎如雷贯耳呀！谁都想到他的剧组去。我一直想去而没有机会！刘副厂长说介绍我们认识，我就等机会拜您为师了。

因为您的剧组一直有人。我很遗憾。上《金戈铁马》，您就安排人找了我。就这样，我总算跟上您了。

在《金戈铁马》您让我担任副导演。您告诉我怎么遴选演员，选演员要看整台戏，不能只看个人，要胖瘦高矮，人各有貌。不能长得都像一个妈生的似的，要各有特色，还要浑然一体。摄制组大队人马出发到新疆，已经开机了，主角王震还没有着落。我曾经接触过李雪健。因为各种原因，不能来。说实在话，王震这个演员不好找，他曾担任过国家副主席，在广大群众心目中有印象。他是一个夏伯阳式的将军，既忠诚于党的事业，又有点野性。演员太不像了，观众也不买账。这时，有朋友向我推荐了沈阳话剧团的孙海英，我就和他见了面。当时，孙海英曾演过几个电影和电视剧，并不出名。但我和他一聊，觉得他比较符合恩师您交代给我的选演员的条件，也符合王震的角色，孙海英和王震外形有点像，个头差不多，又会骑马。我就带他去了新疆。恩师，您左端详，右端详，然后说给他造造型，服装化装都上，拍了三场戏，文戏、武戏，马上的戏都有。看后，您说就是他了。孙海英扮演王震将军，在您和萧大妈的把控之下，演得很好。他后来又在《激情燃烧的岁月》扮演主角，才在影视界大火起来。说到选演员，恩师，您的眼光就是独到。记得在拍电视剧《苍天圣土》的时候，男主角约翰已经定了，可是他的养女依兰还没有找到合适的人。约翰个子不高，按一般的想法，他的养女也应该矮一些。我们找了几个人都感觉不理想。后来找了边潇潇，一米七四的大个。剧组不少人都说，这个不行啊，她养父那么矮，她个头高，搭戏不舒服啊！您看了看说："不。这个女孩要穿洋装，个子矮了不好看。而且，约翰是矮个，和他搭戏的女孩又是矮个，这个戏就塌架子了，咱们造型试试。”结果，造型出来，大家都说李导的目光就是不一般。

恩师，跟了您之后，我没想到您不断给我压担子，让我导戏，知道我演过戏，也让我演戏。您对我说：“你会画画，好。电影是综合艺术，导演也要是个杂家，美术、音乐、摄影、文学、表演，都要懂。导演得有底气，你心里得有东西，得有打人的家把式儿。大家服气，这叫尿性。”

在《金戈铁马》中有一个很重要的角色，是和主角孙海英配戏的连长，一个很有特色的角色，叫胡友国，戏很多。这个人物原来是赵军演，赵军来不了。一时又找不到合适的人。您就对我说：“高子，你演胡友国吧。”结果我演得挺好，您说，一个不懂戏的导演是没有前途的。您让我不仅会演戏还要懂戏。在拍《抗美援朝》的时候，韩先楚由谁来演，选了好些个演员都不满意。有一天，您忽然对大家说：“你们看，找了这么长时间的韩先楚，其实这个韩先楚就在我们身边。”大家都愣住了，是哪一个？您指着我说：“你们看高子，活脱脱的韩先楚，你们没发现。就是他了！”我穿上了军装，演起了志愿军前线指挥部的司令员。这是个戏份很多的角色，在您和萧大妈的指导下，我完成了这个角色，也让我体会到演戏和导演的关系。

在拍《金戈铁马》的时候，还套拍一部电视剧《明月出天山》。中间遇到点小波折，有一天，您对我说：“高子，你能不能带一条线，我在修改剧本，快点儿把《金戈铁马》拍完，还要拍好。”我有些顾虑，说：“李导，我不行，在我前边还有副导演，我是第二副导演，他导我去辅佐他。”

您当时就生气了：“你小子到底是会导还是不会导戏，能不能带一条线？”我忙说：“我能导啊，我在别的地方拍过戏呀。”就这样，我带一条线。恩师，你赶鸭子上架，给我压担子，您在培养我呀！

记得，拍《苍天圣土》的时候，要选一个很重要的主场景牧师约翰的家。您亲自带着我们选景，看了好几个地方，最后到青岛迎宾馆，才确定了新景地。您说，高子，你看没看见，调度怎么弄，这事儿还真得好好动一番心思。然后，您就在那块儿讲场面调度。您确实是大家风范，把那个场景给用活了。

《苍天圣土》是根据霍达的小说改编的。以前，尤小刚导演拍过，叫《补天裂》。这次重拍就是要搞出一个精品来，向香港回归十周年献礼，在您带领下齐心协力拍得特别好。大家都很期待，可惜的是在播出的时候，往后拖了好几年。太遗憾了。

您在拍戏前，掌握总体设计。开拍前，您永远有一个导演阐述，那是一篇宏论啊！而这篇宏论，就是您作为导演的一个总体思路。听您的宏论，特别让人感到振奋，有画面感，有操作性。您就像指挥大兵团作战的将军，居高临下，胸中自有百万兵，能够把握住大的氛围，有宏观感。

恩师，在跟您学习的时候，我也跟萧大妈学习。拿绘画打比方，跟您学，学的是绘画布局中的横竖比例，看“大型儿”；再深入细致地处理，就得跟萧大妈学了。比如台词啊，包括逻辑重音呐，人物的把握呀，处理人物关系，前后左右照顾等等，萧大妈掌握得很好，让我学到了许多东西。

恩师，您是中国也是世界级的大导演，您的影片《开国大典》《决战之后》《七七事变》《重庆谈判》等等，是永远的经典。您曾是全国人大代表，全国政协委员，后来还是国务院文史馆馆员。然而，您没有一点大导演、大人物的架子，我叫您李大爷，您叫我高子。没有您就没有我的今天，您不但教会了我怎么拍戏，还教会了我怎么做人。我不仅学习您的风范和气质，还学习您为人处世的方式，包括做事的认真态度。这一切仿佛就在昨天，又好像就在眼前。

恩师，您的为人，豁达大气，热情亲切，亲和力强，把我们这些个学子辈的，当成自己的孩子一样培养。我们名为师徒却亲如父子。您该教的教，毫不保留；该训的训，也毫不客气。

您是北京电影学院美术系本科毕业，我与您的事业路线大体相同，由美术转行导演，我想，这也是您偏爱我的原因之一吧。您不止一次地教导我，做了导演，也不能把画笔丢下。我看见您每次出外景，或者采景，您都拿着速写本，画个不停。您的速写又快又生动，您画的人物肖像，惟妙惟肖，已经成为被画者难得的收藏。我正是听了您的话，坚持画画。有的时候还把画拿给您请您看，您会耐心指出我的画的不足。您不仅是电影导演大师，也是美术大家呀！您的指导让我受益匪浅。现在我画的兰花、虾、蟹和写的字都深得朋友们的喜欢。我知道，我的成绩的取得与您的指导分不开！

我生性爱动，调皮，爱搞恶作剧，这一点也像您。有一次，我打电话学您的声音，调侃剪接师吴方海。让吴方海真的以为李导演来了，上了一当。后来，跟您学这事，您听后笑坏了。您说，你小子真像我。随后您给我讲了，您年轻时候的趣事，学您的老师给师娘打电话骗鸡吃。您还说了一件事，同事睡午觉的时候，您把他身体周围插上花，让大家围着转。现在想起这些，还是含着眼泪在笑。

恩师，在等您拍戏的间隙，我有时会出去接戏当导演。我没有给您丢脸。长影的导演，李前宽的学生，在工作过程中，我要让人家感觉到，正儿八经是强将手下无弱兵，名师出高徒。真的，不是我自吹自擂，我单独干这么多戏，从没有一次让老板说，什么玩意儿，还李前宽的学生呢，我在现场，也像恩师您一样，不带剧本儿，对剧本滚瓜烂熟，哪个演员，一句错词儿，一句逻辑重音不对，立马就给指出来，不管多大腕儿没在我这儿翻过车，没跟我叫过板。我导演的长篇电视剧《东方》获得了好评，也得了不少奖；长篇电视剧《公安部长罗瑞卿的故事》，获得飞天奖。李大爷，这些奖，有我的一半也有您的一半呀！

你乐观、豁达，有股子一往无前的勇气。您的口头语是“没事”，天大的困难在您面前，在一句“没事”面前，轻松解决。拍《开国大典》，难不难？难！难到有人劝您不要拍；《七七事变》，是别的厂家认为拍不了的戏；《决战之后》，是一群男人戏，又都在高墙内，缺少色彩，缺少女角，别人说这样的戏拍了谁看，您拍了。还有《重庆谈判》也是在外厂放了好多年，一直没拍出来，也是您拍了。这些都在您和萧大妈的导演下，不仅拍了，还拍出了经典。

在您身上，我学到了“大事不糊涂，小事听不见”的男人风范。

您说，人呀，当一个人知道长什么的时候，可能身体就出毛病了。您得了那么重的病，您都不在意，您的心态是多么的乐观和坚强，放在别人身上可能早就扛不住了。

平时我一直喊您李大爷，您一直喊我高子。李大爷，虽然您走了，我会一直爱着您，您依然活在我心中，我想天堂里一定充满了您的笑声，您是中国电影事业的功臣，是我永远学习的楷模。您就是我心中的李大爷。

让我难受的是，当我喊李大爷的时候，您还能喊我一声高子了吗？我的李大爷！我的恩师！

追思李前宽导演　继承导演遗志

高成惠[1]

2021年8月12日，李前宽导演在浙江慈溪离我们而去，7月6日是我和他最后一次通电话，当时我正在西安拍摄电视剧《斗贼》，李导电话里还问我什么时间能拍完，他早说过要把电视剧《抗美援朝》的素材通过4K修复，剪成一部电影，说话的声音清楚有力。李导和我说完话，萧桂云导演还和我说，他就是一个工作狂，你先安心拍戏，时间来得及。不想这次谈话竟成了我们的永别。

李前宽导演取得的成就有目共睹，但他也有他创作上的遗憾，电视剧《抗美援朝》是他的呕心沥血之作，他有敏锐的政治嗅觉、超前的创作理念、合适的尺度把握，他能出神入化地塑造人物，他有出色的把控节奏的能力，但由于大气候的原因，2001年33集电视剧《抗美援朝》尽管样片好评如潮，还是被封存搁置。后来又有两次重生的希望，一次是纪念志愿军入朝50周年，要求修改成30集；另一次是纪念志愿军入朝60周年，被要求修改成20集。

电视剧《抗美援朝》宏观展示了抗美援朝这场让

1　高成惠：制片人，参与制作过的电影有《世纪之梦》《旭日惊雷》《重庆谈判》等。

中国人扬眉吐气的战争，全剧描写了志愿军入朝前中国领导人的历史抉择，以及入朝后的5次战役，既表现了战俘营里的斗争，也表现了志愿军凯旋的动人场面，通过中美双方参战人员在这场战争的亲身经历，父子情的情感架构（毛泽东和毛岸英父子，艾森豪威尔父子，沃克将军父子），通过国际国内大背景全方位的展示，完成了对这场战争的反思，是一部主要靠前期拍摄完成的鸿篇巨制。这样一部环环相扣的电视剧，怎么能够由30集修改成20集？正在李前宽导演、萧桂云导演苦思之际，勇敢的大台编辑们竟然在没有导演的参与下，硬把30集砍成了20集，结果在送审时让领导们不知所云，致使这部精彩作品至今未能面世。虽然李前宽导演已经无法再为此解释、生气，但我愿在此为李前宽导演这一憾事鸣不平，以慰李前宽导演在天之灵。

电影《东方欲晓》是李前宽导演又一在创作上的憾事。三年前，李导亲自操刀和长影编剧王霆钧共同打造了《东方欲晓》这一电影剧本。剧本从伪“满映”写起，一直写到新中国成立，表现了新中国成立前，中国共产党在陆续解放全国农村、城市的情况下，与国民党争夺文化阵地的斗争，通过电影人真实的故事，表现了电影人在新中国成立前立下的功绩，表现了长春电影制片厂作为新中国电影长子和摇篮的贡献。如果李导还能再活几年，这段历史将会通过画面告诉后人，这部电影也会填补中国电影的空白，成为中国电影史上的不朽之作。

我从1992年拍摄电影《重庆谈判》开始，作为制片主任一直追随李前宽、萧桂云导演（见附表）。从内地到沿海，从新疆到西藏，走遍祖国大江南北，从中国澳门到泰国，从美国到俄罗斯，踏过世界多地。拍摄电视剧《抗美援朝》就曾在美国洛杉矶等地按照好莱坞的运作模式拍摄一个多月。拍摄电影《世纪之梦》曾游历过大半个美国，美国国会大厦门前、纽约上空航拍、胡佛大坝等都拍摄过为影片增色的画面。也曾去过斯大林别墅拍毛泽东出访苏联和斯大林见面，在1997年莫斯科电影制片厂最萧条时期在该厂摄影棚拍摄毛泽东看舞剧《天鹅湖》，一时间也让莫斯科电影制片厂显得十分繁荣。更大的手笔是把莫斯科红场戒严只为拍摄电影《旭日惊雷》，现在想起来都觉得引以为傲。为拍摄电视剧《抗美援朝》曾在中南海连续拍摄8天，实景拍摄菊香书屋、丰泽园等，能把中南海像摄影棚一样根据剧情调度使用，而且使用时间之长，在拍摄影视剧的历史上也是绝无仅有的。另外在人民大会堂拍摄三峡论证投票表决大会，在大会堂为电影《重庆谈判》《旭日惊雷》

召开新闻发布会，在故宫和长城上拍摄电视剧《黄家医圈》，这些场景的运作，现在看起来也是十分不容易。

李前宽、萧桂云导演拍摄的影视剧都是大手笔，剧本拍摄难度都十分之大，每次拿到新的剧本都有很多不知如何操作的难题，但李前宽导演总能找到解决问题的途径，最终完美实现创作意图。李前宽、萧桂云夫妇拍摄的影视剧不仅社会效益好，同时也提振了合作方的影响力，增加了相关投资方的经济效益。

李前宽具有巨大的人格魅力，与人相交肯于付出真挚的情感，他有出众的口才和表达能力，能够征服与他接触的领导及同事，赢得所到之处领导和大家的赏识与支持。这也是李前宽、萧桂云夫妇能够拍摄出那么多具有影响力的鸿篇巨制，很重要的原因之一。筹备电影《重庆谈判》时，正值1992年重庆三伏天罕见的高温，政府机关安排了全市很多单位休假避暑，时任重庆市委书记肖秧，在得知李前宽带领着主创人员为了保证拍摄周期，仍然冒着酷暑在重庆采景，当晚即召集市委领导班子连夜开会，他说："重庆谈判，谈判是在重庆，前宽是为重庆说话来了，是来给重庆做大广告来了，我们必须全力以赴的支持。"能把重庆市委大院当成拍摄基地来用，就是当时重庆市委书记肖秧对李前宽工作的最大支持。为了增加影片的厚重感和年代感，李前宽导演竟然把重庆市委大院外墙的颜色都改变了，在重庆拍戏的3个多月内，重庆市委大院里有的部门还根据剧组的需要腾出了办公楼、会议室、宴会厅，为剧组的拍摄提供方便，大院内停满了剧组的老式汽车。

大连是李前宽的老家，在大连拍摄电视剧《抗美援朝》，大连市委特意成立了协调领导小组，由刘长德副市长亲自挂帅，解决剧组碰到的实际问题，协调小组特批土地给剧组在森林公园搭建剧中板门店谈判大厅，在黑石礁搭建战俘营，并协调去小磨靶场拍摄，把小磨靶场当朝鲜战场，在那里拍摄了很多战争场面。为了拍摄汉城失守的内容，协拍领导小组还特批放缓站前老别墅区的拆迁速度，等剧组拍摄完美军攻进汉城的爆炸场面后，才开始拆迁。

人民需要好的影视作品去丰富文化生活，历史需要好的影视作品去总结再现，以鼓舞人民去向新的目标奋斗。影片拍好了，观众喜欢，也给各界领导增色，给政绩加分。在拍摄电影《重庆谈判》之前，长春电影制片厂厂长闫敏军为长影的前途一筹莫展、情绪低落，影片完成后，闫敏军有了底气，像注射了兴奋剂一样，表示要和长影厂共存亡。为湖北厂拍摄完成电影《世纪之梦》后，影片获得了华表奖，湖北厂全厂上下为之振奋，三峡在湖北，湖影人感到未负众托，湖影厂也有了“小厂拍大戏，小马拉大车”的好口碑。

政府为剧组成立协拍领导小组，是李前宽导演多年来拍戏的常态，也使他能够顺利完成拍摄任务，并在有限的成本内不失水准，达到其创作想法。政府的协拍领导小组在关键时刻也总能起到力挽狂澜、化险为夷的作用，拍摄电视剧《明月出天山》、电影《金戈铁马》时，有人就对剧组的主要演员提出异议，甚至想叫停剧组的拍摄，因为有了协拍领导小组的支持和理解，有了新疆维吾尔自治区领导的跟组拍摄，对实际情况的掌握，最终才使电视剧《明月出天山》在中央台黄金时间播出，电影《金戈铁马》进入院线放映。

跟李前宽在一起，不觉得他是老人，这不仅仅是因为大家在一起成长，更重要的是他的领导力。后期他虽然重病在身，他的才思依然敏捷，依然幽默诙谐，从2014年患病，谈起病情，他从不回避，总是像在说别人，他总是需要别人督促他休息，仿佛是在和病魔争夺时间，他依然精力充沛，头脑清醒，作起报告3个小时不卡顿，他笔耕不辍，不是作画就是写文章……

李导是一个具有创造性思维的人，他的灵感在他的健谈中不时展现，他有强大的气场，走到哪里，都能成为核心；他知识渊博，记忆力惊人。他考虑问题全面，对手下人关心得无微不至。他常说，吃螃蟹也要给兄弟们留条大腿，他为兄弟们评职称遭遇不公而打抱不平、四处奔波操劳，他为廉洁的长影老厂长苏云晚年的医疗费到处化缘，自己却扛着因治病造成家庭生活拮据，而从不向别人诉说。

我最大的遗憾就是李导在弥留之际没能在他的病榻前照顾上几天，没能在李导的追悼会上洒泪告别，值得宽慰的是，李前宽导演离世的追悼会，创造了影人空前的规格。萧桂云导演还健在，我们会像跟随李导一样，完成李导的遗志。李导放心，您的兄弟们会照顾好萧导……

还有那么多事没做李导就走了，来不及和大家告别他就走了，连句嘱咐的话也没说他就走了，萧导一直都无法接受，怎么走着走着他就走丢了……

李导也是累的，李导，到那边您要好好休息，别操那么多心，别想那么多的事儿，没有人在身边照顾您。您多疼点自己，千万不要像以前一样，萧导不在家，把酸奶和牛奶放到锅里一起煮，结果什么也吃不上。您不能吃凉东西，什么东西都要趁热吃，不要为了画画，写东西，为了把一场戏拍完，饭都放凉了还要别人催。您走了，要常托梦给我们，您虽然走了，但和您在一起的经历，依然让我们想起来就热血沸腾、充满斗志。您的勤奋，让我们无法偷懒赋闲，您渊博的知识，让我们感觉到学海无涯、学无止境。您留下的光，照亮了我们前进的方向。您开辟的路，让我们看到这条路很宽很宽……

2021年8月27日

附：高成惠在李前宽、萧桂云导演的影视剧中担任制片主任（兼统筹）的主要作品

年份	作品	导 演	主要演员
1992—1993	电影《重庆谈判》（上下集）	李前宽、萧桂云	古月、孙飞虎、胡慧中
1994	环幕电影《神秘的西藏》	廖博兴、穆德远；李前宽拍任总策划制片人	
1995	电影《金戈铁马》	李前宽、萧桂云	孙海英、古月
1995	18集电视连续剧《明月出天山》	李前宽、萧桂云	孙海英、古月
1996	20集电视连续剧《黄家医圈》	李前宽、萧桂云	刘继宏、孙海英
1997	电影《旭日惊雷》	李前宽、萧桂云	胡慧中、古月
1998	电影《世纪之梦》	李前宽、萧桂云	许还山、洪学敏、刘烨
2000—2001	33集电视连续剧《抗美援朝》	李前宽、萧桂云	丁笑宜、古月
2004	50集电视连续剧《传奇皇帝朱元璋》	李前宽、萧桂云	陈宝国、徐帆、曾黎
2007	40集电视连续剧《苍天圣土》	李前宽、萧桂云	黄觉、边潇潇
2009	电影《星海》	萧桂云、李前宽	苏嘉航、徐若瑄、苏有朋
2015	电影《大轰炸》（担任统筹）	李前宽任中方艺术总监；导演萧锋	刘烨、马苏、耿乐、吴刚、范伟

悼念好兄友A宽

涂家宽[1]

雄才陨落李前宽，悲伤涌胸似澎湃。
昔日长影赴家宴，畅谈电影未能忘。
一剧名曰《三原色》，邀我摄影重色彩，
虽然影片未成行，友谊长存记心怀。
那年惊闻吾妻逝，拍金五百赠花环。
又邀拍摄抗战雕，萧导千酬慰境况。

德艺双馨好李萧，耕耘电影铸辉煌。
数部大作惊世纪，怎奈天公不动容？
今日遥聘驾鹤去，秋高云淡宣尺展。
挥毫作色任你绘，翘首再睹英才魂。

注：1981年年底，我在长影厂应聘拍摄《但愿人长久》时，受萧桂云导演之约，与女主演顾永菲到家中吃晚餐。李前宽热情满怀，畅叙要筹拍一部张笑天写美术大家艰难人生与创作大壁画的电影《三原色》，邀我担任摄影师。该剧本触及剧中主人公右派的倾向，未能上马成行。

1 涂家宽：北京电影制片厂摄影师、导演。先后参加并独立摄影的影片有《水兵之歌》《南征北战》《侦察兵》《海霞》《元帅之死》《赤橙黄绿青蓝紫》等。

1994年年底，我妻子于小力不幸去逝，当时李、萧导演在北影录音车间作影片《七七事变》后期，前宽正路过车间办公室，看见我与录音同事在购置花圈写挽联，他得知是我妻逝世，立马从兜里拿出五百元拍在办公桌上，用作他与萧桂云送的花圈费，当时感动了在场的同事。

我办完妻子的丧事后，萧导要我拍摄抗战纪念馆的大浮雕，作为《七七事变》的字幕衬底，我接受了学友的要求，组织照明与摄影机与助手，完成了拍摄。当天萧导让制片主任付我酬金1500元，我不收，这是我学友帮忙，但主任说，你收下吧，你家境也遭难，萧导是对你的慰问，也是你付出劳动的报酬。

李前宽作为美术师又兼作导演，与萧导里里外外的创作配合得非常默契，几十个春秋摄制了这么多电影佳作还有《传奇皇帝朱元璋》长篇电视连续剧，他还兼职过电影家协会主席与全国人大代表、政协委员。当年，我俩在长影晤面时，这位性格豁达开朗的高我一班（美59）的他，笑着说：我高你一班，是学兄，我叫前宽，你叫家宽，我在前，是A宽，你以后就叫我A宽吧！我俩都笑了。在北京每年影协组织的评选影片会，或是他到周坤老师主办的“师大影视节目制作系”以影协主办方之一的身份访问或春节团拜时，这位朴实无华的影协主席又显现出行业引领者的角色，我俩晤面称他为A宽，他总是发出开怀的笑声。

他走了，昨晚通读学院和学友发的长篇悼词和去世消息，我已泪目，浮想往事，又似历历在目，于是写下这篇悼念之文以纪念A宽友。

2021年8月13日于北影家中

云开天地宽

——我眼中的李前宽导演

姬鹏[1]

2021年8月12日，接到李前宽导演女儿的电话，惊闻李老仙逝的消息，不禁悲上心头……桌子还上摆着那本李前宽导演与萧桂云导演的研究文集——《云开天地宽》（图1），在阴雨天气的衬托下显得格外沉重。我慢慢地打开书籍，照片中李导音容笑貌犹在，留在生活的每一个细节中，有他在片场指导全场的慷慨激昂，亦有他与萧桂云导演深情对视的伉俪情深，还有他伏在书桌上的泼墨山水。看着照片，泪水模糊了我的双眼，李导那矫健的步伐，洪亮的声音仿佛就在我眼前回荡，好像他还坐在摄制组激情澎湃地跟我谈论每场戏的拍摄手法，讲说文化艺术的发展……我真的不敢相信，那位执着于影视艺术，专注于电影事业，热爱党与国家的恩师已经永远地离开了我们。明明他前一段时间还与我谈笑风生地说起他的下一步影视计划，明明他还宝刀未老，还有老骥伏枥的壮志，如今却驾鹤西去，我真的不愿接受这个现实。

1　姬鹏：长春电影制片厂导演。跟随李前宽和萧桂云拍摄过多部重大历史题材影视剧，包括电视剧《传奇皇帝朱元璋》《抗美援朝》《苍天圣土》等，导演的影视作品包括《脸谱》《马帮》《铁血女骑兵》《战上海》《黄河英雄》《女匪首》等。

图1 《云开天地宽》封面

图2 李前宽导演的签名

我与李导相识的时机很巧，正好跨越了千禧之年，可以说是“世纪之交”。我们合作的第一部戏就是《抗美援朝》，后来又有幸合作了很多部影视剧，如《传奇皇帝朱元璋》《苍天圣土》等，在二十余年的合作中，我与李导亦师亦友，颇有相识恨晚之感。在我的印象中李导作为中国领军的第四代导演，为人质朴友善，对影视艺术的追求锲而不舍，是一位全身心投入电影事业的艺术家。

严谨认真，精益求精

作为一名导演，李导在拍摄现场是出名的“拼命三郎”。他经常说：“我对得起我的作品，对得起观众的信任。”在拍摄期间，通宵达旦工作是常态，每场戏结束后他要反复地回看，用笔记录下不足之处，第二天再早起提前到片场布置工作，和其他工作人员探讨他昨日工作的反思与今日的工作计划，严谨认真的工作态度令我汗颜。在每一部电视剧筹备之时，李导都亲力亲为，做足了“功课”。如在拍摄《抗美援朝》之时，为了保证剧本中史实的准确性、还原战争的真实性、人物形象的立体性，李导阅读了卷帙浩繁的文献资料，并与编剧多次商议修改。他剧本上密密麻麻的批注与修改痕迹就是精益求精工作精神的见证。拍摄《传奇皇帝朱元璋》之时，李导虽已年过六旬，但无论是对剧本研究的严谨态度，还是在片场慷慨激昂地指导拍摄手法，认真的劲头不输于年轻人，甚至比年轻人的积极性更高。哪怕是酷暑抑或风雨，都要坐镇片场，不错过不放过任何一个细节。这样兢兢业业，脚踏实地的工作精神，令我敬佩有加。

多才多艺，妙笔生花

多才多艺是李导的“名片”。学习美术的经历让李导具有独特的艺术气质，在拍摄镜头掌控上，他颇具匠心，能够有效地利用地理环境的色彩渲染人物情感，塑造人物形象。令人惊喜的是，剧中的很多分镜头都是他亲手绘制而成，画面清晰利落，与剧情极为相称。在生活中，他心灵手巧，妙笔生花，具有深厚的绘画功力，同时也写得一手好字。他热爱绘画，只要得闲便会妙笔丹青，或为好友绘制画像或是题字。家中书架摆放的一只绘有我画像的盘子（图3）正是出自李导之手，栩栩如生，令我爱不释手。

图3　李前宽导演为我绘制的肖像

平易近人，关心后辈

作为新中国的著名导演，我原以为李导是严肃之人。在跟李导接触后，他豁达乐观、和蔼可亲的性格感染了我。在工作之余，他与萧桂云导演经常与我们畅谈电影、历史和艺术，他见多识广，说话幽默风趣，妙语连珠，令众人称赞于他敏捷的思维和横溢的才华。他平易近人，关心后辈，对后辈的问题耐心指导。曾记得2013年，我与李导在筹备电影《昆明之恋》时，场景要恢复历史原貌的问题愁坏了我和美术师张春和，情急之下我们找到李导询问建议。那天晚上，李导叫了我们去他的房间，给我们看了他下午绘制的场景图纸，利用专业知识给予了我们许多宝贵的建议和启发，找到了问题的突破口。看着李导精心绘制的图纸，我们十分感动。我们原本对此事并没有抱太大希望，没有想到李导如此重视这件事，会如此耐心细致地帮助我们攻克难关，感激之情难以言表。在一起合作多年中，李导经常对我的工作不吝赐教，以虚带实，传授了我许多工作经验，经常与我探讨对影视艺术的见地，令我受益匪浅。今天我的工作成就离不开李导的教诲，感恩李导的照拂！

回首往事，李前宽导演和蔼的面容，潇洒的风度，以及极具感染力的话语依然在我面前活跃，我仿佛回到了在片场与李导共同工作的岁月。李导开阔的胸襟与豁达乐观，为我们每一个人都带来了积极的影响，只要有他在，拍摄中的任何困难都会被克服，一切问题都会雨过天晴。哪怕在他患病期间，依然惦记着中国电影的振兴，期待自己病愈后依然可以发挥余热。

李导是一个真正将生命投入电影事业的人，在生命的最后日子里依然关心着剧本创作与电影拍摄，我手中的剧本《东方欲晓》就是他的遗作，他一直想将长影的发展历史展现在电影之中，遗憾的是，因为疫情，他最后的愿望没有实现，实在可惜！李前宽导演一生为中国电影的奉献，对艺术的追求化作永恒的精神财富，必将伴随我国电影事业，长影的长远发展同行。

斯人已逝，愿我的恩师能在另一个世界实现他的梦想！

图4　与李前宽导演的合影

2021年8月25日

他丹心如炽的“共和国情结”

——深情缅怀中国第四代导演李前宽

黄式宪[1]

在新中国诞生那一年，1949年，李前宽还处在8岁的童稚之年，因受到父兄姐姐都热爱绘画艺术的熏陶，养成了两个兴趣点：爱画画与泡电影院。好看的电影，他会多次连场观看。

一、感恩伯乐

李前宽幼年，在父亲买给他的一块小黑板上，他的第一幅画就是天安门。这或许是命运的一种前兆与巧合吧！而他在中学时期的画，还曾参加了在莫斯科和华沙举办的国际儿童画大赛。时移世易，幸逢1959年国庆十周年，机遇来了，他竟然独自从大连赶赴北京，报考电影学院电影美术专业。家里穷，母亲东筹西借，凑了40多块钱送他上路，含着眼泪鼓励儿子要争口气，到北京好好念书。而他终于没有辜负自己的父母双亲和家人的期盼，以优异的成绩被录取。

金色的秋天，他满心欢喜地来到首都北京，进了电影学院，就读于“美术系59班”。

他对美术系各门功课的学习，都十分用功而勤

1 黄式宪：北京电影学院教授。

奋，在班上名列前茅。非常幸运的是，他还有缘结识了一位伯乐，那就是深受学生爱戴的田风老师。在新生与院领导的见面会上，这位爱才若渴的田风老师严肃地告诫大家："你们考进电影学院不要整天美滋滋的，如果不在学业上狠下功夫，进了学院的大门却迈不进电影事业的大门，不下苦功夫学习，等于自动退学……"这一席话，"下苦功"三个字，让前宽原本有点儿浪漫的心态受到激励并趋向踏实。

田风老师是导演系系主任兼"导59班"的主任教员。前宽则是美术系"59班"的新生。隔着一个系，所学专业就不同。据前宽的回忆，他得知田风老师早年在日本东京曾师事于著名画家滕岛武二，并专攻西洋绘画。敬慕和求知欲促使前宽经常把自己的写生、习作拿给田风老师看，盼望得到他的批评与指点。田风一向器重有才华又勤奋的学生，自此，他就常常带着前宽一起到京郊去写生。恩师的观察力是很强的，这与他坚实的绘画功底分不开，他选景准确，构图严谨，用笔简练，画油画时善于把冷暖对比的颜色直接涂抹在画布上，使画面保持一种强烈对比的和谐。他曾师从的滕岛武二先生，曾留学意大利，深得后期印象主义启迪，而田风的绘画造诣，则显然深得滕岛武二先生绘画艺术的真谛。

这里，还有一层"乡情"之缘，在全校师生里，就他俩是大连人。田风一心扑在教育岗位上，妻子于华和家人则留在了大连。他家在大连中山区枫林路39号，恰好与前宽曾就读的大连二中紧挨着。这也是一种巧合吧。读北电后，每逢寒暑假，田风往往邀约前宽相伴同行。田风在旅大是名人，名义上是回家。其实，他白天很少在家，也没时间陪孩子们玩耍。他曾创办旅大文工团，后改为歌舞团、话剧团，并辅导杂技团，文艺界朋友很多，都邀请他去指导排练，去看画展，去听音乐会，去观摩戏剧演出，去开讲座，各种活动像吸铁磁一样把他牢牢吸住。而前宽总是寸步不离，紧跟其后，俨然是随带左右的贴身门徒，他们还一起到码头、街市与公园观察生活等等。特别是自天津乘船赴大连，海上波涛汹涌，托着蓝天白云，恩师指着那滔滔拍来的巨浪，灵感似乎随海浪涌来，话题无不切中绘画的神韵与境界。前宽记得，有一年夏天他们一起在海边游泳，在沙滩上，面对着那浩瀚无边的大海，看着那滔滔扑面而来的巨浪，恩师的灵感仿佛顿时被唤起，他对前宽说："艺术家的眼光要跟常人不同，你看这不断扑面而来的浪涛，似千军万马涌来，昭示了大自然的壮美及其内在的威力。"自此，前宽艺术想象之门一层层豁然洞开。这一切，无不为前宽在其新中国主旋律作品系列的创作中奠定了扎实的根基。

二、毕业创作实践：摸到了电影拍摄的脉搏

60年代初，李前宽是美术系的文体委员，他热心公益活动，常组织一些联欢、联合排节目参与学校的文艺汇演等。在那段活跃的学生生涯中，前宽不仅潜移默化地从田风老师身上受到了影响，也使他对“导60”的学生萧桂云有了更多的接触（比他低一班）。但是他对萧桂云的好感自然也瞒不过恩师。一次，田风老师点穿了他：“你小子是不是在追我们系的萧桂云了？”前宽傻笑不语，随后则反问道：“老师，您看她怎样？”老师点头道：“不错，人家比你强。不过，我听说追她的人可不少，你可得留点儿神。”还说，“这事要真诚专一，锲而不舍才行，懂吗？”前宽连连点头，内心深受感动。

1962年仲夏，前宽陪恩师到中山公园过礼拜天，跟往常一样海阔天空地侃谈，随意间，田风说了句：“我看你小子就学错了行，兴许将来还会成为一个导演哩。”

1963年深秋，“导59班”开始毕业实习短片的创作，田风老师主动邀请前宽来参加他指导的《搭桥的人》（马精武主演）和《新任队长》（王进主演）摄制组，做美术设计。导演组有段吉顺、黄蜀芹、卢萍、司徒兆敦、吴天忍、刘好学、郭宝昌等同学。拍摄景地在北京市房山县坨里山区，深秋至初冬，天气多变而寒冷，伙食也很差。摄制组就住在当年公社的大食堂里，大家只能睡在两条大通铺上（女生另住小间），前宽跟田老师挨在一起。当时田风老师身患肝病已很重了。为了毕业作业的艺术质量，他以带病之身，不辞辛劳，亲临拍摄现场指导。每次样片出来，他都坚持回北京去审看。恩师的言传身教，令同学们铭记于心。这次毕业拍片，让前宽和诸同学开始摸到了电影拍摄的现场感与脉搏。

1964年秋天，前宽毕业，分配到了长影。9月19日，前宽向田风老师道别，当时，老师正处于极左的所谓“文艺整风”运动中，深受煎熬，精神极度压抑，但是，他仍用坚韧的手掌拍了拍前宽的肩膀，有力地说：“前宽，到了工作岗位，好好干！”孰料，这一别，竟成了他们师生的永诀！

1965年1月25日，田风含冤辞世。李前宽得知噩耗时，正随长影社教工作队在松辽平原贫瘠的农村搞“四清”运动，他号啕大哭，心里牢记恩师“好好干”的嘱托，一定要干出个样子，以告慰恩师在天之灵。

三、从“长影”起步，熔铸独具中国史诗风骨的宏大历史镜像

人们或许不会忘记一句老话：“一方水土养育一方人。”

是的，长影这方土地的“人文”资源何其厚重，何其丰饶啊！“长影”曾因《桥》《光芒万丈》《中华女儿》《赵一曼》《钢铁战士》《白毛女》等“红色经典”而给中国银幕吹来一股老解放区革命的清风，于是“长影”享有“红色电影摇篮”的美誉。离开这方土地及其特定的人文资源和艺术氛围，李前宽与萧桂云艺术生命的成长及其继后的辉煌，则是难于读解的。

李前宽、萧桂云到“长影”后，他们曾师从于彦夫、苏里、袁乃晨、赵心水、王家乙、刘国权等前辈导演。但是，他们还来不及在银幕上作独立的第一次耕耘，便因赶上“文化大革命”十年的动荡而光阴虚掷。是的，他们曾一度被那铺天盖地的“红色风暴”所席卷，他们也曾真诚地焕发起满腔的革命热情，继而又曾一度迷惘，共历忧患。

李前宽于1941年的正月诞生在渤海之滨的大连，萧桂云则和他同庚（只是在那年的年尾），出生于松花江畔的哈尔滨。巧的是，他俩的生肖，都属小龙，二人的祖籍却又都归属于蕴含着千年人文灵气的齐鲁大地（前宽祖居山东蓬莱，桂云则祖居山东掖县）。齐鲁自古慷慨而多忧患的人文“基因”，或许以某种文化积淀的形式遗传给了他们。前宽的山东老家距蓬莱仙阁仅七公里，父亲小时读过私塾、当过学徒，后在店铺里做小职员，并写得一手好字。他待人宽厚，处世哲学也十分朴素。在前宽幼时，父亲即借“书法”而论“人品”，十分素朴地勉励前宽说：“字，好比是人的脸面，未见其人先见其字。写字有好坏，但只要写得认真、不草率，就好。从一个人写的字，便可以看出这个人的品貌。”父亲还谆谆告诫他：“做人，跟一棵树一样，要长得正、挺得直。树也有长歪了的，只能拿来当劈柴烧锅。”前宽的母亲原来家道小康，略懂诗书。母亲告诉他一句话：“老一辈的父母多为子女置房买地，我不，我要供你们念书。哪怕要饭也要供你们上学。要是书念不好，长大没出息，日后可不能抱怨爹娘。”这样的“家教”，使前宽自幼就养成了一种争强好胜的性格，读书从不用家里人操心。学业之外，生性好动，调皮淘气，兴趣多样。在念小学时他就对踢小足球入迷，还组织了“银燕”球队，在校园和在他所居住的寺儿沟街区里风光得很。在读大连二中时期，他更常常到海边去游泳，喜欢在沙滩

上出神地看大海滔滔后浪推前浪的壮观气象，捧着七彩画板一心想描绘出大海刚烈而奔腾不息的神采和品格。

萧桂云的父亲十六岁就闯了关东，在哈尔滨安下这个家。桂云家中六个兄弟姐妹里，她行三。她自幼天性恬静、聪颖，心灵手巧，奶奶在人前常夸她说："咱老萧家出了个小凤凰啦！"2001年9月1日，桂云父亲临终前曾含着宽慰的微笑对女儿说："咱老萧家真出了女名人，出了凤凰啦！"在这个家里，妈妈体弱多病，懂事的桂云打小就跟妈妈亲，帮着做饭洗涮，纳鞋补衣，一学就会。她跟别的女孩也没什么两样，也爱玩、爱美、爱穿花衣裙，还巧于种种手工编织，假期里用竹针编织出美丽的三角披巾、毛线帽子等工艺品，卖的钱则攒起来用作学费、书费和看电影的票钱，真个是："穷人的孩子早当家"。课余她最爱看电影、读小说，每当松花江畔来了拍电影的摄制组，她会静静地伫立一侧，流连忘返地看他们拍戏。上中学时她就爱读《钢铁是怎样炼成的》，还被高尔基的《童年》《在人间》《我的大学》里主人公的人生遭际所深深吸引，被托尔斯泰笔下安娜的命运所震撼，而《苦难的历程》《静静的顿河》等更是她爱不释手的苏联文学名著。读了书，她还喜欢把书里的故事讲给同学们听，将《拖拉机站长和总农艺师》压缩为一个多小时讲完。她讲起来绘声绘色，而同学们则听得津津有味，老是缠着她不肯罢休。她还热心参与校园戏剧演出活动，初中时就曾改编了《野火春风斗古城》，自任导演兼主演，在校园内外引起轰动。读高中时，又编导并主演了《纠纷》《为钢铁而战》等独幕话剧，还在寒暑假里坐火车去工矿、农村演出。由此而声名鹊起，常被学校指派去参加区里、市里的各种文艺汇演和戏剧比赛，又曾捧回金闪闪的奖状，令老师、同学们无不为她感到欣喜和自豪。

李前宽与萧桂云选择在1968年十月国庆节那天喜结连理，成立了小家庭。他们虽不曾逃脱历史的风雨和劫难，可贵的是，他们心中的信仰之光，却从来不曾熄灭过。当他们"熬"过了那悠悠十年而幸运地在新时期伊始，头一遭独立地拿到了手执导筒喊"开麦拉"的机会。

这里，有一段小插曲。在长影有一个规矩，从副导演升导演，必须由一位老导演带着拍一部片子。由张笑天编剧的《佩剑将军》，点名要请李前宽来执导，但他并不具备此资格。而萧桂云则已独立导演过三部电影：《希望》（1977）、《包公赔情》（1979，戏曲片）和《桃李梅》（1981，戏曲片）。而李前宽的编制仍在美工组。这样，就由萧桂云肩负起带李前宽这个“新人”的担子。但前宽并不介意，还不无幽默地说：“我的老师不少，夫人就是我贴身的老师。”

而他们婚后所居的小屋，很狭窄，仅有9.6平方米，只得以缝纫机代桌，铺开纸笔，激情充沛地写完了《佩剑将军》的分镜头台本，同时还拟出了一个高效率的拍摄进度表。

不妨先来看一下这样一份工作记录：全片64个景点的采景，仅用了14天；从开镜到关机，只用了54个工作日，而且一次停机（不做补拍），样片提前完成。并且，该片还创造了名列该年度全国电影票房前茅而可堪骄人的业绩。长影全厂上下无不为《佩剑将军》的连连报捷而鼓舞并齐声喝彩。

《佩剑将军》（1982年出品）的创作，不再拘泥于过往“革命战争片”直观式再现历史真实的刻板模式，不再狭隘地去写不同阶级营垒如何对峙、敌我军事力量如何角逐，以及如何从战略意义高度来揭示作品的主题，等等。萧桂云与李前宽的构思锐意求新，在总的历史脉络的把握上，诚然是以徐州北线国民党第三绥靖区何基沣、张克侠将军率部起义的真实事件为原型的，但是，为了从“史实”中发掘“诗”的因素，突出艺术家主体对历史的关注和发现，萧、李在张笑天所写剧本的基础上进行了艺术的再创造，在“历史正剧”里注入了传奇和惊险的因素，将战场上的敌我两军对垒与隐蔽的地下斗争相交织，采取了“武戏文唱”的独特处理，在敌我之间展开了一场比胆略、比智慧、比毅力的心理战，只见危机四伏而波澜迭起。

影片的“尾声”，在原分镜头台本里仅写了九个镜头，而萧与李却突发奇想，由前宽亲自与主创人员驱车走遍徐州方圆几百里，终于选定在江苏邳县的大沙河畔（当年歼灭黄百韬兵团的“老战场”）摆开了千军万马的阵势，并对环境进行了局部加工，在河面增搭了长长的浮桥，连续苦战了几个日日夜夜，以大写意的泼墨挥洒，充分发挥银幕造型语言的独特魅力，展现出在淮海决战前夜人民军队“解放全国”的胜利态势。正如一位作家所作的论断：“正是由于这部影片，中国电影终于发现了一位能够驾驭千军万马，在宏伟的战斗场景中指挥若定、游刃有余的大将军。”

试看，被长影人称为李、萧“夫妻档”的创作，二十多年如一日，在史诗性宏大叙事领域里锐意耕耘，敢揽历史风云于电影镜头的聚焦点上，在艺术形象里吞吐着一种气势磅礴的历史诗情，重构了新中国充盈着蓬勃生机的“当代历史镜像”，激情昂扬。

曾如李前宽的自述：“自打拍摄以描写淮海战役序幕为背景的影片《佩剑将军》后，我们就一直有一个夙愿，即扛着摄影机继续拍下去，打过长江，解放全中国，直至第一面五星红旗在天安门前升起。”

功夫不负有心人，他们曾联手创作了宏大叙事的系列作品，以《开国大典》《决战之后》《重庆谈判》为代表的“共和国三部曲”，继之还有《七七事变》《金戈铁马》《旭日惊雷》《世纪之梦》等力作问世。前宽与桂云一以贯之并锐意进取的宏大叙事作品的可贵之处在于，充沛着一种庄严的时代使命意识和责任感，由衷地与时代同呼吸共脉搏。

他们作为时代的艺术家，敢揽历史风云于电影镜头的聚焦点上，或泼墨挥洒，大气若虹；或走笔细描，情酣意畅。“一个大江东去，一个小桥流水；一个粗犷豪迈，一个细腻隽秀”（张笑天语），可谓阴阳两极，相生相克而又相辅相成。他们曾将杜甫仁科的一句名言奉为座右铭：“电影剧本必须用两只手来描绘：一只手拿着细小的笔来描绘眼睛和睫毛，另一只手拿着粗大的笔来勾勒一百里宽的空间、巨大的热情和群众运动。”仿佛是天造地设的一双，他俩儿恰好一人握住“一支笔”，优势互补，交融一体，将历史诗格化，在艺术形象里吞吐着一种气势磅礴的历史诗情，重构了新中国充盈着蓬勃生机的“当代历史镜像”。在电影美学境界的追求上，则张扬着一种烈烈如炽的“共和国情结”，呈现出创作者独有的历史胸襟和积健为雄、气吞山河的中国风骨。

例如，在《开国大典》里，有一场戏，毛泽东及其战友们率队由西北坡进军北京时，李、萧即把数百辆汽车排成一条线平行向前涌来，采用长焦镜头，在镜头前添加了热浪，并将视平线压得很低的固定摄法，把天空留得很大，让车阵向镜头前开来，恰似巨大的海浪不断涌来之感，这种大写意的拍法，博得了专家和观众的好评。其实，这恰恰是恩师田风当年在大连海滨面对滔滔而来的巨浪给予前宽的教诲。再如，在开国大典隆重而庄严的时刻，则又借重大写意的手法，让毛泽东用锹培土为人民英雄纪念碑奠基，随后乃偕同众位开国元勋、观礼代表，缓步登上天安门城楼，先是“静”，以鸽群腾飞的扑棱声来反衬；继之是“动”，表现毛泽东等领袖人物拾级而上，其间不断穿插以庄严的华表、翱翔蓝天的鸽子、猎猎迎风招展的红旗、灿然炫目的阳光等写意性声画交汇的“空镜头”，这是铺垫；画面“切”过来，庆典开始，当震天动地的礼炮齐鸣，毛泽东俯瞰万众欢腾、彩旗飘扬的广场和威武雄壮、气宇昂扬的阅兵方阵，由此一层层动人地烘托出“开国大典”这一特定历史瞬间的崇高诗意，情酣意畅地将全剧推向了史诗叙事的高潮。

与此同时，李、萧还注重艺术多样性的追求，特别在富于时代内涵的现实题材领域，叠有创新的影片问世，诸如知青题材的《甜女》，描写上海姑娘孟甜女在长白山插队而与朝鲜族恋人李华一起，艰苦努力，培育出亩产千斤而耐寒的“白山七号”良种水稻。又如，描述改革的春风吹拂到东北一个小镇榆树屯的《田野又是青纱帐》等佳片力作。

李前宽在中国当代主旋律创作上留给我们的珍贵启迪，具有不可替代的现实意义。

此刻，前宽已驾鹤西行，深信在苍穹之上，他与恩师田风重聚，定是喜滋滋、乐陶陶，俯瞰中国在世界东方的强大崛起，并为实现中华民族伟大复兴的中国梦而迈上了新的征程，必将为人类文化共同体带来更加美好的远景！他们师生二人，该有多少说不完的话题，侃侃而谈，兴奋而又自豪。

2021年11月28日修订于北京“求知斋”

良师益友李前宽

黄济人[1]

1991年，为庆祝中国共产党成立70周年，西安电影制片厂决定把我的长篇纪实《将军决战岂止在战场》搬上银幕。电影的编剧，是该厂资深的剧作家郑重，电影《西安事变》便出于这位编剧之手。那么电影的导演呢？厂长告诉过我，他们八方物色，四处遴选，最后看中了长春电影制片厂的总导演李前宽，连同他的夫人萧桂云导演。原著、编剧、导演一一确定，电影制作立即上马，于是我向我所在的重庆作家协会请了假，登上了飞往西安的航班。

那是一个寒冷的冬夜，由于飞机晚点，降落时分，已是深更半夜，只知道机场有人来接，可是出口处空空荡荡。我拎着行李在候机厅转了一圈，最后在不见人影的角落里看见了两张羊皮，羊皮开始滑落，露出了两个人头来，两个人不是别人，正是郑重和李前宽，而后得知，两个人谈电影从头天夜里谈到今天傍晚，然后又一起来机场接我，奈何飞机久等不到，加之疲惫已到极点，于是各自紧裹羊皮大衣蒙头酣

1　黄济人：作家，中国作协主席团名誉委员、重庆市作协荣誉主席。著有《将军决战岂止在战场》《崩溃》《哀兵》《征夫泪》《重庆谈判》《命运的迁徙》《一个全国人大代表的日记》。

睡，直到我把他们摇醒为止。这，就是我和李前宽的第一次见面，在这之前，我只知道他的名字。

李前宽说话斩钉截铁，行为大刀阔斧，颇有叱咤风云的大将风度。所以我常在想，也许正是他的这种气势与风格，方才能够拍出《佩剑将军》《开国大典》这种恢宏气势与风格的电影大片来。只不过，他也有小心翼翼吞吞吐吐的时候，那是在根据拙著改编的电影的制作晚期，他蹑手蹑脚地进了我的房间，然后对我说了两件事情，其一是关于郑重，他说："西影厂正在搞职称评议，根据规定，国家一级编剧须有两部以上独立完成的作品，郑重有了《西安事变》，可是改编你的作品的时候，因为你也参与了编剧，按理在郑重的后面，也应打出你的名字，但是这样一来，恐怕会造成郑重职称评议的障碍。"李前宽关心他人，胜过关心自己，我在感动之余告诉他说："我已是国家一级作家，电影片头根据某部作品改编的字幕上，已有我的名字，加之郑重编剧，我只是提提意见，打打下手，完全没有必要加上名字。"其二是关于片名，他说原著很有影响，他可以借势生威，但考虑到文字偏长，而且略显拗口，所以建议把片名改为《决战之后》，他说，他喜欢四个字的片名，如果能够拍上一百部电影，他希望所有的电影片名都是四个字。

《重庆谈判》也是四个字，这是电影的片名，也是长篇小说的书名。我是这部小说的作者，不是这部电影的编剧。编剧张笑天，是李前宽的搭档，也是我的好友，张笑天的《重庆谈判》剧本，是他独立完成的，我的长篇小说《重庆谈判》出版后，张笑天根据其间的故事，对剧本进行的调整，所以电影片头上的"部分内容取材于黄济人同名小说"的提法，我认为是精准的。当时就这个提法，李前宽征求张笑天和我的意见，而我们对他的回答几乎是异口同声，那就是举双手赞成。电影《重庆谈判》的首映式是在重庆举行的，首映式上，主创人员要上台讲话，按照李前宽的安排，首先讲话的是我，然后是张笑天，最后才是他自己。我认为这样的讲话顺序有所不妥，他却笑着说："你是重庆人，这部电影的拍摄，得助于重庆这座英雄的城市，得助于重庆人对历史的挖掘，至于张笑天和我，和萧桂云，都是在替重庆打工。"《重庆谈判》电影获得了1993年中国广播电影电视部优秀影片奖，也获得了第十七届百花奖最佳故事片奖，可是，在我的心目中，"优秀"这两个字，更应该和这部电影的导演连在一起。

是的，在成功面前，李前宽总是不会忘掉那些没有让他失败的人。他是全国政协的老委员，我也是全国政协的老委员，而且都安排在文艺组，这样，我们就有了愈加频繁的交流机会，而几乎每一次见面，他都会提到重庆。提到在拍摄《决战之后》时，为了还原抗战时期震惊中外的昆仑关大战，重庆方面出动了驻军、武警以及公安干警总数高达千人，在三天之内由他调配；提到拍摄《重庆谈判》时，为了再现抗战胜利大游行的历史画面，重庆方面中断交通，停业停课，组织了上万名机关干部和在校学生，充当他的群众演员。李前宽告诉我说："重庆方面的场面如此盛大，作为导演我除了由衷感激，更不能有半点怠慢，于是请示长影火速增援。当我看见连夜出发翻山越岭终于抵达重庆的17辆20世纪40年代的美式吉普车时，不觉沾沾自喜洋洋得意，然而，第二天中午，烈日当头，当我在万人游行队伍中看见了身穿长衫手舞小旗的市委市政府领导时，我这个东北汉子也禁不住泪流满面，无地自容。"

电影《旭日惊雷》是李前宽和我的第三次合作。他和夫人萧桂云是导演，我是编剧。这是我独立完成的第一个剧本，写的是20世纪50年代，也就是新中国成立初期，对于毛泽东主席的政治保卫斗争，从写作的角度讲，这部电影是《决战之后》的续篇，在我的处女作《将军决战岂止在战场》的写作上，得到过国家机关部门的支持，有关档案30年解密后，他们又把保卫毛主席的几个案例交给我，这就是我能完成这个剧本的缘由。至于李前宽，他导演的《决战之后》不仅受到观众的好评，而且得到机关部门的认可，尤其是他凭借这部影片获得第二届中国电影金鸡奖最佳导演奖提名，这就为他被机关部门指定为《旭日惊雷》的导演奠定了基础。当然，虽然是命题作文，但是无论是主题还是艺术方面，都同样大有文章可做，所以，李前宽不仅欣然接受指令，而且出色地完成了任务。

有道是好事不过三。过去不相信，现在相信了。前不久，重庆方面有个名叫《大彭始祖》的电影剧本，编剧是我的朋友，我是这部电影的文学顾问，重庆方面委托我与李前宽联系，邀请他担任这部电影的导演，第一个电话打过去，他与萧桂云正在台湾拍戏；第二个电话打过去，他们已回到北京，李前宽希望能尽快读到剧本；第三个电话打过去，李前宽说剧本有硬伤，没有中心故事，他现在要去浙江，等那边的事情结束后，他立马直奔重庆。关于剧本的修改意见，他会好好地与我们商议。可是，就在这样的时候，李前宽突然走了，当我回过神来，才知道我已痛失良师，痛失益友，痛失不该失去的一切。

前宽导演永远活在我们心中

萧锋[1]

至今还清晰记得8月12日早晨的那一幕，当我看到手机上显示出李前宽导演的女婿丰年发来的微信，心里不禁咯噔了一下，微抖的手点开微信，跃入眼帘的是“李导8点29分在慈溪走了”的噩耗！我这个被前宽导演经常赞许地说有老猪腰子的坚强男人顿时哭红了眼睛。我难以想象生命力极其旺盛，做人做事永远充满激情的前宽导演会离我们而去！直到现在都难以接受这个令人痛苦万分的现实！

我对前宽导演心仪已久，结识他是通过他的《七七事变》《重庆谈判》《开国大典》等一部部电影，吸引我的是他与这些鸿篇巨制同在的人格魅力。当我一步步走近他的时候，我的生命力和创作力也一次次得到强大的激励，不知不觉中，他成了我的良师益友和精神支柱。他常挂在嘴边的那句：萧锋，你有老猪腰子！总是鼓励着我一次次挺直了腰板，坚强地守护着心中的那座电影殿堂！

人的一生总有许多难以忘怀的人和事。对我而言，可能我执导《重庆大轰炸》电影的过程中与前宽

1　萧锋：导演、编剧、制作人，导演作品《孙文少年行》《5颗子弹》《铁流1949》等。

导演患难与共的往事是最刻骨铭心的！由于这部影片制作规模宏大，加之有大量的国际团队合作，我想到了需要在国内国外各请一个大师级的导演担任影片的艺术总监。我首先邀请有着大将风范、气场十足的前宽导演，在他爽朗地答应后，我又从国外请来了好莱坞导演梅尔·吉普森。虽已时隔六年，可至今两位大师级导演在片场的那次相会仍记忆犹新！那是2015年7月12日，两位电影大师在象山外景地相会，在拍摄现场他们俩不仅仅通过电影彼此了解，更有李导用多年从不离身的画笔给梅尔·吉普森画像。现场气氛热烈，大家争相拍照记录这难忘的场面，梅尔·吉普森端坐着那里看着李导，而李导则时而细致观察时而低头作画，那种心灵的默契在大师之间传递着，一个演而优则导，一个画而优则导，两人此刻犹如对艺术满怀虔诚的年轻学子都全神贯注地进入角色。随着前宽导演的果断用笔迅速描绘勾勒出梅尔·吉普森神形兼备的形象，我发现梅尔·吉普森非常配合地始终保持着愉悦的微笑，而前宽导演脸上的神情犹如回到了当年在电影学院美术系的学生时代。此时的两位电影大师让我们感受到极富人格魅力闪光的一面，不同文化背景哺育出的电影大师有着共同的源于对电影艺术的激情和彼此间的仰慕。此情此景，这难以一见的两位电影艺术大家相遇相识的场面始终清晰地在我心里珍藏着。

我想起前辈师长常说的一句话：电影是我们心中的殿堂！前宽导演用他的一生践行了这句话。让我们常人难以想象的是，即使他在身患重病的那几年，乐观豁达而又执着的他始终没有离开电影半步！他的病情刚有好转，就带病来到象山影视拍摄基地。他这个艺术总监不只是看看拍摄样片提些拍摄建议作罢，而是亲临拍摄第一线，在现场总是可以看到他精神抖擞、神采飞扬的身影。我手机里就珍藏着一张他在拍摄现场开心地抱起我们影片中的小童星“伊15”开怀大笑的照片，谁能想到这是一个年近八旬身患重病老人？他和“伊15”非常认真地说着为什么给他演的角色用一个飞机型号作为名字，并且激励“伊15”说：“爷爷一般不轻易当面夸奖人的，可今天我忍不住要夸夸我们的小童星！”为表彰他的出色表演，前宽导演用那支形影不离的画笔给天真活泼的“伊15”在磁盘上认真地画像。此刻，活泼的“伊15”特别安静地端坐在那里，满脸慈祥的前宽导演的双眼充满了爱意。瞬间，眼前这个无比温馨的情景，触动了我的心扉，眼睛不由得湿润起来。

这些天我常想，一个把电影当做自己生命的人，在拍摄片场，在剪辑台前，在混录棚里，就是其生命力最旺盛的时候，这样充满生命活力的人怎么会突然间永远离开了我们？至今我都难以面对这个痛苦的事实！我清楚地记得当时“灿鸿台风”即将登陆，宁波、舟山沿海所有的渔船都紧急进入渔港躲避台风，所有的单位都提前做好防台风的准备。真可谓山雨欲来风满楼，整个剧组顿时笼罩着压抑紧张的气氛，我担心着搭建的大型拍摄场景会被强台风吹走，担心着狂风暴雨引发重大灾难事故。与此同时，劝前宽导演趁台风还没登陆前赶紧离开象山外景地，也成了我们难以完成的任务。他坚持要与剧组共患难，在他的心里，做了一辈子电影导演的他，已经有了根深蒂固习惯性的原则观念，这个时候走就是战场上的逃兵！在随后的那几天里，前宽导演一直和我们在一起共同面对肆虐的强台风。当我们千辛万苦在山上搭建的大型拍摄场景被台风横扫摧毁，看着眼前一片狼藉的废墟，我执拗地否决了在山下重新搭建拍摄场景可以省工省时的建议，坚持在山上的原址重建。可现实的困难是山路通不了大车，我们只是把拍摄器材运上山都需要24小时的不间断接力，何况要把一个大建筑群落的建筑砖木材料再次运上山？面对大家的迟疑，前宽导演那洪亮的嗓音再次响起：“拍电影就得讲究，来不得半点将就！我赞同萧锋导演的决定！”在剧组被大家称之为定海神针的前宽导演，此时的力挺给了我们极大的鼓舞，他那一以贯之的豪迈激情再次点燃了我们被台风吹灭了的心头之火。经过近两个月夜以继日的高强度施工，被强台风吹垮的建筑群落再次在原址建成，前宽导演兴奋地为这组建筑群落画像留作纪念，站在一旁的我看着眼前的情景，更是深切地感受到做电影在“讲究”和“将就”之间的高低差异！

随着我们和前宽导演在剧组的朝夕相处，当他2015年9月22日第三度来到象山外景地时，连我们剧组的许多群众演员都认识他这个开朗、乐观、幽默的大导演！我珍藏的影集里有一张难得的照片，那是在拍摄被炸塌的防空洞里，成百上千个平民百姓窒息挣扎至死的极其惨烈的戏，这些群众演员撕心裂肺真切的表演让我们现场的每一个人泪目。这场戏拍完之后，我让前宽导演和他夫人萧桂云导演站在中间，再叫上所有的主创及主演，邀请所有参演的群众演员一起拍了一张大合影！那一刻，前宽导演和萧桂云导演脸上的笑容特别亲切温暖。这个暖心的合影过程中许多群演感动得流下眼泪，他们激动地说，做了这么多年的群演从未有过这样专门为群演安排的合影机会。当我们告知这些群众演员，站在他们中间的两位老者就是电影《开国大典》的导演时，那些没有见过这两位大导演的群众演员的脸上充满了惊喜，发出一阵开心的欢叫声！我相信，这一刻前宽导演心里也是满满的欣慰，因为他看到了中国电影人一代又一代的血脉相传，而这种相传不仅仅是传承电影艺术的创作技能，更是传承了我们中国电影的人文精神。

转眼就到了2019年9月，当4K修复版《开国大典》上映时，我们再次深深地被李前宽和萧桂云两位导演的艺术功力所折服。一部电影是一个时代的记忆，经典的传承从来都是以深邃的内涵和精湛的艺术取胜！我清楚地记得4K修复版《开国大典》上映前的那些天，前宽导演始终处于激动兴奋之中，他常常眼睛湿润动情地讲述这部电影的创作拍摄经历和体会。前宽导演总结道："以什么样的风格样式和电影语言，把文学剧本恰好地体现为银幕形象，把诗情画意与时代的场景交融起来，把焦点集中在塑造人物形象上，这是我们最为关注的艺术追求！"如今，这些精辟的电影艺术创作总结伴随着影片《开国大典》，已成了前宽导演留给我们的宝贵艺术遗产！遗憾的是，我心里有一笔账一直没有当着前宽导演的面给他算清楚，那就是给我印象最深的一组电影数据：拍摄《开国大典》这样一部鸿篇巨制，拍摄经费只用了500万元人民币，是怎么拍下来的？而当年的电影票价是一块钱一张票，上映的票房高达1.7亿元！也就是说1.7亿观众看了电影《开国大典》，这是一个什么概念！如按现今的票价计算，再考虑当年银幕数远远少于现在的因素，综合折算下来，《开国大典》的票房是何等的了不起？那岂不是当之无愧的票房冠军！而这些，前宽导演和萧桂云导演却从未挂在嘴边上，钱的数字概念在他们二人眼里，其重要程度远远低于占据他们心中殿堂级位置的电影艺术。有一件我亲身经历的事，那是前宽导演得知我们的电影后期制作资金链断裂难以为继时，萧桂云导演悄无声息地把前宽导演担任艺术总监的片酬汇回到剧组，以表示他们对电影后期制作的支持，这是何等崇高的境界！前宽导演和萧桂云导演坚守"戏比天大"的电影艺术人生的纯粹，始终在他们身上熠熠闪光，令我们仰慕钦佩！

曾经有不少前宽导演的朋友劝他们夫妇多拍些挣钱的商业片，别让自己的生活太拮据。前宽导演总是呵呵一笑说：挣钱的机会以后还会有，但是拍大片的机会不会总有！功成名就的前宽导演始终没有放弃他对电影事业的追求，在电影艺术创作上也从未有过丝毫的懈怠。有这样的大哥做表率在前面披荆斩棘，我们这些热血电影人都义无反顾地跟随前宽导演为挚爱的电影事业去打拼，有时为了影片不受资本的绑架，我们会自愿放弃片酬，拒绝转让出卖剧本版权，虽然牺牲了个人的经济利益，但保住了电影人在艺术创作上的自尊和自主。如今回忆和前宽导演在一起的往事，我们对自己的选择依然没有半点后悔！

自2015年和前宽导演密切合作后，在一起听他讲得最多的就是电影和绘画，他可以声如洪钟滔滔不绝地讲上几个小时，听他讲话犹如醍醐灌顶，茅塞顿开。我原来在剧组中总是被同仁夸奖说是特别能战斗也特别能讲，但自从听了几次前宽导演融汇古今、中西贯通，才华横溢极具感染力的即兴演讲后，我一下子自觉地进入了失语状态，直至现在。因为不比不知道，和前宽导演相比，我们之间的差距之大，完全不在一个级别！

前宽导演说过："无论拍摄电影还是绘画，'悟'很重要！悟是一种灵性和才情，既是对艺术规律的领悟，也是对生活的体察和认识，我这一辈子都在践行这一个字，'悟'！电影是每一个镜头连接起来的造型艺术，绘画艺术和电影艺术是相通的。之所以中外影坛有许多导演是学美术出身，后来获得成功均是得益于他们在'悟'字上洞开一面。"现在回想前宽导演说过的这些话，感觉他仍然坐在我面前神采飞扬地阐述着他的电影世界，催促我赶紧重新拾起放下多年的画笔，讲述他一直想拍摄的讲述新中国电影摇篮的故事大片《东方欲晓》。那次去东北选景，有病缠身的前宽导演如同换了一个人似的，登山越岭健步行走，令大家赞叹不已。我们知道是他毕生为之奋斗的电影事业使他满血复活，他这一辈子就是为电影而生！

前宽导演与生俱来、文思泉涌的电影智慧远不是我辈后生所能及。在一次和当地政府商谈我的一部真人动漫科幻影片《万丈红尘》衍生主题公园开发的会议上，我絮絮叨叨地讲着电影的故事和创作构想，可是过于专业化的表述并没有让官员们形成强烈共鸣，当我有些无助的眼神转向前宽导演时，他迅速接上话茬：萧锋导演刚刚讲的是一个地球和月球谈恋爱的故事！一句精彩睿智的点评顿时活跃了会议的气氛，参会的人们似乎一下子打开了他们的形象思维想象力，对项目表示出极大的兴趣！在我们和前宽导演一起追逐电影梦想的日子里，类似这样提纲挈领一句话击中要害，解决问题的例子举不胜举。这些年，我们跟随他去舟山到南京飞澳门，一路行车去西安，马不停蹄奔成都，无一不是为了电影，这些日日夜夜长途跋涉的情景记忆犹新，如同就在昨天。至今，前宽导演亲自动手撰写修改澳门横琴电影高科技基地策划案的情形依然历历在目。我们知道，这是他的一个未了心愿，直至病重期间他还在为之出谋划策。前宽导演精彩的电影人生是对中国电影有着卓越贡献的一生，他是中国电影事业勇于开拓攀登的引领者，更是我们的精神导师。

自得知前宽导演离世，心里就一直堵得如压了块石头，难受至极！突然失去一个兄长般的良师益友，难抑的悲伤让我潸然泪下，眼前一直浮现着他的音容笑貌。说好等他回京给他接风，约定我们还要合作三部电影，计划要给我们的电影书集写序……现在，这些再也兑现不了的承诺已化为无尽的思念！前宽导演您永远和我们在一起！

2021年9月28日

一份提案结下的深厚情缘

——怀念著名电影艺术家李前宽

曹寅[1]

2021年8月12日，前宽导演永远离开了我们。噩耗传来，我久久不敢相信。前宽导演的音容笑貌，恍若昨日，犹在眼前。

我与前宽导演相识于20多年前的一次出访，我们同在一个代表团，他的热情豪爽、胸怀坦荡、才华横溢、幽默风趣给我留下了极为深刻的印象。

来电影频道工作后，和前宽导演见面机会就多了，得到的教诲和帮助也就更多了。上任伊始，我就专程到前宽导演家拜访请教，聆听他对电影频道发展的真知灼见，得到他老人家的谆谆教诲和真诚帮助。

吃水不忘挖井人。20世纪90年代，为了响应中央提出的“影视合流”改革构想，早在1994年，李前宽导演就率先和部分全国人大代表联名，在全国人大八届二次会议上提出“建立电影频道”的议案。当时的广播电影电视部党组决定以成立“中国电影台”方式筹建“电影频道”，以此作为加大电影系统改革力度、振兴民族电影的重要举措。电影频道正是改革创新应运而生的产物，是依托影视业促进电影业发展的成果。

1 曹寅：电影卫星频道节目制作中心主任、党委书记。

25年来的实践证明，电影频道的组建和发展是落实中央关于推动影视改革政策的重要成果和成功典范，充分发挥了电影电视的整体优势，极大地解放了影视生产力，为中国电影业培养储备输送了大量的电影人才，满足了广大人民群众的精神文化需求，培养了庞大的电影观众群，大大增强了民族电影业的活力和竞争力，为中国电影业繁荣发展打下了坚实的基础。

前宽导演作为电影频道诞生的“助产士”和重要推手，体现了他对中国电影发展的高瞻远瞩、伟大气魄和无私情怀。想当年，前宽导演为成立电影频道奔走呼号、呕心沥血。他曾动情地说道：“只要能推动中国电影发展，我都愿意摇旗呐喊、站脚助威。”电影频道将永远记住因这份提案结下的深厚情缘，对电影前辈李前宽导演的逝世表示沉痛哀悼和深切追思。

近年来，李前宽、萧桂云这对电影导演伉俪一直关心着电影频道的发展，他们也是电影频道的常客。2004年中国电影人迎春大联欢，前宽导演亲自担任总导演，另外频道的百合奖评奖、节目专访等他们都是积极参与，不遗余力，把频道当成自己的亲生孩子一样。

前宽导演去世后，电影频道及时播出了他和萧导的电影代表作《开国大典》《重庆谈判》《七七事变》等，以表达对他的深深怀念。我们的主持人和生前采访过他的编导记者提起他时，都禁不住潸然泪下，他对后辈电影人的真诚提携和悉心帮助令人难忘。

想起最后一次见到前宽导演是在2020年厦门金鸡奖颁奖晚会上，他和田华老师一起颁发最佳导演奖，其实那时他已经重病在身，但还在为中国电影站台，现在回想起来真是眼眶湿润，深为感动和震撼。李前宽导演真的是把他的一生都奉献给了他最热爱的中国电影，直到用尽最后一丝气力，流尽最后一滴心血。

前宽导演和萧导一起开拓了主旋律史诗电影创作的新境界，他用电影的生花妙笔，浓墨重彩地描摹了党史上的伟大人物和重要事件。他始终坚持以人民为中心的创作导向，始终坚定文化自信，始终坚持社会主义先进文化前进方向。前宽导演身上充分体现了对党忠诚、心怀祖国、执着艺术、大胆探索、深谋远虑、崇德尚艺、不忘初心、牢记使命的崇高精神。前宽导演的逝世是我国文艺界特别是电影界的重大损失，他深厚的家国情怀、杰出的艺术成就和高尚的精神品格，将永载中国电影史册。

今天，党中央高度重视电影工作，我们要倍加珍惜像前宽导演这样的电影前辈们为我们打下的良好基础。对前宽导演最好的怀念就是化悲痛为力量，继承前宽导演的精神和遗志，创作更多无愧于时代、无愧于人民、无愧于民族、无愧于历史的优秀作品，为2035年实现文化强国、电影强国而奋斗不息。愿我们敬重爱戴的前宽导演精神永存，灵魂安息，也请萧桂云导演节哀，保重身体，健康长寿。

本文刊发于《电影文学》2022年第5期

我心目中的老友前宽

崔君衍[1]

李前宽是我有缘相识和相知以心的最有风度的人。中途杀来的病魔，无情熄灭了一团炽烈的生命之火。烙入记忆的往事，一幕一幕涌上心头。为了缅怀老友，一个月来，我做的唯一一件正事儿，就是追寻和录入自己亲历的值得回忆的点点滴滴。

嗨，"男神"来了！

初遇前宽，是1987年9月在夏衍主席的家里。那一年，中苏关系刚刚解冻。我和李前宽、胡柄榴、李溪桥一起，随影协第一书记苏云率领的中国电影代表团，踏上了破冰之旅。行前，夏公接见了大家，嘱咐我们圆满完成出访任务。那时候，作为代表出国访问，可是大事。

抵达莫斯科，我们下榻在俄罗斯大旅馆。当晚，见面会上，放映了李前宽和萧桂云夫妇导演的新作《田野又是青纱帐》。在拜会、寒暄和礼节性活动中，前宽一直颔首微笑，安安静静，介绍自己的影片时，也一派沉

1 崔君衍：电影理论家、翻译家，翻译作品《电影是什么》《电影文学与心理学》《世俗神话——电影的野性思维》等，李前宽在中国电影家协会和中国电影基金会多年的工作伙伴。

静，慢条斯理，俨然文质彬彬的文化人。第二天，我们逛商店，前宽用苏联影协送给每个人的二百五六十卢布，最先给夫人萧桂云挑了一串琥珀项链，真是爱意满满。

第三天，代表团飞抵塔吉克的杜尚别，憋闷了多日的前宽，才终于有机会露出“庐山真面目”。那天晚上，塔吉克影协举办了近二百人的欢迎会。艺术界人士云集。联欢环节开始，女舞蹈家献上了曼妙的塔吉克舞，她突然旋转到我们面前，邀请中国朋友共舞。前宽登场，牵起女舞蹈家的手，翩翩起舞，跳到尽兴时，他猛然停住舞步，脱下上衣，向后一甩，十足的斗牛士派头。掌声和欢呼声响彻大厅。轮到演唱环节，先是塔吉克首席歌唱家高歌一曲，随后就响起了前宽的“跑马溜溜的山上……”我敬佩地说：前宽，你神了！

穿越时光，我仿佛重返基辅，目睹前宽从提箱里拎出一瓶白酒，和乌克兰艺术家开怀畅饮的欢乐；仿佛又来到列宁格勒，回味他在陀思妥耶夫斯基的《白夜》中的那座小桥上朗诵普希金的《假如生活欺骗了你》的激情；仿佛又返回莫斯科郊外的“电影之家”，惊见前宽的美术天分：我们在那里巧遇老导演扎尔赫依，那一代影迷谁不知道他参加创作的《母亲》、《波罗的海代表》和《政府委员》！前宽很兴奋，眼里骤生光彩，抄起桌上的纸盘，“刷刷”几笔画出一幅形神兼备的肖像，恭恭敬敬送给老人。扎尔赫依的夫人特别高兴，搂着我们俩合影留念。

前宽用舞姿、歌声、画笔和热情播撒友谊。我说：你应当是文联的全能会员。他扳起指头，数了数，说：还不会杂技。我想了想，回了一句：你懂“杂耍蒙太奇”啊！前宽愣了一下，然后放声大笑。

才华横溢的前宽可没辜负自己的才华。他能从美工师化身纵览全局的导演，他能在影片《重庆谈判》中亲口献唱陕北民歌“信天游”，他能在群芳竞艳的画展上独放异彩，他能声情并茂模仿不同人物的音容笑貌，他能如瓶泻水般发表演说……前宽开发人脑的“超剩余性”的功力真是不同寻常。“天才的特征之一就是把相距最远的一些才能结合在一起”——雨果的这句话放在前宽身上也很搭。

人的天赋就是火花，它既可能熄灭，也可能燃烧，而只有心扑到创造上，它才会成为熊熊烈火。

初心如磐

在漫步红场回到旅馆的晚上，我第一次听说他筹拍《重庆谈判》。尽管在那段时间列宁墓一直关闭，我们无缘瞻仰列宁遗容，但是，红场情结还是给前宽的燃烧的激情多添了一把火——在红场，我们俩唱起了《国际歌》。

一说起自己的艺术创作，前宽一定滔滔不绝，一定绘声绘色。听前宽聊他的影片，聊创作中的酸甜苦辣，也是一件快事：他怎么给《青松岭》发掘了歌唱家蒋大为，怎么在《佩剑将军》中跟“凶神”项堃较真儿，怎么为《黄河之滨》给中央写信，怎么在《重庆谈判》中自编自唱，怎么陪中央领导审查《开国大典》……他的舍我其谁的神态和声调，至今还在眼前晃动，在耳畔回响。

我看了前宽夫妇导演的好多作品：《佩剑将军》《田野又是青纱帐》《开国大典》《决战前后》《重庆谈判》《七七事变》《世纪之梦》《星海》。我知道，《开国大典》是李导和萧导毕生的骄傲。前宽自己承认，这部影片很难拍，那么多历史事件和历史人物，弄不好就是个大拼盘，就砸锅了。但是，志不求易、事不避难的前宽，知难而进，不惧挑战，和萧桂云携手完成了一部革命史诗的恢宏巨作。影片中，令人过目难忘的“多内涵”场景俯拾皆是。听神采飞扬的前宽谈《开国大典》的创作细节，也是一种审美享受。前宽给我“绘声绘色”的两个教科书级的镜头段落，是我在电影语言课上给学生详解艺术灵感和电影语言表现力的经典案例。一是，毛主席登上天安门那场戏。前宽用“静场”，用“稳节奏”的反衬手段，强化了历史巨变的激荡人心的时刻；用伟人的“人民万岁”的声音叠加战士牺牲在战场上的影像，隐喻来之不易的胜利，令人回味无穷。一是，毛主席入京前和女儿一问一答的那场戏（画外音：“爸爸，我们到哪儿去？”“到北平。”“为什么到北平？”“因为我们胜利了。”“你不是说胜利了要到延安，为什么到北平？”“因为北平比延安大。”）。前宽给我和盘托出了这个段落镜头的灵感源泉、审美理念和实拍手段。他告诉我，他躺在大连海边沙滩，远眺阳光灼热礁石、雾气朦胧的小岛海市蜃楼般忽隐忽现和大浪奔涌的景象，突然灵光一现，决定遵照意到笔不到的绘画美学，仿效留一点空白的大写意手法，创造新的意象，留下想象的空间；他调动了一百二十辆汽车，让它们退出二里地，前后两排，一字往前开，要求每隔两里地放一个烟点，拿四个火枪打出热浪，用长焦拍摄远处的车，留下开阔的天空，然后压低地平线，透过热浪，看海市蜃楼般一字排开的军车，营造出金戈铁马和滚滚巨浪的冲击力；他不用背景音乐，只让百辆汽车同时开动马达，做底子音，用高八度的效果，营造万马奔腾的隆隆巨响……排山倒海的场景出神入化。然后切入毛主席在西苑机场阅兵的历史镜头。然后，切入蒋介石被墙上的蜘蛛惊吓的场景。意象、意境和意义淋漓尽致！顺应民心民意者得天下，逆民心民意者失天下的意蕴油然而生。真是灵光一现的神来之笔。前宽认为，写实加写意，浪漫主义结合现实主义，是颠扑不破的真理。我忘不了前宽结束这段阐释时，模仿李苦禅大师的口音引用的那句话："要绝，不绝叫嘛艺术！"

翻翻前宽嘱我帮忙整饬的文稿《使命感——中国电影人的思考和行动》《国产电影与中国魂魄》《抗战时期中国电影的文化精神和现实意义》《将镜头对准中国的历史》《愿景和行动：四地协力，发展电影产业，弘扬中华文化》，我仿佛又听到了前宽落在文字中的文化自信的心声。他深信，"电影首先是传达民族历史和精神的内涵深邃的文化"，"中国历史、现实和文化，中国人的生活、情感和精神，永远是中国电影取之不尽用之不竭的创作源泉"。他坚信，"爱国主义是贯穿中国电影的一条红线"。他呼吁，电影应当少一些"细皮嫩肉"，少一些娘娘腔，少一些无病呻吟，多一些励志，多一些洪钟大吕，因为"电影不应成为消磨中国青年意志力和尚武精神的腐蚀剂"。他宣扬，"摄影机的镜头应当对准生存在这块土地上的主人——人民"。他认定，在全球化的大潮中，不同的文明应当交流互鉴，但是，我们不能只有一个面孔，不能舍己芸人，应当以自己的魅力让世界听到洪亮的中国之声。他说，"文化不能取代，更不能霸占。就像中国人可以偶尔吃点肯德基和麦当劳。但是，中国人的饮食习惯不会因此而改变胃口。正如中国人不会因为用了洋化妆品而改变自己的黄皮肤和黑头发，守护中国电影的民族文化价值和文化身份——这是中国电影的使命"。

浓墨重彩抒写红色历史，一心一意弘扬爱国主义——这就是前宽的如磐初心。

"往前看，向前走，路更宽"

人如其名。"前宽"，"往前看，向前走，路更宽"。路在脚下，心系远方。乐观实干的前宽，在中国的电影大棋局中潜心创作、出谋划策、摇旗呐喊、鸣锣开道了一辈子。他有"功成不必在我"的境界和"功成必定有我"的担当。

20世纪的90年代，前宽曾经让我给他提供世界各国的电影博物馆的信息。那时候，他希望在昌平创办一座中国电影博物馆。我赶紧搜罗整理了世界各地的主题公园和电影博物馆的一批资料，交给他。当初，我们就设想，现代化的电影博物馆，不仅是留存中国电影历史的资料库和展陈室，更应当是科学和艺术相融合的百宝城，是可以提供娱乐、学习和工作的园地，是满足青少年的求知欲和好奇心的

"魔法学校"。他以政协委员的名义联名电影界人士，给中央打了一份言辞恳切、诉求清晰的报告。多年之后，当电影博物馆的建议终于获批的那一天，前宽给我来电说：博物馆的事儿成了。很平和。

2004年，我到前宽担任掌门人的中国电影基金会任职，成为雄才大略的翟俊杰和泼辣干练的薛桂枝的同事，投入中国电影公益事业，一干十年。我更加见识了前宽的"野心"。

2006年6月的一天，那时候北京正热火朝天筹办奥运会，前宽驾车送我回家，在二环路上，突然冒了一句："北京这么大，也应当有自己的世界级电影节。"这一定是前宽憋在心里好久的想法，绝非触景生情，临时起意。我明白，前宽又要干大事了。隔了几天，我们就趴在电脑前，开始起草创办"北京国际电影节"的建议。先是历数了北京的优势：电影创作的主力军、强大的拍摄制作基地、师资雄厚的电影学院、完善的发行院线、初具规模的动漫产业、全国独一份儿的电影博物馆、总局的直接关怀和指导等等。然后，笔锋一转：可惜完整的电影创意产业链还缺少重要一环，即开展国际电影文化交流、传播优秀电影文化、促进中国电影影响力和激发电影创造活力的电影节。举办交流思想的大论坛、激活资本市场的洽谈会和传播影视技术的博览会都拢入了我们的设想中。"野心勃勃"的前宽，借鉴组织和举办国际电影节的通行原则，希望在北京市政府和广电总局的指导下，让中国电影基金会牵头，与北京市政府委派的相关文化单位协力办节。就连举办各项活动的日期，他都掐算好了。愿景真美妙！前宽这头"奔牛"又往前冲了！在第二年三月的两会上，他提交了完整的提案。后来我陪前宽专程到建国门外北京广播大厦拜会了北京市文化局长，前宽一一陈述了我们准备好的每一条思路。后来，前宽锲而不舍，努力了多年。精诚所至金石为开。2011年，这件事尘埃落定："北京电影季"问世了。消息传来的当天，前宽当着一屋子人表达了异议："什么是季啊！还得叫节！"再后来，北京电影节就成了品牌。如今，一见到北京电影节开幕的消息，我就会想起趴在电脑前抠持一句一句话的情景，就会想起前宽服务中国电影的心心念念、久久为功的精气神。

那一年，中国电影基金会还打造了一艘"旗舰"：策划和实施"万校联动优秀影片放映计划"。"万映计划"的宗旨，就是借助社会资助，在校园中免费放映优秀影片，再开展延伸活动，发挥电影的育人作用，伴随孩子们茁壮成长，尤其给没机会看电影的老少边贫地区的孩子放映国产优秀影片。“万映计划”也是文化扶贫的先行者。后来，这项工程变为国防教育的助手，改称“国防万映”。尽管离岗多年，我也难忘老少边贫地区的孩子在放映机前一双双渴望的清澈的眼睛，难忘薛桂枝、翟俊杰和中国电影基金会同仁为“万映计划”和“国防万映”付出的心血，难忘河南的“一辈子服务人民”的优秀放映员郭建华的勠力同心，难忘为“国防万映”活动助力的每一位优秀电影人，当然，也难忘前宽的远见和用心：2007年2月4日，温家宝总理视察长春电影制片厂时，他当面汇报了政府部门和社会公益组织为农村青少年放映优秀国产影片的努力、成果和困难。

前宽心系香港澳门。他为开展内地电影人和港澳电影人的交流没少耗心血。2004年，中国电影基金会换届不久，前宽就策划组团出访了澳门，成了内地和澳门电影文化交流的第一批使者。第二年，我借在澳门教书的方便，拜访了澳门文化人士，完成了前宽交办的任务：安排好从2006年起正式举办的“内地优秀影片澳门展”和“澳门影视论坛”。有国家新闻出版广电总局、澳门特区政府和中央驻澳门联络办的悉心关注和指导，有澳门基金会吴志良先生的全力支持，有许敖敖、郑国强这些澳门文化教育界人士的亲力亲为，这项活动风调雨顺，成为澳门一年一度的文化盛事。前宽和桂云夫妇为这项活动倾注了心力。尤其是，来自内地的电影艺术家年年与澳门科技大学、澳门大学、澳门理工大学和濠江中学青少年激情互动，一批批老中青电影人的真诚笑容和莘莘学子的一张张青春笑脸，洒出了一道亮丽的风景线。在一气儿办了五届的“澳门影视论坛”上，前宽和大家为澳门经济文化多元发展积极建言献策，为澳门的发展加油，为打造澳门的文化品牌，为澳门多元适度发展，为开拓澳门文化产业摇旗呐喊。那时候，开发横琴的大文章还没有开篇。中国电影基金会每年也组团到香港，参加金像奖典礼和电影博览会。香港回归祖国十年的时候，前宽为香港做了一件“带响儿的事”：他倡议的香港电影节亚洲大奖，在王英伟先生的锲而不舍的努力下，在香港特区政府的大力支持下，终于在香港国际电影节落户。前宽说，能为香港电影的繁荣，为香港的繁荣尽自己的绵薄之力，倍感兴奋和光荣。

审时度势，抓住机遇，加强沟通，打开局面——这是前宽的能耐。马万祺在京休养，前宽就带我们赶去嘘寒问暖。董建华来京参会，前宽就带我们赶去拜会求教。崔世安准备约见，前宽就赶紧列出见面商谈的大纲。日积月累，终见成效。

前宽也心系宝岛。在当时两岸关系的大背景下，前宽和李行导演联手倡议的“两岸电影展”在2009年顺利启航。十多年了。“两岸电影展”依然坚持，尽管两位元老先后辞世。因为分工不同，前宽很少招呼我参加这项活动。但是，我知道前宽、薛桂枝和基金会的同仁年年付出的心血。我只有一次全程参加了两岸电影家交流活动：2010年6月，在举世瞩目的世博会期间，中国民主促进会和中国电影家协会在上海主办了“第八届海峡两岸中华传统文化与现代化研讨会”。民进中央主席、全国人大常委会副委员长严隽琪和时任中共上海市委统战部部长的杨晓渡光临盛会。那可是中国电影基金会举办得最风光的一次研讨会。前宽在会上发表了主题演说《加强两岸合作，振兴电影大业，弘扬中华文明》。

走出去，让世界多听中国的声音——这是时代的需求，是中国电影基金会的愿景，也是前宽的心愿。为了夯实这件工作，我帮前宽做了两件事：一是，向我的朋友、夏威夷电影节主席推荐了前宽和他的作品；二是，2013年夏天，抓住联合国在北京办“联合国电影节”的机会，与联合国总部接上了头。后来，前宽凭自己的魅力到了檀香山，戴上了一串串大花环，跳了呼啦圈舞，见了州长，放映了中国影片，领了夏威夷国际电影节电影杰出成就奖；又敲开了联合国的大门，携夫人会见了潘基文，提出了创建“全球绿色和平电影节”的倡议，举办了“光影彩墨——美丽中国”画展，放映了新片《星海》。这应当是两段有趣的故事。

路，越走越宽，前宽仍然“快马加鞭未下鞍”。在新冠疫情暴发之前，我接到前宽的最后一次电话，他约我参加他主持的北影教育合作项目。因为怕心累，我婉拒了。回首往事，我只能一声感慨：病中的前宽，还在拼，还没有刀枪入库，放马南山！浏览储存在电脑中的一页页旧文档，我只能一声叹息：还有多少没了下文儿的文案，没有圆满的梦！

漫漫征途，唯有奋斗。愿前宽的拼搏精神激励后来者接力干。

挂在心上的前辈、同辈和晚辈

人与人之间难免磕磕碰碰。按性格，前宽恐怕也不例外。但是，共事多年，我发现前宽的朋友圈挺宽。从我亲历的几件事中，可以看到前宽敬重前辈、关心同辈和提携晚辈的那份情怀。

在中国现代文化巨匠和进步电影的开拓者夏衍百年诞辰前夕，中国电影出版社编辑出版了夏公的四卷本《夏衍文集》。我给中国电影基金会会长和秘书长打了申请资助的报告。前宽慨然答允，鼎力相助。

为了记住新中国电影摇篮的成长历史，铭记长影老厂长苏云的高风亮节，感念扶持他一步步成长的这位“伯乐”，前宽请作家陈宝光主笔完成了《云白石坚——苏云传》，亲自精心校对，又写了一篇情深意切的序文，传颂了从革命烽火中走来的、为新中国电影事业奋斗一生的电影事业家——“从太行山飘出的一朵彩云”。

“为学莫重于尊师”。我不止一次听到前宽回忆北京电影学院的教育家吴印咸、田风。为了缅怀五十年前含冤辞世的田风老师，前宽亲自出马，筹备主持了“慈父般的”恩师诞辰百年纪念会，重温了这位新中国电影教育开拓者的无私奉献，又请我帮忙，编辑出版了《人间自有真情在：田风传略》一书。在“拜金”“拜名”“利己”之风盛行的浮躁中，人间真情尤为可贵。前宽捧着新书，欣慰之情溢于言表。

一代人的成功离不开首创精神，也离不开集体的力量，离不开朋友的信赖激励、精神的凝聚力和心理的和谐一致。我记得，为了纪念合作多年的老搭档张笑天编剧生涯五十年，前宽专程赶回长春，筹办和主持了研讨会。拳拳之心，令人感动。还有一次，《当代电影》编了一组谈谢飞的文稿，请电影界人士谈谈这位优秀的导演，既是致敬谢飞，肯定他的成就，也是勉励后学。前宽是谢飞的校友，萧桂云是导演系60班同班同学。我提议：老外有“炉边对话”，你们夫妇俩就来篇“书斋对话”吧。从你一句我一句的话语中，可以听出他俩对老同学的真情流露：夸赞、欣赏、真诚、调侃、亲密无间。我认可他们对谢飞知根知底儿的看法，因为我和谢飞也是北京四中的同窗。

共事多年，我知道前宽帮助晚辈的琐琐细细。但是，他心里想的是浇树浇根，是育人育心。所以，他想开办电影文化学校，想创办“青年国际电影节”，想主办“海峡两岸暨港澳大学生影像文化节”，想给青年人做“垫脚石”。在他的心目中，投身电影事业的青年一代应当热爱祖国、热爱人民、胸怀大志、开拓创新、科学求实和精通专业。培养造就这样的一代，才是对晚辈的真正关爱。

写到这里，我想起和前宽的一次闲聊。我问他：“人生得一知己足矣”，还是“朋友遍天下”，最合你意？前宽一扬手，笑答：遍天下！信然！这就是李前宽。

2021年9月12日 陶然亭路

德艺双馨　虚怀若谷

——追忆我的恩师李前宽

蒋崴[1]

2021年8月12日中午突闻李前宽导演病逝的消息，当时整个人都懵了。虽然知道李导这几年一直在与病魔作斗争，但这一刻还是觉得太突然。在我的印象当中，李导的脸上总是挂着笑容，以至于给我一个错觉，他还是那个我在1999年认识的李导：永远精神抖擞，谈笑风生，不知疲倦。

时光回到1999年10月1日，当时我还在菲律宾大学攻读电影专业。国庆前学生会突然接到中国驻菲律宾大使馆的电话，希望能派一位留学生去做来访的中国电影代表团的翻译。因为我是电影专业的学生，当时就自告奋勇报名前往。10月1日当天，中国大使馆的车辆准时将代表团送到了我们学校。那时的李导头戴画家帽，精神矍铄，带着代表团一行参观了学校的很多设施。我作为翻译，也就有了近距离接触他的机会。当时我特意穿了留学生会制作的庆祝祖国生日的纪念衫。多年后李导和我一同忆起第一次见面的场景，他还对我穿的那件纪念衫印象深刻。李导是个特别平易

1　蒋崴：博士毕业于澳门大学传播学专业，现为香港浸会大学电影学院影视与数码媒体艺术硕士课程主任，曾获得中国电影基金会汪德钟奖学金赴美国南加州大学影视学院留学，并曾参与制作《苍天圣土》《赤壁》《非常完美》《让子弹飞》等多部影视作品。

近人的人，知道我是电影专业的学生，就兴致勃勃地问了很多关于菲律宾大学电影专业的问题，我都一一做了解答。在学校的参观时间很短，大使馆的随行人员很快就要把代表团送往下一个交流点。临别前我冒昧地问李导我以后可否去他的剧组实习，李导欣然答应，并留给了我联系方式。抱着试试看的心情，2000年上半年的时候，我在马尼拉按李导留的地址给他写了一封信。当时觉得这样一个大人物应该是不会回应我这样的一个“小萝卜头”了。然而，就像所有剧情电影中的反转情节一样，月余之后突然接到来自北京的一封越洋信件，展开信纸，居然是李导用毛笔手书的回信：“今秋开拍大型电视连续剧《朝鲜战争》，欢迎到剧组实习……”当时我激动的心情溢于言表，拿着回信左看右看，舍不得放回信封。

2000年12月我如约从马尼拉飞回国内参加《朝鲜战争》的实习。因为马尼拉一年四季都是夏天，而12月已是国内的冬日，在回国的路上我将几乎所有的T恤层层套在自己身上以求保暖。回到老家无锡拿了几件单薄的冬衣后就直奔剧组当时的所在地吉林集安——一座鸭绿江边上的小城。当我辗转千里终于到达剧组的驻地时，李导还在外景地导戏。得知我到了集安，立刻就安排剧组车辆把我送到了现场。当时的场景我到现在还记忆犹新。李导正在一个废弃的建筑物中导戏，看到我到了，居然停了下来，然后兴奋地大声向在场的所有剧组人员介绍我。他的介绍很风趣，说我是不远万里，从三十多摄氏度的马尼拉来到了零下三十多摄氏度的集安，精神可嘉。当时的那一刻感觉像电影般的梦幻，我与一位素昧平生的大导演居然在异国相识，并在白雪皑皑的东北再次相聚。

当时的集安的气温是零下三十一摄氏度，李导看我的冬衣很单薄，就马上指示剧组人员给我分配了一套志愿军的棉服，就是棉服表面有车缝线的那种，并配了一双当年志愿军所穿样式一样的军靴。不仅是我的身体感觉暖和了，心也格外地感到温暖。很快，我也见到了李导的爱人萧桂云导演及他们的女儿阳阳，与他们一家的情谊也从2000年的冬日开始了。我被分配到了导演组，跟在李导和萧导周围学习。李、萧两位导演是电影圈出了名的导演伉俪，两人在现场的配合非常默契，也让我在短短一个月的实习期中学到了很多东西。期间还被曾经演过邓小平的老演员看中，怂恿李导让我出演罗盛教。虽然最后离“明星梦”失之交臂，但也出演了一位无台词的勇救女卫生员的警卫员。离开剧组那天，李导怕我冷，让我不要把棉服还给剧组了，就穿着回家吧。他的眼神充满慈祥，一再叮嘱我路上注意安全。当我踏上回家的卧铺车厢时，我的志愿军军服引得所有人侧目，但对我来说却是无上的荣耀！这次实习让我更近距离地接触了李导。在那样一个什么都靠关系的年代，李导对我这样一位没有任何背景的年轻后辈的无私帮助是多么得难能可贵！他就是那么简单的一个人：善良、热情又不失纯真！

实习过后没多久，我就面临要拍摄自己的本科毕业作品但经费不足的窘境。我来自一个父母离异的家庭。母亲为了我出国留学已倾尽了所有。李导得知我的困难后，马上让我申请了中国电影基金会的青年扶持基金，并介绍了专业的制片和摄影师给我，使我能在很短的时间内，在北京顺利完成了毕业作品的拍摄，并获得了菲律宾大学大众传播学院电影专业的最佳毕业作品奖，而且还获得留校任电影系兼职讲师的机会。李导不仅为我提供了资金上的支持，在拍摄期间也给了我很多指导意见。到现在我还记得他叮嘱我在拍外景时要多拍一些空镜头。当时并不能太理解他的建议，但等到做后期时才明白空镜头对人物情感抒发的重要性。作为一名老导演，他对后辈的提携就是这样浸透在平时的点点滴滴中。多年后在记忆中会慢慢显现出来，变得越来越清晰，弥足珍贵。

本科毕业后，我选择在菲律宾大学继续攻读硕士学位。不久，李导领队的中国电影基金会代表团再次到访马尼拉，与该国最大的影视媒体集团ABS-CBN洽谈电影合作项目。我又荣幸地成为代表团与ABS-CBN谈判的全程翻译，给了我一次重大的锻炼机会。代表团回国后，李导又指派我作为中国电影基金会和ABS-CBN之间的联络人，期间帮助翻译了中菲合拍片剧本Tsino，也为ABS-CBN制作的《承诺》《只有你》等电视剧进入中国中央电视台播放做了大量的前期工作。李导心系中国电影在海外的传播，得知我在菲律宾大学授课，为了能让中国电影为更多的菲律宾学生所熟悉，特别通过我向菲律宾大学捐赠了一百多部中国电影的原版DVD及一台DVD播放机，也使我能在菲律宾大学开设“中国电影史”这门课时，有足够的中国电影给学生们做讲解的范例。多年后得知李导在国内老少边贫地区的学校开展电影“万映计划”的活动，联想到他当年对菲律宾大学的捐赠，不禁对他为中国电影事业所做的贡献产生由衷的敬意。应该说，李导有着宽阔的胸襟，高瞻远瞩的视野。他关心的不是他个人的地位和享乐，而是整个中国电影事业的长足发展和进步！

时光来到2004年，这一年我的人生遇到了又一次重大的转折。这次转折同样与我的恩师李导分不开。当时香港的汪德钟奖学金正在委托中国电影基金会在内地选拔青年电影人去美国的南加州大学学习电影制作。李导觉得我各方面条件都适合，就告知并鼓励我申请。这个奖学金要通过中国电影基金会、香港汪德钟奖学金委员会的初审和二审，最后由美国南加州大学电影电视学院决定最后的获选者，每年只有一人能够获选。申请的人大多是北京电影学院、中央戏剧学院、北京师范大学等一流高校的老师，竞争的难度可想而知。我在马尼拉精心准备并提交了材料，顺利通过了初审和二审，但后面我的申请到美国后就石沉大海，杳无音信了。记得当时有些焦急的我在马尼拉和在北京的李导通了个电话，他判断那一年的竞争过于激烈，可能没有申请成功，并鼓励我明年再试。他的安慰使几个月来焦躁不安的我逐渐平复了心情，并准备来年继续申请。当我在不抱任何希望的时候，2004年7月的一天我却无意中在我的垃圾邮箱中发现了美国南加州大学发给我的奖学金获选通知。当时兴奋的我第一时间就打电话给了李导，他也由衷地替我感到高兴，并鼓励我在美国好好学习，将来回国继续发展。应该说，没有李导，远在国外的我就不会知道有汪德钟奖学金，更不用说能获得这个奖学金了！在2004年，能获得去美国留学的机会是很多人的梦想。应该说，李导就是一位为我造梦的人！那时很多人以为我和李导是亲戚关系，也有人错误地以为这个奖学金是内定的，但熟知李导的人都知道，他就是那样一位坦坦荡荡、惜才爱才的人。记得他曾经跟我说过，有的人退休了，没有人愿意理他们，因为他们在有能力的时候从来没有想过要去帮助年轻人。显然李导很不认同那样的人。我后来得知李导帮助过的年轻人不止我一个，相信他们和我一样也会感念在他们的逐梦过程中李导为他们筑起的通向梦想的道路！

2004年，我也与在台湾的女友结了婚，一同在美国开始了留学生活。由于在菲律宾大学全英文环境中的锻炼，在美国的学习生活变得驾轻就熟。美国先进的电影制作技术和理念使我大开眼界，受益匪浅。两年紧张的学习结束后，我决定还是回国发展。当时我带着妻子一起去北京见李、萧两位导演。得知我们想在北京发展，李导就热心张罗着要在北京给我和妻子安排工作。那时感觉李导就像父亲般的长辈一样，不计个人得失地帮助我们。不巧的是，当时发现妻子已经怀孕，在北京安家的打算也只能暂时搁置。当时正值李导、萧导要开拍献礼香港回归十周年的电视连续剧《苍天圣土》，两位导演希望我进组从场记做起，经历在基层的严格训练。我也欣然接受这个挑战，把怀孕的妻子安顿在老家后，随剧组开始在全国各地拍摄。这一次的进组，我经历了从前期筹备、拍摄到后期制作为期一年的整个过程。在片场的李导和萧导是非常严厉的。我刚从学校进入实际的拍摄，难免犯了很多错误。李导和萧导从来不会因为我是他们的学生而“手下留情”。如果说李导之前对我的帮助更多的是在人生发展的目标上，在剧组的工作则是对我事业实际的引导。剧组拍摄的压力和辛劳使我一下子瘦了五公斤，但也使我从两位导演身上学到分镜与现场调度及导戏的很多技巧，也进一步深刻感受到了李导的创作激情和个人魅力。有时说戏说到动情处，他比演员更能快速入戏。即使到现在，李导给演员说戏时充满激情的身姿还时常浮现在我眼前。

《苍天圣土》后，我有机会可以参加吴宇森导演的电影《赤壁》的拍摄，而那时李导已打算安排我在中国电影基金会工作，怀着忐忑不安与内疚的心情向李导提出了我想去吴导剧组学习的打算。没想到李导完全没有生气，欣然同意我去大的电影剧组磨炼的请求。因为有在美国学习电影的经历，加上在李导剧组工作的经验，我很快在吴导的组里从翻译转为导演助理，并在下集拍摄时被提拔为第二副导演。如果没有李导之前为我一路做的铺垫，我不可能在《赤壁》这么快地得到肯定。后续我又一路进入《谍海风云》《非常完美》《让子弹飞》等一系列大片中磨练自己，但长期远离家庭，无法照顾妻女的现实困境使我最终选择到大学教授电影。2012年在澳门大学完成博士论文开题之后，我进入位于珠海的北京师范大学-香港浸会大学联合国际学院教书。这期间李导已经是中国电影家协会主席，但每次去北京他家做客的时候，他还是那样的平易近人，慈祥可亲。李导尊重我的个人选择，并不断鼓励我在教育岗位上同样要发挥作用，多培养有能力的电影人才。记得每次去李导家时，李、萧两位导演都会带我们一家出去吃饭。他们就像我们在北京的亲人一样，关心我们的成长，也由衷希望我们在事业上能有所建树。每隔一段时间的相聚，都能更加感受到他们对我的一份关爱，也更加深我对两位老导演的敬重。

与李导见面次数多了，也能看到他平时的一些为人处世的态度。特别让我感动的是他对一些老导演、老演员的关心。每年的重要节日他都会向秦怡、于蓝等老一辈的电影艺术家们献上一份祝福。除了关心像我这样的年轻人的成长，李导也非常看重与老艺术家们的情谊。作为中国影协的主席，他的心里没有忘记这些共和国电影事业成长过程中的功臣们。李导用他的一言一行让他周围的人，特别是像我这样的年轻人感知到应该如何做一个有责任感，懂得感恩的人！

时间过得很快，2016年5月时我邀请李导、萧导到我教书的学校做学生电影节的导师和嘉宾。他们到珠海后我才知道李导那时已经患病，但为了支持我在学校的工作，李导携萧导忍着病痛特意赶来珠海为我站台。这是要多大的情谊才能让一位重病中的老导演舟车劳顿，特意赶到珠海支持他学生的教学工作？！那时我的内心充满感动，但不善言辞表达的我没能第一时间把我的感激之情溢于言表。这成了我永远的遗憾！如果时光能够倒流，我多么想对李导说一声："谢谢您！李导！谢谢您一路来为我所做的一切！"现在想来，那时他的身体其实已很虚弱，但在给学生们分享自己拍片经验时还是那样的生龙活虎，以至于给我造成一种假象：他的身体应该已经恢复。他还会像以前在片场时那样精神抖擞，不知疲倦。这样的错觉一直持续到2020年1月24日大年夜我们在台湾高雄最后一次相聚时。那时正值新冠疫情在武汉爆发，我们全家和李导、萧导及丰年、阳阳全家在高雄又一次欢聚一堂。当我带着全家走到餐厅的二楼时，李导怕我们找不到包厢，已独自一人早早地在门廊处等着我们了。他精神很好，笑眯眯地看着我们，这样的一张笑脸直到现在还印在我的脑中，如同电影摄影机高速拍摄画面后的最后定格，永远挥之不去！

当我回顾完这一路走来李导对我的照顾与关爱，我的眼泪已遮蔽了我的双眼！我与李导非亲非故，但他就是那样一个简单、善良、宽厚的人，在提携后辈的时候毫无保留！在关心前辈的时候充满情谊！在进一步发展中国电影事业的岗位上恪尽职守！如今，那个给我希望、信任、理解、支持的李导已经离我而去，但他留给我的不仅是满满的美好回忆，还有他那颗永远照亮我的、永不熄灭的赤子之心。他的精神将永远陪伴我在人生的道路上继续砥砺前行！

李导，我们爱您！永远怀念您！

2021年8月14日于广东珠海

中国电影百年　百年一前宽

韩笑[1]

李前宽导演家客厅正中，挂着吉炳轩的墨宝。整张六尺宣纸上只写了一个牛字，字写得苍劲有力，给人一种气吞山河、一气呵成的感觉。

我看了之后问李导："你不怕别人说你牛哇？"

李导当即回答："怕说！我就不当导演了！我为中国而牛！我为中华民族而牛！我为中国历史而牛！我为中国重大历史题材电影而牛！我觉得我牛的还不够！"

这就是一个艺术家，一个中国知识分子的拳拳爱国的心声！这铿锵有力的声音，就像五星红旗飘扬在天地之间。李前宽导演是电影艺术家，是画家，是书法家，是演说家，还是值得我骄傲的良师益友！

2021年9月12日

1　韩笑：长春人文大学教授、吉林省工艺美术学会秘书长。

深切缅怀尊敬的前宽大哥

傅红星[1]

萧大姐好！

抱歉！因为赶飞机提前离开了！其实我来追思会现场，就为了能够静静地坐一会儿，听听更熟悉前宽导演的领导、前辈、朋友们的发言，算是我对他的怀念！

回到家里，心中一直还想着前宽导演，想着您说的话。我断断续续写了一些，不大成熟，也算另一种纪念，发给您看看。

李前宽、萧桂云伉俪导演是中国电影史上一个独特的存在。

三十多年来我看过李前宽、萧桂云导演的大部分电影作品，更有幸的是，在我担任中国电影资料馆馆长后可以结识他们，并可以有机会与他们共同为中国电影做点事。

李前宽、萧桂云导演的电影作品都出手不凡，起点高。在20世纪八九十年代开创了重大历史事件和人物故事片创作的新意象、新境界、新空间，在电影美学上有重要价值。

1　傅红星：国家一级导演，中国电影艺术研究中心原主任、中国电影资料馆原馆长，导演作品主要有《旋风九日》《共和国主席刘少奇》《周恩来外交风云》等。

主要表现在：在重大的历史事件中突出人物的重要性，尤其是重要历史人物的重要性，且历史人物众多；打破了以往历史人物脸谱化的塑造方式；在历史现场还原历史事件和历史人物；运用历史影片资料增强影片整体的历史感和纪实性；充分运用各种艺术手段，如象征、比喻、浪漫、虚实结合、再现等等，以提升电影艺术的表现力，强化电影的可看性，使影片气韵生动。

更重要的是，他们的创作使影片整体呈现出大气磅礴、意境辽阔、场面恢宏，使国家层面的体现国家意志的主旋律影片创作达到了一个新高度，从中也体现出创作者的艺术才华以及大胸怀、大格局、大气魄。《佩剑将军》《开国大典》《重庆谈判》《决战之后》《七七事变》《金戈铁马》《旭日惊雷》《世纪之梦》《抗美援朝》《田野又是青纱帐》《甜女》等作品将永存中国电影史，它们是中国电影文化艺术领域的瑰宝，是中国电影画廊里珍贵的画卷！李前宽、萧桂云导演的作品值得深入研究、学习，可以启迪后世的电影创作。

前宽导演的人品也得到大家的赞许。

我尊敬的前宽大哥胸襟宽广，待人真诚热情，既谦恭有内涵，又有激情，有一股使不完的力量。他非常愿意帮助别人，有求必应，并经常站在别人的角度考虑问题。他有一颗善良的心。前宽导演有时又像孩子一样单纯，瞪着一双好奇的大眼睛打量这个世界；他高兴的时候手舞足蹈！前宽导演是一个有大格局的人，与他在一起，我能感受到他的大人格、大胸怀、大气度、大品位；感受到他极强的责任心、极强的意志力，深深的宽宽的家国情怀；前宽导演是个思想上有深度，认知上有高度，视野开阔有广度的人，大事放心里，小事也做得认真，有艺术大家的风范！

更难能可贵的是，前宽导演还推动了电影频道的建立，推动了中国电影博物馆的建立，推动了海峡两岸电影的交流合作，以及更多中国电影的事业建设和发展！在我担任中国电影资料馆馆长、中国电影艺术研究中心主任七年多的时间里体会最多最深。

我深切缅怀中国电影界的前宽导演、我尊敬的前宽大哥！

2021年10月8日

怀念前宽先生

——纪念李前宽先生逝世一周年

蔡茂友[1]

今日是2022年8月12日，是中国著名电影艺术家李前宽先生逝世一周年纪念日。

前宽先生是我的老师，也是我的挚友。每每想起先生，总让人心潮澎湃，肝肠寸断。高山仰止，碧水长流！

8月9日，为共同缅怀李前宽先生，纪念这位在中国电影史上做出卓越贡献的电影艺术家，感谢他对中国电影博物馆的建设倾注的心血与支持，感谢他为中国电影事业付出了极大热情，留下了珍贵的艺术宝藏和精神财富，中国电影博物馆举办了“光影看中国”——纪念李前宽导演座谈活动。前宽先生的夫人萧桂云、中国文联原党组书记赵实，以及杨步亭、尹力等100多位中国电影界大腕大咖，参加了纪念会。

作为先生的学生和朋友，我有幸也参加了纪念活动。但是对于电影，我是一个门外汉，我不敢多嘴多舌。但我永记先生对我的恩情。

2014年以来，凡我举办个人书画展览，先生逢请必至，无论在北京还是在外地。开幕式上，总是热情

1　蔡茂友：画家。中国书画家研究会常务理事、北京海峡两岸书画家联谊会副会长。先后供职于北京师范大学、教育部、全国人大、中残联和台盟中央等单位。

洋溢，对我的艺术给予莫大的鼓励和支持。

在前宽先生画室，先生把我的作品放在显著位置，遇有领导或朋友来访，必详细介绍和大力推荐。我出版作品专辑，先生也是不厌其烦，为我撰写序言。

去年3月，深圳电视台要为我拍摄一个书画专题片，希望有书画界的大咖来点评我的作品。我向先生发出了邀请。当时先生在台湾，他居然为我录制了十分钟的视频。在视频中他详细点评了我的书画艺术，并重点介绍了我的墨分千层的水墨花鸟画画法。事后我才知道先生是顶着病魔的折磨和巨大的疼痛，一遍又一遍录制的。先生之恩，堪比日月！

前宽先生活着！永远活在我们心中！

2021年8月12日，炎炎夏日，酷暑难耐，悲悉：前宽先生在宁波慈溪驾鹤西去了。先生走了，离开了？我一下惊呆了，瞬间脑海里反复浮现出先生的音容笑貌，久久不能平息心情，此时此刻，春华秋实，夏蝉冬雪。您走了，唯余春夏秋冬——怀念前宽先生。

我与先生是忘年交。我们相识于八年前，当时他和中国文联原副主席高运甲先生以及中宣部办公厅原主任薛启亮先生一同来到中国民间国宝博物院商谈事宜。谈话间，一位七十岁左右身材魁伟的先生，他红光满面，精神矍铄，谈吐文雅，语调独特，言谈话语中充满了感染力。当他提及了一系列很有独立创见的看法时，目光闪烁，声音洪亮而铿锵有力，一针见血地指出问题，而且很接地气，让我感觉大导演其实并不遥远，先生留给我很深的印象。他看我能写会画，我们便即兴聊起，他像打开了话匣子，口若悬河滔滔不绝。也许是导演的天性使然，他不光在艺术上充满激情，生活中一样充满激情，整个讲述过程绘声绘色，让我不知不觉中，深深地被感染着。

认识先生，是我的福分。他不仅是大导演，还是中国电影家协会主席，更是一位具有较深造诣的画家。之后我常去先生的家里拜访，并与我探讨他诸多独到的艺术见解，关心我的创作情况，还讲授从艺深刻的道理。他谈及艺术，声音洪亮，旁征博引，引人入胜。他对我所作的水墨牡丹尤为喜爱，还专门撰文《墨语初心——蔡茂友水墨花鸟画格调探寻》，对我的作品给予充分的首肯。他指出："蔡茂友的水墨牡丹没有'铜臭味'"，而是追求水色淡雅、墨分千层，一改以往的鲜丽夺目、雍容华贵，而又不失文心，极尽雅致，给人予以愉悦感。2014年，中国民生银行在北京民生俱乐部为我举办“青花如梦——蔡茂友陶瓷书画作品展”。先生亲临现场指导，并对展出的作品，赞叹不已，并提出更高的要求。会后，我遴选一件青花瓷盘荷花赠送给先生，他高兴不已，特意将作品放在他的工作室正中央位置，每每朋友来访，都推荐我的作品。在他的不断的鼓励与赞赏下，令我更为坚定地走自己的水墨艺术探索之路。

“作为一个导演走到哪都是纸笔不离手，画就是我的旅行日记，画能让我产生形象的联想和感情的撞击。”先生说。他有即兴为人肖像的本领，在一些社会活动或者生活场景中常见他拿着速写本给朋友画速写。他深有体会，画速写主要是记录生活形象，也是锻炼观察生活的能力和提高表现生活的本领。有一次，我们在一起聚会，以我作为模特，一会儿的功夫，跃然纸上，栩栩如生，令在旁的友人大为赞赏。他说生活是艺术的源泉，让我们用心去观察和记录。他所出版的《李前宽写生集》展示了他创作的水墨风景写生精品专辑，引发艺术界重新的认识“生活与速写”和深入思考，具有较高的阅读鉴赏价值。他的绘画和他的电影一样，感染力很强。无论是画面的虚实、详略还是运用的笔触、线条，都能很好地表现画者的情感。

先生是具有很深的爱国情怀。他的高尚品德、无私无畏无我的价值追求与爱国情操，让我久久不能忘怀。2012年中日关系处于低谷，在日本被称为“日本首相的制作者”、日本首相首席顾问饭岛勋先生来华私访，并与先生进行深入的交流会谈。此次会谈，我也参与其中。先生与饭岛勋就改善发展中日文化交流及双方共同关心问题交换意见。先生指出，当前中日关系交恶，责任完全在日方。中日两国是近邻，一衣带水，随着两国的交流密切，未来合作道路也将会越走越宽。先生以其鲜明的立场，维护国家核心利益出发，进行深刻的交谈，感染着在场的每一个人。他所做的一切，都是为了他深深热爱的祖国。支撑他的最强大的精神力量，当属蓄积于胸中的深厚的爱国主义情怀，以及对国家、对世界的高尚情怀。

几个月前，当我得知先生患重病，心情沉重，更为他的才华横溢、坦荡磊落人生感叹不已。近几年每年春节，他都到台湾高雄等地养病。期间先生得知我在录制央视艺术栏目时，立马从台湾给我发来他精心录制的视频，画面中他正向坐着，目光和蔼，声音依然洪亮，思维敏捷，语言中充满着先生对我不停地探求提出殷殷期望，尤其对我的探索成果“墨分千层”进行深入地解读，同时也包含着他对人生、对艺术的深刻思考。对于病情，先生很坚强，也很乐观，一直在努力战胜病魔，我为他祈福，非常期待着先生早日康复。疫情期间，我曾给先生打电话，并邀请他到我在云南西双版纳的草庐来小住，毕竟这边山高林密，空气清新，花果飘香，四季如春，适合疗养康复。为此，我重装了房子，家电及红木家具一一备齐，正等待先生过来小住，遗憾的是，未曾等待到您到来……

一位优秀艺术家离我们而去了，他是导出《开国大典》以及《七七事变》影响时代经典作品的人，是中国电影史上非常值得学习的一位艺术家，他的作品是推动电影艺术史发展，让人记住了一个行业的传承。正如他所说的“艺术创作要‘三贴近’，贴近实际、贴近生活、贴近群众，说到底就是要善于感怀时代，感怀生活，这对于艺术家就像清泉和阳光。”这样的艺术家才能够真正让人记住：有的人虽然走了，但是他的精神永留人间，先生正是这样的人！

音容宛在，遗爱千秋。

前宽先生，千古！

2021年10月26日深夜泣笔

第二部分

“有的人活着，他已经死了。有的人死了，他还活着。”

睹物思人，我们都很想念他。

朱永新[1]

前宽老师，一路走好！

今天下午噩耗传来。中国民主促进会会员、国家一级导演、中国电影家协会名誉主席、《开国大典》的导演李前宽于今日（8月12日）因病逝世，享年80岁。李前宽导演的代表作有：《佩剑将军》《开国大典》《重庆谈判》《决战之后》《七七事变》等，其中《开国大典》获第10届中国电影金鸡奖最佳故事片奖、第13届大众电影百花奖最佳故事片奖。《重庆谈判》获广播电影电视部优秀影片奖、第17届大众电影百花奖最佳故事片奖。

前宽导演是我多年好友。2003年我们都是全国政协民进界别组的委员，两会期间的3月7日，会议间隙，前宽用几分钟的时间为我画了一幅肖像。2012年10月14日，参加他举行的一个画展时，他又专门帮我在瓷盘上画了一幅肖像。

前宽老师多才多艺，绘画、音乐、电影、表演艺术造诣都很深厚。他曾经是民进中央委员，多次参加民进中央的各种活动。全国人大常委会副委员长、民进中央主席蔡达峰在得知消息后表示“深感悲痛，谨致哀悼”。

赵实[2]

尊敬的萧桂云导演，各位电影界艺术界的老前辈、各位朋友：

大家下午好！首先，非常感谢中国电影博物馆和中国电影家协会联合举办这次纪念活动，让我们再一次共同缅怀前宽导演的卓越贡献，深情礼赞他留我们的精神财富和宝贵的艺术遗产！

我是奉萧桂云导演之命特意从北戴河赶回来参加座谈会的，也是怀着对前宽导

1 朱永新：第十四届全国政协副主席，中国民主促进会中央常务副主席。

2 赵实：中国文联原党组书记、副主席，国家广播电影电视总局原副局长、党组副书记等。

演的深深敬意和对中国电影博物馆的深厚感情来的。

刚才，张宏同志代表中国文联和中国影协作了很好的讲话，陈玲同志代表中国电影博物馆作了很好的主持，我也感同身受，所以就以一个电影界老兵的身份，即席倾诉几句话。

一眨眼，前宽导演已走了一年了，但我始终觉得他没有离开我们，他那爽朗的笑声和幽默风趣的话语，他那无数优秀的美术作品和电影作品，他的创作思想和艺术理念，他的人品艺德和爱国情操，他的奋斗足迹和大家对他的褒奖赞誉等等，都还时时在我们的耳畔响起，在我们的脑海中浮现，都还久久地印刻在我们的心中，并久久地影响着后人！

我这几天在脑海中不断闪现出这样几个词组：

一是大家大片。前宽导演不愧为一位艺术名家大家，他创作的影片都是具有大格局、大手笔的，他在电影界是属于出大力、拍大片、拿大奖、干大事的导演；他是非常善于驾驭重大革命题材，包括重大历史事件、重大历史人物、重大革命战争史实等重大题材的创作。如《开国大典》《七七事变》《重庆谈判》《决战之后》等等，这些作品都是反映我们党在重大历史转折关头，领导人民军队和人民大众英勇奋斗、舍生忘死、夺取胜利的故事片。重大历史题材作品的创作难度是极大的，既要尊重历史再现历史，又要尊重电影艺术规律和视听表现特性，尤其是对领袖人物的刻画，既要形似，更要神似，为了达到历史真实与艺术真实的有机统一，为了让银幕上的上百个真实的历史人物形神兼备、栩栩如生，李导和萧导是付出了巨大努力的！如影片《决战之后》表现的是新中国成立初期我们党改造国民党战犯，包括日本战犯的故事，影片把共产党人的博大胸怀、这些战争罪犯的顽固不化，以及最后被彻底征服的统战工作细节，展示得相当充分，相当令人信服。我想，这些作品的背后，体现出的是前宽导演的大胸怀大志向，说明他骨子里是爱国爱党爱人民的。他心中装的是天下大事，关注的是国家的命运、人民的命运、民族的命运。我想，这就是所谓的大格局、大手笔，是大艺术家应有的情怀。

二是多才多艺。前宽导演既是一位电影专家，更是一位博学多才的艺术杂家。他本身是科班出身的优秀电影美术师，而电影美术师不仅仅要具备平面造型设计能力，还必须具备立体的建筑学的设计能力，不仅要把场景和环境的空间画出来，还要搭造出来，无论是在外景地采景选景还是在摄影棚搭景绘景，这些都要由电影美术师设计好、制作好。前宽导演在这方面的艺术品位是独到的。前宽导演出色地完成了每一部影片的美术设计，也使他长期养成了善于观察生活、积累生活，用画面和色彩、用视觉手段讲故事的良好的职业素养。我们经常看到前宽导演随身携带一个速写本，随时随地用钢笔记录着人物或生活的瞬间，这些从视觉出发的素养，为他担任电影导演、驾驭各类题材都奠定了坚实的、深厚的艺术功底。当然，他的绘画也很大气，除了人物肖像速写，尤以恢宏辽阔、气吞山河的水墨山水画见长。诚然，他能成为一位优秀的电影导演，是他与萧导的珠联璧合、共同携手努力分不开的！他还曾客串过电影歌曲演唱，曾在《重庆谈判》影片中一展歌喉，为牧羊老汉配唱“信天游”。他还是一个实景剧导演，他与萧导在革命老区江西井冈山共同创作出一台由群众自唱自演的大型实景剧《井冈山》，我去现场看过，当《十送红军》那首凄美高亢的唢呐声划破夜空时，我们都被当年老百姓对红军战士依依不舍的深情厚谊所感动，所感染，我当时眼泪夺眶而出……我想，他之所以取得这么丰硕的艺术成就，既有天赋的因素，更离不开他的勤奋好学和孜孜不倦、锲而不舍的探索精神，在攀登艺术高峰的道路上，他的脚步从没有停下过。

三是敢作敢为。敢为人先、勇于创新，做前人没有想到、没有做过的事，是前宽导演做人做事的一个突出的特质。无论是他努力开创重大革命历史题材创作的先河，还是他积极倡导在中央电视台成立电影频道，积极倡导成立中国电影博物馆等等，都是顺势而为推动电影事业繁荣发展的开创性谋略。为推动新世纪新时代中国电影的改革创新、开创新局、开创新业他大胆建言献策，从而得到了各级领导的支持，干成了许多具有前瞻性的大事，包括中国电影博物馆的成立和建设，他是积极倡导者、参与者、实践者。应该说，中国电影博物馆的建设和管理首先得益于中央领导的高度重视，得益于原国家广播电影电视总局和北京市委市政府的鼎力支持，更得益于冲在一线的三支建设管理团队的巨大努力：一支是北京市的土建基建工程团队，一支是电影局刘建中老局长带领的展陈工程团队，这其中就浸透着李前宽导演等一大批老艺术家、史学家、展陈专家的努力，使得博物馆在中国电影100周年时如期开馆开展；还有一支就是博物馆的历任管理团队和全体员工，现在是陈玲馆长率领的团队，持续改进创新，进一步丰富了展陈内容，提高了展览水平。我们深深为中国电影博物馆能成为世界上最大规模的电影专业博物馆而骄傲和自豪！这一切都是从前宽导演的发起开始的！

我觉得，在前宽导演身上体现出的是一种舍我其谁的、责无旁贷的、高度的社会责任感和时代使命感，说明他能够敏锐地把握时代的脉搏，走在时代的前列，与时代同呼吸共命运，说明他有一股无私无畏、勇于面对挑战、应对挑战的魄力和意志力。我记得，法国作家雨果说过这样一句话："艺术的大道上荆棘丛生，这也是件好事，常人都望而却步，只有意志坚强的人例外。"我想，前宽导演就是一个"例外"，他就是一个敢作敢为、锐意创新、意志坚强的人。

四是乐观乐天。大家都知道，前宽导演性格开朗、幽默风趣、乐观豁达，他走到哪里，哪里就是一片笑声，我从未听到他叫过苦、叫过难。我最钦佩的是，他面对凶险的癌症坦然自若、科学医治，丝毫没有被病魔吓倒，顽强地抗争了8年。大夫告诉他已经到了四期的严重程度，可他却反问医生：还有没有五期了？他早已把生死置之度外，唯独把艺术的生命看得高于一切！即使在治病期间，他也始终没有停下艺术探索的脚步，萧导演告诉我，直到生命的最后时刻，前宽导演想的都还是电影创作的事，却没有留下半句关于身后之事的话。我听了之后，肃然起敬、潸然泪下！

因而，我说，前宽导演仍然活着，活在我们的心中。衷心祝福萧导开心健康每一天！

2022年8月9日

张丕民[1]

尊敬的各位领导，各位前辈，各位电影界的朋友们：

今天我是怀着崇敬和沉痛的心情来出席我的兄长、师长李前宽导演的追思会。

从2000年到2013年，整整十四年，李前宽导演担任中国电影基金会理事长，

1 张丕民：中国电影基金会理事长，国家新闻出版广电总局原党组成员、副局长。

为中国电影基金会的生存发展作出巨大的贡献，留下了无比宝贵的遗产。这十四年来中国电影有着高速度的发展，但是电影基金会确实在一个比较困难的情况之中生存，要保住牌子，要开拓业务，要造成影响，在困境中拼搏。因为基金会是一个公募基金，没有政府拨款，这十四年中前宽导演真是呕心沥血，他是一个名导演，也是我们电影界的一个电影活动家，为我们电影的创作和电影很多重大决策之中做出贡献，也消耗了很多精力。

我记得有这么几件比较鲜明的事例，一个就是当时我还在总局工作，为了培养年轻导演到国外去学习，他找到香港的汪老先生他们家捐赠了三十万块钱，那天我参加了这个活动，他真是既有哀求也有请求也有感谢，他不爱喝酒，那天拿着杯子连喝三大杯，我当时看了以后都辛酸。我回顾这十四年来他给基金会留下的宝贵遗产，一个就是国防军事题材，这个品牌当初就是找了一家民营企业赞助支持了一百多万购买了放映设备，专门做国防军事题材在农村的放映，非常不容易非常辛苦。还有一件事非常重要，就是我们澳门电影展，国内的优秀影片电影展办到今天是第十八届，在这之前他为此付出了巨大的奉献和功劳，他把自己的资源几乎全部投入了澳门电影优秀展上面，应该说这十八年来电影展是越办越好，越来越有影响力。他开创了海峡两岸电影展，今年是第十二届。这十四年中就为这些事情真是东奔西跑、呕心沥血。现在还有香港电影展，这几个影展目前的影响还是比较好的。我还在总局的时候看他对基金会的发展真是想尽一切办法。大家可能还记得过去每年的“523”都要搞一台电影人文艺晚会，不但是前宽导演自己提出来的，他是亲自指导，汇聚了我们所有电影人的奉献。这个活动办得在当时来讲也是有非常强烈的影响。

前宽导演卸任基金会理事长后，还心心念念基金会的发展，只要基金会有什么活动，需要他出面站脚助威的，他义不容辞，不计报酬。我记得是2019年的两岸影展，前宽导演受邀以基金会名誉顾问的身份参加，他的身体一直不好，但他自始至终都在为基金会摇旗呐喊，他的这种精神令人敬佩。

今天我也想给我尊敬的前任李前宽导演报告，我们现在三个影展办得越来越好，澳门电影展从开始的影片展映到现在搞青少年影评，从开始的十七篇影评到今天在澳门这个小小的地方已经达到了四千篇影评的数量。前宽导演开创的两岸电影展，今年在疫情极其严重的情况下，我们以线上的方式坚持把第十二届两岸电影展办好，活动在台湾地区反响强烈。香港电影展在前宽导演的支持下这几年也有起色。前宽导演给我们留下的不仅仅是这块牌子，我还想向前宽导演报告，在社会的关心支持下，中国电影基金会目前应该有账上资金1600万元，前宽导演对我充满期待、希望，说我把这个事交给你，我是找了赵部长把你要来的，我也知道这个单位比较穷，但是我就是要让你来，你一定要把电影基金会做好。我今天给我的兄长、师长，我的前任报告，我们通过努力没有使他失望，我们会更加努力把李前宽导演创办的品牌和我们以后在创建的一些新的品牌发扬光大，为中国电影的繁荣发展作出我们的贡献。

谢谢大家！

2021年9月28日

张宏[1]

尊敬的各位领导，各位艺术家，各位老朋友，各位前辈，大家下午好！

今天我们怀着崇敬的心情来纪念中国电影家协会原主席，中国电影家协会名誉主席李前宽导演。在此我谨代表中国电影家协会向李前宽导演的夫人萧桂云老师以及家人，表示诚挚的问候和由衷的敬意！向来参加这次活动的各位艺术家，尤其是各位前辈表示热烈的欢迎！向对这次活动付出辛勤努力的中国电影博物馆的各位领导和同志们表示衷心的感谢！

前宽导演是中国第四代电影人的杰出代表，一生致力于推动中国电影事业的发展。作为一名优秀的电影艺术家，他坚守创作一线，用镜头聚焦于国家，聚焦于人民，留下了像《开国大典》《决战之后》《重庆谈判》《七七事变》等一系列里程碑式的电影佳作，振奋民族精神，发挥了卓越的作用！他的作品生动诠释了电影工作者

1 张宏：第十四届全国政协委员，中国文联原党组成员、书记处书记，中国电影家协会原分党组书记、驻会副主席。

的家国情怀和使命担当，用行动真正践行了习近平总书记在中国作协十大上强调的那样，弘扬一个时代的文艺成就最终要看作品，弘扬文学家、艺术家的人生价值也要看作品，前宽导演就是这样的。

我们纪念李前宽导演，就是要学习他在电影创作中的家国情怀，汲取他艺术创作的有益经验。他的电影作品始终坚守人民立场，坚持与人民共情、共鸣、共振，牢记电影作品是为了谁，始终把生产优秀电影作品作为中心环节，将中华文化的民族特色、时代特色融入电影创作当中，推出了一批讴歌党、讴歌祖国、讴歌人民、讴歌英雄的优秀作品。

他的艺术作品和艺术成就彰显了深厚的人文情怀，影响并激励了一大批电影工作者和电影观众。我们纪念李前宽导演，就是要学习他的为人风范，以崇高的精神品格润物无声，他不仅是良师，更是益友，用火热开朗的性格，积极乐观的态度感染人、引导人，既让我们敬佩他，也让我们受益。前宽导演是我们的前主席，经常对我的工作进行指导，我自己深有体会。

他是影协的好主席，无论是专业研讨还是评论评奖，建言献策，他都为影协的工作谋与思，以无我的情怀、忘我的状态在电影发展的沃土当中。中国电影博物馆、电影频道，包括北京国际电影季改成北京国际电影节，都是在他的推动下实现的。

最后我预祝“光影看中国：用镜头聚焦于‘我的祖国和人民’——纪念李前宽导演座谈会”取得圆满成功，谢谢大家！

陆亮[1]

尊敬的各位领导，各位艺术家，各位亲朋好友：

大家下午好！我们今天聚集在这里深切缅怀尊敬的李前宽导演。李前宽同志是卓越的电影导演艺术家和事业家，新中国培养的电影家杰出代表，首先我向本次活

1 陆亮：中央宣传部电影局副局长。

动的隆重举行表示支持和感谢，向前宽同志的家属及挚友致以亲切慰问。

当我还在求学的时候，李导和萧导的作品就是我们观摩和学习的重要对象，尤其是《开国大典》和《决战之后》，在风格上存在很大的差异，又同样显现对历史的深刻洞见和对影像的巧妙构思，显示出对导演艺术高超的价值，给当时的学子们留下深刻印象。自我1995年到电影局艺术处工作以后，因为负责电影艺术创作尤其是重大革命历史题材的创作，常常与前宽导演和萧导接触，前宽导演一直是我心目中德艺双馨的老大哥，是一位心怀坦荡的艺术家。2008年李前宽导演当选为中国电影家协会第八届主席，在担任主席期间他与电影局密切配合，回顾李前宽导演的创作生涯和事业轨迹，他热爱祖国，热爱人民，他执导的《开国大典》《重庆谈判》《决战之后》等反映重大革命历史题材的电影具有崇高的史学品格和恢宏的美学风格，影响深广，意义深远。

前宽导演高尚的精神品格、执着的敬业精神和成功的艺术实践，是中国电影工作者的楷模。李前宽导演的作品将被历史所铭记，他的人品和精神将长时间留在我们心中，成为电影人为中国电影继续攀登的不竭动力。

愿他在天堂拍出心爱的电影，谢谢大家！

2021年9月28日

李雪健[1]

“有的人活着，他已经死了。有的人死了，他还活着。”

睹物思人，我很想念他。

2021年9月28日

1　李雪健：中国文联副主席、中国影协名誉主席。

陈道明[1]

大家下午好，萧导下午好！

很遗憾我没有跟前宽导演合作过，我就谈两点体会吧：第一点我就觉得吃水不忘挖井人，咱们这个行业也有一个传承问题，一代一代地传承，第四代导演，第五代导演，第六代，第七代，这当然是形式上的一种划分了，但是它这个精神应该是能够一代代地传下去。没有上一代就没有下一代，所以我们的电影始终没有断代，也是因为这些前辈给我们铺了很多的路，我们缅怀他们也不能忘记他们，而且还要继承他们。所以我觉得我知道前宽导演，实事求是来讲，是从前宽导演的重大题材开始。所以我引申第二个问题就是说前宽导演的前瞻性，在当时拍重大革命历史题材，说实在的票房上并不吃香，那时候还没有像现在形成一种整个的电影新形态。那时候拍这种题材是在夹缝当中生存，资金问题，投资商啊，尤其拍摄这些大场面，其实在那个时候是很困难的！所以从那个时候知道长影，北方的一颗星就热衷于拍摄中国的整个历史的进程。这又回转到第一个问题，其实这也是一种历史的传承，就是让我们不要忘记过去这些先烈们，新中国是怎么来的。所以我觉得前宽导演他做的不仅仅是电影的事，他让我们记住了一个行业的传承，一个历史的传承，然后我们的任务就是要把这两个传承继续传下去。

因为今天晚上有一个电影叫《我和我的父辈》的首映，我要去参加，先跟大家请个假，我要先走。“我和我的父辈”其实也是传承，非常符合今天这个主题，从概念上来讲前宽导演就是我们的父辈，我们就是要传承。所以，今天首映的《我和我的父辈》其实就是一种对于传承的新的启迪，新的启示，新的开始，谢谢大家！

2021年9月28日

1 陈道明：国家一级演员、中国电影家协会主席。主要作品有《末代皇帝》《我的1919》《归来》《手机》等。

姜昆[1]

李前宽导演，艺术大家。他为人谦逊，快人快语，真情真意，大开大阖，每一次和他相聚，都受益匪浅，都留下深刻的铭记。他创作的经典无数，积累经验云隆，是艺术一代宗师，更是同仁良师益友。前宽大叔不朽，一路走好。

罗伯特·库恩[2]

亚当告诉了我们这个不幸的消息。

我的心碎了。

我们全家，尤其是丹尼埃拉，向萧导和家人致以诚挚的悼念。我们更要赞美李导独一无二的人生，他的艺术贡献，永远不会忘记。

我与李导相识已经25年了。他是一个富有远见卓识的绅士，一个真正认识了世界并关心它的未来的艺术家。

李导真的具有原创力。我享受与他相伴的每分每秒，我学到很多，并总能使我开怀大笑。

我告诉过很多人，李前宽导演是我遇到过最有广泛创造力的人。

从他作为导演的天分，到他的演唱，到他在晚宴上用十几秒就在一张餐巾纸上画出我的肖像，李导从来都是创造力的化身。

所有像我一样认识李导的人，还有看过他的杰出作品的观众的生命都因他的生命而更加丰满！

这是衡量一个人最伟大的标尺！

1 姜昆：国家一级演员，相声表演艺术家，中国曲艺家协会第八届主席。

2 罗伯特·库恩：美国库恩基金会主席、中国问题专家。编辑和撰写了《他改变了中国：江泽民传》《投资银行文库》《中国30年》《走近真实》等25部。2018年12月被授予中国改革友谊奖章。

我们的心与你们同在。

陈凯歌[1]

前宽学长比我年长一些，我们曾经多次在电影活动当中交流。我与前宽学长是同一个学校毕业，他的精神值得每一个电影人铭记。前宽与我可以说是同道中人，也同为影协工作，共同致力于电影事业的繁荣。虽未一起共事，但他的工作态度和精神为我们做了一个好的榜样，他为影协做的工作和贡献极大地帮助了我们主席团，也极大地帮助了电影界的同行。很遗憾今天无法前来现场，谨以此小文表达我对前宽大哥的思念。

耿识博[2]

尊敬的萧老师：

您好！我是受萧老师的邀请参加今天的座谈会。首先我想代表高雨书记向萧导表示问候。刚才听了赵书记还有张书记讲的李导许多电影界的故事、往事，听了很受感动。李先生他曾经做出了许多重要的贡献，比如说电影频道、中国电影博物馆、北京国际电影节等等，拍了一大批观众都非常喜欢的，直到现在，包括我们这代人都非常敬仰的大作品，应该说是大手笔，给观众，给社会留下了非常宝贵的财富。

1 陈凯歌：导演、监制、制片人，导演作品主要有《黄土地》《孩子王》《霸王别姬》《荆轲刺秦王》《和你在一起》《道士下山》《妖猫传》《长津湖》等，其中《霸王别姬》是首部获得戛纳国际电影节金棕榈奖的中国电影。

2 耿识博：中央文史研究馆文史业务司司长。

除了先生的这些成就之外，李先生还有一个非常重要的职务就是中央文史研究馆馆员。中央文史研究馆是毛主席、周总理亲自成立的国务院一个具有统战性和荣誉性的机构，自从成立以来聘请了一大批文化界的代表人士，像刚解放的时候符定一先生、柳亚子、叶圣陶、张伯驹、启功等等一大批文化界著名的代表人士。中央文史馆的馆员们入馆以后岁数比较大，入馆以后发挥了积极的作用，利用他们原来的业务，利用他们个人的影响力，为国家的文化建设做出了不可替代的作用。

我今天上午突然翻到李先生在我们开会时，他随手给我写下的一个小东西，虽然小，但影响非常大，我也没有给萧老师汇报过这个事。他给我指出两件事，这大概是三四年前吧，4月15日说我们从休斯敦去台湾与许伯夷先生商定往国内运万件档案这个事，让我准备好过关的信函协调好，安排相关的借贷事宜。这个事起因是，台湾有一个许老先生，他收藏了许多我们民国期间非常重要的一些历史档案，他希望这批东西能够运回大陆，能够有一个部门收藏。李先生就想到中央文史馆，他就请我出面给台湾的许老先生对接相关事宜，但是因为很多因素，我们一直在对接，但是这个事没有完成，这批珍贵的资料还是在许老先生那里，因为是李先生牵的线，还是希望能够运回来，现在我们还在做这个工作。

第二件事，是中央文史研究馆与台湾艺术大学联合举办海峡两岸名家中华书画大展的事宜，他说可以先请台湾艺术大学来商洽委托，然后再由文史馆派人去台湾洽谈相关的办展事宜。我们希望通过海峡两岸书画交流，能够打通，能够促进两岸友好，能够把我们国家的政策传送过去，相互之间能够多合作，多交流。除了民间，也希望官方多交流，这也是李先生的一点愿望。但是这两年因为台湾形势的复杂性、艰巨性，我们一直没有成行，但是我想只要有机会，有条件，我们应该能够完成李先生交给我们的任务。

回想和李先生这么多年的交往，心里充满敬意，对先生发自内心的敬仰。春节我去看望萧老师，她说李先生已经走了，已经不在文史馆了，你还看我。我说李先生走不走两回事，只要我可以都会看看萧老师。我们当时聊了很多过去的一些事，萧老师不放心李先生的书，因为萧老师要给李先生编一个文集，这个没问题。

我们也祝愿萧老师身体健康，我们小时候都是看着他电影长大的，我们这代人都是受各位老先生熏陶出来的。我也祝愿我们在座的老先生们身体健康，幸福安康！

谢谢大家！

2021年9月28日

徐帆[1]

萧导好，各位领导老师们好：

说实话，我一直没觉得前宽导演离开了我们，直到刚才走进会场的那一刹那，看见萧导一个人坐在那里，我的心才咯噔一下。

我有幸在2004年跟前宽导演和萧桂云导演一起拍了电视剧《传奇皇帝朱元璋》，那次的合作我的戏特别少，三个月的工作好愉快，一会儿就过去了。在艺术上，前宽导演和萧桂云导演的成就大家都已经谈到了。在生活中他们俩做什么都在一起，特别亲，这是最吸引我的。他们就是我的偶像！跟他们一起工作的时候，前宽导演就像火一样，不仅自己燃烧，也会带动我们，他对工作和生活的热情特别能够感染我。当时拍戏的时候，我们都叫他“李老头儿”，说：“李老头儿，你一天到晚怎么那么有精神哪？你靠什么缓一下呢？”他说：“我每天中午二十分钟。有二十分钟你找不着我的时候就是我眯一会儿去了。然后我就精神啦！”

他对小字辈也是相当爱护的。在2019年文联联欢会上，前宽导演和萧桂云导演看见我独自坐着，就立刻把我叫到他们身边，拉着我的手说：“就在这里坐着，跟我们一起。”那个画面到现在想起来都觉得心暖，觉得他们两口子不是人云亦云的人，是永远让我觉得亲近、不生疏的人。

希望萧桂云导演您好好地保重自己。看到您身体好，前宽导演会很高兴的，我

1 徐帆：国家一级演员，主要表演作品《不见不散》《甲方乙方》《唐山大地震》《一九四二》等。在李前宽、萧桂云执导的《传奇皇帝朱元璋》中扮演大脚马皇后。

们也会很高兴的。就希望您好好的。

2021年9月28日

舒楠[1]

惊悉李前宽导演仙逝，万分悲痛！

李导是我2007年得金鸡奖的评委会主席，之后有幸相识带我去澳门为他最后一部电影《星海》写音乐。李导豁达开朗、风度翩翩，充满了人格的魅力，他像父亲般的教诲让初入行的我终身受益。他是大艺术家，他的电影《开国大典》的艺术创作给了我后来创作《建国大业》的音乐有很多有益的启迪。他是那么有感染力，有魅力！我相信在天堂都会荡漾着他爽朗的笑声。我不太会说话，我不知道我做的这个戏是不是李前宽导演生前的最后一部。给我印象特别深刻，没有任何违和感，就像一家人，他豁达得像个孩子，我们一起很开心。他跟萧导的关系真的让我太羡慕了，神仙眷侣，他们从来不红脸从来不生气，真的是太好了！我是很怀念他、很想念他。他生病我知道，但是我一次都没有去看过他，因为我不敢去看他，我不知道我该跟他说什么。我是家里的独子，照顾父亲也有一年半的时间，所有的程序我都经历过了，直到把他推进火里……这是我不敢去看他的原因。

李导去世我非常难过，我觉得他永远是我心目中的老师和导师。我也跟雪健老师一样带了2012年9月20日我一直珍藏的这幅画。随意几笔，栩栩如生。李导给我画完以后，并写上作曲家舒楠是天才不是人……我就很气，说导演你……他看着我生气就哈哈大笑……然后加了几个字：不是人人都有的。他的性格就是这样诙谐幽默，我想每一个熟悉李导的人都了解！想起曾国藩丧母挽联上有一步登天之说，真的觉得这四个字特别适合李导。

1　舒楠：音乐家，国家一级作曲，北京电影学院教授。主要电影音乐作品《香巴拉信使》《建国大业》《建党伟业》《萧红》等。

天堂没有病痛，我永远怀念他！

2021年9月28日

李代军[1]

有人说，人不可能两次踏入同一条河流。

是的，世界总是在变化。

对我们来说，没有您的世界也不再是以前的世界。

您就像太阳散发着光芒，照亮身边的人，自信且亲切。

您喜欢有出息的孩子，也喜欢支持培养后辈。

在我高考前您早早就说：考到北京的大学，学费我来出（没考上，汗颜）。您当年写给我的信，鼓励我努力成长。关怀备至谆谆教导犹如就在眼前。

我女儿拿着画，您仔细看着，说这幅画线条有什么问题，那幅画色彩应该怎样调整。最后在您的指导和培养下，孩子考上了中国美术学院！

表妹当年去英国读书，您觉得这孩子有出息，见人就说，喜悦之情溢于言表。

我同学想做演员，您仔细考察他的专业水平，认真地介绍行业情况。

这样的例子太多太多。

三十多年前，我印象很深。

很多次，一大帮亲人为您送站，大连到三棵树。

我们围绕在你们身边，

发车的时候已是夜晚，我们挥手作别。

1 李代军：1971年6月19日出生于大连。大学毕业后从事外贸工作至今。李前宽导演侄子。

这一次，也让我们作别，就像当年火车开过。

时空是个圆圈，直行或是转弯，我们最终都会相见。

不说了，我先哭一会。

刘之冰[1]

8月12日，《新京报》记者从长影集团获悉，著名导演、国家一级导演、中国电影家协会名誉主席李前宽在浙江宁波慈溪逝世，享年80岁。《新京报》记者第一时间独家联系到曾与李前宽有过多次合作的演员刘之冰，这个突如其来的消息让刘之冰悲痛不已，久久不能相信："他是个很乐观的人。近期，我知道他患病了，也知道他一直在治疗，没有想到病情会恶化这么快，我们见面的时候基本不会提他的病情，因为不想给他任何压力。但今天，他离开的消息，我是非常难以接受的。"

细数起来，刘之冰和李前宽有过多次合作。1988年春天，李前宽和萧桂云正在筹拍电视剧《血洒故都》，这部电视剧中集合了当时影视界知名度很高的演员，如宋丹丹、寇振海、梁同裕和韩月乔等，两位导演一致决定由刘之冰来演一个年轻的革命者。"那时候别的演员都大名鼎鼎，只有我是年轻的新演员，但他们把这么重要的角色交给我，在工作中是非常信任我的，这部戏也让我获得了1989年度金鹰奖优秀男演员的提名，对我来说是莫大的鼓励。"

正是有了《血洒故都》中刘之冰踏实的创作态度，李前宽、萧桂云在筹拍影片《开国大典》敲定他担纲副导演。"我是非常有压力的，但前宽导演不遗余力地帮助我，他总问我'你知道副导演该具备什么能力吗？副导演就像医院副刀医生一样，当主刀医生办不到的时候，副刀医生应该坚持把手术做出来，你要照这个标准去要求自己、去成长'，这段话对我影响太深了，尽管后来我没有坚持在副导演这条道

1　刘之冰：国家一级演员。主要表演作品《青铜狂魔》《忠诚与背叛》《开国大典》《大决战之淮海战役》等。本文系记者采访刘之冰后的通讯稿。

路上走，更多选择了演戏，但这段话一直是我作为电影人的努力方向。”

值得一提的是，在筹拍《开国大典》之前，李前宽无意中发现刘之冰长得很像年轻的毛岸英，剧组人员翻阅资料一看，刘之冰和毛岸英还真有几分相似，就这样，在《开国大典》中，刘之冰扮演的毛岸英获得了观众的一致认可和好评，自此，刘之冰也多次扮演了毛岸英。“那时候他领着大家拍摄《开国大典》，发挥所有人的才华、能力，整个剧组一条心，按时、保质、保量，完成了这个作品，到现在，这部电影都是无法逾越的高峰。”

在刘之冰心中，李前宽是个非常热情，也非常有才华的人，他是美术出身，画得一手好画，写得一手好字。尤其性格开朗，有感染周围人的能力：“跟他合作，你不会觉得不快乐。他总是用乐观的态度去创作，尽管工作压力重重，也特别积极向上。在他眼里是没有难事，就像他的口头禅，‘没有过不去的火焰山’，他认为遇到再大的困难也没啥，不能整天哭丧着脸，总要去解决。”

姬鹏[1]

回首2021年的8月12日，那个为中国电影的发展贡献了《开国大典》《重庆谈判》《七七事变》等佳作的李前宽导演去世。这一天，中国影坛痛失良才巨匠，而我也失去了一位好前辈，好榜样，好老师。我哽咽了许久，仍无法接受那个几个月前仍然与我谈笑风生的李导已经驾鹤西去的事实。那几天，我分别与萧桂云导演、几个朋友通话，悼念与安慰的话说不尽，只有回忆昔日的片场工作的往事，怀念李导对我的教诲、指导与鼓励。

望着书桌上那本《云开天地宽》和那个有我画像的纪念盘，以及墙上的那幅牡丹图都是李导与我相识、相交的回忆。我与李导的相识的时机很巧，正好跨越了千

1　姬鹏：长春电影制片厂导演。跟随李前宽导演和萧桂云导演拍摄过多部重大历史题材影视剧的拍摄工作，包括电视剧《传奇皇帝朱元璋》《抗美援朝》《苍天圣土》等，导演的影视作品包括《脸谱》《马帮》《铁血女骑兵》《战上海》《黄河英雄》《女匪首》等，爱奇艺电影《活宝夫妻》《东北活宝》系列，院线电影《没大没小》《守望人》等。其中，电影《守望人》荣获第42届东京国际电影节新锐最佳故事片奖、最佳男演员奖。

禧之年，可以说是“世纪之交”。我们合作的第一部戏就是《抗美援朝》，后来又有幸合作了《传奇皇帝朱元璋》（2006）和《苍天圣土》。在我的印象中李导作为中国第四代导演的领军人，为人质朴友善，对影视艺术的追求锲而不舍，是一位全身心投入电影事业的艺术家。在导演工作中，他做到了严谨认真，精益求精，是拍摄现场内外是出名的“拼命三郎”。为了让作品兼具艺术性与真实性，升华思想内涵。他既要创新拍摄方法，艺术形式，也要研读资料，加深剧本内容与真实历史的契合度，不放过任何一个细节；在生活中，李导幽默风趣，妙语连珠，多才多艺，妙手丹青。李导是学美术出身，绘画功底深厚，既能在导演工作中绘制拍摄分镜头，也能在工作之余为友人妙笔生花。我家存有李导赠予的画，爱不释手；在人际交往中，李导和萧导伉俪情深，为人皆和蔼可亲，在工作和生活中做到了关爱、照拂后辈。我依然记得，每逢拍摄结束，他与萧导会结伴好友与我们这些后辈畅谈电影、历史和艺术，鼓励我们后辈要继承老一辈电影人的使命，不忘初心，为中国电影发展做出贡献。

回首往昔，在我眼中，李前宽导演是一位真正的电影人，他将毕生所学奉献给了电影事业。即使在生命的最后日子里，他依然关心着剧本创作与电影拍摄，还曾与我谈论他拍摄下一部电影的计划。他对艺术创作与创新的追求精神是中国电影人永恒的精神财富，也是我们后辈学习的榜样。

在此，为中国电影发展致敬，祝中国电影发展越来越好，佳作连连；也为炎夏中兢兢业业工作的防疫工作者致敬，感谢你们对人民健康安全的守护。

魏明伦[1]

8月14日一早，四川的著名剧作家、“巴蜀鬼才”魏明伦特地为李前宽导演撰写挽联，悼念这位老友。“他比我大半岁，是一个非常有趣味的人，很乐观很活跃，

1　魏明伦：国家一级编剧，剧作家、杂文家、辞赋家、楹联家，中国戏剧家协会副主席、中国戏剧文学学会会长、四川省文联副主席、四川省作家协会副主席等。著有杂文集《巴山鬼话》，电影文学剧本《四川好人》等。

善于模仿、表演。他刚满八十岁就走了，真的非常可惜，挺怀念他的。”

李前宽1964年毕业于北京电影学院，后被分配到长春电影制片厂。他从1976年开始担任副导演，1982年与妻子萧桂云联合执导电影《佩剑将军》。之后，两人又合作了《开国大典》《重庆谈判》《决战之后》《七七事变》《金戈铁马》《世纪之梦》《星海》等共计19部电影作品，这在影视圈极为少见。其中，《开国大典》获第10届中国电影金鸡奖最佳故事片奖、第13届大众电影百花奖最佳故事片奖。《重庆谈判》《七七事变》分别获广电部优秀影片奖、第17届百花奖最佳故事片奖，第19届大众电影百花奖优秀影片奖。

根据夫妻搭档这一特征，魏明伦在《挽李前宽 致萧桂云》联中写道：

鸳鸯导演，银幕联珠十九部，影坛奇迹；

琴瑟同窗，金婚合璧万千辰，艺苑良缘。

魏明伦解释称：“李前宽与萧桂云同窗、同行、同庚，他们既为北京电影学院校友，又是影坛的恩爱夫妻搭档。两口子公不离婆，秤不离砣。所以我在上联称颂‘鸳鸯导演’的艺术成就，下联则赞美‘琴瑟同窗’的婚姻美满。”魏明伦将挽联发给了远在浙江的萧桂云。“萧桂云正在悲痛中筹办丧事，她回复我：谢谢明伦，无尽的思念。”

魏明伦回忆，自己与李前宽的友谊源自中国文联组织的采风活动。“其中三次活动我们都在一起。他是一个非常有趣味的人。我们环游海南，车程很长。他沿途说说唱唱，非常诙谐，大家听得哈哈笑。”2020年12月，“魏明伦艺术生涯七十周年”活动中，因疫情原因，李前宽虽不能来到现场，但他专门录制视频，通过云祝贺的方式表达了对魏明伦执着追求、不断创新的艺术精神的敬重和推崇。

在魏明伦眼中，李前宽拍电影“善于指挥千军万马，能驾驭大场面。他的美术也很好，他的山水画在四川展览过。有次他挺认真地对我说：‘我可不是玩票，我是美术系毕业。专业是画画，拍电影是业余’。他还给我画过肖像。他多才多艺，长于表演，也在自己的电影中客串过小配角。我觉得他如果做演员，会成为表演艺术家。去年，他的祝贺视频，说了很带感情的话。我从视频中发现他面容憔悴，气色不像往年。不料才过半年多，他就跨鹤西去了。我很怀念这个老朋友”。

张光临[1]

尊敬的张宏书记、萧桂云导演，以及各位领导、各位艺术家，还有在座的各位艺术家：

大家下午好！今天非常有幸再次参加李前宽导演的纪念会，也十分感谢中国电影博物馆和中国电影家协会提供这个平台，让我们一起缅怀前宽导演。

时间过得很快，去年的8月12日前宽导演走了，我代表长影集团赴浙江支持治丧事宜，这些都还历历在目。不经意间，前宽导演离开我们已经一年了，有些人活着可已经死了，有些人死了他还活着。前宽导演虽然走了，但是他的音容笑貌、气质风采、精神品格越发的深刻鲜明。

因为前宽导演不仅为中国电影留下了不朽的作品，也为中国电影人留下了宝贵的精神财富，至今都难忘为前宽导演治丧的那些日日夜夜，送花圈的人太多了，整个大厅摆满了花圈，足足200多个，实在摆不下了。因为前宽导演逝世的消息不断传出，还有许多人想送花圈，因为实在摆不下了，只能婉言谢绝。副国级以上的党和国家领导人多达23人，这是我经历过规格最高的仪式，也是最有震撼的仪式，充分体现了党和国家对前宽导演的重视，业内同行对前宽导演的敬仰，人民群众对前宽导演的热爱，这是因为前宽导演对中国的电影事业做出的卓越贡献。

前宽导演是我国第四代导演的代表人物，也是长影改革开放新时期最重要的导演，他敢于揭露现实问题，为思想解放呐喊，为社会进步呐喊。在电影《田野又是青纱帐》，他用小饭馆的墙上挂着一排各种帽徽的大盖帽，揭露了执法人员的情况，预示着改革开放已经到了人们的生活当中，为整个社会敲响了警钟。

电影中反映农村普遍存在的问题，人们宁可在丧事上大操大办，也不愿意花钱让孩子上学，影片抨击了这种愚昧落后的思想。前宽导演就是这样一个硬汉子，怀里揣的是社会责任，是艺术家的良心。我们现在现实主义题材的电影太少，就是缺少像前宽导演这样的硬汉，很多人脑瓜皮太薄。

说到前宽导演，不得不说《开国大典》，这是改革开放以来唯一一部入选中国

1　张光临：长影集团党委副书记。

电影百年百部经典的影片，也是一部具有划时代意义的影片。《开国大典》第一次正面、客观、多维度地刻画了领袖形象，前宽导演同样是坚持现实主义的创作原则，力求还原历史、平视历史，客观地揭示历史发展的必然规律，最终影片成了经典名作。

前宽导演是我们长影的骄傲，是长影电影的重要符号，在他身上充分体现了对长影创作传统和精神的继承和发扬，用两个字概括，就是真和直。真就是拍真事，说真话，用真情；直，就是能直面，敢直言，这也是我们现在电影工作者应该努力培养的精神。

前宽导演也是中国电影博物馆的发起者，未来长影将建设新的总部和生产基地，长影的老区将全部划成长影电影博物馆。我们也希望为前宽导演和萧导布置专题展区，让这对影坛伉俪的传统永远镌刻在电影的天堂里。

最后为中国电影打气加油，希望创作出更多展现新时代风貌的优秀作品，谢谢大家！

2022年8月9日

尹力[1]

各位领导，各位专家，各位电影界的老前辈：

去年8月12号到今天已经整整一年了，其实到今天我也不相信他离开了。刚才几位发言梳理了前宽导演的几部作品和他对中国电影做出的一系列贡献，他不仅是一个电影导演，不仅是一个著名的电影活动家，他在创作光影历史，记录过去辉煌的过程中，他自己也成为历史，也成为过去辉煌的一部分。

今天我们在这里怀念李前宽导演，其实在他身上我们看到了，刚才几位前面发

1 尹力：导演，中国电影家协会第八、十届副主席，主要导演作品《张思德》《云水谣》《我的九月》《铁人》等。

言的领导概括得非常好，一个是他的大的格局，他没有在小情小调个人表达方面执拗，而是融入时代洪流当中，用胶片记录下了伟大时代。他和萧导合作的一系列电影，除了构成了他个人创作的领域以外，也成为中国电影辉煌的一部分。

记得那一年，我在东北呼伦贝尔零下38摄氏度拍电影《铁人》，胶片都冻断了，演员冻得大哭。电话响了，电话那头是李前宽导演，他说我知道你在那拍电影，我知道你非常难，你拍的是《铁人》，首先你自己要做铁人。我咬着牙把电影拍完，回到北京，紧紧地拥抱，到今天我都难以忘怀。

李前宽导演还倡导了每年50个著名的画家，50个著名的电影人的画展，去年筹备过程当中传来前宽导演身体不好，他说这个活动你要继续办下来，我想在很大程度上，它不仅是艺术家一个联谊活动，也是对前宽导演的一个纪念。

前宽导演，大家都知道，生龙活虎、谈笑风生、激情澎湃，永远不知道疲倦，他是可以把自己的情绪传递和感染给身边人的。他的电影以及电影中塑造的人物，无疑是中国电影艺术长廊中一座不朽的丰碑，到今天仍有启迪的意义。

2005年当中国电影博物馆建成以后，他作为倡导者和发起人，他提议中国电影百年诞辰之际，中国电影博物馆，也就是世界上规模最大的博物馆，应该把法国巴黎卢米埃尔兄弟的那台电影放映机请过来，这台机器一百年第一次离开法国，非常有意义。他总是奇思不断，所以无论是作为中国电影家协会主席，还是基金会的理事长，他的胸襟开阔、站位高远，他永远屹立在潮头，使他成为当代中国电影不可争辩的旗帜性人物之一。

六年前听说前宽导演病了，我去看他，在他身上一丝一毫看不出不好的痕迹，依然那么乐观，依然那么幽默，依然谈笑风生，依然谈电影、谈绘画，我就特别感动，能够看得出突然的消瘦。我回来以后按捺不住在当天晚上给他画了8尺整开的一幅像，我想怎么写他呢？我在这幅像当中起了一个名字，画的名字就叫《红云》，红色的云彩，我写了一首打油诗题到画上，诗的名字就叫《红云》，我把前宽导演和萧桂云导演他们拍的一些作品镶嵌在这首诗当中。

拍我肩膀的大哥没了，鼓励我拍好电影，好好画画的大师兄没了，依然泪流泉涌，谢谢！

2022年8月9日

杨步亭[1]

前宽导演离开已经一年了，那次纪念会大家是流着泪发言，今天我们要放松地谈。我们今天纪念前宽导演，为什么要纪念？我们要共同回顾，说几个小花絮：

前宽导演的大师胸怀体现在很多的事情里。我们有一次去美国出访，其中就是与美国的漫威之父斯坦·李谈合作。到斯坦·李大师的办公室，李导进去以后跟斯坦·李一见如故，李导把英文版和中文版《西游记》都送给他了，斯坦·李说你们中国这个猴挺难拍的，中国人喜欢，还要让世界人喜欢，这个很难，我愿意做。就这么谈妥了，就合影留念，本来都是并排的，李导说咱们要头顶头的照，咱们都是做电影的，要不一般。斯坦·李说来我这儿谈事唯独只有你导我，非得顶头地拍。你是大师。大师我也导你！就是李导有风度。

我们要用世界的语言合作《西游记》，合影后李导给他画个像，斯坦·李90多岁了。画得很快，一分钟多点就画好。斯坦·李说你怎么画得这么慢啊，反说的。给他画完了以后斯坦·李特别喜欢，我看到中美两个大国不同制度，但是两个大师之间的会面，中国的艺术家在世界舞台上体现出的大师的风度，李导有这样的胸怀。

他一直在策划，我们现在看到中国的迪士尼，香港一个，上海一个，环球影城北京有，李导一直策划用迪士尼的技术讲中国传统的故事。我们想过在北京弄，但大湾区做这个事比上海、北京好，我跟着李导策划了差不多十来年，现在也没弄成，但是李导的遗志我们要继承。我觉得他这个公园设想绝对不是美国的迪士尼。

我们要做一个高科技的制作基地，世界一流的，在高科技发展的情况下引进到中国，如果中国电影也能引进这么多的科学家进来帮助中国做，我们很快就成电影强国了，他这个构想特别好。作为李导的弟弟，我们要继承他的遗志，还没做完的我们接着做，我们做不完下一代接着做，就像愚公移山一样一代一代做。

光影云智库，吸引大量的科学技术人员和艺术家进入这个智库，为中国电影的发展出谋划策，李导也是筹划了很久。去年他去世了，就放在这里了。华为的

1　杨步亭：国家广电总局电影事业管理局原副局长、中影集团原董事长。

技术，它的算力，它的存力，它的传力和大数据的计算能力、传输能力，为我们电影比如说后期制作，也就是说现在拍着呢就可以传走了，可以节省时间，节约成本。我们卫星传输，受雷雨天气影响会有丢包，通过云、网络传输直接到地面不丢包了，一个小时就传一个小时，卫星得传七八个小时。华为的技术是能够为我们中国电影使用的，而且可以建立自己的科学系统，美国制裁我们的高科技企业，我们的电影领域无自主技术，大量使用国外技术，我自己感觉，从硬件到软件一治一个死。李导不仅是一个导演，一个艺术家，他拍大片子，讲国家利益，讲民族情怀，这是我们做管理的人看到一个艺术家在管理上的新功夫，非常值得敬佩。

大家老说李导，其实萧导是李导的坚强后盾，正宗的专家在这里呢，应该说你带着他呢，慢慢李导聪明起来了，也有萧导让着他，萧导的功绩是功不可没。他们的画展在联合国有两次展览，我都去了。当时他已经是癌症晚期，一般情况下是半年多，李导布置任务，我还以为他去台湾干什么大事，我就去了，但我看到萧导的画，李导在联合国的展厅里那么多外国人围着看，我的骄傲油然而生，好像是我画的。后来新华社的记者采访我，画画的没来，你怎么来了，我说该来的没来，不该来的来了，他有病没来让我来了，我不会画，也不会评，但是我带着任务来的。你们为什么那么多画家，也有画得好的，怎么带他们俩的画来了？我说在我们中国像他们这么多的好作品也不是多见，一个是学导演的，一个学画画的，她教会了他导演，他教会了她画画，这样的夫妻合作也是不多的。我说他们夫妻俩从电影学院恋爱，坚持了好几十年，不容易啊。记者就说我明白了，你说得挺好。

那次萧导在座谈会也说一个女导演指挥一帮男人，指挥得了吗？萧导的发言特别精彩，她说指挥得了，连李前宽都指挥得了，指挥他们更没有问题了。萧导是贤妻良母，他们俩又像夫妻，又像兄妹，还像哥们，更像护士。李导病了，萧导就像伺候孩子一样。

有一次让前宽导演发言，你拍电影是专家，说酒你不是专家吧，讲中华民族的酒文化，大家热烈鼓掌，讲得好，我现在都五体投地了，说酒都说得那么好。大艺术家，对老百姓的平淡生活，这种情怀，生活不仅在艺术上，在胸怀上也是我们的榜样。我就想跟大家共享这么几段小的花絮。

李导这么勤奋，我们去美国开展会，一路就是沙漠、荒滩、半死不活的植物，没什么看头，可是在李导眼里都是写生的好物件。他画一路，最后回来一整理，几十米的长卷。还有我们去柬埔寨，也是画了好几本，一个人的成功和勤奋是分不开的，他的勤奋值得我们学习，乐观也是值得我们学习的。我跟他这十几年接触，就没觉得他是一个病人，吃得还挺多，萧导老拦着他，萧导老是照顾他，李导有时候吃肉不吃菜，李导吃东西快，掉东西，萧导就给擦。通过这些事情就是跟大家讲他们夫妻之间深深的爱值得我们学习。

李导是一个让人想念的人，是一个值得我们纪念的人，他是德才兼备，大师胸怀，是我一个值得骄傲的一位大哥！

2022年8月9日

张会军[1]

各位来宾：

大家下午好！前宽导演去世以后我感触特别多，我写了将近两万字的纪念文章，将来我估计萧导会把它收进文集里，反正我是带着崇敬和怀念的心情写的。

今天我有一个特别好的感受，听了这么多领导、前辈、很多同事，对前宽老师的回忆和纪念，我突然感觉到当我们熟悉的一个导演他突然离开我们的时候，我们才会感觉到他的存在对我们的前进是多么有意义。

怀念前宽主席身体力行对中国电影事业和导演创作的辛勤；纪念前宽导演为中国电影所有的工作和创作做出的重大和杰出贡献；感谢前宽老师，从电影学院毕业以后就一直关心母校的成长和建设，对几代电影学院的教师和学子们都给予了很大的帮助。

我只想致敬所有的中国电影前辈和我们杰出的导演，特别是在座的很多嘉宾和同事，感谢你们为中国电影的呕心沥血和不懈的耕耘，更是这些前辈的光辉照亮了

1　张会军：导演、摄影师，北京电影学院原院长，教授、博士生导师。

我们电影创作的道路，谢谢！

2022年8月9日

李厚朴[1]

各位领导好：

我是李厚朴。作为晚辈我们非常敬仰前宽导演德艺双馨的精神，无论他的《开国大典》还是《七七事变》，都在中国电影发展的长河中留下了浓墨重彩的一笔，前宽导演对中国电影的贡献是非常大的，我们要继承前宽导演兢兢业业的精神，请萧老师保重身体。

施万春老师说，前宽特别有才，前宽不是学导演的，他夫人萧桂云是学导演的，但是合作之后变成了一位很出色的导演。李前宽性格开朗，为人非常有魅力。施老师也非常遗憾不能参加今天的座谈会。

汤沐海老师因为在外地不能前来，感谢博物馆和影协举办纪念前宽导演的座谈会。前宽导演是我们敬仰的导演，在他的那些经典影片中给大家留下了很多优秀的电影音乐。前宽导演大部分作品都是和施老师合作的，这些美好的旋律给我们留下了难忘的回忆。导演和作曲家的完美合作为观众呈现出一部部精湛的作品。期待在相应的时间可以举办李前宽、萧桂云老师的电影作品音乐会，由他来指挥，希望举办这样的盛会纪念李前宽导演。

汤沐海对在座的来宾表达了问候，祝各位老前辈们身体健康，希望萧老师照顾好自己。我虽然没有跟前宽导演见过面，但我是看着前宽导演的电影长大的，通过前宽导演的电影对历史有了一些了解，感谢前宽导演不忘初心，始终如一，一辈子只做好一件事情的艺术追求。作为指挥作曲的我，给了我极大的激励和鼓舞，前宽

1　李厚朴：东方交响乐团客席指挥、益升爱乐乐团、十六分音符合唱团、国奥爱乐艺术团常任指挥。

导演的电影作品激励我们在艺术道路上砥砺前行。谢谢!

2022年8月9日

尤建华[1]

尊敬的各位领导,尊敬的萧老师:

今天参加这个会,我跟萧老师商量以编剧的身份融入咱们这个电影圈。我看到了中国电影、电影人、电影的老前辈对我们也是很大的鼓舞。今天来参加主要是为了感恩,感恩李导、萧导,帮助我们当时的文学青年,一个业余作者,能够把一个本子拍成大电影,确实是终生难忘的。特别是拍重大题材的电影非常难,非常不容易,包括《七七事变》,包括后来我的《黄埔军人》,现场帮我们调整,因为人物立不住,当时还理解不了好多的东西,现在都理解了。

我今天主要讲讲《七七事变》,中国军人,中国爱国军人,如何能站得住,不失真,李导、萧导有他们的独到之处。最近一个电视剧放映以后大家觉得国军将领失真不对,其中有一个网民说,他们又不是李前宽、萧桂云,你们不能要求他们怎么样,说明李导拍的东西站得住。

《七七事变》写的时候压力很大,都说怎么写国军抗战。后来把剧本送到田聪明部长那里。为了推这部电影,李导、萧导这么忙的情况下把这个本子接过来。在京西办事处,那时候天非常热,我们就连夜啃起本子,李导、萧导为了人物能站得住,一场戏一场戏地抠,当时我还理解不了。李导就跟我讲怎么样怎么样,他老调侃我,你别怕萧导瞪眼。不管怎么样,李导、萧导没把我这个文学青年作为外人,就像家里人一样,打电话,帮助你提升。给介绍大导演吴天明,当成小兄弟扶持着你。《七七事变》能够拍成功,能够人物站得住脚,李导、萧导功

1 尤建华:编剧,是李前宽、萧桂云执导的电影《七七事变》编剧之一。

不可没。

我最后一次见李导，是在2019年10月15号《开国大典》4K首映礼上。一见面，他就说，你再不来就见不着我了，我得了一场大病。我说不至于吧，我们俩谈了一会儿，调侃了一番，我有些不安，我就说李导、萧导你们两位大导演我们一起合个影吧，我觉得他那个劲不像有病，我还觉得是调侃。他讲的时候我专门录了一段，回家一看觉得不像生病，他总是这种精气神。

李导走了以后，我又看一遍《七七事变》，影片为什么能够得华表奖、百花奖，上海电影节还给了一个最佳编剧奖，当时我还调侃自己：荣誉给了我，实际上辛苦的是李导、萧导，我还得了一个最佳编剧。中央台《东西南北中》栏目专门为此做了一期节目，荣誉我得了，实际上观众看的是李导、萧导，看的是《七七事变》电影这个光环，我享受了这个荣誉。

电影里每个人物都站住了，不失真，又不抹黑，这些英雄人物都经得住历史的检验。电影当时拍的时候，很多将军的家属我们都见了，纷纷要求人物得给弄好了。拍这些人物的时候，李导、萧导可以说眼里容不下沙子，对我的教育特别深。当时有一个演员演张自忠的时候不对劲，李导说你怎么想？这个人物感觉不对，就给换人了。所以这些人物能够留下来，不抹黑，也不美化，用真实的历史融合起来，大家觉得真，佟麟阁军长倒在一片向日葵地里，向日葵还在燃烧，就把中国军人浴血奋战那个劲写出来了。赵登禹死在石狮子旁边，人死了，狮子还在吼，所以人物一下就活了。我看《七七事变》观影展的时候都写了石狮子、桥，包括赵登禹挥刀的时候全场那个氛围，把人物跟场景、跟语言、跟氛围紧紧地融合在一起，不仅仅有大场面，有枪、炮、坦克，它还有人物，在炮火中有人物的存在，把人物在炮火中提升了。而且这些人物得到了大家的认可，得到了海峡两岸的认可，海峡对岸那些老国民党将军看了也相当认可。

我去日本访问的时候，他们记者知道我在日本访问，专门拿着一张报纸，说你看《七七事变》，中国的国军在抗战的时候那种力量拍了出来。他们认可。最后一场戏大家看得很震撼，撤出北平的时候，把国歌中“中华民族到最危急的时候，每个人被迫发出最后的吼声”也要拍出来，马是倒着退的，虽败犹荣，把当时那种国民党、中国共产党怎么样号召大家团结一致，那种民族精神拍了出来，我觉得人物站住了，一部电影也活了。

今天纪念李导逝世一周年，李导的笑声，他的执着，他的认真，也一幕幕地都出来了。在这里我感谢李导、萧导把我带入电影圈，也感谢中国电影博物馆和中国影协举行的追思会，包括赵实部长，这么多领导刚才讲了，使我对李导、萧导的认识加深了，也更认识了中国电影，中国电影真的不容易。作为业余作者享受了中国电影的厚爱，希望以后得到在座的领导前辈的支持，用实际行动回报李导、萧导的帮助。在此说一声，李导想念你，想念您的厚爱，谢谢大家！

2022年8月9日

解治秀[1]

我和李导从2001年起中国电影博物馆建馆，李导作为中国电影博物馆的专家，我一直和李导一起5年。这5年我和李导一起见证了中国电影博物馆从平地到起高楼，一直到最后中国电影博物馆的发展。这几年和李导形影不离，我们一起到天津，在中国电影博物馆的四厅有100个电影演员泥人塑像，包括后来的蜡像，都是由天津泥人张做的。我和萧导陪着李导到天津去，每次审查李导都非常细心，因为他学美术的，那一百个电影人塑像，形象地做出来，很难很难。泥人张那些师傅们泥一捏就是这个东西，但李导要求他们不但要把形捏出来，要把演员的神捏出来。大家如果有机会再来中国电影博物馆的话，到四厅看看一百个泥人艺术形象，它在整个中国电影博物馆（展览）中所起的作用是很重要的。

李导跟我们讲过怎么发起建设中国电影博物馆的，为此事和田聪明部长谈了很久。李导是全国人大代表，联合了全国人大代表和政协委员电影界的26位艺术家，一起给中央领导致函，提出艺术家们的心声，要建立我们自己的家，当时不叫中国电影博物馆，叫电影宫，中国电影人的家。因为有了整个形状以后才开始筹

1 解治秀：国家广电总局电影局党史资料征集办公室原主任。

建，我有幸能够参加中国电影博物馆第四厅的撰稿人。

今天我拿来了一张画像，这张画像是2007年4月26号我们一起在环保中心召开定稿研讨会，这张像是李导在会上画的，刘建中局长是领导小组的，刘局给我的，把它镶在相框里，我将永远想念他！谢谢！

2022年8月9日

张勇手[1]

我是来学习的，前宽导演、萧桂云导演，我们没有合作过，但是在一次评奖会上有过交流。听说今天要追思前宽导演，我们几个就过来了。我就是来学习的，向前宽导演、向萧桂云导演学习！向他们致敬！他们的成果，他们的成绩，他们对电影事业的追求和那种精神永远在向我们招手，他们永远是我们学习的榜样。谢谢大家！

2022年8月9日

杨幸媛[2]

谢谢萧导邀请我来参加这个会。我们是同龄人，在我们三个人面前，前宽当仁

1　张勇手：演员、导演，主要表演作品《林海雪原》《南征北战》《地道战》等，主要导演作品《南海风云》《祁连山的回声》《沉默的冰山》等。

2　杨幸媛：国家一级剪辑师，原中国电影剪辑学会会长，代表作品《人到中年》《周恩来》《今夜有暴风雪》《公关小姐》《英雄无悔》等。

不让是我哥，他说你们是我妹，我说那好大哥，这些年来我们都叫他大哥。

今天我拿了一张照片，在我给孙羽整理资料的时候，我看到报纸上有这样一张照片，正好见证了前宽对中国电影博物馆的建造所起的作用，这是我们参加中国电影百年华诞，我们是第一批进入电影博物馆的人，这里有我们每一个电影人，我能看得出来这些人的形象，有王心刚老师，有胡一波老师，还有前宽，还有张笑天编剧，太多了，其中还有我的先生孙羽，还有我本人。我希望这张照片保留在萧桂云导演的手里，这个太珍贵了，希望有画家能够把它画出来，这是一个非常有纪念意义的照片，我把这个给萧桂云导演。

我和萧导，和前宽，我们都是长影出来的，长影培养了我们。我们虽然是同龄，但是我们的贡献是不一样的，我只是一个幕后工作者。我对前宽的体会他是大哥，他是一个快乐的人，他这种快乐不仅是他本人快乐，而是把周围的人都给带动得快乐起来。在摄制组，他不仅热爱导演职业，同时他热爱摄制组中的每一个人。拍摄那么困难，当时却是一个特别快乐的摄制组。

前面很多专家，还有领导，还有前辈都谈了很多他的功绩，我永远记在心里。我们虽然病情不一样，但是我们都是恶性肿瘤的患者，他是我的榜样。因为他对待疾病是根本不看在眼里的，他竟然能够坚持8年，太不容易了。除了他的职业、业务给我们做出榜样以外，在这些小小的问题上也是我们的榜样。我虽然也是一名癌症患者，但是我很愉快，是他给了我很大的精神鼓励。我和萧导都是“80后”，但是我们都是愉快地生活，我们要把这种精神传承下去，我们要搞非常愉快的电影。有的人说这是玩儿，你带着愉快的心情去从事职业，就像玩儿一样。

我做剪辑的时候，都是非常愉快的，全身心地投入，这就是我们电影人应该有的一种精神。

我永远想念我的大哥，想念他，想念他的精神。

2022年8月9日

王馥荔[1]

各位领导，各位老师，各位朋友：

下午好！特别激动，特别感动，大家谈得特别深刻，方方面面，谈到了前宽导演的音容笑貌，他对电影做出了这么巨大的贡献，和他的人品、为人，他的精神也是对我们的激励。

我特别遗憾，跟前宽导演没有合作过电影、电视剧，但是我从生活当中也谈谈前宽导演，也是对前宽导演的一种怀念、缅怀。

今天能在电影博物馆开这个会，特别感谢电影博物馆的领导。我来了以后，走进来就觉得特别的感动和亲切，当时进来以后我就想到了前宽导演当时忙碌于、奔波于为了建成电影博物馆所有的付出。因为当时我也是政协委员，跟前宽导演是一个组，从最开始前宽导演拿着他一个提案到我们组里发言的时候，我们就特别震撼，就觉得他的想法，他所有写的数据以及这个项目的意义，我们就特别感动。所以当时大家都签了名，签名以后特别鼓励前宽导演在大组会上发言，大组会上有中央领导听，前宽导演又在大组会上发言。又到电影局，各个方面去忙碌，去促成这件事。从最早的初稿写下来的这个提案、方案，一直到了落成，他都付出了巨大的贡献。所以每次进电影博物馆我就想起前宽导演所做的这一切努力，所以我们更觉得来到电影博物馆，就觉得特别的亲切。

我跟前宽导演虽然没合作过，但我们是邻居，是一个大院，住了十几年，还有笑天老师我们都是一个大院的，经常在院里看到前宽导演和萧导。前宽导演在拍戏时指挥千军万马，呼风唤雨，那是很霸气的，在影协他是主席，但是在院子里见面他就是老大哥，特别随便，特别亲切，他称呼我大妹子，称呼我先生就是哥们，没事就一边散步一边聊天，风趣极了。他的这种乐观精神一直保持至今，甚至生病，他都丝毫没有把自己当成病人。其实我们都为他揪着心，他反过来关心着我们家，因为王群得了严重的心脏病，要做手术，我找专家想让他得到最好的治疗。前宽导演听到了这个消息以后，他以为他和王群得的是一样的病。有一天我在院子里遇到

1 王馥荔：演员。主要表演作品《天云山传奇》《咱们的牛百岁》《日出》《红楼梦》等。

他，他把我拉到一边，问我：“王群病了？”我说：“病了，挺严重的。”“他也有积液？”我说有。“我告诉你大妹子，我知道这个方法特别好，4年了特别好，我告诉你怎么治。”我说：“前宽导演王群是心脏病。”“他是心脏病啊，那更没事了，找个好主刀，咱们王群肯定能扛过来。”他自己生着重病，却仍然关心着别人，他这个胸怀，他对人的诚挚深深地打动了我。他爱护我们，我们经常聊起来还会谈到他，他就是这样，他对人就是这么诚恳。

我还要说一点，如果没有前宽导演，我们好多演员可能不会是现在这个位置，我是有亲身体会的。当年我进入电影界是从八一电影制片厂借我拍《水上游击队》开始的。当年我演《龙江颂》，正好李波老师、刘江老师拍话剧，他们喜欢听京剧，就看了我演的《龙江颂》，“你是演《龙江颂》的吗？”我说“是啊”。“以后八一厂要拍电影我找你拍电影。”没想到李波老师就到了江苏来借我去拍电影，那就是《水上游击队》，反映抗日战争时期在江北的那个游击队。

当时省里很支持，拍了一百多个镜头，又下马了，所以我就没拍成。第二部戏，应该说完成了，就是让观众认识我的《金光大道》。当时长影孙羽导演、林农导演派摄影师到南京来让我试戏，很满意，就拍板了，就借她。可是当时江苏省怎么都不肯出借。原因是之前八一电影制片厂借出半年，拍了一百多个镜头，影片最终却下马了。原本省里是要重用我的，结果半年没拍成回来了，省里就不高兴了，再拍电影不能放她去，培养个演员不容易，怎么去了以后没拍成就回来了，太不把江苏当回事了。怎么都借不出来。有吉林省的公函，长影厂的公函都不行。

这时候正好长影正在筹拍电影《熊迹》，前宽导演是副导演，正好在南京这一带选演员。林农导演一听说前宽在南京，认定他肯定能拿下的，都知道他是拿不下不收兵的人，让他拿着公函去找江苏省领导。之前省委宣传部根本不见人，去了几次不见。前宽导演得到了赵心水老师和林农导演给他的电话，要他必须拿着公函把王馥荔借下来。我当时不知道，我就知道借我很难，而且省里也批评我了：“你得安心演你的京剧”。这时候前宽导演就到我们省里文化厅、宣传部等各处去找各个领导，去求。那时候宣传部和文化厅的人就不见他，想各种办法不见他，一会儿说在住院，一会儿说出差了。

前宽导演打听到主管我们京剧团的省委宣传部的一个副部长戴部长的家，戴部长住在一个小洋房里，他就去堵他，去得太早了，戴部长没起床，前宽在戴部长家门口转悠，从门缝看见一个老太太在做早饭，他就靠过去，问："这是戴部长家吗？"老太太一开口，一口的山东话。前宽一听，高兴了，上前一步，"咱是老乡啊，我也是山东人"，老太太一听遇到老乡了也高兴。前宽接着介绍自己："我是长影的，是副导演。"老太太高兴了，他一边帮着老太太做早饭一边聊天，过了一会儿戴部长起床了，一下楼，他还没开口，老太太先开口了："过来，这可是长影的，人家是导演，你可得给人家办。"戴部长这时也不回避了，看了公函就说帮他想办法，老太太说："你得帮忙，这可是大事。"后来，戴部长说话了，文化厅、京剧团也就不好多坚持了，只好签字放我了。

通过这件事我是感恩前宽导演一辈子，没有前宽导演的努力（就没有现在的我），他尊重老导演给他派的任务，为了完成这个工作想尽了办法。其实我们并不认识，他完成了这个工作，启用到我，让我有这个机会。其实不光是我，有不少的演员，都是他去跑。长影厂知道他口才好，而且有这种执着的精神，他就能办成事，所以好多演员都是前宽导演亲自出马，打电话联系给办下来的。我非常感恩前宽导演。另外，前宽导演的这种执着的精神对我是一个激励，使我不能停下脚步。前宽导演身患重病，还完成了那么多电影工作和作品，我们就是要记住他的这种精神，永远怀念前宽导演！他永远活在我们心里！谢谢大家！

2022年8月9日

洪学敏[1]

我特地从苏州赶来的，刚才各位老师们讲得特别好。我和前宽导演、萧桂云导演认识，从（19）82年到现在，已经40年，所以，我刚进来的时候就受不了，像亲人一样受不了。但是听了很多人的发言以后，我就一直在想，他在我们心目中是

1 洪学敏：演员，在李前宽、萧桂云导演的《甜女》《黄河之滨》《田野又是青纱帐》担任重要角色或主要角色。其他作品主要有《海霞》《天云山传奇》《喜盈门》等。

什么。就像小时候我们学的英雄，他像雷锋，他像董存瑞，他在我们行业当中做了这么多好事，帮了这么多的人，像一个活佛一样在我们心目当中。他在建设博物馆时的点点滴滴，我和萧导、李导走得很近，他每一次都跟我们分享要做什么了，还有包括北京国际电影节以及电影基金会很多的想法，他每次吃饭的时候都有兴奋的东西跟我们分享，激励我们。

李前宽在我心目当中位置太高了，他为我们电影界、文化界做了多少事情，包括我们个人的受益，都应该好好地总结一下。说到他很多的经典作品，我和他合作了五六部戏，每天都在一起创作，从选外景到分镜头，到体验生活，点点滴滴让我成长。我现在60多岁了，但是我有40来年的时间和他们在一起，他和萧导对我影响极大。他们俩就像照明灯一样，引领我，照亮我，鞭策我，甚至有时候经常骂我，特别是萧导经常批评我。

另外，我妈妈生病手术，我的哥哥姐姐都在国外，这时又是李导帮助了我，妈妈在手术台上还是李导给抱下来的，他就是我的人生榜样。今天我不想说太多。今天我们应该多多鼓励萧导，她很骄傲，她培养了这么一个了不起的牛人，这个牛人把我们大家召唤到一起，我们感恩他。萧导您是很了不起的女性，您对我的影响是最深的，您教我怎么去爱一个男人，怎么去做一个好女人，怎么做一个完美的女人，您嘴上很厉害，但是您心特别软，我跟您认识40年，我太了解您了。所以李导虽然在天上，他看着我们，我们要开开心心，健健康康，你有这么多的朋友，有这么多的亲人一样的合作过的战友们，您应该非常开心的，非常骄傲的。我现在在做教育部青少年培育的一个项目，一直在想怎么把我们电影里像英雄一样的人物介绍孩子们。我认识了像萧导这么好的导演，好的领导，从演员体验生活到创作，每部戏我都像重新学一个专业一样，现在应该把这种光辉的历史，传承下来，像李前宽导演，像在座很多领导，怎么把这种精神再传承给下一代，这是大家应该关心的事情。

萧导，您不要停留在那些伤感层面，您应该非常骄傲，骄傲您做了这么多的成绩，给下一代留下来，给行业留下来。您作为女人培养了一个最牛的导演，最厉害的导演，所以您要开心。把这件事情做完以后，我们做一些更有价值的事情，更好的事情，健康起来。谢谢大家！

2022年8月9日

臧金生[1]

很高兴参加这次追思会。我跟王大姐一样，没有跟前宽导演和萧导合作过，但是前宽导演的人格魅力一直深深感染着我。我们在一起参加活动，办一些书画展，他生病之后我们去新疆，我们当时根本不知道他在生病。

我认为前宽导演就是三个字：精、气、神。精，作品精致；气是弘扬正气，而且有一股男人的骨气，民族的骨气；神，他的绘画作品、影视作品，永远有神来之笔。

谢谢！

2022年8月9日

陈国星[2]

这么多前辈、领导都在这里，而且长影的前辈、艺术家也特别多，刚才听赵实部长、电影界的前辈讲了前宽导演，越往后越不好发言，因为他方方面面都被讲到了。其实我就谈两点。前宽是我们这代导演的大哥，真是这种感觉，好像我的很多照片、合影都有李前宽在画面里，我们这几十年为中国电影创作或者参与的事务里面，我们都一直跟着大哥在学习，在做。多少年前，看前宽导演、萧桂云导演的《开国大典》等这些大片，对我们这一代导演怎么来拍摄重大历史题材具有重大影响。

第一，刚才王馥荔老师讲的，我们在政协里亲自参与了建设中国电影宫的议

1　臧金生：国家一级演员。1998年，因在古装电视剧《水浒传》中扮演鲁智深一角而被更多观众所熟知，其后在《大撒把》《笑傲江湖》《大旗英雄传》《赤壁》等影视剧中均有精彩演绎。

2　陈国星：导演、编剧、制作人。1996年，执导《黑眼睛》获得第18届中国电影金鸡奖最佳故事片，其后陆续执导《第一书记》《横空出世》《大工匠》等优秀影片。

案，当时还不叫电影博物馆，从起草，我们一起聊，给他签字，跟中央领导在一起开会，就开始递这些材料，最后一点点真的就把这个事促成了。中国电影博物馆的奠基仪式我也参加了，当时有前宽老师，还有于洋老师，都是一些德高望重的老前辈。前宽说："你是唯一的一个年轻导演。"我一看，还真是。后来我就铲了5锹土，代表我是第五代导演。那时这里是一片工地，路都没有，来时我们找了半天，而今天带着对前宽回顾的心情再次走进博物馆，跟以前搞活动不一样，感触更深。前宽导演参与了博物馆的整个建设，这跟他自己的本职其实没有太大的关系，完全是为中国电影在作贡献。

第二，是他对海峡两岸电影交流所作出的贡献。1996年我拍了一部电影《黑眼睛》，那时候到台湾交流的机会并不多。2009年，大哥就带着我，交代我穿什么衣服，到台湾去的关键是要有组织概念，因为我们不是官方之间的交流，纯粹是前宽和李行导演他们自己从电影界民间的角度，艺术家的角度，把两岸导演艺术家联系在一起，部里批了，说你们赶快去。

一到那儿，看到青天白日旗，吓了一大跳，我对前宽说，咱们到了敌方阵地，那个旗子尺寸巨大。前宽说，你跟着我，我们要有骨气。咱们不是都来了，还能有什么变数。他还跟我讲，我们在这个地方是台北的体育馆，搞任何国际活动都要奏"中华民国国歌"升青天白日旗，这是体育馆的制度。我们大陆是精选的这几个人，我们现在跟他们交涉，只要升青天白日旗，奏"中华民国国歌"，我们中国电影代表团就退场。我一听就懵了。他说这是政治，千万别出问题。我记得当时跟台湾底下的官员争得面红耳赤，李行也是做了很多的工作，台湾体育馆被迫改一次规则，这次不奏"中华民国国歌"，不升青天白日旗，大陆电影代表团不退场。我们一退场努力了十年的两岸沟通交流机会又没了。当时场面很大，我们就紧盯着他们，你们不走我们就不走，最后终于没有升青天白日旗奏"中华民国国歌"。我感觉前宽一个电影导演，一个大哥，他其实想得很远，那时候跟金马奖什么关系都没有，部里批的也是仅支持，实际上就是一个民间行为，就这么一个小事，但是对我们来讲收获特别大，而且接触了台湾电影，接触了香港电影，认识了好多人，包括艺术家，非常好。所以我觉得纪念前宽导演特别有意义，我在这里学到了很多的东西。谢谢！

2022年8月9日

陶玉玲[1]

尊敬的李前宽导演，尊敬的萧桂云导演，我崇敬的两位导演，你们是模范夫妻导演，是我们电影界的楷模！你们拍了《开国大典》，对我们部队的影响太深了。这个礼拜五，我们总政第一次为大家放露天电影，放的这部电影就叫《开国大典》。我代表部队谢谢了！

我希望萧桂云导演一定要保护好自己的身体，咱们一定要节哀，你们全体家人越健康，前宽导演就越安心。所以祝你们全家幸福，还要很好地为中国拍电影！

郑冰[2]

我是怀着沉痛的心情，一进门就忍不住掉眼泪的。但是听了大家的发言，我想李导是一个制造快乐的人，他留给我们这么多快乐，所以我们应该用快乐的心情回报他。

我是作曲家，但不是影视圈的，我创作30多部剧，5部歌剧，6部大合唱，作品在美国获过大奖。我的作品1992年在台湾就获得大奖了，叫金鼎奖，大陆第一个艺术家在台湾获奖就是我了。

我和李导共同的爱好是看足球赛，喜欢吃甜食。和李导有两次合作，就是《井冈山》和《太行山》，这两部作品他都很满意。李导真是一个特别开心的人，和他在一起工作起来特别顺畅，因为我是搞舞剧创作的，有的时候遇到导演特别矫情，而李导几句话就给你讲透了，他要什么就说明白了，所以在作曲的时候就非常通畅。

1　陶玉玲：表演艺术家。因《柳堡的故事》中的“二妹子”一角闻名全国，其后相继出演了《霓虹灯下的哨兵》《任长霞》《第一大案》等。2015年，获得第33届大众电影百花奖终身成就奖。2017年，获得第16届中国电影表演艺术学会金凤凰奖终身成就奖。

2　郑冰：国家一级作曲家，曾任辽宁省音乐家协会副主席，大连歌舞团副团长。在李前宽导演的大型实景演出《井冈山》和《太行山》担任组曲。

在我们创作《太行山》的时候，徐总带队，李导我们一行人看场地，本来徐总看好了一个场地，去了以后李导就说这不行，这肯定演不了。徐总说交通方便。李导就特别特别犟，不行，有原则，他平时是很快乐的人，那时候特别严肃，没办法，我们就跟着李导去“游山玩水”看场地，特别艰难。李导从来不穿运动鞋，永远是皮鞋，他穿着皮鞋带领我们沟沟坎坎，他第一个就上去了，穿林越岭，终于在一个很深的村落里，一个水塘旁边，他选定了现在这个位置，说《太行山》就在这里演。徐总说行吗？他说为什么行，一讲，太好了。当时我真是替李导担心，他上上下下穿着皮鞋走。

后来在排练过程中也出现一些不和谐的因素，比如说有的导演团队和李导要砍价，李导就找我，说那个团队砍价，本来谈好了多少钱他要砍价，能不能再找一伙人来，我就马上找了另一伙人，那伙人一听我们找人了，他又回来了，声称不是这个意思，李导非常大度地包容了他们，又把他们纳入进来一起来做这个事情。当时我真是捏了一把汗，结果搞得非常顺畅。

李导经常回大连，一回大连就好像变了一个人，哪儿好吃，哪儿好玩，我们都是陪他一起吃，一起玩儿。李导最后一次回大连是2020年，就是疫情刚开始的时候，大概是5月，大连没有大面积暴发疫情，李导和萧导带着全家去大连。李导就约我去聊聊天，我就过去了，在他住的酒店的对面一个咖啡馆里面，我们在那个地方谈了好几次，就谈电影，李导有几个电影计划，第一个是《东方欲晓》，这是一部描写新中国电影诞生的影片，剧本是李导和另外一个人写的，李导说这个作曲你来写，我说好。剧本我看了好几遍，让我提意见，我真的就提出意见，李导把舞美都找来了，又看场地，但是后面由于疫情就停了。

李导和我说的最让我震撼的是另外两部电影，一个叫《旅顺口》。《旅顺口》是中国近代史的一个缩影，发生了很多很多的历史事件，李导就如数家珍，说哪一年旅顺口发生了什么事件，所有的历史事件就像看一本书一样讲给我听，太好了，赶紧拍。我就赶快找大连的领导，结果当时的一些特殊情况，找到了领导，领导说一个区的政府没有力量拍这个，李导一直念念不忘这个剧。

还有一部剧《九一八》，去年是九一八爆发一百周年，上这个电影多好啊，我说我找人，我找到了辽宁省一个领导，这个领导就给沈阳市的市委书记打电话，李前宽想拍《九一八》，就是你们沈阳的事，你赶快找人沟通。后来这个部长单独和我讲，说我们不是怀疑你和李导的能力，现在他这个身体能行吗，多大岁数，听说还有病，这个事搁浅了。

李导在他生命最后和我在一起的时间里面，总是讲电影、电影、电影，而且李导还有一个心愿，就是他希望在他身后，在大连能有一个李前宽电影人物传，他说我可以把所有值得纪念的，能拿出的东西都献出来，因为我是大连人，我是大连出来的。我们都很激动，也找了一些朋友来做这件事，还在继续做之中。

我写了一个稿子，我觉得今天还是讲故事好，用这种方式来纪念李导，他永远活在我们心中。

2022年8月9日

舒楠[1]

我一开始来挺难过的，因为对李导和萧老师的感情非常深，他们对我像孩子一样。李导是我那一届金鸡奖评委的主席，还有王馥荔老师，还有在座的很多人都是看着我成长的，我是电影界的晚辈。今天也学了好多，主要是学做人、做事情，你们都是我的榜样。

有一件事情特别有意思，李导生前最后一部电影《星海》是我作曲的，之前李导作品给了我很大影响，对我写《建国大业》有很大的启迪，对我有很多的启发。

李导是一个古典主义的导演。他跟好莱坞导演一样都先从本子开始和作曲家交流，其实现在的电影制作音乐过程是很粗糙的，都是干急活。那时候李导从本子开始就跟我探讨，我做完音乐以后就传到前方，萧桂云导演在拍，有一场戏在船上，是大戏，很多演员在演的时候，就配合着我的音乐来演，节奏都卡得死死的，这是做艺术的态度吧。现在大家活太多，所以做得很急，没有那么仔细。

1　舒楠：音乐家，国家一级作曲，北京电影学院教授。主要电影音乐作品有《香巴拉信使》《建国大业》《建党伟业》《萧红》等。

我跟着李导、萧导一起到澳门采风。晚上他们俩睡着了，我就在里面逛。赌场外面有一个卖玩具的，有一个狮子玩具，那是雪白的狮子，在亚洲只有两头，我儿子也叫辛巴，我就把狮子玩具买了下来。第二天到机场，那个狮子太高了，跟我一样高，上不了飞机，没办法只能把盒拆了，让狮子坐在你身上。飞机上所有坐的都是乘客，只有我那个坐的是狮子，底下压着我，就这么一路回北京。李导给我画了一幅肖像画，李导特别天真，萧导还是有点严肃，李导看萧导很严肃，也就变得严肃，李导有时候就像小孩儿一样。

我把李导去世的时候我写了一段话念一下：李导是2007年中国电影金鸡奖评委会主席，我与他去了澳门写了《星海》的音乐，他像父亲一般教育我，他是大艺术家，他的艺术创作给我后来的创作启迪很多，他那么有魅力，我相信在天堂都会有他开朗的笑声，一笑登天，天堂里没有病痛，前宽导演一路走好。希望他一路走好！

2022年8月9日

柏成建[1]

去年8月12号李导去世，一晃一年，这一年干了些什么？其实我在整理，我是一个电视人，用电视的镜头记录，我很荣幸，我很幸运，我担任了第17届中国金鸡百花电影节的总导演，真的我很幸运。

我就想从去年到今天将近一年，我在整理电视人，我用电视镜头拍的一些照片，包括还有一些资料。我还做了一个重要的事情，从去年开始，在中国各个大学进行思政教育课，李前宽导演和萧桂云导演的《开国大典》《七七事变》《重庆谈判》，已经成了各大学思政教育课的最经典的教科书。因为现在年轻人，

1　柏成建：导演、编导，曾任大连电视台《久久合家欢》导演兼制片人，《星光大道》栏目策划、第17届中国金鸡百花电影节《电影·大连之恋》开幕晚会总导演。

你跟他讲初心，讲过去，很难，太难理解了。可是当学生们看了《开国大典》，看了《七七事变》，看了《重庆谈判》，有的学生讲了，我看了才知道，你老让我不忘初心，牢记使命，我不知道什么叫初心，不知道什么叫使命，可是我看了《开国大典》，看了《七七事变》，看了《重庆谈判》，我才知道是那些人28年如何浴血奋战；看了《开国大典》，“起来，饥寒交迫的奴隶。起来，全世界受苦的人！……”就是“起来”这两个字，我才知道这才叫初心，他们是这样，我才知道历史怎么样。

有些同学说了不忘初心怎么样，我了解的革命史，了解的党史，了解的军史，通过看了《开国大典》，看了《七七事变》，看了《重庆谈判》，宏观来讲我了解了这个历史，我形象地看到了这些革命前辈，甚至我们的领袖人物，他们是怎么为中国革命抛头颅洒热血的，我才能知道要实现使命，要实现自己的价值。

现在的年轻人一定要用现代的眼光、现代的理念、现代的角度来诠释《开国大典》《七七事变》《重庆谈判》。光从文字上去学习思政课，学生不爱听，老师也费劲，从去年到今年开始，我参加了很多大学的思政教育课，这就给我们电影人一个启示，好的片子，像《开国大典》《七七事变》，就是老一辈留下的精神宝藏、精神财富，在这里真是向经典致敬！向李前宽导演、向萧桂云导演致敬！你们留下的作品教育了一代一代人，让他们知道了什么叫初心，什么叫使命！中国共产党百年奋斗历史，通过这个片子同学们理解了什么叫站起来，什么叫强起来，什么叫富起来！

李前宽导演所留下的电影作品，已经给年轻一代人留下深刻印象，内容更加形象，更加真实，大家看完以后入心、入脑、入髓，它们一定会引发现代年轻人思想和信仰的“核反应”“核裂变”。向前宽导演、萧桂云导演致敬，深切怀念恩师前宽导演！

2022年8月9日

屠居华[1]

大家好，今天能够参加这个座谈会，我特别高兴。我是李前宽的同班同学，电影学院美术系59届的同班同学。1959年进入电影学院以后我们就在一起，5年的同窗。前宽在学生时代就具备了非常强的组织能力，记得那时候电影学院每年要搞一次各个班级之间的文艺会演，每一个班要出一个节目。美术系也是做了准备，他是节目的主持人。我记得那一年是1962年，我们班出了一个节目，叫《澧水船夫号子》，我们班竟然获得全校第一名，这充分反映了他在学校就具备了很强的组织能力。

随着学业的结束，毕业以后，我被分配到北京电影制片厂，前宽到了长春电影制片厂，我们在不同的单位从事与电影相关的业务。后来我忽然看到有一部电影叫《开国大典》，是李前宽和萧导导演的，他们两个联合导演，这是很了不起的。因为这是一部反映我们中华人民共和国成立的一个开天辟地的影片，他在长影从美术转行成导演，然后逐步发展。现在回过头来看他，他拍的这些片子都是十分契合我们主题和主旋律的，他是有这个概念。我们这些同学分开以后，有的在上影，有的在长影，在北京还有一部分，一直到了90年代我们才有机会重聚，李前宽在那时候到的北京，他是一个组织者，特别能组织，我们多少年了，好几十年了我们同班同学都没有聚过，他来了以后就聚起来了，把当年教我们的老师，还有同班同学聚在一起。这是非常难得的一种聚会，后来就再也没有相聚了。

近些年，他说我们什么时候一起再聚，我就特别期待这个时间，就是能够再相聚。在此期间他跟我讲过，和美院的画家一起出去写生，跟萧导一起在搞国画的创作，他搞写生，还说你什么时候也来，咱们搞一个画展。但是他走得很突然，已经一年了，他的音容笑貌、他的言语，我好像觉得一直没有消失，随时随地都能听到他说话的声音，他没有走，活在我们心里面。

今天在这个地方，咱们来给前宽同学开这样一个座谈会，有特别重大的意义，前宽还是一个非常注意公益事业的人，他所做的有些事情，和他本身的专业是毫无

1　屠居华：北京电影制片厂一级美术设计师，主要美术设计作品《包氏父子》《荆轲刺秦王》《相伴永远》《拉贝日记》等，是李前宽北京电影学院同班同学。

关系的，但是他做了，他联合了一些电影界著名的艺术家们，写了一个创建电影博物馆的建议。(19) 97年的时候，有一次好像是在中南海，李导演唱了一首“信天游”。

到后来这个事做成了，电影博物馆的图纸出来了，那时候刘建中局长主持这个项目，把我找来了，成为专家组的成员，我是负责电影美术展厅。前宽在这里面做了很多具体的事情，包括确定以后到底应该怎么做，到一些国外相关的博物馆取经，我是带着一个队去了美国，考察了好莱坞，还有周边的这些城市的博物馆，我觉得特别有收获。我发现其中一个博物馆跟建筑有关的，他们把建筑设计图作为场馆的墙纸，这一点对我启发很大，现在大家能看到，这里面的墙纸是我们中国电影美术设计师的图纸放大做的墙纸。

今天我概括成一句话，由于李前宽的一首《信天游》，唱出了一个电影博物馆！

2022年8月9日

郝蕴[1]

感谢萧导邀请我来参加！感谢这么多领导和前辈！我其实更多想谈两点半进入会场以后的感受，来的路上是愁苦的，去年的这个时候愁苦是叠加的，前宽导演走了，我们非常难受。但是在三个多小时的缅怀、追思，我们最后落脚点就是继承前宽导演精神和思考前行的意义。我是做纪录片的，可能大家不知道。李导一直是故事片的导演，在故事片界这么有名，但是我们不知道李导纪录片的情结是从什么时候开始的，可能就是从《开国大典》开始的。没法再现那么多群众的欢呼，到新影把这些画面用到影片里面，所以他一直关心纪录片的发展和纪录片人，包括对于青

1 郝蕴：高级编辑、国家一级导演，中央新闻纪录电影制片厂（集团）导演。导演纪录电视《紫禁城》《我在南极》《向阳红09》《绝密航程》《当代中国》《北岳恒山》等。

年纪录片导演的培养。

我跟萧导说，我心里特别难受，因为在2020年的时候，李导让他的秘书通知我到他的工作室，他跟我说想拍一部史诗性的纪录片，想做一部纪录片献给中国电影的摇篮，献给新中国电影的开拓者——长影。他说，要从1945年开始，从金山开始筹建东北电影制片厂（长春电影制片厂前身）拍摄《松花江上》，开始想做这样一个纪录片，但是没有做成。李导给我的剧本现在就是空空地留在我的书架上，我真的特别恳切，如果有机会的话请在座的领导、前辈、友人，能够帮助我们促成这样一部纪录电影，给共和国的电影留下一些珍贵的东西。

2021年的时候我写了一篇追思李导的文章，落稿的时候我和萧导核实一些细节，萧导当时深情地谈起了李导，2014年得病或许只有半年的时间了，后来8个年头，他一直积极地做事情，他说我不能等死，他没有说过一次身后事，我为什么不问呢，可我怎么能问呢。李导没有给我们留下什么话，但是我想，如果他一定要跟我们说什么的话，他一定会说嘱咐我们这些电影人拍出好作品，做好电影人，谢谢各位！

2022年8月9日

马跃[1]

我先说一下我和李导、萧导的第一次认识。那是2004年，他们正在筹拍电视剧《传奇皇帝朱元璋》，我到剧组试戏，萧导要我提前一天做好造型。我听说李导在创作上非常开放，所以我在造型上就增加了自己的独特想法和创意。我做好造型以后到现场去了，李导戴着一副墨镜，正在看监视器，问你谁啊？我说我是马跃。你演谁啊？我说我演李醒芳，画家。李导一看我的造型，就说太棒了，你突破了我

1 马跃：演员，曾在李前宽、萧桂云执导的电视剧《传奇皇帝朱元璋》中饰演李醒芳。参与多部影视剧拍摄，如《黑洞》《公安局长》《抉择》《代号利剑》等。

对这个人物的想法，太好了。

接下来在他跟我导戏的时候，我的印象非常深刻，到现还在受益匪浅，那是我在牢笼里的一场戏，我演得痛哭流涕，一段特别长的台词，将近半页的台词，演完了以后导演说非常棒。我说："导演让我再演一遍行吗？""为什么？""我有一句台词没有说清楚。""你在这样的情绪下说不清楚就是对的，我要的就是这个效果，马跃你记住永远不要说台词，要演出来。"我至今把导演的这句话记在心里，受益匪浅。这是和导演的初次见面。

再说和导演的最后一次见面，那是在塞班国际电影节上。导演还是和以往一样那么爽朗："跃啊，我的大侄子，你知道吗，我得癌症了。"我听完这句话的时候，就像被雷击了一下。我当时傻了，他那样一个状态怎么像一个癌症患者。"快坐下，让我给你画一张像。"我坐在那儿，我愣着没有反应过来，看着他，我哭了，我的泪不停地往下流。"你哭什么？我告诉你，我根本死不了，我就没有做死的准备，好好的，别哭，否则我没法画你。"结果在他画我的时候，我突然被李导的那种从容的力量震撼了，我觉得他对生命的热爱，对生活的热爱，深深地击了我一下，我在想我是那样的渺小，我要是得了这个病，我有他那样的从容和豁达吗？我早就吓死了。

还有一个遗憾。去年在李导走的时候，我是从新闻当中看到的，我当时在横店拍戏，实在是调不过来拍摄计划，结果就没有亲自送导演一程。一年过去了，我真的很想他，特别想他。

导演在天堂里还好吗？导演在天堂里有摄影棚吗？如果有，那里一定有前宽导演他的身影，他一定在那儿看监视器，一定在给演员说戏。天堂里有电影院吗？如果有，那里一定有成千上万前宽导演的粉丝和影迷。我突然想到了一首歌，《天堂电影院》，在前宽导演生前的时候我曾经给前宽导演唱过这首歌，他当时激动得不得了，他说："马跃，你唱的这首歌一下子触到了我心灵最软弱的地方。有时间，有机会，在咱们出国的时候你一定要唱这首歌。"我再唱一下这首歌，我相信今天导演在天堂能听见。

谢谢大家！

2022年8月9日

张春杨[1]

我是做胶片修复的。我跟李导和萧导其实认识的时间并不长，有幸通过朋友介绍认识。2019年5月17号，我去拜访李导、萧导，我向李导、萧导介绍我们的公司，当时李导听完以后他说了一句特别鼓励我们的话：你们做这个事情是让经典影片插上高科技的翅膀，这个事情是大好事情，现在数字时代到来，胶片时代过去，胶片的修复和保护是与时间赛跑的事情。

正好那年也是新中国成立70周年，当时就聊起来了《开国大典》，能不能进行修复以后在全国重新上映，和观众重新见面，庆祝我们的国庆70周年。李导觉得这个事情可以试试，当时真的没有确定，因为时间紧，任务急，这个片子又是上下集。在这个过程中李导就开始紧锣密鼓地推动这个事情。我们拿到片子是7月份，上下集，正好是最忙的时候，基本上每一周把李导、萧导要接到我们的制作部门，李导、萧导指导我们的工程师，对艺术上的把控啊什么的。两个多月的时间非常忙碌，他们年龄又那么大，天气又那么热，我们真的特别感动。

一直到2019年的9月21号，这个片子最终完成，关于上映的事情，李导联系电影局，跟万达影院协调，这个片子在10月下旬上映了，观众反映还是相当好的。我们收到观众的留言反馈2000多万条，都是非常好的，没有一条说是因为看了这个电影挑一些这个毛病那个毛病，一点点都没有。所以这个片子播完以后影响力，包括对修复保护也是给予了很高的评价。

李导在推动经典影片修复和保护这块做了很大的工作，尤其疫情来了以后修复力量也不够，李导还建议电影局将很多经典影片修复以后送到影院再进行复映，当时也想了好多的方法，包括和电影局的领导探讨这个问题。

刚才有领导讲李导还想拍《东方欲晓》，李导在台湾治疗期间跟我多次通话，包括怎么修复，他回来以后马上要开始准备拍摄，把这个片子要整理出来，这个事情也是留了一点点遗憾。我们一个影片修复和保护的公司，我想我们一定把这件事情做好，把这种技术迭代升级加快，不要辜负李导对我们的期望，保护好更多的精

1　张春杨：三维六度（北京）文化有限公司执行董事、经理。

彩影片。

谢谢！

2022年8月9日

王霆钧[1]

一谈起李导，大家都有说不完的话。一晃已经一年了，在今天纪念李导的日子，这本《画里画外》也是大家非常关注的。它能够出版，赵实部长和张宏书记确实给予了很大的关心，在这里我表示感谢！

这本书是我主动要写的，那时候李导、萧导刚刚拍完《重庆谈判》，那是1993年，到现在马上30年了。这本书的出版刚开始并不顺利。我想通过李导和中国电影出版社的领导打个招呼，但李导不想为自己的事求人，就给耽误了。后来我把怀念李导的片段发到网上，大家都希望这本书能尽快出版。

图书虽然出版了，但是李导和萧导在拍摄过程当中遇到很多事，涉及中央领导人的很多情节都给删掉了，这是比较遗憾的。中国影协和中国电影出版社为此事也付出很多努力。

今天这本书出来了我很高兴，谢谢大家！

2022年8月9日

1 王霆钧：作家，历任长春电影制片厂原文学部主任，艺术处处长，吉林省电影家协会秘书长等职。著有《小巷经理》《关东民谣》《少奇专列》《月色无言》等。

桂晓风、章国荣[1]

桂云老师，顷悉李前宽主席仙逝，不胜震惊，至感悲恸，谨致深切哀悼，并表诚挚慰问。

前宽主席离世是中国电影界的巨大损失，他的业绩和所创造的一系列鲜明艺术形象，尤其是历史人物形象将永久地被亿万观众所铭记。

期盼节哀顺变，为未来珍摄。

刘谦[2]

七绝 · 痛悼著名导演李前宽

溽暑悲云笼太空，
金戈佩剑邈无踪。
长瞻盛典黄河恋，
永沐青纱碧野风。

——刘谦哀悼

1 桂晓风：中国编辑学会会长，新闻出版总署原党组成员、副署长。章国荣：国家统计局原纪检组组长。
2 刘谦：中央文史研究馆特约研究员、画家，现当代文学博士、管理哲学博士，中信网络监事会主席、刘谦书画院院长。

宋江波[1]

惊悉前宽导演仙逝，噩耗传来如万箭穿心，不敢相信。他热爱生活、热爱艺术、热爱电影、热爱长影，他是一个永远充满活力的、永远不知疲倦的人。他对工作的执着，对朋友的诚恳，对亲人的挚爱，永远是我们后学者的榜样！他与萧桂云导演共同创作的那些优秀影片，是中国电影史上的永恒经典，是留得下来，传得下去的艺术精品。他是长影的功臣，是中国电影的功臣，是所有艺术工作者的楷模。无论是电影创作，还是电影理论、电影管理，他都有极高的天赋和践行能力，他的远见卓识与勤勉务实都让人难以忘怀。

我一直觉得前宽导演像一团火，可以点燃生活，点燃艺术，点燃朋友与合作者，他的光与热持续地燃烧带来的温暖与动力是恒久不灭的。与他共赴美国电影节期间听他讲述与癌症抗争的经历，感念他那种对生命的态度与乐观精神。参加你们的书画展，敬佩他在艺术各个领域不断地学习追求探索和取得的成就。我请他到吉林动画学院搞艺术讲座，受到师生们热烈的欢迎和高度评价，也让我对他有了更多的了解。他热心于社会公益事业，热切地扶持新人与后辈影人，对中国电影的长远建设和繁荣发展呕心沥血，倾力奔忙。

真诚地希望更多的人了解前宽导演，让历史铭记前宽导演。

他的离去让我们失去了一位好兄长、好朋友！我们要永远学习他，走好他没有走完的路！让他在天堂的星光伴随我们所有想念他的日子。

想起与他几十年相处的朝朝暮暮，泪水就如泉水一样奔涌而来，痛彻心扉。

中国老话说，人的灵魂是不死的！前宽导演千古，前宽导演英灵永驻！也望萧桂云导演与家人节哀顺变，保重安康！

1　宋江波：国家一级导演，编剧。电影导演作品《蒋筑英》《血色玫瑰》《潘作良》《铁人王进喜》《国酒》等。

苏香玫[1]

惊闻噩耗，最尊敬的李前宽导演不幸离世深感万分悲痛。李导为中国电影的发展及澳门影视的发展作出了卓越贡献，并与澳门建立了深厚的友谊。他为人谦逊，真情真意，每一次的相聚，都受益匪浅，特别是对我的教导与厚爱将深刻铭记。他创作经典无数，积累经验云隆，是艺术一代宗师，更是同仁良师益友。

前宽导演永垂千古，一路走好。

张净非[2]

8月12日，惊闻我最爱戴的李前宽叔叔去世，这消息让我猝不及防、痛心不已。虽然早就知晓李叔几年前就患了肺癌，但我一直深信乐观积极面对疾病的李叔能战胜癌症，重获健康。2018年，您在父亲张笑天文学馆开馆典仪上的致辞声音洪亮高昂，怎么也看不出您是个病人啊！您一直是父亲的挚友，我眼里神一般的存在。父亲的朋友中，唯爱李叔，这源于对童年的美好回忆，小时候，我很怕羞，可唯一不抗拒去的地方就是李叔家。李叔的家里永远有美食，有欢声笑语。李叔幽默风趣，能写，能导，能说，能画，往往李叔一张嘴就逗乐了一屋子的人，李叔的家是最让我留恋放松的地方。

在我的成长过程中一直都有李叔的存在，身为北电毕业的李叔帮我制订了成长规划，帮我找美术老师，联系美术学校，这一切都倾注了犹如父亲般对我的关爱。

李叔啊！您虽已离去，但您的音容笑貌已深深地印在了我的脑海，永不会忘怀。愿李叔与父亲在天堂相聚、挚友情深，一切安好！

1　苏香玫：澳门影视传播协进会理事长。

2　张净非：长春少儿图书馆一级编辑，著名作家张笑天之女。

萧桂云

赵部长、张书记，在座所有的朋友们，我的合作伙伴、亲人：

大家都说了那么多了，我其实真不知道应该说什么话好了。但是总归要表达一下我的感情，最初是电影资料馆的苗禾提议要做这样一个活动，电影博物馆领导非常真诚、热情，而且全力以赴。我当然也是全力以赴地搞这个纪念会。赵实、张宏书记做了非常非常多细致的工作，体现了组织、朋友、同志、战友们对我们的关心，对前宽的关心，其实是对电影事业的关心。本来说是6点结束，现在快7点了还在开会，我真的不知道用什么语言来表达我的心情。因为有很多人要来，疫情的原因南京的票退了，珠海的票退了，新疆的票退了，张总的父亲刚去世，还有好多人都有很多很多重要的事情，还是从四川、长春、沈阳等地来到了现场，惊动了这么多的人，我心里的感激之情没有办法用语言来表达。

这一年来对我是至暗时刻，但是这一年挺过来了，这么多朋友关心我，我想以后还要继续挺下去。前宽是一个非常乐观的人，人生最不能选择的就是生与死，其他的都可以选择。我们很清楚，既然你生下来就必然要死去，这是人生的经历，他为什么让我们感觉到还在身边，就是因为他永远乐观，永远为自己安排一大堆的创作计划，他不但安排自己的，还安排别人的，你看郝蕴的事我都不知道，我以为很了解前宽了，看来我不知道的事还很多，包括要修复什么影片的事我都不知道，他都是背着我去联系的，我不愿意让他再做更多的事。他还拉了一个长长的计划，要拍什么影片，叫哪个公司拍，这些计划很庞大。我整理材料时居然看到了他给博物馆写了很多具体的措施，今后的发展。还看到政协的回信，关于博物馆的建设，材料我整理都整理不完，我都晕了，头都大了。全国各地有关电影的，有关文化的，他想干的事情太多太多。但是时间真的是有限，他在生病期间，他没有停止一点工作，他并没有因为生病，这个事就不谈了、不接待了。我都跟他说能不能歇一下，他说我不能等死。对他来说并不怕死，他怕在这个期间浪费、耽误很多时间。他这一生过得应该说是非常充实，非常愉悦，做了一生喜欢的事业，我想他在天堂还是很高兴的，有这么多朋友怀念他，是非常幸福的、非常难得的。

不思量自难忘，其实很多时刻诉衷肠这是正常的，但我不能当祥林嫂，思念都会因为工作淡化；不思量是不可能的事情，每时每刻都是在与过往的事情和现实切换，不断地切换，时刻在想如果他在会怎么做，其实这就是对我潜移默化的影响。他的热情向上的劲头影响了很多人，他让人勇往直前。这一辈子他愿意闯，永远是大踏步的，我们拍几部电影时，真是难上加难，但他永远不觉得难，电影人就是这样，为了工作就像蹚泥塘似的，深一脚、浅一脚，差点陷进去，蹚到彼岸回头一看，你都不知道你自己有这么大的能力蹚过这条河，但是不去做永远不会前进。我们电影人非常了不起，每个人都是蹚泥泞的河和走不平坦的路在前进，克服一个困难又一个困难。

我们都有家，但是经常为了电影事业的繁荣发展抛家舍业，对孩子来说我们是愧对的，但是我们把爱给了电影。赵部长本来在休假，但是为了前宽的事特地跑来。张宏书记全国各地视察累得不行，但还是急匆匆赶到现场来，做了那么精彩的发言。在座所有人我不说名字了，他们早就写了发言稿，但是时间太紧，不能抒怀，都是一种对电影的感情，也是对前宽的怀念，真的是特别令人感念。

我还要用余生的精力调整好状态，才能贡献自己应该贡献的力量，不愧这么多朋友对我的关心！因为要说的话太多了……谢谢大家！

苗禾一直要搞这个活动，现在她已经住院了，很严重，带状疱疹传染，我让她不要来了。好多人那种真情连在一起，真的太了不起了，太令人感动了。

2022年8月9日

第三部分

李前宽导演既是受人尊重和热爱的老一辈电影艺术家，也是重大革命历史题材电影的领军人。他用艺术的手段真实记录了共和国成长画卷中的重要历史时刻，给影坛留下了珍贵的历史记忆和丰富的视觉文化遗产，并为中国电影事业献出了毕生的精力和心血，他的不幸逝世无疑是中国电影的重大损失。

长影著名导演李前宽逝世

长影集团有限责任公司

悲悉！长影著名导演、国家一级导演、中国电影家协会名誉主席李前宽于2021年8月12日上午8时29分在浙江宁波慈溪逝世，享年80岁。

李前宽1964年从北京电影学院美术系毕业后分配到长春电影制片厂，毕生创作了众多经典主旋律电影。代表作有《佩剑将军》《开国大典》《重庆谈判》《决战之后》《七七事变》等。其中《开国大典》获第10届中国电影金鸡奖最佳故事片奖、第13届大众电影百花奖最佳故事片奖。《重庆谈判》获中国广播电影电视部优秀影片奖、第17届大众电影百花奖最佳故事片奖。

李前宽导演一路走好，感谢您带给我们的光影记忆。

2021年8月12日

送别！长影著名导演李前宽逝世，享年80岁

长影集团有限责任公司

2021年8月12日上午8时29分，长影著名导演、国家一级导演，中国电影家协会名誉主席李前宽在浙江宁波慈溪逝世，享年80岁。

“54年前的今天，刚毕业的我背着行李第一次走进长影大院。在这里，我在电影前辈的影响、培养、教育下，我感悟到了，一个电影人要他的梦想成功的话，必须要有一个明确的目标，必须要有巨大的付出。电影人就是要用作品说话，让作品体现你对人民、对国家的大爱情怀。我们在这里拍摄了许多影片，几十年来，坦率地说，我们的作品都没有忘却这个摇篮给予我们的抚养、给予我们的精神支柱，也凝聚了很多很多长影人的血汗和足迹。新时代、新长影！长影精神的传承自有后来人，长影的明天会更辉煌！”这是2018年9月2日“长影之夜”晚会上，李前宽导演对长影的深情表白。

1964年，23岁的李前宽从北京电影学院毕业后，进入长春电影制片厂工作，历任长影美术助理、场记、副导演、导演等职，1992年9月任长影总导演，2000年10月当选中国电影基金会会长，2005年11月被授予“有突出贡献电影艺术家”，2008年12月当选为第八届中国电影家协会主席，2013年11月任中央文史研究馆馆员、中国电影家协会名誉主席。曾当选第八届全国人大代表，第九、第十、第十一届全国政协委员。

李前宽与夫人萧桂云是知名“影坛伉俪”，二人在影坛辛勤耕耘50余载。从1981年起，他们相继联合执导了众多脍炙人口的作品，其中代表作包括《开国大典》《佩剑将军》《重庆谈判》《七七事变》《甜女》《黄河之滨》《田野又是青纱帐》等。作品曾荣获第10届中国电影金鸡奖、第17届大众电影百花奖、中国电影华表奖优秀影片奖、精神文明建设“五个一工程”奖等多项重要奖项。

李前宽、萧桂云的作品始终坚持现实主义创作风格，尊重历史、尊重现实，作品大多反映特殊时间节点的百态众生，真实记录和艺术地再现了共和国成长画卷中的关键历史时刻。1989年上映的重大革命历史题材电影《开国大典》，从开篇到结

尾，共有四十多处资料片镜头与新拍摄镜头融为一体，这种“真”与“假”相互碰撞后的“化学反应”，生成一种真实性与假定性、纪实性与表现性相结合的纪实美学风格，赋予了影片历史厚重感和历史真实感。上映后在当时便收获了新中国成立以来最高票房1.7亿元，还创下在中国香港连续上映147天的历史纪录。

2019年，通过4K修复技术，电影《开国大典》在30年后重焕新生，以更加震撼的视听感受再登银幕，献礼新中国70华诞。在影片修复的过程中，李前宽、萧桂云两位导演高度重视，李前宽曾强调，30年前《开国大典》中融合了一部分历史影像资料，当年拍摄时为能够更真实地贴合历史画面感，与历史影像资料不违和，所拍摄的画面均采用了有历史年代感的色调，因此在修复过程中一定要保留它的历史年代感，历史影像资料要“修旧如旧”。影片最终呈现的修复效果也让两位导演开心而骄傲，从色彩、声音等各方面获得他们的一致称赞，“让观众能够看到比我们当年拍得更加精彩的作品，感觉特别幸福，也无比自豪。高科技给我们老一辈电影人带来了福音。”

“电影艺术家应以作品体现社会价值和功能。不忘初心、牢记使命，把镜头聚焦在民族的沧桑与国家的命运上，聚焦在推动社会进步的人民这一永恒主题上。”这是新中国电影导演的初心和使命，是李前宽和萧桂云几十年如一日的艺术写照。他们遵循现实主义创作道路，将镜头聚焦于民族历史与国家命运，以独特的史诗风格、情真意切的笔触描绘推动历史前进的先行者，观照民族重大事件和英雄人物，为人民认真拍电影，在银幕上讲好中国故事，为社会奉献出大量有思想、有温度、有情怀、有筋骨的精品力作。经典不朽，其创作者亦为历史铭记！

李前宽老先生去世的噩耗，让众多业内人士、影迷都难以置信，深感突然与遗憾。大家纷纷表示哀悼，并高度评价李前宽导演的艺术成就，“永远铭记您带领一批优秀电影工作者给观众打造和奉献的作品”，“好好温习您和萧桂云导演的经典电影，是最好的纪念”，“李导一路走好，感谢您带给我们的光影记忆”。

2021年8月13日

沉痛哀悼李前宽导演

中国电影家协会

据悉，著名电影导演、中国文联荣誉委员、中国影协名誉主席李前宽同志于2021年8月12日上午8时29分在浙江宁波慈溪逝世，享年80岁。

李前宽同志作为中国第四代电影代表人物，一生执着于电影事业，致力于中国电影发展。他曾深情地说过："只要能推动中国电影发展，我都愿意摇旗呐喊、站脚助威。"

李前宽同志，国家一级导演，1959年至1964年在北京电影学院美术系学习，1964年毕业分配到长春电影制片厂。曾担任长影厂总导演，第九届、第十届、第十一届全国政协委员，中国文联第九届、第十届主席团荣誉委员，中国影协第七届副主席，中国影协第八届主席，中国影协第九届、第十届名誉主席。

1982年起与夫人萧桂云合作，联合执导《佩剑将军》、《甜女》、《黄河之滨》、《逃犯》、《田野又是青纱帐》、《鬼仙沟》、《开国大典》、《决战之后》（上下）、《重庆谈判》、《七七事变》、《金戈铁马》、《红盖头》、《旭日惊雷》、《世纪之梦》、《星海》等多部电影作品。

其中，《开国大典》获第10届中国电影金鸡奖最佳故事片奖，第13届大众电影百花奖最佳故事片奖；《重庆谈判》获第17届大众电影百花奖最佳故事片奖，第2届长春电影节金杯奖，上海"永乐杯"全国十佳影片奖、最佳导演奖；《七七事变》获中国电影华表奖优秀影片奖，第19届大众电影百花奖最佳故事片奖，中国反法西斯战争优秀影片奖，"五个一工程"奖。2005年，在中国电影100周年华诞时，被国家人事部和广电总局授予"国家有突出贡献电影艺术家"称号。

我们对李前宽同志的逝世表示沉痛哀悼！李前宽同志的逝世是我国电影界的重大损失，他深厚的家国情怀、杰出的艺术成就和高尚的精神品格，将永远铭记于中国电影的史册！

2021年8月12日

深切缅怀　沉痛悼念　著名校友李前宽导演

北京电影学院

惊闻我校著名校友李前宽导演不幸逝世，我校师生深感悲痛。

李前宽导演1959年至1964年在北京电影学院美术系学习，是学校的杰出校友，国家一级导演，也是我国第四代导演的杰出代表。他一生热爱电影，曾担任长影厂总导演，拍摄过《开国大典》《重庆谈判》《七七事变》等经典作品，对中国电影事业做出了卓越的贡献，是第八届全国人大代表，第九届、第十届、第十一届全国政协委员，中国文联第九届、第十届主席团荣誉委员，中国影协第七届副主席，中国影协第八届主席，中国影协第九届、第十届名誉主席。中国电影100周年华诞时，被国家人事部和广电总局授予“国家有突出贡献电影艺术家”称号。长期以来，李前宽导演始终心系母校发展，积极为学校改革发展建言献策，鼎力相助。同时注重提携后辈，在创作之余，经常应邀回母校传经授课，以其高尚的精神品格和杰出的艺术成就深深影响着后辈，践行着“尊师重道 薪火相传”的校训。他的精神必将在母校永远发扬传承。

谨以此向李前宽导演表示沉痛哀悼，并向其亲属表示诚挚慰问。

李前宽导演千古，母校永远怀念您！

2021年8月12日

缅怀李前宽导演　宏大叙事与史诗经典的重要塑造者

中国电影导演协会

8月12日，据长春电影集团消息，国家一级导演、中国文联荣誉委员、第八届中国电影家协会主席、中国影协名誉主席、中国电影导演协会会员导演李前宽于浙江宁波慈溪因病逝世，享年80岁。

李前宽导演1941年生于大连，1964年毕业于北京电影学院美术系，后被分配到长春电影制片厂工作。在超过半个多世纪的艺术生涯中，李前宽与夫人萧桂云联合执导过多部经典影片，代表作有《佩剑将军》《开国大典》《决战之后》《重庆谈判》《七七事变》等。

其中，《开国大典》曾获得第10届中国电影金鸡奖最佳故事片奖、第13届大众电影百花奖最佳故事片奖。《决战之后》曾获得第15届中国电影金鸡奖最佳故事片、最佳导演、最佳男主角三项提名。《重庆谈判》则获得中国广播电影电视部优秀影片奖、第17届大众电影百花奖最佳故事片奖等诸多奖项。

同时，李前宽导演还曾担任过第八届全国人大代表，第九、第十、第十一届全国政协委员，第八届中国电影家协会主席、第四任中国电影基金会会长，中央文史研究馆馆员、中国文联荣誉委员、中国电影家协会荣誉主席，中国电影基金会总顾问等职。2005年中国电影百年华诞时他更被授予“国家有突出贡献的电影艺术家”称号。

除此之外，李前宽导演在晚年期间，也曾建言献策建立电影频道和中国电影博物馆，以及国务院出台“关于繁荣中国电影产业的十项措施”（国办发〔2010〕9号），并多次担任国内外电影节评委和主席，推进中国电影“走出去”工程和国际文化交流活动，为繁荣中国电影发展作出了诸多贡献。

作为中国影坛第四代导演中的重要人物，李前宽导演怀着强烈的使命感和严谨的艺术态度投身于电影创作中，拍出了一部又一部主旋律电影佳作，达到了历史真实性和电影艺术性的高度和谐与统一。尤其是《开国大典》《决战之后》《重庆谈判》这三部主旋律系列代表作，李前宽导演以一种庄严的时代使命意识和责任感，自觉地、由衷地并一以贯之地与时代同呼吸共脉搏。

他总是擅长于发现最能恰当地构成重大“历史性冲突”的情境，并将人所共知的史实提升到史诗化的审美层面，从而实现对巨大历史容量的开掘和概括；其史诗作品中所揭示的思想，不是外在于历史形象的某种刻板的政治说教，而是一种对历史的审美凝视、审美体察和审美熔铸；其史诗性作品的打造，不但在历史的和美学的双重坐标上标识了一种前所未有的高度，而且也为中国电影留下了创作重大革命历史题材作品的珍贵经验。

李前宽导演既是受人尊重和热爱的老一辈电影艺术家，也是重大革命历史题材电影的领军人。他用艺术的手段真实记录了共和国成长画卷中的重要历史时刻，给影坛留下了珍贵的历史记忆和丰富的视觉文化遗产，并为中国电影事业献出了毕生的精力和心血，他的不幸逝世无疑是中国电影的重大损失。

逝者安息，精神永存。今日我们特别刊发本篇文章，以李前宽导演最为重要的三部代表作品《开国大典》《决战之后》《重庆谈判》为例，主要分析其创作手法及艺术风格。在向李前宽导演致敬的同时，也希望中国电影人能够继承他的遗志，继续为中国电影事业的进步做出自己的贡献！

开创宏大叙事的新经典

20世纪80年代以后，中国社会进程急剧变化，随着新生事物的不断出现，传统的历史观念、文化观念、艺术观念略显式微，如何在当代社会进程中，让历史胜利者的荣光再次点燃人们的豪情和希望，让英雄和伟人的名字重新得到大众的认同，成为当时整个社会最为迫切的时代需要。而在此期间，由长春电影制片厂投拍，张笑天编剧，李前宽、萧桂云联合导演，古月、孙飞虎等人主演的《开国大典》，即作为弘扬民族团结精神和我党领导魄力的重大革命历史题材电影，在历史的宏大叙事及其影响上提供了经典范例。

影片以俯瞰历史的角度选取中国共产党领导人民取得三大战役胜利至1949年10月1日在北京天安门举行开国大典这一重大历史时期，横向展开全景式的描述，以双线时而交织时而并行的叙事策略分别聚焦国共两党高层及其所领导的两大阵营，兼顾外在时局变化中的军事冲突和人物内在情绪及心理变化，将国共双方在争夺政权上的全方位较量、第三方国际阵营的风云变幻交织在一起，规模宏大，有机统一。全片既见胆略又见情采，不但历史意蕴坚实厚重，而且富于戏剧性和心理的张力，堪称新中国经典巨制。

在创作该片时，李前宽、萧桂云这对"夫妻导演"先是从三年解放战争悲壮的历史行进中汲取灵感，但又敢于大胆舍弃诸多无关紧要的历史细节，而将镜头焦点紧紧地对准毛泽东、蒋介石这两个主要历史角色，从而在政治脸谱化之外重塑了毛和蒋这两个人的形象和性格，充分呈现出艺术家在把握历史人物上的风度。

影片采用共时性结构以对比修辞的手法，描述了决战前夕共产党人在运筹帷幄中势不可当的步伐和国民党领导无方、集团内讧、大势已去的颓然之势。比如毛泽东等领导人与西柏坡群众一起欢庆胜利；蒋介石在南京发布新年文告，李宗仁成为代总统；北平和平解放，蒋介石黯然下野，离开南京；美苏对国共态度的变化；毛泽东发布百万雄师向全国进军的命令，解放南京；而蒋介石最后一次拜别蒋母墓，悄然离开等。同时镜头也在对准前线、后方、国际阵营、双方将士、民主各党派人士时，凸显出在历史洪流中人心所向、众望所归是中国共产党取得最终胜利的必要保证这一核心主题。

1989年，正值中华人民共和国成立40周年，电影《开国大典》陆续在全国各地上映，好评如潮，并创下了当时新中国成立以来最高电影票房17亿元的纪录。之后，该片一举囊括当年的金鸡奖、百花奖和政府优秀奖。而在中国香港，该片更是连续上映4个月，并获得了在香港举办的亚洲十大名片奖。1997年，李前宽导演应邀参加在香港举行的海峡两岸导演联谊会的时候，一位曾经专门从台北赶往香港观看《开国大典》的导演见到李前宽时，激动得与他拉手称赞；中国台湾著名导演李行也说："没想到大陆电影这么表现蒋介石；没想到在这部片子里知道这么多的历史知识；没想到大陆导演水平这么高，气魄这么大！"

塑造历史背面的新视角

《开国大典》之后，出乎人们意料的是，李前宽、萧桂云突然将镜头从辉煌的天安门转向了高墙之后的监狱。他们将作家黄济人著名的长篇报告文学《将军决战岂止在战场》改编为电影《决战之后》，描述解放战争取得全面胜利后，一大批国民党高级战犯被押送到新中国的监狱"功德林"进行改造的故事。

这部影片以大开大合的概括力，透过历史的背面这一特殊视角来展开描绘，将镜头瞄准“功德林”这个相对封闭的叙事空间，以独具匠心的构思展开对人性深度的开掘，从而揭示了20世纪40年代后期人民解放战争走向胜利的历史必然。影片所刻画的我党对国民党战犯的灵魂改造，恰恰是当年国共两党、两种政治军事力量大决战的继续，展示了一种比战场角逐更显得严峻的心灵对峙的沉甸甸的历史分量。

影片以朴实无华却极具心理张力的笔墨，描写了杜聿明、黄维等从解放战争中败北的阶下囚，在“功德林”鲜为人知的一段生活，揭示了这群无不犯有可杀之罪的战犯由强制改造到自觉改造的真实心理过程。在创作该片时，李前宽、萧桂云导演以“静中取动”的叙事手法将历史与现实的双重时空交互映照，不止突破了“功德林”狭小封闭的空间，更有力地呈现出人物心理搏击的沉重分量。

为了刻画第一主人公杜聿明的形象和性格，李前宽、萧桂云导演还与著名演员李法曾（饰演杜聿明）通力合作并达到一种艺术的默契，不但准确地捕捉到了杜聿明这一历史角色的儒将风度，更惟妙惟肖地塑造了杜聿明在国共决战的最后关头，明知其不可为而为之的悲剧命运。

整部影片无疑为观众提供了一种新鲜的视角，启迪人们从国共两党、两种政治军事力量的决战之后，再深化地进行一次更具深意的“战争之外的战争”的历史沉思。也正是这份历史沉思使得《决战之后》在1992年获得金鸡奖最佳故事片、最佳男主角、最佳导演三项提名奖，并在海内外得到了不同受众的高度评价。

建构二元对立外的新人物

作为对建国历史和背景的一种回溯，拍摄史诗巨片《重庆谈判》，这是曾让李前宽导演魂牵梦萦、六神难安的一个夙愿。但在80年代末90年代初，国内多个电影制片厂都曾争夺过这个特殊题材，然而从1987年到1992年数年间，这个题材一直未能如愿开拍。时任中国作协副主席的著名电影事业家陈荒煤先生就曾说道：“这部影片重点写谈判，没有强烈的动作，没有复杂的剧情，非常难写”。就在“苦恋”多年后，国家重大革命历史题材领导小组才将导演此片的重任交付给李前宽、萧桂云、张夷非三人。

但是在当时，由于各大电影制片厂纷纷投拍主旋律电影，纷至沓来的革命历史题材影片也在一定程度上造成了政治人物的脸谱化、重复化倾向。对于观众来说，他们已经不能满足于对历史伟人丰功伟绩和常人一面的表现，而要求更进一步地考究领袖之所以为领袖、伟人之所以为伟人的独特内涵。

因此，在这种前提下，电影《重庆谈判》便在毛泽东形象的塑造上采取了尽量廓除其庸俗化、程式化的手法，导演李前宽、萧桂云、张夷非转而把着力点用在展现毛泽东独特卓越的个性世界上，即重点突显伟大政治家的非凡气质、卓越智慧、英雄本色。

影片不仅形象地刻画出毛泽东的政治智慧、大家风度、出众口才、机智幽默，以及蒋介石的不凡气质、老谋深算、独断多疑、专横跋扈，成功地将毛泽东政治领袖的风采融入变动着的政治风云，同时也浓缩了那个时代的历史特色，使影片独具匠心、富有传奇色彩。而影片也由此对观众形成了一种新鲜的艺术征服力量，使观众在惊喜和期待中寻找到强烈的共鸣点。

在《重庆谈判》这部电影中，李前宽、萧桂云两位导演对于历史的重构、对于史诗性的提炼，显然比《开国大典》和《决战之后》在审美创意上更富于底气、洞见和自信，并取得了卓见成效的艺术突破，呈现出艺术家在历史天地间驰骋的某种自由和大度。也正是这种其他电影导演无法企及的艺术塑造能力，让该片在1994年获得第14届中国电影金鸡奖最佳美术奖，第17届大众电影百花奖最佳故事片、最佳男配角，广播电影电视部优秀影片奖，第二届长春国际电影节金杯奖等多个奖项的肯定。

结　语

事实上，从1982年到2008年将近30年间，李前宽与夫人萧桂云联合执导超过15部电影，除了最为著名的《开国大典》《决战之后》《重庆谈判》这三部代表作，这对“银幕伉俪”还一起联手拍摄过《佩剑将军》《甜女》《金戈铁马》《七七事变》《旭日惊雷》《红盖头》等作品。

作为时代的弄潮儿，李前宽与夫人萧桂云导演揽历史风云于电影镜头，或泼墨挥洒、大气如虹；或笔走细描、情酣意畅。在艺术形象里吞吐着一种气势磅礴的历史情义，重构了新中国具备磅礴生机的“当代历史镜像”；在电影美学境界的追求上，张扬着一种露胆披肝的“共和国情结”，显现出老一辈电影艺术家独有的历史胸襟和气吞山河的中国风骨。

2019年，在接受《中国文艺评论》采访时，李前宽导演曾向记者说道："作为新中国阳光下成长起来的电影人，我们这一代人对共和国有一种特殊的感情。将镜头聚焦在国家和民族的命运，为创造历史的人民呐喊，为引领人民走向光明的缔造者留下诗篇，是我们的神圣使命和责任。一个从事电影艺术创作的人，对国家和人民有着本色情感，否则是拿不出体现国家意识和人民情怀的作品。如果把这称之为'共和国情结'的话，那我的'共和国情结'正是通过一系列作品来体现的，这些作品又正好形成了一个'共和国系列'，连缀起来刚好是我们中华民族近百年沧桑巨变的历史长卷。"

8月12日，李前宽导演溘然长逝，中国电影界无疑失去了一位极具艺术才华与历史格局的重要导演，但他对电影艺术的炽热之情以及对重大革命历史题材的共和国情结却时刻感染着后人。今天，我们就以第十届中国电影家协会副主席尹力导演曾为李前宽导演作的一首题画诗来送别他：

灵犀光影生妙笔，开国盛况彰不凡。
殊荣看淡非晕染，恰似春来料峭寒。
胸中甲兵抵千万，决战将军鬓已斑。
千磨万击还坚韧，此老笑处红云翻。

这首诗既表达出同业之间知音般的惺惺相惜，也是对李前宽导演艺术生涯最好的总结。向李前宽导演致敬，李前宽导演，您一路走好！

2021年8月14日

追忆《开国大典》导演李前宽

电影频道

“我要通过我的光影艺术歌颂祖国，通过我的角度，一个电影人始终把镜头聚焦在我的祖国和人民上。”

——李前宽

8月12日，长影集团宣布，长影著名导演、国家一级导演、中国电影家协会名誉主席李前宽于12日上午因病逝世，终年80岁。

李前宽在1964年从北京电影学院美术系毕业后分配到长春电影制片厂，从1981年起，与夫人萧桂云合作执导了《佩剑将军》《开国大典》《决战之后》《重庆谈判》《七七事变》等一系列主旋律影片。

这对“银幕伉俪”创作的作品集中在重大革命历史题材领域，具有强烈的时代感和使命感，塑造出许多老一辈革命家和历史人物的银幕形象，影片拥有气势恢宏的史诗风格和强烈的“共和国情结”。

《开国大典》是他们的代表作之一，获得第10届中国电影金鸡奖最佳故事片奖、最佳导演奖和第13届大众电影百花奖最佳故事片奖。该片在中国香港上映后，还打破了国产片在港连续上映时间纪录。

1991年电影《决战之后》获得第15届中国电影金鸡奖最佳故事片、最佳导演、最佳男主角三项提名。1993年电影《重庆谈判》获得1993年中国广播电影电视部优秀影片奖和第17届大众电影百花奖最佳故事片奖。

李前宽关注中国电影事业的发展，电影频道的成立就是他建议的结果。1993年，他在全国两会期间提案，建立国内的电影频道，“我就想如何把电影嫁接在电视上，让电视观众通过电视屏幕也看到中国电影，看到中国电影曾经的辉煌，看到中国电影那些过去的好片子”。

2005年，在中国电影诞生一百周年之际，李前宽获得“国家有突出贡献的电影艺术家”称号。2008年，他当选为中国电影家协会主席。

李前宽认为，中国电影的第一要义是弘扬民族精神，反映中国的历史文化、中国人的情感和精神面貌，迎合西方口味的电影是没有前途的。

李前宽导演的辞世，令文学艺术界、电影界的工作者为之扼腕痛惜。中国电影家协会特别发文哀悼：“李前宽同志的逝世是我国电影界的重大损失，他深厚的家国情怀、杰出的艺术成就和高尚的精神品格，将永远铭记于中国电影的史册！”

李前宽在生前多次接受《中国电影报道》专访，我们特别根据《足迹》《封面：我的电影故事》等系列专题节目的采访，整理出以下独家内容，重温《开国大典》的光影幕后，回顾李前宽导演与共和国一同成长的电影人生。

一同缅怀李前宽导演，愿他一路走好！永远怀念！

2021年8月14日

附：李前宽独家专访回顾

中国电影报道：1949年10月1号是开国大典，您经历过这个重要的历史时刻，当时的印象是什么样的？

李前宽：1949年10月1号，我是8岁，当时我在大连念小学二年级。小时候我就爱画画，我爸爸给我买了个黑板。在开国大典之前，社会上已经喜气洋洋地在迎接新中国的成立。

我就在那个小黑板上画了个天安门，画两个大灯笼，底下画了一堆花，写上1949年10月1号开国大典。画完了之后，我妈看着高兴，经常在房前屋后跟人显摆。

这是我表达的童心，我爱天安门，我爱祖国，我爱新中国。8岁正是吸收知识，吸收新鲜事物最纯朴的时候，就是这样，我自己创作了一幅《开国大典》的画。

1959年，我成为电影学院美术系的第一届学子，到了北京的第一件事是参加文艺大军彩排，在故宫前面的大广场上，十大艺术院校组成一个文艺大军，接受毛主席的检阅。

一到天安门城楼，我们喊着“毛主席万岁”，沸腾的海洋，大家的欢笑，眼睛挂满了泪水，那是一个激动的，火红的年代。什么叫庄严、神圣、沸腾、激动，都在这一刻体现出来了，这是一个令我终生难忘的时刻。

中国电影报道：后来您和萧桂云导演拍摄了《开国大典》，这是出于什么样的感情和使命？

李前宽：《开国大典》这样的大片可遇不可求，这个机遇让我们抓住了。我们俩在1980年拍摄《佩剑将军》的时候就阅读了很多资料，都钻到历史里去了。

当时我们就想，如果把这个故事继续拍下去，跟着南下大军一直拍过去，拍到打过长江解放全中国，到天安门前五星红旗升起。这个场面，这个史诗画卷如果在银幕上拉开就太牛了！这是电影人的梦想，但当时只是一个想法而已。

八年后，我们接到了厂里交给我们的《开国大典》剧本。138个人物，从三大战役到中华人民共和国成立，正是我们原来所想的。我和萧桂云当时看了本，几乎是一口气看下来了，我们坐不住了。

但是太难拍了！天安门怎么拍？百万雄师过大江怎么拍？让你不到10个月就把它拍出来，筹备时间有多少？时间的压力，条件的压力，人员的压力，资金的压力，就没有没压力的事。但是我们俩这种亢奋的心情没有泯灭，终于等到这一天了，这是个挑战，也是个机会。

中国电影报道：筹备《开国大典》的时候，应该看了很多相关历史纪录片的影像资料，对创作有什么帮助吗？

李前宽：拍这样大的史诗性巨片，我们事先要做很多功课。在拍《开国大典》之前，最难的就是要去寻找什么样的表现手段，在艺术上有所突破。它的艺术风格必须定位，不定位就不要开拍，开拍就会一锅粥，乱了分寸，也完不成。

我们不能够循规蹈矩的按照旧的程式化去表现，去讲一个故事，讲一个环节。那种拍法是很传统的，也给自己增加了压力，同时也可能完不成。既然此路不通，就必须另辟蹊径。

如何另辟蹊径？我和萧桂云经常看一些纪录片，纪录片的真实性，是任何载体都不能替代的，特别是在近代，为了真实的记录我们民族和国家经历的战争过程，有很多前辈摄影师献出了性命，他们用生命换来了这么多珍贵的历史镜头。

所以我就想，如何在这个影片里探索一种风格？把历史真实的纪录片和我拍摄时假定性营造的空间，巧妙地结合起来，形成新的一种风格。于是，我们终于找到了这一种办法，将这部影片的风格定位是：纪实性和表现性相结合的一种表现手段。

所谓纪实性就是把纪录片最好的镜头，珍贵的镜头，能让你震撼的一些镜头，拿来用在片子上。所谓表现性，就是我站在今天的视角，如何调动浪漫主义的电影语言，去把它升华，把它再现。

纪实性和浪漫是可以结合的，只要结合得好，结合得在点上，在关节的结点上结得巧妙，这就看智慧了。所以当我们把这个风格定下来的时候，纪实性和表现性相结合，就豁然开朗了，打开了一个天窗似的，空间变很大。

中国电影报道：通过《开国大典》这部影片，您想告诉观众什么？

李前宽：我想要告诉观众，我们这个民族走到今天不容易。我们是曾经经历过灾难深重的民族，终于在1949年10月1日站起来了，建立了自己的新中国，要让人民知道，江山来之不易。

所以，片中毛主席在喊“人民万岁”的时候，在礼花中我叠了那么多镜头，战士在爆炸中一个一个地倒下，都化为毛主席喊的“人民万岁”！

“人民万岁”这四个字太沉甸甸了，我让饰演毛主席的演员喊了一下午的时间，用最大的力气喊出来“人民万岁”，就要这种感觉，礼花“蹬”起来，主题音乐要推上去，必须要达到一种强烈的震撼。

影片放到这儿的时候，很多人都掉眼泪了，我觉得一个深沉的主题，就要通过各种艺术手段营造出它的艺术效果，达到这样的艺术效果。

中国电影报道：今天的观众或者年轻人能够从《开国大典》里感受到什么激情和使命吗？

李前宽：我觉得这个片子，今天看它依然都不会感到过时。因为一个中国人如果不了解自己国家的历史，这是一种悲哀。不仅从文字上，也要从影像上了解自己的民族和国家，曾经的灾难和曾经的辉煌。

《开国大典》推出后得到了全国人民的欢迎。当时在香港连续放映147天，这个记录至今没有被打破。

这部作品不仅是被中国人，也被国际认可，影片参加了1990年第62届奥斯卡外国影片展映，是中国选取的唯一一部，奥斯卡还给我们长影发来了一则感谢文，说很高兴看到贵厂送来这部影片，让他们了解到新中国成立当时的情况。

这部片子经得起30年多来的考验，依然被认为是一个经典，所谓经典就是它是国家和民族的记忆。我作为一个电影人，和萧桂云参与制作了这么一部令我们终生感到欣慰的作品，参与了国家记忆，这是我们平生的一件幸事。

中国电影报道：您和萧桂云导演，是享誉影坛的银幕伴侣。您的第一部导演作品《佩剑将军》就有她的助力，回首合作近40年，如果让您跟萧桂云导演说几句话，会说什么？

李前宽：萧桂云是我的老师，没有她的帮助就没有我的后来。我没有拍戏之前，她就拍了三部。当时长影有个规矩，必须有老导演带我，那得她带吧。

当时只要让我干导演的事情，干导演的活儿就很开心了！有的人说宣传她多了，宣传你少了，我说无所谓，这不是事。只要拍上好戏，俩人一块能在一起，为共同的事业做点事，做点实实在在的事，这是最重要的。

中国电影报道：回首和共和国一起成长的电影人生，您有什么感想?

李前宽：国庆10周年，我18岁的时候，在天安门广场前参加文艺大军，我是文艺大军的排头兵。国庆20周年的时候，我们选择十一结的婚。国庆30周年的时候，萧桂云拍献礼片《包公赔情》和《桃李梅》。国庆40周年的时候，我们俩拍的《开国大典》。国庆50周年的时候，我们拍的是《世纪之梦》。国庆60周年的时候，我们拍的是《星海》，人民音乐家冼星海。

“十一”这个日子和我们的生命和事业相联系。国庆这个美好而神圣的日子，好像是在我们生命里边融在一起的，离不开的。

这个日子对于我们来讲实在是很有缘，好像我要通过我的光影艺术歌颂祖国，通过我的角度，一个电影人始终把镜头聚焦在我的祖国和人民上。

缅怀李前宽　一生执着于电影事业

中国文艺网

8月12日上午8时29分，国家一级导演、中国文联荣誉委员、中国电影家协会名誉主席李前宽在浙江宁波慈溪逝世，享年80岁。

李前宽简介

李前宽，国家一级导演，祖籍山东蓬莱，1941年生于大连，1964年从北京电影学院美术系毕业后分配到长春电影制片厂，毕生创作了众多经典主旋律电影。代表作有《佩剑将军》《开国大典》《重庆谈判》《决战之后》《七七事变》等。1989年与萧桂云联合执导的历史电影《开国大典》，获得第10届中国电影金鸡奖最佳故事片奖、第13届大众电影百花奖最佳故事片奖。《重庆谈判》获1993年中国广播电影电视部优秀影片奖、第17届大众电影百花奖最佳故事片奖。

一生庆幸选择电影

李前宽曾说，多年来的创作实践，让他与电影结下了浓厚的情结，庆幸自己这一生选择了电影。他从小喜欢看电影，也喜欢画画。年少时曾梦想将来能成为一名画家。1959年，他考上鲁迅美术学院的同时，也考上了北京电影学院美术系。上北京电影学院的机会来之不易，也改变了他的一生。当年，北京电影学院的准考证在考试前一天才寄到他手中，当他带着母亲东屋借5块，西屋借6块，才凑到的四十多元钱赶火车从沈阳换车到北京，已经错过了专业主项素描和美术设计的考试。好在他解释了迟到的原因又把自己的画拿给主考老师看了后，老师十分痛快地同意他参加考试并安排补考漏掉的科目。初试，复试，一路过关斩将，他在大连赴京的考生中名列前茅。

当李前宽得知考上北京电影学院时，兴奋万分，但学校却不同意他去，理由是先报考的鲁美，应该去鲁美。为了让他死心，学校扣押了他电影学院的录取通知书。

李前宽出生在海边，大海的宽阔雄浑培育了他敢于进取的性格。在面对升学这一重大问题上，他说，性格决定命运。没和家里人商量，他私下写了两封信。一封给“鲁美”说明自己因家庭困难无力上学，断了自己的退路。另一封发给电影学院，说没收到录取通知书。北京电影学院迅速复函通知他已被录取并寄了“新生入学须知”，要求他必须在8月25日报到。

他就此开启在北京电影学院的学习生涯，拉开毕生从事电影工作的序幕。也是在这里，遇到了人生伴侣萧桂云，两人于1968年国庆节结婚，后来携手踏上影视道路。从《佩剑将军》开始，他们联合导演了《甜女》《黄河之滨》《逃犯》《田野又是青纱帐》《开国大典》《决战之后》《重庆谈判》《七七事变》《红盖头》《金戈铁马》《旭日惊雷》《世纪之梦》和《星海》等电影，以及《血洒故都》《黄家医圈》《明月出天山》《传奇皇帝朱元璋》《抗美援朝》《苍天圣土》等电视剧。

李前宽是中国文艺网“艺坛大家”专题节目推出的首位电影艺术家。在李前宽《光影追梦》专题片中，详细介绍了这位“拍着里程碑式的作品，做着里程碑式的事情”的老艺术家。

一生坚守创作追求

作为一名导演，将镜头聚焦于民族历史与国家命运，以情真意切的笔触描绘推动历史前进的主人，是李前宽一生秉持的神圣职责与使命。

1989年9月21日，国庆40周年前夕，电影《开国大典》在全国正式上映。影片雄浑的史诗风格，受到了业内的广泛赞誉，也给观众留下了难以磨灭的回忆。这部影片，曾荣获第10届中国电影金鸡奖最佳故事片奖、最佳编剧奖、最佳导演奖、最佳男配角奖、最佳剪辑奖及多个提名奖，第13届大众电影百花奖最佳故事片、最佳男主角、最佳男配角三个奖项。这部影片，当年曾经创造了1.7亿元的票房奇迹。它我国在香港地区连续放映147天，还代表中国参加了第62届奥斯卡外语片展映。有人曾经评价，正是这部《开国大典》，开启了我国重大革命历史题材电影的创作之路。

这部影片正是李前宽夫妇执导的，也正是体现他创作追求的代表作之一。

当年留给他们夫妇拍摄《开国大典》的时间不到一年，拍摄完成这部上下集的鸿篇巨制，困难可想而知。电影里共有138位真实的历史人物，要同时展现东北战场、平津战役、淮海战场、百万雄师过大江等重大战役，还有天安门广场开国大典的庄严仪式。有好心人劝他们不要自讨苦吃，但他们下定决心迎着困难前行，把片子拍好，为共和国40周年献礼。

一生执着于电影事业

李前宽一生执着于电影事业，致力于中国电影发展。

他推进中国电影“走出去”工程和国际文化交流，多次担任国内外电影节评委和主席，2016年荣获第十届亚洲国际电影节“亚洲电影杰出贡献奖”。

他建言献策建立了“电影频道”和“中国电影博物馆”，促成了由国务院出台的九号文件《国务院办公厅关于促进电影产业繁荣发展的指导意见》，对推动中国电影产业大发展作出了重要贡献。

李前宽曾说，不管是电影节还是学生电影活动，只要能推动中国电影发展，他都愿意摇旗呐喊，出力助威，共同打造中国电影大国，积极迈向电影强国。

李前宽热心支持文艺事业，曾参与录制中国文艺网“那些年，我们一起追过的经典”网络音频节目，带领听众回顾作家魏巍的名作《谁是最可爱的人》。

斯人已逝，德艺流芳。

深切缅怀李前宽先生！

2021年8月12日

大连籍导演李前宽去世

大连新闻传媒集团

长影著名导演、国家一级导演、中国电影家协会名誉主席李前宽于2021年8月12日上午8时29分在浙江宁波慈溪逝世，享年80岁。

李前宽导演1941年生于大连，1959年从大连二中毕业，考入北京电影学院。

李前宽导演1964年从北京电影学院美术系毕业后分配到长春电影制片厂，毕生创作了众多经典主旋律电影。代表作有《佩剑将军》《开国大典》《重庆谈判》《决战之后》《七七事变》等。

1989年，他与萧桂云联合执导的历史电影《开国大典》，获得第10届中国电影金鸡奖最佳故事片奖、第13届大众电影百花奖最佳故事片奖。《重庆谈判》获中国广播电影电视部优秀影片奖、第17届大众电影百花奖最佳故事片奖。

《开国大典》是一部在中国电影史上具有里程碑意义的作品，导演李前宽用俯瞰历史的角度，把庞杂的历史提炼和概括为一部波澜壮阔的英雄史诗，并用纪实的手法展现了那个重要历史时刻，再现了我国领袖的风采。影片在1989年上映，献礼新中国成立40周年。

愿李导一路走好！

2021年8月12日

沉痛悼念《开国大典》导演李前宽

中加国际电影节

据长影集团消息，著名导演、国家一级导演、中国电影家协会名誉主席李前宽于8月12日上午8时29分在浙江宁波慈溪逝世，享年80岁。

作为中加国际电影节荣誉主席，李前宽导演和我们建立了不可割舍的情感，也给我们留下了太多美好的回忆。惊闻他逝世的消息，从震惊、无法相信到悲痛，我们经历了一个艰难的阶段去接受这个事实。

李前宽导演一生经典无数，代表作有《佩剑将军》《开国大典》《重庆谈判》《决战之后》《七七事变》等。同时，李前宽导演更是获奖无数，经典主旋律电影《开国大典》，获得第10届中国电影金鸡奖最佳故事片奖、第13届大众电影百花奖最佳故事片奖。《重庆谈判》获1993年中国广播电影电视部优秀影片奖、第17届百花奖最佳故事片奖。

李前宽导演作为艺术大家，成就无数但仍为人谦虚、待人和善，让我们终生受益。作为中加国际电影节荣誉主席，您给予了我们无数的帮助和谆谆教导，此时此刻点点滴滴浮现眼前。我们一定让中加节这朵小花美丽的绽放，不会辜负您对我们的信任与期望。

天堂多了一个充满慈爱的您，而人间却少了艺术的一代宗师。祝李前宽导演一路走好，我们永远想念您！

2021年8月12日

前宽，我坚持你的执着

萧桂云

我们在生命中最好的年华，有着不寻常的创作生涯，有那么多动人的情景与无数细节，扩大了我们生命的体验感。死亡不是生命的终点，遗忘才可怕。我追逐着你的追逐，坚持着你的执着。

前宽，三年了。

时光飞逝！

2021年8月12日凌晨三点我喂你吃了饭，8点29分竟然悄悄离我而去。这情景与电影画面截然相反呀！

缺程序，为何没有告别？

我真傻，竟以为你是铁打的，可以违背生命的规律……八年患病，我们有太多时间可以交流，可你却从未说。我为何不问？！可你让我又如何问？

你是怕我难过？明明见我泪如雨下，泣不成声，你却问："你哭啥？"我无言以对，你却不作声。

你是我的挡风墙，总是报喜不报忧，自称肚子大，装得下，一个人扛就可以！

你向来心里阳光，别人的优点都是你努力的标杆，内心充实，从无怨言牢骚。

你活灵活现地讲述着自己的过往糗事，绘声绘色地讲段子，让别人忍俊不禁，笑声飞扬，向你"索赔"，控诉你让他们笑出了皱纹。

你是能给别人带来幸福的人，你是可以解忧的人。愁眉苦脸、满腹心思的朋友，见到你就信心满满，浑身有力。人们向我投来羡慕眼光，岂不知你在家只剩点头摇头了。

你总是给我一个温馨的港湾，而现在叫我如何是好，心痛的不仅是生离死别时，更是日后想起你的每一时，每一刻，无处抒怀……

大夫宣布你只剩半年生命时，你竟然面不改色平静地说：这是早一天晚一天的事！大夫大为吃惊，从未见过这样的患者，以往患者不是吓得哭晕，就是很快被吓死。我刚卸下了瞒着你病情的精神压力，又扛上了担心你情绪变化的情感包袱。你倒表里如一，照吃照喝，倒床就睡，居然还为大夫画了像，回敬了大夫献上的歌，高唱"信天游"。你真是没心没肺。

大夫说你是肺腺癌晚期之时，其实癌细胞已经发生骨转移，你依然接受了为于蓝老师《向经典致敬》做嘉宾的任务，你说你不能拒绝，于蓝老师也并不知你患病之事。但因场地、导演突然患病、于蓝老师身体不适等，录制时间一拖再拖，一直延至年底。你坐着轮椅到场地，一向热情的你谢绝了与小学生聊天的活动。临上场吃了止痛药，我请陶玉玲大姐上场时搭一把手。现场你的点评令于蓝老师无比兴奋，露出欣喜的笑容。第二天我们即刻踏上治病的旅途。后来你同样为师哥许还山、著名演员金迪、好莱坞著名演员卢燕女士做了《向经典致敬》嘉宾。你的每一次出场，都为他们身上的光环增加了亮点。

外出时我从不让你碰行李，怕一旦闪失，后悔莫及，你却情不自禁帮陌生人提行李，看到我嗔怪的眼神，你像犯了错的孩子……

大夫警告我，说你随时会出现大喷血的危险，我们才无法于2014年10月23日亲临联合国总部我们的影展和画展现场。可是你却能在中央文史研究馆“走进新疆”的活动中讲大课、主持晚会，在“光影彩墨”电影家与美术家绘画作品展现场高唱“信天游”。每次都惊得我心无处安放，慌不择路，竟然跑到厕所躲藏。而你从没有意识到自己是重病患，心里没有任何惧怕，依然我行我素，竟然安排创作计划，你说你不能等死。

世上哪有后悔药卖呀，我脑海中不断地闪回，假如当初不打那针PD-l，是不是你还在我身边，在拍戏的现场。你不是被癌症夺走了生命，你是毁在治疗癌症药物的后遗症上。这哪里是治病，而是把患者往绝路上推呀！

难道这就是命运吗？每每想起这一切，我就心如刀割，悔之晚矣。

7月11日你刚退烧，我一夜无眠，你却一大早叫起家人聚在你身旁，以为你要立遗嘱，我连气都喘不匀了，心也提到了嗓子眼。可你居然是公布马上投入工作的计划，并即刻亲自打电话催高成惠主任到京，因他还在戏上，一时无法回京，你竟然急得立马要换人，为拍《日出东方》《东方欲晓》你真的是不要命了！

你身体力行、抓紧有效的时间，有尊严地走在迎接死亡的路上。你的精、气、神甚至让别人误以为医生错判了。

你一生都在玩命，不用扬鞭自奋蹄。你说拍电影就是要迎着困难前行，不然闯的劲头何处来。你是用实力赢得机会，在逆境中战胜绝望，迎来转机。

1987年开拍在即的《重庆谈判》影片被宣布下马，你居然像失恋似的病了一场。

1988年拍摄《开国大典》期间，你的肠胃出现问题，天天腹泻，没时间上医院，你一天也没停止工作。

1992年《重庆谈判》拍摄权失而复得，你为让影片更上一层楼，主动放弃了自己与别人合作的剧本，请张笑天重起炉灶另开张，给他一个自由的驰骋天地。为了向毛主席诞辰100周年献礼，你紧锣密鼓地开张，选演员、采景、服装、道具制作同步进行，如期完成。

1994年在青纱帐已经长到一米高的季节，你愣是不顾一切，接受了别人拍不了而放弃的《七七事变》电影。你发烧打着吊瓶坚持在现场。你以拼命三郎精神在1995年7月6日拿出了《七七事变》影片，以此讴歌中国军人血洒疆场的爱国情怀，纪念抗战胜利50周年。

你心心念念我们“最可爱的人”，为了让更多的人记住他们，我们拍了33集电视剧《抗美援朝》，至今未播，这也成了你最大的一块心病。

回想当年，在北京电影学院食堂周六晚举办的舞会上，你不顾及别人的眼光，竟站在舞池中间大声呼唤我，我以为有什么事情，来到舞池，音乐响起，你与我跳起交谊舞，全然不顾闲言碎语。

你的执着、大气、真诚、等待，令我无法拒绝。我这辈子做得最对的事就是选择了你，你却顺杆爬：“桂云，我特佩服你，你择偶择得比我好！”田聪明部长为此笑得眼泪都流出来了，逢场合就讲这段子。从我进电影学院报到那一刻，你在宿舍四楼窗口看到我身影的那一刻，锁定的目标从未离开过。

你瞄准的方向从不转移，你的执着，在一生的旅途中，对恩师、对朋友、对题材的选择中都得以印证。

你从来都是坚持别人无法坚持的坚持，把不可能的变成可能，把特别难以驾驭的文字转化成画面呈现给观众，终能迎来曙光一片。

别人说：你们什么奖项都得了，快挣点钱吧！你却说：挣钱的机会会有的，但拍大戏的机会很难。一次次的偶然变成必然。十年呀，连续一年一部上下集大戏。

忘不了从不流泪的你，写完《七七事变》分镜头最后一个字，泪水洒在稿纸上，洇湿了一片……

前宽，说好了，我们一起变老，你却提前退席！

你宠我、惯我、欣赏我，却从未当面夸我。在回大连老家的家宴上，你奇思妙想让每个小家庭的男人夸妻子，夸得不到位的你补充，结果夸得现场气氛高涨，喜气洋洋，笑声一片。唯有我笑不出来，泪水止不住地流。事后前安有点疑惑，询问你为何我一直在流泪？你缄口不答，再三追问下，你才说了患病之事……临离开大连之时，前安让家人向我鞠躬，感谢我对你的悉心照顾……

你创造了不留遗嘱的先例！你太有城府了，太会撒娇了。你就那么相信我会处理好一切吗？我自以为非常了解你，可大家的追思让我意识到还有许多不为我知的。你不会拒绝，你太拼命了。这本《永远的前宽》蕴藏着爱的能量。

前宽，你真行！你的去世惊动了那么多人，他们晒出你为他们画的肖像！竟然那么多！

朋友、同学都为你送上花圈，有23位关心你的国家领导人也送上了花圈为你送别，全慈溪的鲜花都送到你的身边来了，偌大的告别厅摆不下，它们高高低低、重重叠叠一直摆到了门口，若非疫情……

中国电影博物馆和CCTV-6电影频道陆续播放我们的影片以示纪念。悼念你的短信、微信几乎让我的手机打不开。著名雕塑家吴为山复活了你，雕像栩栩如生。

还有很多很多，大家以各种形式怀念你。

你的墓地周围全是熟知的朋友，天堂里你们相聚叙旧，你还是那个开心果，给大家带来欢声笑语。

再没有你为我遮风挡雨，但关心你的朋友一直对我嘘寒问暖。我有太多的事情需要做，没时间空虚，我会把寂寞与孤独赶走，活出你的执着。

生命的意义在于如何度过，回首我们的一生，有53年的真诚相伴，我的世界因为有你而丰富多彩！

我们在生命中最好的年华，有着不寻常的创作生涯，有那么多动人的情景与无数细节，扩大了我们生命的体验感。死亡不是生命的终点，遗忘才可怕。我追逐着你的追逐，坚持着你的执着。

2024年7月7日

后记

三年了。

前宽离开我马上就三年了。

这三年，我每天都过得很煎熬。不过还好，有你们的陪伴和帮助，熬过去了。

在前宽离世之初，中国文联和中国影协主办了庄重的追思会。一周年的时候，中国电影博物馆主办了题为“光影看中国”——纪念李前宽的座谈会。在此，向上述主办单位致以最深切的感激，感谢他们为纪念前宽所倾注的努力和深厚的情谊。

在追思会和座谈会上，前宽的领导、同事、同学、朋友、工作伙伴、学生等等很多人都来分享与前宽工作、创作时的点点滴滴，讲述他们眼中的前宽。即使不能亲临会场的朋友们，也纷纷发来纪念文章、短信来讲述他们与前宽的故事。

通过大家的讲述，我才知道发生在前宽身上还有那么多我不知道的事情。你们眼中的前宽、我眼中的前宽、孩子们眼中的前宽……所有人眼中的前宽，如同一块块拼图，构成了完整且立体的前宽。

于是便有了编撰这本书的想法。

尽管篇幅有限，但我还是尽力将这份情意凝聚其中。这本书共收录三个部分的内容。第一部分是大家写的有关前宽的纪念文章。这其中既有前宽的领导又有前宽亲密的工作伙伴，既有前宽的同学又有前宽的学生，既有我们的家人又有我们的好朋友，既有业界的专家学者又有年轻的学者，大家分别从生活、学习、创作、学术、产业、事业等角度呈现前宽的不同侧面，共同编织出前宽多彩的生命画卷。

第二部分主要收录的是一周年座谈会的发言。需要说明的是，有的朋友既有发言稿又有纪念文章，只要不重复，便一并收入。另外，我原本计划将大家发给我的短信、微信作为一个单元收录其中，但遗憾的是，因为篇幅有限，只能忍痛割爱选择几篇较长、内容丰富的短信放在第二部分。对于未能收录进去的朋友们深表歉意。

第三部分最初想要收录单位和媒体发的唁电和新闻稿。然而，鉴于唁电缺乏明确标题，出于编排考虑，出版社不建议收录，我也只得作罢。另外，媒体和单位发的新闻稿较多且形式多样，受篇幅以及设计排版所限只保留了与前宽工作生活特别密切的单位发布的新闻稿。在此向为前宽的离世发布唁电和新闻稿的单位及媒体表示诚挚的谢意。同时，对于未能在本书中完整呈现的媒体与单位，致以诚挚的歉意。

我想要把你们所有人对前宽的怀念、对我的关心统统都收录进去，以表示我对大家的感谢。然而，事事并不能都如我所愿，就像前宽的离去我无法阻挡一样。现在呈现在你们眼前的《永远的前宽》，是与出版社经过多次诚挚沟通、不懈努力的结果。

《永远的前宽》不仅仅是一本书，它还承载着我们共同的记忆和对前宽的无限怀念，承载着大家满满的爱。

非常感谢大家对前宽的厚爱，也诚挚地谢谢大家对我的关心。

最后感谢中央文史研究馆和中国电影出版社对本书的出版提供的大力支持。是你们所有人的鼎力相助，让这本书得以面世，让前宽的故事继续流传，让这份爱得以传递。

萧桂云

2024年8月1日

李前宽导演遗体告别厅，庄严肃穆，苍松翠柏、鲜花绽放。

中国文联、中国电影家协会、中国电影基金会等单位的领导，李前宽先生的亲人、朋友和学生们从各地赶来送他最后一程。

中国文联、中国电影基金会、中国电影家协会、浙江省委宣传部、浙江省文联、浙江省电影家协会、长影集团、宁波市和慈溪市等单位的领导，李前宽导演的亲人、朋友和学生们从各地赶来告别，全体默哀，向李前宽导演遗体献花。

李克强等党和国家领导人为李前宽先生送花圈表示哀悼。

由中国文联、中国电影家协会主办的李前宽导演追思会在中国文联四层报告厅举办，深切缅怀李前宽导演的艺术人生与卓越贡献。

追思会开始前，与会专家学者全体肃立，为李前宽导演默哀。

中国电影博物馆举办“光影看中国：用镜头聚焦于‘我的祖国和人民’”系列纪念活动，向李前宽导演致敬！

纪念会上，大家以各自的方式分享了李前宽对中国电影事业发展作出的贡献，他们与李前宽导演的点滴故事，以及李前宽对电影工作者的深刻影响，让在场的每个专家学者为之动容。座谈会结束后，与会嘉宾合影留念。